臺灣歷史與文化 研究輯刊

五 編

第 1 冊

《新修嘉義縣志》、《新修桃園縣志》之比較研究
——以藝文方志為例

徐惠玲 著

花木蘭文化出版社

國家圖書館出版品預行編目資料

《新修嘉義縣志》、《新修桃園縣志》之比較研究——以藝文方
志為例／徐惠玲 著 — 初版 — 新北市：花木蘭文化出版社，
2014〔民 103〕
目 2+284 面；19×26 公分
（臺灣歷史與文化研究輯刊 五編：第 1 冊）
ISBN：978-986-322-633-8（精裝）
1. 方志 2. 比較研究 3. 嘉義縣 4. 桃園縣
733.08   103001757

臺灣歷史與文化研究輯刊
五 編 第 一 冊   ISBN：978-986-322-633-8

《新修嘉義縣志》、《新修桃園縣志》之比較研究
——以藝文方志爲例

作　　者　徐惠玲
總 編 輯　杜潔祥
副總編輯　楊嘉樂
編　　輯　許郁翎
出　　版　花木蘭文化出版社
社　　長　高小娟
聯絡地址　235 新北市中和區中安街七二號十三樓
　　　　　電話：02-2923-1455／傳眞：02-2923-1452
網　　址　http://www.huamulan.tw 信箱 hml 810518@gmail.com
印　　刷　普羅文化出版廣告事業
初　　版　2014 年 3 月
定　　價　五編 24 冊（精裝）新台幣 48,000 元

《新修嘉義縣志》、《新修桃園縣志》之比較研究
——以藝文方志爲例

徐惠玲　著

作者簡介

徐惠玲

學歷：世界新聞專科學校編輯採訪科專士、銘傳大學應用中國文學系碩、博士。

經歷：自由時報駐地桃園記者十六年、龜山鄉公所專員、桃園縣政府文化局專案人員、銘傳ｚ
學兼任講師；並先後於《臺北文獻》及國內著名學術刊物、兩岸四地方志文獻學術研討
會，發表論文及書評多篇。

現任：銘傳大學兼任助理教授。

提　　要

　　臺灣方志發展已進入嶄新的階段，方志纂修普及，方志體例與纂修方法也更為科學，各』
創修的方志，均對臺灣方志有所貢獻。而本文以《新修嘉義縣志》、《新修桃園縣志》兩志作ａ
拋磚引玉，期待未來有更多同好投入該項研究，以使臺灣的方志更趨完善。

　　本論文計分為七章十八節，另有附錄十五與參考書目等，文字總數約二十萬字。本文的』
節架構，係以歷史發展的脈絡為經，以方志纂修為緯，以探討中國及臺灣方志纂修之發展，ゞ
而探討二次大戰戰後臺灣的《新修嘉義縣志》、《新修桃園縣志》二部縣（市）志的纂修歷程
由於〈藝文志〉在全志中具有舉足輕重，因此，乃以縣志中的藝文方志做為主要考察對象，ゝ
藉由系統性的整理與論述，以總結整體的研究成果。各章除有章節安排，最後並附有「小結
以總結各章之重點。

目次

第一章 緒 論

第一節　研究動機與目的

　　筆者於銘傳大學應用中國文學系碩士班之畢業論文爲《黃武忠小說研究》。原計畫再以小說做爲博士論文之研究題目，且已積極著手搜集《聯合文學》新人小說獎等資料，但最後重新修訂博士論文的研究方向，主要原因乃有以下五點：

　　一、筆者曾從事志書編纂及文化相關工作，從過去承辦縣志業務的實務工作中，體悟到纂修方志工程浩大，且動輒花費數千萬元，其投入的時間、人力實非一般書籍可比。承蒙指導教授陳院長德昭、游所長秀雲建議以學生之專業背景爲主要考量因素，博士論文可以方志作爲研究對象。

　　二、筆者在校兼授「中國文學鑑賞與創作」，在備課中，發現方志有大量資料可供學生參考，譬如可考察古代、查閱歷史，誠如《管子》說：「疑今者察之古，不知來者視之往」〔註1〕、《韓詩外傳》「明鏡者所以照形也，往古者所以知今也」〔註2〕，概括了史志的實用價值及社會價值。而國際著名地理學家陳正祥更譽方志爲「文化之鑛（cultural mine）」〔註3〕，因此，對方志爲中

〔註1〕〔東周〕管仲撰、〔唐〕房玄齡注，《管子》卷一〈形勢〉第二，常熟瞿氏藏
　　　　宋本（臺北：臺灣商務印書館，1965年）。
〔註2〕〔漢〕韓嬰撰、〔民國〕賴炎元註釋，《韓詩外傳》卷五（臺北：臺灣商務印
　　　　書館，1972年9月），頁216。
〔註3〕陳正祥指出，蘊藏在方志裡的地理學資料很豐富，換言之，方志的地理學價
　　　　值是很高的，尤其是在中國文化地理和中國歷史地理的研究……方志中的古

國珍貴的歷史文化遺產,深有所悟,並啓發研究動機。

　　三、我國現存方志,卷帙浩繁,乃過去遺留典籍中可得最豐富之史料〔註4〕;地方志研究不僅要塡補地方史的空白,也可充實國史,甚至世界史的內容〔註5〕,此外,方志仍具有資治功能〔註6〕,除可供主政、施政者等人問政參考書、公務人員的行政教科書外,方志還具有教育、文化、存史、文獻、檔案、統計、口碑、影像、展望、反省、學術、吸引投資、觀光、收藏等功能,價值甚高。

　　四、自臺灣〔註7〕光復迄今,在政治、經濟、社會文化均有蛻變發展。其中,在政治方面,從威權體制走向本土化。在經濟方面,從農業社會轉型工商社會。在社會文化方面,則由「去日本化」到「再中國化」政策,戒嚴時期的「反攻復國」與「復興中華文化」政策,解嚴時期的「在地化」與「本土化」政策,以及政黨輪替時期的「文化公民權」與「文化臺灣」政策,方志的發展與政治、經濟、社會文化發展密切。因此,臺灣本土歷史研究,受到相當的重視。

　　五、臺灣光復已超過了一甲子,在政府積極推動下,修志工作蔚爲風潮,

　　　地理記錄,對於歷史地圖的編制或古地理的復原工作,亦可有所貢獻。方志的田賦或戶籍,每包括人口的資料,可用以研究我國古代的人口分佈、人口增減、職業組成、都市發展,以及人口重心的遷移等,譽方志爲「文化之鑛」。見陳正祥,〈方志的地理學價值〉《中國文化地理》(臺北:木鐸出版社,1982年7月),頁58。

〔註4〕 文守仁,〈現存方志整理芻議〉,收錄於中國地方文獻社團薈要編輯委員會,《中國地方文獻社團薈要》(臺北:成文出版社,1985年),頁564。

〔註5〕 汪榮祖,〈新世紀的地方史寫作〉,收錄於《嘉義文獻》第三十二期(嘉義:嘉義縣政府,2005年),頁8。

〔註6〕 新官下任必需遵守「蒞任初規」中的第三條:「覽志書」。見〔清〕徐文弼,《吏治懸鏡》(臺北:廣文書局,1976年8月),頁12。

〔註7〕 「台」字的筆畫較少,越來越多人把「臺灣」寫成「台灣」,教育部國語會執行秘書陳雪玉表示,漢代許慎「說文解字」中,「臺」解釋爲「觀四方而高者」,指可供眺望四方的高而平建築物,「台」則是喜悅的意思;在唐、宋的「廣韻」、「集韻」等字韻書中,「台」字有其它字義,兩者有同音關係,但字義上不相涉。在小說刻本「目連記」、「金瓶梅」等,才開始看到假借「台」爲「臺」的用法;至於兩者通用關係如何產生,一般認爲是久了成習慣。教育部的公文將都改以「臺灣」,並且通函各級學校,希望學校在使用字上寫「臺灣」而非「台灣」;此外,並通函國立編譯館,希望未來教科書上也是使用「臺灣」。參見中央社2010年12月12日〈臺灣非台灣　教部要正體字〉http://tw.news.yahoo.com/article/url/d/a/101212/5/2iuhl.html。

纂修者並以社會科學等方法進行纂修，以致方志數量俱增，甚至已蔚爲一門顯學。惟截至目前爲止，國內有關方志之研究，多綜論戰後方志的纂修成果，或討論其評價或纂修類型，鮮少有以縣市志爲主題，來探討戰後臺灣方志纂修之工作，十分可惜。

　　據《中國地方志聯合目錄》統計，現存方志有八千二百六十四種〔註8〕，所以方志纂修，實是中華文化的特色，也是中華文化的重要資產。方志更是地方歷史與人文地理、自然地理的綜合體，其主要內容，是敍述一地的政治、社會、經濟、軍事、文化、人物、地理環境、天然資源、自然現象，詳載該地區發展之歷程。因此，方志所蘊蓄的史料非常豐富，實值得後人閱讀與警鑑。〔註9〕臺灣方志始於康熙二十三年（1684）蔣毓英纂修的《臺灣府志》。日治時期，除了少數延續中國修志的傳統之外，大多爲了施政需要或是紀錄施政情形〔註10〕；尤其戰後臺灣延續清領與日治時期志書纂修的傳統。1946年11月8日臺北縣首開修志會議之後，各地修志工程方興未艾。解嚴以來，又因政府積極推動、且經濟起飛與臺灣本土意識高漲，修志工作乃蔚爲風潮，於是方志數量與日俱增。因此，檢視戰後臺灣方志的纂修情形，已成爲具有意義的研究課題。

　　光復後的臺灣，在中華民國統治之下，一方面沿襲中國的修志傳統，一方面則繼續清領時期（清康熙二十二年～光緒二十一年，1683～1895）、日治時期（日明治二十八年～民國三十四年，1895～1945）的修志成果，對方志纂修相當重視。〔註11〕六十五年來，臺灣方志的纂修，不論《臺灣省通志》

〔註8〕 中國科學院北京天文臺主編，《中國地方志聯合目錄》（中國上海：上海商務印書館，1935年12月）。

〔註9〕 錢穆，《中國歷史研究法》（臺北：東大圖書公司，1988年1月臺初版一刷），頁44。錢穆認爲，就後代一般的方志體例言，其所記錄，舉凡其地之大自然、天文氣候、山川形勢、土壤生產、城市關隘、道路交通、風土景物、鄉俗民情、歷史變遷、政治沿革、經濟狀況、物質建造、人物面相、宗教信仰、學校教育、文化術等，凡屬有關其他之各種情況演變，分類列目，靡不畢載。我們只需一翻各方志之分類目錄，便知其內容所述，大體均與各地社會史料有關，中國方志正是研究中各地社會史之絕好材料。

〔註10〕 高志彬，〈臺灣方志纂修概況與內容特質〉，《臺灣史田野研究通訊》第十五期，1990年6月，頁38～40。

〔註11〕 戰後兩岸的修志工作亦有進展，其中，臺灣縣（市）志的纂修始於1946年臺北縣長陸桂祥籌劃纂修的《臺北縣志》，但並無具體成果。1950年以後，在臺灣省文獻委員會輔導下，各縣（市）陸續出現縣（市）志的創修、續修，以

〔註12〕、《臺灣全志》〔註13〕、臺北高雄直轄市志、縣（市）志、鄉鎮（市、區）志，此四級志書〔註14〕的纂修，學者專家一直扮演重要角色。在學者專家大量參與，甚至主導修志之下，使地方志書在體例、形式各方面均出現重大變化，並與以往的地方志書有了明顯的不同，四級志書的編纂，均獲得相當豐碩的成果，值得重視與探討。

方志對國家的經濟建設、學術研究和提昇社會的道德風尚。〔註15〕此

及重修工作。惟縣（市）志的纂修工作，後來轉由縣（市）文獻會、縣（市）民政局、文化局主導，不論是《臺灣省通志》、臺北與高雄兩直轄市志、縣（市）志、鄉鎮（市、區）志以及《臺灣全志》均獲得相當顯著成果。

〔註12〕李筱峰，《臺灣全志・卷首》（南投：國史館台灣文獻館，2004年），序。國史館臺灣文獻館，前身爲臺灣省文獻委員會，之前則是臺灣省通志館，修志是主要職掌。期間辦理《臺灣省通志》的興修，以民國五十年斷代，先後出版《臺灣省通志稿》、《臺灣省通志》，1981年之後陸續出版《重修臺灣省通志》。臺灣省文獻委員會於2002年1月1日，改隸總統府國史館，機關層級提升爲中央層級，以賡續辦理修志爲職掌。

〔註13〕2002年1月，國史館館長張炎憲主持研商纂修事宜會議，爰將新修之志定名爲《臺灣全志》，纂修範圍擴及臺北市、高雄市、福建省連江縣、金門縣，經數次會議決論，斷代時間以1945年爲起點，到2001年止，依政府採購法規定，採限制性招標方式，分志篇，分年編列預算辦理。2003年3月擬定「纂修《臺灣全志》長程計畫，報國史館核轉行政院審議，自2002年度起至2012年度，逐年提撥經費挹注」。見李筱峰，《臺灣全志・卷首》（南投：國史館台灣文獻館，2004年），序。

〔註14〕民國十八年，國府頒布「修志事例概要」二十二條，始有通行全國的修志辦法，對於修志的機構、經費、志書體例、內容等皆有規定：自民國六年至二十二年止，共修方志計三百七十種。民國三十五年，國府頒佈「地方志書纂修辦法」及「各省市縣文獻委員會組織章程」，除符合「地方志書纂修辦法」外，並明訂地方志書爲省、市、縣志三種，而纂修方志之單位，爲各省、市、縣之文獻委員會，而「地方志書纂修辦法」與「各省市縣文獻委員會組織章程」，又將地方文獻與修志加以組織、規模化，二者係配套之法規。文獻會明訂有組織架構、徵集保管材料之責、調查及紀錄、發行有關刊物等條文，對地方文獻的掌握，以利修志之進行，而後，因「地方志書纂修辦法」之修訂，省文獻會對地方志書有其審查權，成爲省級指導、宣導修志之最高機構。「地方志書纂修辦法」規定組織、修志規定與要求，以及志書之內容項目等，成爲修志之依據。但「地方志書纂修辦法」因地方自治法規之規定，修志成爲地方自治之項目，民國九十二年底「地方志書纂修辦法」公告廢止。

有關本文「四級志書的修纂」，係採學者黃秀政之說，臺灣方志的纂修分爲全志、省（市）志、縣（市）志、鄉鎮（市、區）志四級。根據「地方制度法」，嘉義縣、桃園縣均屬於縣（市）志一級。見黃秀政，《臺灣史志新論》（臺北：五南圖書公司，2007年9月初版一刷），頁444。

〔註15〕方志具有資治、致用、教化功用：一、資治：方志詳載一地之自然與社會等

外，方志可補正史之不足、可考訂正史之錯誤，如增添科技資源、蒐集地方人物、史事、藝文、宗教及中西文化交流史料等功用。〔註16〕方志的功用，不僅是研究一地之歷史要參考，就是研究通史、斷代史、專門史，都列爲重要參考書。

　　近年來曾有多場方志研討會，例如，民國七十四年（1985）四月漢學研究資料及服務中心在臺北市舉辦「方志學國際研討會」，又民國八十六年（1997）時任中興大學歷史系王明蓀、黃秀政與加拿大卑詩大學亞洲中心林天蔚教授等人，參加大陸天津市海峽兩岸地方史志研討會，會中與大陸天津市地方志辦公室主任郭風岐、南開大學來新夏教授、美國揚百翰大學韓大偉教授、猶他州家譜學會沙其敏先生等人議定，未來在臺灣、美國、大陸輪流召開有關地方史志、文化的研討會，隨即 1998 年 12 月在臺中市中興大學，召開海峽兩岸地方史志地方博物館學術研討會。〔註17〕此外，民國八十八年（1999）五月中央研究院臺灣史研究所籌備處，在中研院舉辦「五十年來台灣方志成果評估與未來發展學術研討會」，計有來自大陸地區、美加、香港、日本學者等人發表論文，及民國一〇二年十月九日至十一日，在大陸廣東省舉辦「第三屆中國地方志學術年會暨兩岸四地方志文獻學術研討會」，皆屬方志研究之具體實踐。

　　方志爲「一方之全史」〔註18〕，也是「地方的百科全書」，其所載的內容，上自天文，下至地理，舉凡「人」、「事」、「地」、「物」無所不包。就現今的意義，方志除了傳統存史資治作用外，更具有文化及鄉土教育的功能，甚至地方文化觀光事業的發展，亦與方志緊密結合。方志百科全書式的內容，已

歷史和現況，可以輔助施政者了解情況，制定對策，推行良好的吏治。所以清代《吏治懸鏡》中載新官到任應奉行的「蒞任初規」二十三條中的第三項就是「覽志書」。二、致用：方志中蘊藏大量可供參考的珍貴資料，清初學者顧炎武並參考一千多種方志撰成《天下郡國利病書》名著、英國李約瑟主編《中國科技史》也是參用大量的中國方志。三、教化：方志因記一地一時的名人盛事、高尚品德，去惡趨善，可做爲教化群眾的正面教材。見來新夏，《中國地方志》（臺北：臺灣商務印書館，1995 年 9 月初版），頁 29～30。

〔註16〕林天蔚，《地方文獻研究與分論》（北京：北京圖書館出版社，2006 年 12 月），頁 44～49。

〔註17〕洪孟啓，《海峽兩岸地方史志地方博物館學術研討會論文集》序（一），（南投：臺灣省文獻委員會，1999 年 6 月）。

〔註18〕黎錦熙，《方志今議》（臺北：臺灣商務印書館，1976 年 3 月臺一版），頁 1～103。

成爲學術界補充正史、校勘史料，是學術界研究的重要資源。惟方志之研究，國內碩、博士論文或相關著作，主要在於方志的纂修成果，或討論其評價及纂修類型，鮮少有以縣市志爲主題來探討戰後臺灣方志纂修之工作，非常可惜。由於〈藝文志〉爲學問之樞紐，舉足輕重，爲塡補臺灣方志研究的缺憾，乃以「《新修嘉義縣志》〔註 19〕、《新修桃園縣志》之比較研究——以藝文方志爲例」爲研究課題，以嘉義、桃園二縣之歷次纂修縣志中的藝文志〔註 20〕做爲主要考察對象。其中，嘉義的舊名「諸羅」，《諸羅縣志》是臺灣縣志的濫觴，《新修桃園縣志》則是民國九十九年（2010）北臺灣最新出版的縣志，以與臺灣最古老的縣志有密切關係的《新修嘉義縣志》，和民國九十九年最新出版《新修桃園縣志》，做爲本文研究的對象。期望透過本文之研究，能對方志有整體認識及發現，做爲日後研究的基礎。

第二節　研究範圍與方法

本文主要研究範圍與研究方法如下：

一、研究範圍

本文擇臺灣南、北各一部縣（市）志《新修嘉義縣志》、《新修桃園縣志》爲研究中心，在決定研究之前，一定要先探究戰後臺灣（「臺灣」，係指包括臺灣、澎湖、金門、馬祖及中華民國政府統治權所及之其他地區）〔註 21〕方志；而探究戰後臺灣方志，一定要了解戰前臺灣方志的發端；而了解戰前臺灣方志，一定要了解清領時期和日治時期的臺灣方志；而要了解臺灣方志，則要明瞭中國方志的發展。

〔註 19〕 嘉義縣政府 1976～1991 年創修《嘉義縣志》，2009 年出版的縣志名稱亦爲《嘉義縣志》，二部縣志名稱雖同爲《嘉義縣志》，內容與首纂《嘉義縣志》完全不同，惟爲使名稱統一，本文所探討的《嘉義縣志》，實則新修，故稱《新修嘉義縣志》，俾利正確分辨，以免與舊《嘉義縣志》混淆。

〔註 20〕 方志中編輯收錄的詩文多稱爲〈藝文志〉，但據嘉義、桃園縣志各版縣志中的藝文志名稱，除《新修桃園縣志》名爲〈藝文志〉，餘者藝文志之名不一，有以〈藝文篇〉、〈學藝志〉、〈文學志〉、〈藝術志〉，因此，本文論述的藝文志稱爲「藝文方志」，合先敘明。

〔註 21〕 教育部國語推行委員會編纂，《重編國語辭典修訂本》網路版，2012 年 7 月 24 日查詢 http://dict.revised.moe.edu.tw/cgi-bin/newDict/dict.sh?idx=dict.idx&cond=%BBO%C6W%A6a%B0%CF&pieceLen=50&fld=1&cat=&imgFont=1。

　　因此，本文雖以《新修嘉義縣志》、《新修桃園縣志》為主要研究對象，但研究之路上，首先，乃按承襲先後，觀察流變，從微觀歷史角度，依時代的先後，論述中國傳統修志和臺灣修志的獨特發展，延展研究課題。其次，深入分析《新修嘉義縣志》及《新修桃園縣志》其纂修的背景、團隊、審查機制、內容和結構等，綜合比較歸納，試圖釐清二者之間的差異性。最後，擬從現存先秦以降的歷代史籍，觀察中國古代對於「藝文」之釋義、正史〈藝文志〉和方志〈藝文志〉之面向，再對以戰後嘉義、桃園縣歷次纂修縣志中，凡收錄藝文或專志藝文方志，逐一進行梳理，據以觀察其內容與架構，分析徵引資料、圖表紀、收錄人數和編纂成員等，正確地掌握歷次嘉義、桃園縣志中藝文志之纂修，進而對《新修嘉義縣志》與《新修桃園縣志》藝文志的特色與價值，做合理的論述。

　　另就研究時間斷限而言，民國三十四年（1945）是臺灣史非常重要的時間，且本文研究的《新修桃園縣志》直至 2010 年 9 月始出版，因此，有關戰後臺灣方志的時間斷限，遂以民國三十四年（1945）做為起點，民國九十九年（2010）做為終點。簡言之，本文收錄現存臺灣方志，其出版年代截至 2010 年 12 月底。

　　再就探究的範圍而言，本文擇嘉義縣、桃園縣政府所編纂之《新修嘉義縣志》、《新修桃園縣志》二部志書為主要探究對象，乃因此二部方志，具有以下共通之處：

（一）出版時間相近

　　《新修嘉義縣志》在民國九十八年（2009）十二月出版。《新修桃園縣志》在民國九十九年（2010）九月出版，二書時間相隔僅短短九個月，出版時間十分接近。

（二）同一級志書

　　我國歷代行政區域劃分，初由秦漢時代的郡、縣二級制，到魏晉南北朝時代的州、郡、縣三級制，次由隋和唐前期的州、縣二級制，到唐開元至五代時的道、州、縣三級制，再由兩宋時（包括金）的路、州、縣三級到元以後以省領道、路、府、州、縣多級制，或省、府、縣三級制。演變的規律是政區越劃越多，越劃越小；但最常見是三級制。〔註22〕民國三十四年（1945）

〔註22〕林天蔚，《方志學與地方史研究》（臺北：南天書局，1995 年 7 月），序。

十月，臺灣光復，又改州為縣、改郡為區，嘉義、東石仍隸臺南縣，嘉義市則改省轄市，民國三十九年（1950）九月，臺灣省調整行政區劃，以嘉義市（改縣轄市）及嘉義、東石二區設置嘉義縣；桃園縣則由新竹縣分設為縣級行政區。

（三）皆為新修

傳振倫強調，修志之道，先嚴體例，義不先立，例無由起，故志家必以凡例冠之。〔註23〕《新修嘉義縣志》凡例有言，編纂團隊重新纂修縣志，上限從嘉義縣有史可稽以來，視史料有無多寡纂修至民國九十五年（2006）〔註24〕；《新修桃園縣志》則時間斷限，起自民國四十二年（1953），終至民國九十三年（2004）底，並針對民國四十一年（1952）前既有縣志之缺漏，加以增補修訂，使舊志與新修縣志得以結合，即納入舊有資料並重編形式。〔註25〕

二、研究方法

本文研究之方法，乃以客觀的立場、平實的態度，就相關資料，進行全面比較、分析與詮釋，希望能夠藉此瞭解戰後臺灣縣（志）纂修發展概況。為探究戰後臺灣方志纂修情形，一定要有很充實的資料，因此，搜集資料成為本研究非常重要的工作之一。搜集、整理、考辨之資料，包括文獻記載、方志資料庫和調查訪問資料。本文首先掌握「縣、市志」史料，凡於民國三十四年至民國九十九年（1945～2010），由內政部、臺灣省政府、或縣市政府及各鎮市公所公開發行，且確實以「縣、市志」為名者之臺灣縣（市）志書，皆為本文所搜集之基本史料。此外，舉凡國史館台灣文獻館、臺北市文獻館及各地縣市政府、鄉鎮市公所的文書檔案、舊史志資料、報章雜誌、私人著述的回憶錄、工商業資料、採訪紀錄、民間傳說等資料，均具參考價值。其他與本文有關之法令如「地方志書纂修辦法」等，雖已經公告廢止，但因與志書的纂修過程有關，故亦需探究原始條文。〔註26〕徵集資料力求顧

〔註23〕傅振倫，《中國方志學通論》（臺北：臺灣商務印書館，1966年12月），頁110。

〔註24〕雷家驥、吳昆財，《嘉義縣志》〈卷首〉（嘉義：嘉義縣政府，2009年12月），頁91，《嘉義縣志》凡例二。

〔註25〕鄭政誠，《新修桃園縣志·志首》（桃園：桃園縣政府，2010年9月），頁146，《新修桃園縣志》凡例二、三。

〔註26〕中華民國政府1944年頒佈「地方志書纂修辦法」，在台灣展開地方志書纂修工作，但該條文已於2003年1月30日廢止。筆者於2010年10月5日上午八時，經由內政部部長信箱請求協助查詢，內政部隨即於2010年10月5日，

及全面性。

　　近來史學研究陸續整合其他學科的研究方法，使理論基礎更穩固，事實更明晰。本文究除以歷史編纂法、歷史研究法、搜集排比法、比較法、文獻資料分析法、綜合法、演繹法、訪問法、考證法、正誤法、校勘法、輯佚法等社會科學的研究方法，再輔以其他文獻資料交互考證、詮釋、析疑、辨異外，還利用口述歷史〔註 27〕、新聞學，採訪戰後臺灣縣（市）志纂修之總編纂外，並將人類學的田野調查資料融入文獻。對數字以表格和計量統計呈現，俾使讀者從繁瑣的數字中，簡明扼要地掌握數字的意義，期能全面深入探究志書纂修之相關問題，試途尋找解決之道，予以新意義、新價值，建構新特色，期能為方志學、地理學、地圖學等相關研究領域，提供微薄之力。

　　也就是詢問當天的下午二點立即回覆，內政部部長信箱 e 網，便民服務值得嘉許。相關原始條文可從網址 http://law.moj.gov.tw/LawClass/LawAll.aspx?PCode=D0020026 全國法規資料庫搜尋供參，十分便利。

〔註 27〕口述歷史是中央研究院近代史研究所採集史料的重要工作之一。1955 年，郭廷以創辦近史所時，為展開研究工作，除徵集檔案文獻之外，也重視口述歷史。他認為口述史料與其他史料相對照，可以解決若干歷史問題，澄清若干歷史真相。因此，1959 年積極推動口述歷史。當近史所展開訪問工作時，美國哥倫比亞大學東亞研究所也在前一年進行中國重要人物口述訪問計畫，雙方因此在 1960～1962 年建立合作關係，並互換訪問紀錄。1962～1972 年，近史所在美國福特基金會資助下，擴大訪問計畫，並將台灣籍重要人物納入訪問計畫。自 1959～1972 年，這一階段的訪問對象以黨、政、軍、外交、交通、財經、學術各界人士為主，共訪問七十餘人，其中以北洋政府、國民政府或各地軍系如桂系、西北軍有深厚淵源的軍事將領居多。此外，也有少數家族史、婦女史的訪問。自福特基金補助結束後，近史所暫停訪問工作。1984 年，呂實強所長徵得院方同意後，成立「口述歷史組」，再積極展開訪問工作。訪問對象除遵循以往既有方向繼續訪問知名度較高的重要人物外，也重視影響臺灣發展的台籍人士的訪問。1985 年起，並展開企業界、科學界、醫學界、藝術界、婦女界、考古界、體育界人士及中研院院士的訪問。自 1976～2008 年，共進行一百二十餘位個人生命史的訪問。1986 年起，為配合同仁研究專題及接受委託案，展開相關人物的專題訪問，以及重要歷史事件之參與者與見證人的訪問。前者如「唐榮鐵工廠專題研究」、「台南幫企業相關人物」、「走過兩個時代的職業婦女」、「海軍人物」、「菲律賓華僑華人」、「都市計畫前輩人物」、「日治時期在滿洲的臺灣人」、「九二一震災」、「郭廷以門生故舊」、「烽火歲月下的中國婦女」、「道德會相關人物」、「臺灣高速鐵路建設相關人物」，後者如「二二八事件」、「孫立人案」、「戒嚴時期政治案件」、「煙臺聯中澎湖冤獄案」、「泰源監獄案」、「美麗島事件」、「台獨相關人物」等。這些專題與歷史事件，至 2008 年已訪問九百八十七人，其中以二二八事件、政治案件居多，約占半數以上。見中央研究院近代史研所 http://140.109.152.48/oralhistory/index.html。

第三節　文獻探討

　　由於方志內涵豐富，故中國歷代學者皆有利用方志材料著書立說者，譬如明末清初即有顧炎武（1613～1682）《天下郡國利病書》〔註28〕、清代有朱彝尊《日下舊聞》、陸心源《宋史翼》。近代有梁啓超《清代學者整理舊學的總成績——方志學》〔註29〕（1924）、李泰棻《方志學》〔註30〕（1935）、傅振倫《中國方志學通論》〔註31〕（1966）、何炳棣《中國會館史論》〔註32〕（1966）等，歷來前賢或從方志學史的角度，或以自身修志經驗，提出對方志學或方志纂修之研究文獻，惟如加分類，則大約可分為以下幾個部分：

一、舊志整理

　　在舊志進行整理、輯錄工作方面，以朱士嘉最具成果，且有開創之功，其著有《中國地方志綜論》（1934）、《美國國會圖書館藏中國方志目錄》〔註33〕，《美國國會圖書館藏中國方志目錄》，是以美國圖書館館藏中國自宋代熙寧九年（1076）起，至民國三十年（1941）止，中國各省、各府州縣、各鄉鎮的方志二千九百三十九種、六千九百八十九卷。其中，臺灣方面則收錄有《臺灣府志》、《臺灣縣志》、《鳳山縣志》、《彰化縣志》、《淡水廳志》、《諸羅縣志》、《噶瑪蘭廳志》等，有助於瞭解海外收藏我國方志的情形。

　　另外，張國淦的《中國古方志考》〔註34〕、劉緯毅的《漢唐方志輯佚》〔註35〕（1997），是根據唐人史注、唐宋類書、地理志以及文集筆記等，引徵漢唐方志的記述，輯佚所得中國漢代至唐代失傳的方志，存世的方志則不收。此外，《中國地方志聯合目錄》〔註36〕、《臺灣公藏方志聯合目錄》〔註37〕、

〔註28〕〔清〕顧炎武，《天下郡國利病書》上海涵芳樓景印崑山圖書館藏稿本（臺北：臺灣商務印書館，1967年）。
〔註29〕梁啓超，《中國近三百年學術史——清代學術概論合刊》（臺北：里仁書局，2009年9月）。
〔註30〕李泰棻，《方志學》（臺北：臺灣商務印書館，1935年1月）。
〔註31〕傅振倫，《中國方志學通論》（臺北：臺灣商務印書館，1966年12月臺一版）。
〔註32〕何炳棣，《中國會館史論》（臺北：臺灣學生書局，1966年2月）。
〔註33〕朱士嘉，《美國國會圖書館藏中國方志目錄》（臺北：新文豐出版公司，1985年2月）。
〔註34〕張國淦，《中國古方志考》（臺北：鼎文書局，1974年10月）。
〔註35〕劉緯毅，《漢唐方志輯佚》（北京：北京圖書館出版社，1997年12月）。
〔註36〕中國科學院北京天文臺主編，《中國地方志聯合目錄》（中國上海：上海商務印書館，1935年12月）。

《中華民國臺灣地區公藏方志目錄》〔註38〕也可幫助讀者了解海峽兩岸現存歷代方志存放地點，及保存狀況。

二、專書

　　包括唐祖培《新方志學》〔註39〕（1955）、黎錦熙《方志今議》〔註40〕（1982）、宋晞《方志學研究論叢》〔註41〕（1990）、來新夏《方志學概論》（1983）及《中國地方志》〔註42〕（1995）、林天蔚《方志學與地方史研究》〔註43〕（1995）及《地方文獻研究與分論》〔註44〕（2006），杜學知《方志學管窺》〔註45〕（1973）、毛一波《方志新論》〔註46〕（1975）、林衍經《方志學綜論》〔註47〕（1988）、陳捷先《清代臺灣方志研究》〔註48〕（1996）、及《東亞古方志學探論》〔註49〕（1998）、王良行《鄉鎮志撰修：實務手冊》〔註50〕（1999）、黃秀政《臺灣史志論叢》〔註51〕（1999）及《臺灣史志新論》〔註52〕（2007）、于希賢《簡明中國方志學大綱》〔註53〕（2000）、巴兆祥《方志學新論》〔註54〕（2004）、倉修良《倉修良探方志》〔註55〕（2005）

〔註37〕國立中央圖書館特藏組編，《臺灣公藏方志聯合目錄》（臺北：國立中央圖書館，1981年10月）。

〔註38〕王德毅，《中華民國臺灣地區公藏方志目錄》（臺北：漢學研究資料及服務中心，1985年3月）。

〔註39〕唐祖培，《新方志學》（臺北：華國出版社，1955年7月）。

〔註40〕黎錦熙，《方志今議》（北京：中國展望出版社，1982年10月，據北京影印版）。

〔註41〕宋晞，《方志學研究論叢》（臺北：臺灣商務印書館，1990年9月）。

〔註42〕來新夏，《中國地方志》（臺北：臺灣商務印書館，1995年9月）。

〔註43〕林天蔚，《方志學與地方史研究》（臺北：南天書局，1995年7月）。

〔註44〕林天蔚，《地方文獻研究與分論》（北京：北京圖書館出版社，2006年12月）。

〔註45〕杜學知，《方志學管窺》（臺北：臺灣商務印書館，1973年12月）。

〔註46〕毛一波，《方志新論》（臺北：正中書局，1975年5月臺一版）。

〔註47〕林衍經，《方志學綜論》（上海：華東師範大學出版社，2008年10月第二版）。

〔註48〕陳捷先，《清代臺灣方志研究》（臺北：臺灣學生書局，1996年8月）。

〔註49〕陳捷先，《東亞古方志學探論》（臺北：聯經出版公司，1998年1月）。

〔註50〕王良行，《鄉鎮志撰修：實務手冊》（臺中：文建會中部辦公室、國立中興大學，1999年9月）。

〔註51〕黃秀政，《臺灣史志論叢》（臺北：五南圖書出版公司，1999年6月）。

〔註52〕黃秀政，《臺灣史志新論》（臺北：五南圖書出版公司，2007年9月）。

〔註53〕于希賢，《簡明中國方志學大綱》（臺北：文史哲出版社，2000年8月）。

〔註54〕巴兆祥，《方志學新論》（上海：學林出版社，2004年6月）。

〔註55〕倉修良，《倉修良探方志》（上海：華東師範大學出版社，2005年10月）。

等人鑽研於方志學術領域。

三、學位論文

　　除上述以研究方志爲範疇之專書外，戰後兩岸碩、博士生對於志書的研究，則方興未艾。有關近年來兩岸以方志爲研究的碩、博士論文概況，經搜集、爬梳、整理，茲分述如下〔註56〕：

（一）臺灣方面

　　1978 年起，臺灣研究生始出現利用方志材料做爲碩、博士論文的研究題目，其中，以洪金進《章實齋之方志學說》〔註57〕碩士論文爲首位，迄今累計已多達二十三篇。茲就相關論文，舉其大要，分述如下：

1.研究方志之專家學者

　　章學誠（1738～1801），是清代學術史上極具代表性之學者，其學說所涵蓋之範疇，包括有經學、史學、文學、方志學、校讎學以及經世思想等諸多層面，而被後人推爲歷史派的方志學家。因此，不僅在大陸有人以章學誠爲研究對象，臺灣學術界亦然，例如呂敏惠的《章學誠方志學研究》〔註58〕、宋天瀚的《論章學誠的方志理論與「方志學」》〔註59〕及蔡琳堂的《章學誠「六經皆史」說之理論與實踐——以方志編纂爲考察重點》〔註60〕及王依婷的《章學誠方志學研究》〔註61〕。此外，尚有林姿華的《謝肇淛方志學研究——以《滇略》、《萬曆永福縣志》爲範圍》〔註62〕、潘是輝的《林豪編纂地方志書

〔註56〕本文有關兩岸以方志爲研究的碩博士論文，其中，大陸方面是收錄中國知識資源總庫—— CNKI 系列數據庫 http://cnki50.csis.com.tw/kns50/single_index.aspx，收錄時間從 1999 年迄今。臺灣方面的碩博士論文則主要係以國家圖書館所收錄爲對象。

〔註57〕洪金進，《章實齋之方志學說》，國立高雄師範大學國文學系碩士論文，1978年。

〔註58〕呂敏惠，《章學誠方志學研究》，國立臺灣大學中國文學研究所碩士論文，1994年。

〔註59〕宋天瀚，《論章學誠的方志理論與「方志學」》，中國文化大學史學研究所碩士論文，1996 年。

〔註60〕蔡琳堂，《章學誠「六經皆史」說之理論與實踐——以方志編纂爲考察重點》，淡江大學中國文學系碩士論文，2001 年。

〔註61〕王依婷，《章學誠方志學研究》，臺灣大學中國文學研究所碩士論文，2008年。

〔註62〕林姿華，《謝肇淛方志學研究——以《滇略》、《萬曆永福縣志》爲範圍》，國立高雄師範大學國文教學碩士班碩士論文，2004 年。

的理念與實踐》〔註63〕爲題。

2. 考訂整理方志纂修

地方志是研究一地文獻的重要資料，但因歷來朝代更迭，典籍散佚嚴重，尤其是地理圖集，散亡的更嚴重。且方志卷帙浩瀚，爲便利台灣歷史的研究者整理台灣的文獻；盧胡彬的《清代臺灣方志之研究》〔註64〕乃從事整理與考訂「清代台灣方志」的工作爲主，並補述「使用清代台灣方志應注意的事項」。另外，李佩穎《宋代地方志藝文資料述論》〔註65〕則透過宋代二十九部地方志，從中分析所收錄的藝文資料，詳細比對資料，並探討資料是否與明、清地方志中藝文志、經籍志有延承關係。

還有，劉廷祥《我國方志地圖的研究：以明代方志地圖爲例》〔註66〕、賴弘文《清代方志地圖的研究》〔註67〕即以方志地圖做爲研究對象；顏閔傑的《運用方志圖版解析明清地方城市空間結構》〔註68〕更是藉由城市形態因子，解析明清地方城市方志圖版，而建立明清地方城市形態資料庫，並以內部空間及外在環境等因子，進行比較分析，對地圖學研究而言，都具有相當的貢獻。

至於林士恆以《臺灣清代方志研究——以府、廳、縣志爲例》〔註69〕探究臺灣清代方志之纂修與《大清一統志》、《福建省通志》、《臺灣省通志》及參與纂修之人員之出身背景、官職、纂修之經費及志書的體例、內容。謝維倫，《以圖觀史——晚清臺灣方志地圖與涉外事件》〔註70〕、劉郡芷以《清代

〔註63〕潘是輝，《林豪編纂地方志書的理念與實踐》，國立中正大學歷史所博士論文，2005年。
〔註64〕盧胡彬，《清代臺灣方志之研究》，中國文化大學歷史研究所碩士論文，1984年。
〔註65〕李佩穎，《宋代地方志藝文資料述論》，國立台北大學古典文獻學研究所碩士論文，2009年。
〔註66〕劉廷祥，《我國方志地圖的研究：以明代方志地圖爲例》，中國文化大學地學研究所碩士論文，1993年。
〔註67〕賴弘文，《清代方志地圖的研究》，中國文化大學地學研究所碩士論文，1996年。
〔註68〕顏閔傑，《運用方志圖版解析明清地方城市空間結構》，中國技術學院建築研究所碩士論文，2004年。
〔註69〕林士恆，《臺灣清代方志研究——以府、廳、縣志爲例》，國立臺北大學古典文獻學研究所碩士論文，2008年。
〔註70〕謝維倫，《以圖觀史——晚清臺灣方志地圖與涉外事件》，國立臺灣師範大學台灣史研究所碩士論文，2011年。

台灣方志中文化資產記載之研究》〔註71〕、鄭龍琪以《清代科舉考生的赴考旅費補助研究——以方志所見的賓興活動爲中心》〔註72〕、許宗傑以《清代澎湖方志研究》〔註73〕，及吳宜蓉的《帝國制式的文化鏡映——清代臺灣方志的纂修視域及其〈風俗〉類中所再現的臺人之相》〔註74〕等，多以清代臺灣方志爲中心。此外，李文玉的《戰後北臺灣縣市志纂修之研究》〔註75〕則以北臺灣之縣、市志爲範疇，由纂修之緣由、負責修志之機關、纂修人員之背景及縣、市志之內容體例等面相，探討戰後北臺灣方志纂修工作之轉變。此篇雖以北臺灣縣市志纂修爲研究對象，但已十分難得。

3. 方志與文學

張鈺翎在《清代臺灣方志中藝文志之研究》〔註76〕（2003）中，以清領臺灣二百一十二年間出版的方志〈藝文志〉，解讀清領時期臺灣古典文學的創作群組及其創作取向。還有王曉瑜的《明清浙江地方志「藝文經籍」資料研究——以形式暨體例爲主》〔註77〕（2010）主要針對地方志中藝文經籍資料作一深入彙整；許博凱《帝國文化邏輯的展演——清代臺灣方志之空間書寫與地理政治》〔註78〕則分別從清帝國的立場看臺灣、邊陲臺灣看中國內地，透過描寫臺灣與中國的一體感，探討被派往臺灣工作官員的焦慮。游建興的《臺灣方志中神話與傳說研究》〔註79〕，則利用清代時期編纂的台灣方志

〔註71〕劉郡芷，《清代台灣方志中文化資產記載之研究》，臺北藝術大學建築與古蹟保存研究所碩士論文，2009年。

〔註72〕鄭龍琪，《清代科舉考生的赴考旅費補助研究——以方志所見的賓興活動爲中心》，國立成功大學歷史學系碩士論文，2009年。

〔註73〕許宗傑，《清代澎湖方志研究》，中國文化大學中國文學系碩士論文，2010年。

〔註74〕吳宜蓉，《帝國制式的文化鏡映——清代臺灣方志的纂修視域及其〈風俗〉類中所再現的臺人之相》，淡江大學歷史學系碩士在職專班碩士論文，2010年。

〔註75〕李文玉，《戰後北臺灣縣市志纂修之研究》，國立中央大學歷史研究所碩士論文，2001年。

〔註76〕張鈺翎，《清代臺灣方志中藝文志之研究》，國立政治大學中國文學研究所碩士論文，2003年。

〔註77〕王曉瑜，《明清浙江地方志「藝文經籍」資料研究——以形式暨體例爲主》，國立臺北大學古典文獻學研究所碩士論文，2010年。

〔註78〕許博凱，《帝國文化邏輯的展演——清代臺灣方志之空間書寫與地理政治》，國立清華大學臺灣文學研究所碩士論文，2007年。

〔註79〕游建興，《臺灣方志中神話與傳說研究》，佛光大學文學系博士論文，2009年。

中，所流傳地方的神話與傳說加以研究。

4. 方志與文化

鑽研方志者，除了有以上整理考訂建立史料、文學創作之外，方志與我們的生活習習相關。趙俊祥《台灣古蹟的歷史形成過程──以清代志書「古蹟」爲探討》〔註80〕（2002）、潘信羽《明代方志中的孝感神異：兼論其比較宗教之意涵》〔註81〕（2008），二人分別從古蹟、宗教入門。其中，趙俊祥在文中嚐試從清代志書古蹟中，追溯最早有系統的古蹟文本史料，研究台灣古蹟的起源與歷史形成過程，尋找與現今古蹟定義的演變關係，釐清歷史記憶與文化內涵之由生，顯現古蹟的歷史脈絡與時代意義，接壤過去的文化傳統，建立眞正奠基於本土的古蹟觀念與保存論述；潘信羽則以明代成書的方志爲範圍，時間斷限在萬曆以前的孝感事跡，進行量化統計，掌握明人如何理解、定位孝感的知識分類，再歸納出孝感事跡的性質與敘事類型，孝感所衍生出中國人的命數觀、報應思想、氣感論、代償性的犧牲、孝道實踐的激烈性、幼教與親子關係等議題，作者並以《新約全書》與中國的孝感義行事跡參照，試圖呈現不同文化脈絡的宗教邏輯，對於奇蹟的認知、詮釋以及神異之異同，以中世紀教廷封聖的情況與孝感的官方追認相比，藉由訴諸奇蹟個案的眞實性，兩者呈現的態度上落差，顯露宗教權威的不同介入、滲透方式。

（二）大陸方面

在大陸以方志做爲碩、博士研究者，除有王嘉煒的《章學誠安徽方志的編纂理論與實踐》〔註82〕以研究著名史學家、方志學理論家章學誠等人外，其他研究者，則分別從方志目錄學等研究領域出發，還有研究者是從纂修者影響志書編排的風格切入，或藉由志書的資料，循線釐清明清時期中國鹽業發展。此外，還有以陝西方志輿圖實踐歷史地理學理論、或者探究四川漢族婚俗、植物名、西藏方志、山東方志等，對於方志體例順應潮流提出變革之道，甚至還有金代文學研究，期能補中國文學史之不足。茲將相關論文分述

〔註80〕 趙俊祥，《台灣古蹟的歷史形成過程──以清代志書「古蹟」爲探討》，國立中央大學歷史研究所碩士論文，2002年。

〔註81〕 潘信羽，《明代方志中的孝感神異：兼論其比較宗教之意涵》，國立政治大學宗教研究所碩士論文，2008年。

〔註82〕 王嘉煒，《章學誠安徽方志的編纂理論與實踐》，山東大學中國古代史碩士論文，2008年。

如下：

1. 近代研究方志之專家學者

王嘉煒在《章學誠安徽方志的編纂理論與實踐》中，研究著名方志學理論家章學誠先後總纂和參與修纂方志，但是章學誠主修之方志，僅《和州志》、《永清縣志》《亳州志》、《湖北通志》四部，其中《和州志》是章學誠平生第一次獨立纂修的方志，完整體現章學誠早期的方志思想，此外，章學誠創立「前志列傳」等一系列修志體例，並在《亳州志》設立「掌故」與「人表」體例。

除以章學誠爲研究對象外，李鵬連的《鄒漢勛與晚清方志學》〔註 83〕則以晚清著名的經學家、方志學家鄒漢勛（1805～1853）爲對象，研究其一生致力於纂修志書，協助鄧顯鶴纂修《寶慶府志》和《武岡州志》，晚期纂修貴州四府志《貴陽府志》、《大定府志》、《安順府志》、《興義府志》，鄒漢勛纂修的志書，被梁啓超的《中國近三百年學術史》列爲名志。

2. 考訂整理方志纂修

計有衡中青《地方志知識組織及內容挖掘研究以〈方志物產・廣東〉爲例》〔註 84〕、王興亮《愛國之道，始自一鄉——清末民初鄉土志書的編纂與鄉土教育》〔註 85〕、劉玉玉《學必始於鄉土，而後可通於天下——清末民初的鄉土志書探析》〔註 86〕、紀麗眞《明清山東鹽業研究》〔註 87〕、于風軍《符號、景觀與空間結構——基於陝西方志輿圖（明至民國）的景觀歷史地理研究》〔註 88〕、滕樹立《民國時期貴州方志纂修述論》〔註 89〕等，及蓬廣

〔註 83〕 李鵬連，《鄒漢勛與晚清方志學》，蘭州大學中國古典文獻學碩士論文，2007年。

〔註 84〕 衡中青，《地方志知識組織及內容挖掘研究——以《方志物產・廣東》爲例》，南京農業大學科學技術史博士論文，2007年。

〔註 85〕 王興亮，《愛國之道，始自一鄉——清末民初鄉土志書的編纂與鄉土教育》，復旦大學中國古代史博士論文，2007年。

〔註 86〕 劉玉玉，《學必始于鄉土，而后可通于天下——清末民初的鄉土志書探析》，華東師範大學史學理論與史學史碩士論文，2008年。

〔註 87〕 紀麗眞，《明清山東鹽業研究》，山東大學中國古典文獻學博士論文，2006年。

〔註 88〕 于風軍，《符號、景觀與空間結構——基于陝西方志輿圖（明至民國）的景觀歷史地理研究》，陝西師範大學歷史地理學博士論文，2005年。

〔註 89〕 滕樹立，《民國時期貴州方志纂修述論》，山東大學史學理論及史學史碩士論文，2008年。

震《民國山東方志纂修研究》〔註90〕以山東方志編修在短短三十八年時間，修訂志書百餘種，其中省志四部、縣（州）志九十八種，年均數近三部，方志纂修者順應社會潮流，在志書記述內容、體例及編纂方法等變革創新，使得我國封建社會流傳千百年的舊方志，發生轉折性的變化，爲方志編纂提供借鑒。

付偉《清初廣東方志話語表達研究》〔註91〕，係研究清初廣東方志纂修的社會背景、又彭升紅《清代民國西藏方志研究》〔註92〕、廖瑋婧《清末民初巴蜀方志植物名研究》〔註93〕分別對西藏所存的方志，和巴蜀方志中的植物名誤釋，均有其貢獻。

3. 方志與文學

李宇星《山西方志所載金代作家資料研究》〔註94〕、師瑩的《河南方志所載金代作家傳記資料匯考》〔註95〕，二人均以方志中的金代文學爲研究重點。前者歷時一年六個月，查閱一百一十六種山西方志，對照《中州集》、《金史》、《歸潛志》、《增補中州集》、《全遼金詩》、《全遼金文》，最後選擇一百五十多位有作品傳世的作家的傳記及其作品資料，進行研究。後者則在河南省九十四個州縣志、一百一十五本地方志建立基礎文獻資料，從中整理河南地方志中記載的金代作家的詩文和傳記資料。二人研究，對於中國文學史之金代文學具有參考價值。此外，孫福海《衛藏方志雪域奇葩——《西藏賦》研究》〔註96〕，說明《西藏賦》是一部以賦的形式，反映西藏的作品，賦採用韻文與注文的形式，詳細地記述西藏物產、疆域、寺廟、金瓶掣簽制度、佛

〔註90〕 蓬廣震，《民國山東方志纂修研究》，山東大學史學理論及史學史碩士論文，2008年。

〔註91〕 付偉，《清初廣東方志話語表達研究》，暨南大學歷史文獻學碩士論文，2008年。

〔註92〕 彭升紅，《清代民國西藏方志研究》，四川師範大學中國近現代史碩士論文，2008年。

〔註93〕 廖瑋婧，《清末民初巴蜀方志植物名研究》，四川師範大學語言學及應用語言學碩士論文，2008年。

〔註94〕 李宇星，《山西方志所載金代作家資料研究》，山西大學中國古代文學碩士論文，2007年。

〔註95〕 師瑩，《河南方志所載金代作家傳記資料匯考》，山西大學中國古代文學碩士論文，2007年。

〔註96〕 孫福海《衛藏方志　雪域奇葩——《西藏賦》研究》，西藏民族學院中國古代文學碩士論文，2009年。

教節日、西藏與歷代中央政權的關係，具有文獻價值。

4. 方志與文化

劉世余《方志視角下的桂南平話研究》〔註97〕，以桂南方志等社會歷史資料爲依據，以現代語言研究成果爲參照，分別考察桂南平話的分布、來源和形成時代，重點探討桂南平話的語言特徵，並指出其演變的歷史趨勢。〔註98〕該文利用歷史資料，再與當地語言進行比較，論證桂南平話的形成歷史和演變過程，以此達到「以史證言」、「以言證史」原則。

劉良軍《四川方志漢族婚俗詞語文化義研究》〔註99〕，用心地整理《巫山縣志》、《清溪縣志》、《郫縣志》等四川方志中漢族婚俗詞語，再輔以實地調查所得材料，挖掘乾嘉年間迄今二百多年的詞語，其背後蘊藏的民俗內涵，借由研究四川方志中婚俗語料，以探究四川漢族舊式婚俗。

四、單篇論文

就相關方志之單篇論文而言，海峽兩岸的文獻資料大致如下：

（一）臺灣方面

有關方志的單篇論文，係多以探討臺灣縣（市）志的社會人類、民俗風情、地理景觀、宗教信仰等，例如程俊南〈清代臺灣方志在社會人類學的材料——以「臺灣府志」與「諸羅縣志」有關 1717 年以前的平埔族風俗紀錄爲例〉〔註100〕、婁子匡的〈陳夢林與「諸羅縣志」（臺澎人物傳）〉〔註101〕、林

〔註97〕劉世余，《方志視角下的桂南平話研究》，廣西大學漢語言文字學碩士論文，2007 年。

〔註98〕所謂「桂南平話」，指歷史上因戰事而移居到廣西的中原漢族軍民所說，同時又受到當地方言影響而最後形成的一種漢語方言；這種漢語方言的「根」，仍然屬於當時北方官話。歷史上的桂南平話分布區域，跟現代桂南平話基本一致，其來源是因宋朝軍事移民而遷入桂南的北方軍民所說的中原官話。「平話」特點就是語音平直、聲調平和，這是對其自身語音特點的概括說法。桂南平話的形成歷史，大約在北宋末期完成。見劉世余，《方志視角下的桂南平話研究》，廣西大學漢語言文字學碩士論文，2007 年。

〔註99〕劉良軍，《四川方志漢族婚俗詞語文化義研究》，四川師範大學漢語言文字學碩士論文，2008 年。

〔註100〕程俊南，〈清代臺灣方志在社會人類學的材料——以「臺灣府志」與「諸羅縣志」有關 1717 年以前的平埔族風俗紀錄爲例〉，《臺灣風物》（臺北），第四十九卷第二期，1999 年 6 月，頁 65～88。

〔註101〕婁子匡，〈陳夢林與「諸羅縣志」（臺澎人物傳）〉，《臺北文獻》（臺北），1969 年 12 月，頁 37～39。

玲君的〈由諸羅縣志風俗志看漢、番俗間的涵化關係〉〔註102〕、池永歆的〈清初詩文所描述的臺灣地理景觀（上）——以「諸羅縣志」阮蔡文詩爲例〉〔註103〕、〈清初詩文所描述的臺灣地理景觀（下）——以「諸羅縣志」阮蔡文詩爲例〉〔註104〕、〈清初異己空間的書寫：《諸羅縣志》「番俗考」中的想像的地理〉〔註105〕及阮忠仁的〈《諸羅縣志》的地理認知——「內山」定義〉〔註106〕等，均與《諸羅縣志》有關。

　　其中，池永歆嘗試以清初《諸羅縣志》所載詩文爲軸，相關詩文爲輔，一探當時詩文所描述之景觀所呈現的特色，以瞭解三百年來臺灣地理景觀的變遷外，並以《諸羅縣志》中「風俗志‧番俗考」爲探究的起點，一探清官以何種認識的模式來論述原住民。

　　另以《嘉義縣志》相關爲題的單篇論文，則有黃文榮、劉玲慧的〈論嘉義縣志、革命志——以拒清運動林恭案爲例〉〔註107〕、黃文榮〈論「雲林縣志稿」與「嘉義縣志」的人物纂修〉〔註108〕、潘是輝〈嘉義地區媽祖信仰之研究——《嘉義市志》與《新修嘉義縣志》〉〔註109〕等。

（二）大陸方面

　　中國大陸也有多篇相關單篇論文，例如黃躍榮在〈陳夢林與臺灣第一部縣志《諸羅縣志》〉〔註110〕一文中，強調臺灣第一部縣志《諸羅縣志》編撰態

〔註102〕林玲君，〈由諸羅縣志風俗志看漢、番俗間的涵化關係〉（1982），《臺灣風物》（臺北），第三十二卷第三期，1982 年 9 月，頁 25～36。

〔註103〕池永歆，〈清初詩文所描述的臺灣地理景觀（上）——以「諸羅縣志」阮蔡文詩爲例〉，《鵝湖雜誌》（臺北），第二八六期，1999 年 4 月，頁 39～41。

〔註104〕池永歆，〈清初詩文所描述的臺灣地理景觀（下）——以「諸羅縣志」阮蔡文詩爲例〉，《鵝湖雜誌》（臺北），第二八七期，1999 年 5 月，頁 41～48。

〔註105〕池永歆，〈清初異己空間的書寫：《諸羅縣志》「番俗考」中的想像的地理〉，《人文研究期刊》（嘉義）第一期，2005 年 12 月，頁 159～174。

〔註106〕阮忠仁，〈《諸羅縣志》的地理認知——「內山」定義〉，《第三屆嘉義研究學術研討會論文集》（嘉義），2008 年 2 月，頁 33～72。

〔註107〕黃文榮、劉玲慧，〈論嘉義縣志、革命志——以拒清運動林恭案爲例〉，《嘉義縣文獻》（嘉義縣），第三十一期，2003 年 12 月，頁 161～179。

〔註108〕黃文榮，〈論「雲林縣志稿」與「嘉義縣志」的人物纂修〉，《臺灣文獻》（南投），第五十五期，2004 年 6 月，頁 131～149。

〔註109〕潘是輝，〈嘉義地區媽祖信仰之研究——《嘉義市志》與《新修嘉義縣志》〉，《嘉義研究》（嘉義縣），2010 年 9 月，頁 139～176。

〔註110〕黃躍榮，〈陳夢林與臺灣第一本縣誌「諸羅縣志」陳夢林與臺灣第一部縣志《諸羅縣志》〉，《臺灣源流》（臺中），第二十三期，2001 年 9 月，頁 68～72。

度嚴謹，資料豐富，體例完備且多有創新。志中設附論、附錄和按語，用以發表作者的見解，或考證歷史源流，爲糾謬和正源提供了有價值的豐富資料，志書抨擊科舉制度弊端，體現無神論思想，《諸羅縣志》成爲後來臺灣方志撰修的模板；此外，郭偉展在〈臺灣《諸羅縣志》評介〉〔註111〕一文中，則肯定《諸羅縣志》體例完備、內容翔實、語言精練和文體統一，具有可靠性、批判性和創見性。

　　綜上所述，研究方志的兩岸碩、博士學位論文及單篇論文，其以學者爲研究對象、或以整理史料爲旨、或爲文學創作，或與文化有關，論文內容各具特色，論述志書纂修時間，多以晚清民初爲主。

五、戰後臺灣方志纂修之研究

　　至於戰後臺灣縣（市）志研究，早在民國三十九年（1950）在《臺灣省通志稿》纂修之際，即有人爲文針對方志體例綱目及纂修方法提出見解，例如楊雲萍的〈臺灣省通志假定綱目〉〔註112〕、林熊祥的〈方志當把握時代性而舉其簡要〉〔註113〕、陳紹馨的〈新方志與舊方志〉〔註114〕、張其昀的《新方志舉隅》〔註115〕等；此外，亦有對纂修體例、纂修過程等發表論述，例如盛清沂的〈臺灣省通志稿整修擬目之商榷〉〔註116〕、莊金德的〈臺灣省通志稿纂修的經過與送請審核〉〔註117〕、王世慶的〈參與光復後臺灣地區修志之回顧及對重修省志之管見〉〔註118〕、鄭喜夫〈「臺灣通志擬目」與「臺灣省通

〔註111〕郭偉展，臺灣《諸羅縣志》評介〉，《中國地方志》第十期，2008 年，頁 41～43。

〔註112〕楊雲萍，〈臺灣省通志假定綱目〉，《臺灣省通志館館刊》創刊號，1948 年 10月，頁 5～20。

〔註113〕林熊祥，〈方志當把握時代性而舉其簡要〉，《方志通訊》第二卷第二期，及〈臺灣修志的理論與實踐〉，《臺灣文獻》第十卷第四期，頁 3。

〔註114〕陳紹馨，〈新方志與舊方志〉，《臺北文物》第五卷第一期，1956 年 4 月，頁 1～6。

〔註115〕張其昀，《新方志舉隅》（臺北：中華文化事業出版委員會，1995 年 2 月）。

〔註116〕盛清沂，〈臺灣省通志稿整修擬目之商榷〉，《臺灣文獻》第十八卷第四期（南投：臺灣省文獻委員會，1984 年 3 月），頁 2～35。

〔註117〕莊金德，〈臺灣省通志稿纂修的經過與送請審核〉，《臺灣文獻》第二十卷第一期，頁 152。

〔註118〕王世慶，〈參與光復後臺灣地區修志之回顧及對重修省志之管見〉，《臺灣文獻》第三十五卷第一期（南投：臺灣省文獻委員會，1984 年 3 月），頁 1～17。

志假定綱目」之比較〉〔註119〕等。

　　俟民國三十八年以後，投入修志事業人員漸多，志書纂修數量大增，始出現學者針對戰後方志纂修的體例與方法，從方志發展史的角度提出相關論文。至於碩博士論文，截至目前為止，僅李文玉的〈戰後北臺灣縣市志纂修之研究〉〔註120〕一篇。茲就有關戰後臺灣方志纂修理論研究之論文，概述如下：

（一）學位論文

　　李文玉的〈戰後北臺灣縣市志纂修之研究〉，就民國三十八年（1949）至八十九年（2000）北臺灣的縣（市）志進行研究，她認為北臺灣各縣市志之體裁多類似正史外，部分縣市志有註釋與參考書目，有別於傳統正史和傳統方志，符合現代史學論著之體例。

（二）單篇論文

　　最早討論臺灣方志纂修的成果與理論為高志彬，高志彬在 1989 年出版九本《臺灣方志題解》之後，就方志的體例、纂修方法等先後發表〈四十年來臺灣方志纂修成果評介〉〔註121〕、〈臺灣方志纂修概況與內容特質〉〔註122〕、〈臺灣方志之纂修及其體例流變述略〉〔註123〕（1998），高氏是戰後臺灣第一位對方志做全面性討論的專家，其在方志的研究成果極為豐富。

　　其後有王明蓀、陳明絡、林玉茹等人，針對戰後臺灣修志成果、纂修類型、纂修分期、體例流變，提出分析與討論外，尚有蕭明治的〈論戰後臺灣方志的發展——以鄉鎮志為例〉〔註124〕、葉碧苓的〈戰後臺灣鄉鎮志「教育篇」纂修之回顧與展望〉〔註125〕、詹素娟的〈族群意識與地方史——以臺灣

〔註119〕鄭喜夫，〈「臺灣通志擬目」與「臺灣省通志假定綱目」之比較〉，《臺北文獻》第四十六期（臺北：臺北市文獻委員會，2003 年 12 月），頁216～227。

〔註120〕李文玉，〈戰後北臺灣縣市志纂修之研究〉，國立中央大學歷史研究所碩士論文，2001 年。

〔註121〕高志彬，〈四十年來臺灣方志纂修成果評介〉，《臺灣史田野研究通訊》第二十期（1991 年 9 月），頁32～36。

〔註122〕高志彬，〈臺灣方志纂修概況與內容特質〉，頁36～43。

〔註123〕高志彬，〈臺灣方志之纂修及其體例流變述略〉，收於《臺灣文獻》第四十九卷第三期，1998 年 9 月，頁187～205。

〔註124〕蕭明治，〈論戰後臺灣方志的發展——以鄉鎮志為例〉，收於國史館臺灣文獻館，《臺灣文獻》（南投：編者，2007 年 6 月），頁109～157。

〔註125〕葉碧苓，〈戰後臺灣鄉鎮志「教育篇」纂修之回顧與展望〉，收於國史館臺灣

「原住民地區」的志書編纂為例〉〔註126〕、曾鼎甲的〈戰後臺灣方志纂修的傳統：兼論省通志的綱目編體〉〔註127〕等。

此外，尚有學者投入修志事業，於纂修志書之餘，著文發表修志觀點與修志經驗。例如：曾迺碩的〈今日方志的纂修〉〔註128〕、張勝彥的〈編纂地方志之淺見〉〔註129〕、洪敏麟的〈編輯地方志心得報告——以《草屯鎮志》、《大肚鄉志》為例〉〔註130〕、黃秀政的〈論臺灣鄉鎮志的纂修——以《鹿港鎮志》為例〉〔註131〕、吳文星的〈論鄉鎮志教育志之纂修——以《頭城鎮志》、《草屯鎮志》、《石門鄉志》為例〉〔註132〕、林玉茹的〈知識與社會：戰後臺灣方志的發展〉〔註133〕、宋光宇的〈近年來臺灣方志宗教篇的簡評〉〔註134〕、黃秀政的〈戰後臺灣方志的纂修（1945～2005）〉〔註135〕，及黃秀

文獻館，《方志學理論與戰後方志纂修實務國際學術研究會論文集》（南投：編者，2008 年 6 月），頁 327～349。

〔註126〕詹素娟，〈族群意識與地方史——以臺灣「原住民地區」的志書編纂為例〉，收於國史館臺灣文獻館，《方志學理論與戰後方志纂修實務國際學術研究會論文集》，前引書，頁 351～365。

〔註127〕曾鼎甲，〈戰後臺灣方志纂修的傳統：兼論省通志的綱目編體〉，收於國史館臺灣文獻館，《臺灣文獻》（南投：編者，2010 年 3 月），第六十一卷第一期，頁 63～127。

〔註128〕曾迺碩，〈今日志書的纂修〉，收於臺灣省文獻委員會，《臺灣文獻》（南投：編者，1986 年 12 月），第三十七卷第四期，頁 108。

〔註129〕張勝彥，〈編纂地方志之淺見〉，收於東吳大學歷史學系編，《方志學與社區鄉土史學術研討會論文集》（臺北：臺灣學生書局，1998 年 5 月），頁 69～80。

〔註130〕洪敏麟，〈編輯地方志心得報告——以《草屯鎮志》、《大肚鄉志》為例〉，收於臺灣省文獻委員會，《臺灣文獻》（南投：編者，1998 年 9 月），第四十九卷第三期，頁 207～218。

〔註131〕黃秀政，〈論臺灣鄉鎮志的纂修——以《鹿港鎮志》為例〉，收於臺灣省文獻委員會，《臺灣文獻》（南投：編者，1998 年 9 月），第四十九卷第三期，頁 219～226。

〔註132〕吳文星，〈論鄉鎮志教育志之纂鄉——以《頭城鎮志》、《草屯鎮志》、《石門鄉志》為例〉，收於臺灣省文獻委員會，《臺灣文獻》（南投：編者，1998 年 9 月），第四十九卷第三期，頁 227～234。

〔註133〕林玉茹，〈知識與社會：戰後臺灣方志的發展〉，收於許雪姬、林玉茹主編，《五十年來臺灣方志成果評估與未來發展學術研討會論文集》（臺北：編者，1999 年 5 月），頁 25～66。

〔註134〕宋光宇，〈近年來臺灣方志宗教篇的簡評〉，《五十年來臺灣方志成果評估與未來發展學術研討會論文集》，前引書，頁 159～176。

〔註135〕黃秀政，〈戰後臺灣方志的纂修（1945～2005）〉，前引書，頁 444～505。

政、郭佳玲的〈戰後臺灣縣（市）志的纂修——以新修《臺中市志》爲例〉〔註136〕、尹章義的〈臺灣地方志的數量、品質與方志學發展——《臺灣地方志總目錄》試析〉〔註137〕、康培德的〈當代學科分類下六體篇的實踐場域？以《續修花蓮縣志》爲例〉〔註138〕、卞鳳奎的〈《續修台北市志》纂修作業之探討〉〔註139〕、陳哲三的〈一甲子的接力——《南投縣志纂修始末》〔註140〕、王嵩山的〈原住民文化與鄉鎮志之纂修：以《阿里山鄉志》爲例〉〔註141〕、及蕭新煌、黃世明的〈纂修《臺灣全志・社會志》：實務的經驗與檢討〉〔註142〕、郭佳玲的〈戰後臺灣方志的纂修（1945～2008）〉〔註143〕等幾篇單篇論文，均具學術參考價值。

其中，黃秀政在〈戰後臺灣方志的纂修（1945～2005）〉一文，分別就戰前臺灣的修志成果、戰後臺灣修志的開始與審查機制、《臺灣全志》與省（市）志的纂修、縣（市）志與鄉鎮志的纂修進行深入的探討，全文最後並就修志的困境，諸如面臨資料零散不全、人才不足及「政府採購法」的束縛，而提出政府應成立蒐集文獻專責單位、增額辦理史料編纂人員特種考試等解決之道；在〈戰後臺灣縣（市）志的纂修——以新修《臺中市志》爲例〉一文，指出《臺中市志》是學者修志的典型模式、府外委員搭配府內委員的審查機

〔註136〕黃秀政、郭佳玲，〈戰後臺灣縣（市）志的纂修——以新修《臺中市志》爲例〉，《方志學理論與戰後方志纂修實務國際學術研究會論文集》，前引書，頁185～203。

〔註137〕尹章義，〈臺灣地方志的數量、品質與方志學發展——《臺灣地方志總目錄》試析〉，《方志學理論與戰後方志纂修實務國際學術研究會論文集》，前引書，頁25～115。

〔註138〕康培德，〈當代學科分類下六體篇的實踐場域？以《續修花蓮縣志》爲例〉，《方志學理論與戰後方志纂修實務國際學術研究會論文集》，前引書，頁117～128。

〔註139〕卞鳳奎，〈《續修台北市志》纂修作業之探討〉，《方志學理論與戰後方志纂修實務國際學術研究會論文集》，前引書，頁167～184。

〔註140〕陳哲三，〈一甲子的接力——《南投縣志纂修始末》〉，《方志學理論與戰後方志纂修實務國際學術研究會論文集》，前引書，頁205～229。

〔註141〕王嵩山，〈原住民文化與鄉鎮志之纂修：以《阿里山鄉志》爲例〉，《方志學理論與戰後方志纂修實務國際學術研究會論文集》，前引書，頁269～384。

〔註142〕蕭新煌、黃世明，〈纂修《台灣全志・社會志》：實務的經驗與檢討〉，《方志學理論與戰後方志纂修實務國際學術研究會論文集》，前引書，頁149～166。

〔註143〕郭佳玲，〈戰後臺灣方志的纂修（1945～2008）〉，收於《臺灣文獻》（南投：編者，2010年3月），第六十一卷第一期，頁213～237。

制,似爲臺灣各縣（市）修志的首例、在資訊時代將新修《臺中市志》製作光碟,值得重視與肯定。郭佳玲在〈戰後臺灣方志的纂修（1945～2008）〉一文,提出學者主導修志等纂修之特色。

戰後臺灣志書纂修甚具成果,然而若僅上述的一篇學術論文,似嫌可惜。2000 年台灣政治政黨輪替,2000～2010 年之間,各縣（市）及鄉鎮（市、區）志陸續出籠,編纂的手法結合現代電子資訊,日異月新。其中,又以 2002 年臺灣首次編纂《臺灣全志》,呈現半世紀來臺灣全貌,範圍涵蓋臺澎金馬,深具時代意義,倍受矚目。方志持續之演變,極需更多的研究注入與關心。

第四節　研究架構

本論文的章節架構總計有七章十八節,另有主要參考書目與十五個附表,係以歷史發展的脈絡爲經,以方志纂修爲緯,一探中國及臺灣方志纂修之發展,進而探討戰後臺灣《新修嘉義縣志》、《新修桃園縣志》二部縣（市）志的纂修,主要藉由系統性的整理與論述,總結整體的研究成果。各章除有章節安排,最後並附有「小結」,總結各章之重點。

本文有關方志之輯錄,書目力求全備,除單行本外,凡散見於叢書、類書、期刊、志書、詩文集中,雖零篇殘卷,凡有助於研究者,皆一一輯錄。至於徵引書目之排列依據,則限各篇正文確有徵引,始予列入;如未徵引,則不予列入。此外,徵引書目中,若有版本或原刊年月等說明文字,皆於該書後加括號說明,徵引書目不分專書、論文著作集、期刊論文或是報刊文章,中、日、西文並列時,中、日文在前,西文在後。中文專書書目按作者姓名筆畫,西文書目依字母次序排列,姓在前,名在後;期刊論文、學術論文則依出版時間先後排列。書目格式分別依基本史料、專書與論文集、期刊（學報）論文、學位論文、報刊文章、網路資料編排之。

各章節次安排說明如下:

第一章爲緒論,計以四節分別說明本論文之研究動機與目的、研究範圍與方法、文獻探討、研究架構。

第二章爲「中國方志之纂修與發展」,全面搜集中國傳統修志及臺灣地區修志相關資料,以「中國方志探討」、「中國修志發展」二節進行探究,分別

說明方志之起源、定義、名稱、屬性、類別、特徵、方志理論等，並論述中國歷代修志傳統，一探中國修志傳統「常」與「變」之貌。

第三章爲「臺灣方志纂修研究」，以「清康熙二十二年～民國三十四年的臺灣方志纂修」、「民國三十四年～民國九十九年的臺灣方志纂修」、「臺灣方志纂修特色」三節。「清康熙二十二年～民國三十四年的臺灣方志纂修」分別說明臺灣在「清領時期」、「日治時期」纂修的方志；「民國三十四年～民國九十九年的臺灣方志纂修」則分別依「民國三十四～七十六年」、「民國七十六～八十九年」、「民國八十九～九十九年」三個時期，一探臺灣省通志館及各縣市成立文獻委員會的修志情形，俾利了解戰後臺灣縣（市）志纂修概況。最後，依清領時期、日治時期、戰後臺灣方志，總結臺灣方志在不同時期，展現不同的纂修特色。

第四章爲「《新修嘉義縣志》之纂修」，則以「《新修嘉義縣志》纂修背景」、「《新修嘉義縣志》編纂團隊與審查機制」、「《新修嘉義縣志》編纂內容與結構」三節，分別論述各版嘉義縣志、編纂成員、審查經過、及《嘉義縣志》編纂內容和結構等。

第五章爲「《新修桃園縣志》之纂修」，則以「《新修桃園縣志》纂修背景」、「《新修桃園縣志》編纂團隊與審查機制」、「《新修桃園縣志》編纂內容與結構」三節，分別論述各版桃園縣志、編纂成員、審查經過、及《新修桃園縣志》編纂內容和結構等。

第六章爲「《新修嘉義縣志》、《新修桃園縣志》之纂修比較──以藝文方志爲中心」。由於〈藝文志〉爲學問之樞紐，舉足輕重，因此，據此以縣志中的藝文方志做爲主要考察對象。而方志內容浩瀚繁雜，鑒往知來，爲瞭解〈藝文志〉的演進史，持平地觀察〈藝文志〉之內容，在探究嘉義、桃園縣志藝文方志之前，擬從現存先秦以降的歷代史籍，觀察中國古代對於「藝文」之釋義、正史〈藝文志〉和方志〈藝文志〉之面向，再對以戰後嘉義、桃園縣歷次纂修縣志中，凡收錄藝文或專志藝文方志，逐一進行梳理，據以觀察其內容與架構，分析徵引資料、圖表紀、收錄人數和編纂成員等，正確地掌握歷次嘉義、桃園縣志中藝文方志之纂修，進而對新修《新修嘉義縣志》與《新修桃園縣志》藝文方志的特色與價值，做合理的論述。本章以「史志〈藝文志〉釋義」、「嘉義、桃園縣藝文方志編纂內容與架構」、「《新修嘉義縣志》、《新修桃園縣志》藝文方志之特色與價值」三節分別探討之。

　　第七章爲「結論」，則總結本文研究結果，說明戰後臺灣方志的纂修，無論是理論或實踐，均累積諸多前賢的豐富經驗，方志纂修乃成爲中華文化獨一無二的文化資產，就《新修嘉義縣志》和《新修桃園縣志》在方志學上的貢獻，以供後學者的研究參考。此外，針對現行方志纂修的因應與創新，提出具體解決之道，惟本論文初稿雖然完成，但礙於個人的能力和時間，尚有某些問題未能深入處理，及未來可延伸討論的議題，則留待日後繼續研究，以補缺漏之處。

　　臺灣方志纂修的發展，可謂已進入嶄新的歷史階段，方志纂修普及，體例與纂修方法更爲科學，各地創修的方志均有所貢獻。本文以《新修嘉義縣志》、《新修桃園縣志》爲例，乃爲拋磚引玉之舉，期待未來有更多同好雅正。

第二章　中國方志之纂修與發展

　　臺灣在清領早期原是中國福建省的一府，清末才成為一省，而居民絕大多數來自閩、粵等地，因此，不少大陸當時的文化也隨著移民而傳入臺灣。臺灣方志與中國方志關係密切，因此，在研究臺灣方志時，必須對於方志歷史應先作一番觀察。本章茲以「中國方志探討」一節，先行綜輯舊說，尋繹方志之定義、屬性、特徵、名稱、類別、源流；次以「中國修志發展」一節，探究方志在中國各朝代的發展演變。

第一節　中國方志探討

　　有關方志之定義、屬性、特徵、名稱、類別和起源分論如次：

一、方志定義、屬性與特徵

　　首先，就方志的定義、屬性與特徵分述如下：

（一）方志定義

　　對於方志的定義，清代章學誠提出「方志乃一方之全史」〔註1〕、「國史，方志，皆春秋之流別也」〔註2〕；近代學者梁啓超則說「最古之史，實為方志」〔註3〕；李泰棻則主張「志即史」、「方志乃記載並研究一地之人類之進化

〔註1〕　〔清〕章學誠，〈丁巳歲募書懷投贈賓谷轉運因以誌別〉，《章氏遺書》嘉業堂刊，卷二八，外集（臺北：漢聲出版社，1973年1月），頁710下右。

〔註2〕　〔清〕章學誠撰、〔民國〕葉瑛校注，〈方志立三書議〉，收於氏著，《文史通義》（臺北：頂淵文化事業有限公司，2002年9月），頁574。

〔註3〕　梁啓超，《中國近三百年學術史——清代學術概論合刊》（臺北：里仁書局，

現象者」〔註4〕；林天蔚則認爲方志是地方歷史與人文地理、地文地理的綜合體，主要內容是以敘述一地之政治、社會、經濟、軍事、文化、人物等爲經，以地理環境、天然資源、自然現象爲緯，進而分析該地的發展過程的史實。〔註5〕來新夏則將方志定義爲「中國傳統的方志在兼收春秋戰國時期國別史、地理書和地圖特點的基礎上，隨著歷代政治、經濟、文化發展，逐漸完備起來。起源的多源性和源遠性，應該說是方志起源的兩個顯著和基本的特徵。方志融匯的源頭既多，因而自成型式的過程也會相對緩慢的。從春秋戰國時起，中間經漢魏至隋唐，方志的內容與形式逐漸得到豐富並日臻發展，至宋時才最後確立了方志的體例。」〔註6〕

對於方志的定義，歷來學者看法各家法不一，本文綜合各家學說，試爲方志所下的定義爲：方志是以一定體例反映一定地區的地理、政治、社會、經濟、文化、教育、軍事、人物、自然現象、自然資源等現狀與歷史，爲綜合性與資料性的著述。

（二）方志之屬性

對於方志的屬性，學術界主要有以下三種看法：

1. 方志屬於地理類的範圍

把方志列入地理的範圍，計有：《隋書·經籍志》、《四庫總目》、《七錄》、《書目答問》等史料，唐代以後許多方志修纂者與研究者，例如：劉知幾、李吉甫、王象之、宋濂、錢大昕、洪亮吉、孫星衍〔註7〕，及現代學者朱士嘉等人，都持地理學之說。

2. 方志屬於歷史類的範圍

把方志列入歷史類的範圍者，計有章學誠、梁啓超、李泰棻、毛一波等人，其中以章學誠（1738～1801）爲代表。

章學誠認爲：「方志如古國史，本非地理專書。」〔註8〕章氏主張方志屬

2009 年 9 月），頁 418。
〔註4〕 李泰棻，《方志學》（臺北：臺灣商務印書館，1935 年 1 月），頁 1。
〔註5〕 林天蔚，《地方文獻研究與分論》（北京：北京圖書館出版社，2006 年 12 月），頁 44。
〔註6〕 來新夏，《中國地方志》（臺北：臺灣商務印書館，1995 年 9 月），頁 10。
〔註7〕 來新夏，《中國地方志》，前引書，頁 21。
〔註8〕 章學誠〔清〕撰、葉瑛校注，〈記與戴東原論修志〉，收於氏著，《文史通義校注》，前引書，頁 869。

史一說，受到很多學者肯定。如梁啓超即承其說：「最古之史，實爲方志，如孟子所稱『晉《乘》、楚《檮杌》，魯《春秋》』。墨子所稱『周之《春秋》、宋之《春秋》、燕之《春秋》。』莊子所稱：『百二十國寶書』。比附今著，則一府州縣志而已！」〔註9〕。

再者，學者李泰棻：「方志者，即地方之志，蓋以區別國史也，在中央者，謂之史，在地方者，謂之志，故志即史，如某省志，即某省史，而某縣志，亦即某縣史也。欲知方志之定義，須先知史之定義」〔註10〕，李泰棻提出「志即史」。此外，毛一波亦提出「方志與國史同然」〔註11〕。

3. 方志既非地理也非地方史，地方志就是地方志

主張「方志既非地理也非地方史，地方志就是地方志」者，有黎錦熙、來新夏等人。其中，黎錦熙提出「折衷之論，則謂方志爲物，史地兩性，兼而有之；惟是兼而未合，混而未融。今立兩標，實明一義」〔註12〕；來新夏雖認爲方志比較接近於歷史學科，但就方志發展，方志已不完全屬於歷史學科，而是獨具屬性。來氏認爲：「方志是在地理、歷史滲透交融基礎上，形成的一種綜合性學科，即方志學。地方志屬於方志學科。」〔註13〕

就方志的屬性，學術界至今雖尙未取得共識。惟觀察中國方志的發展，其因時代不斷演變，方志的內容亦隨而變，方志的屬性已不再僅僅以記述地理的地理專書，甚至被學者肯定爲「古之史」、「志即史」、「方志如同國史」，其並以地理、歷史爲基礎，最後發展而成一門綜合性學科，即「方志學」。

（三）方志之特徵

根據來新夏的研究，方志具有以下四個特徵〔註14〕：

1. 地方性：因各地地理環境和社會發展色不同，各類方志呈現不同的地方特徵。
2. 連續性：由於首纂方志可以探本溯源，續志則可反映修志期間的變化，使後人得以連續觀察同一地區在不同時期的歷史變化。

〔註 9〕 梁啓超，〈清代學者整理舊學之總成績〉（三），收於氏著《中國近三百年學術史——「清代學術概論合刊」》（臺北：里仁書局，1995 年 2 月），頁 418。

〔註10〕 李泰棻，《方志學》，前引書，頁 1。

〔註11〕 毛一波，《方志新論》（臺北：正中書局，1975 年 5 月臺一版），頁 4。

〔註12〕 黎錦熙，《方志今議》（上海：上海書店，1990 年），頁 3～4。

〔註13〕 來新夏，《中國地方志》，前引書，頁 22～23。

〔註14〕 來新夏，《中國地方志》，前引書，頁 27～29。

3. 廣泛性：因爲方志對一地區的人文、歷史、地理等進行綜合性紀錄，
門類龐雜，內容廣泛，無所不包。

4. 資料性：因方志累積檔案、圖籍、實物採訪等資料，記錄事實，可供
後世徵考。

此外，周迅亦認爲方志具有地方性、連續性、綜合性、資料性四大特徵
〔註15〕，來、周二人所指的方志特徵，實爲相近。

方志內容是根據各地的地理環境和社會發展而成，具有強烈的地方性，
方志內容廣泛、無所不包，惟多采多姿的內容，單一形式已不足以容納和表
達。因此，需藉由不斷續修方志的方式，才能夠觀察一地之人文、歷史、地
理等之變化。

二、方志名稱、類別與起源

其次，就方志的名稱、類別與起源分述如下：

（一）方志名稱

方志是「地方志」的簡稱，直至清代章學誠始廣爲應用。惟方志之名出
現之前，曾有許多不同的名稱，例如唐代史學家劉知幾稱方志爲「郡書」，宋
代史學家司馬光稱方志爲「博物之書」等。有關方志名稱，本文收錄常見之
「志」、「圖經」、「傳」、「記」、「錄」、「乘」等〔註16〕，依次說明如下：

1. 志

方志以「志」之名，先秦有《周禮》所謂「四方之志」。漢魏以來，則有
漢陳述《益州志》、東吳韋昭（204～273）《三吳郡國國志》是專記州郡。到
了宋元以後，「志」名被普遍使用，各種志書以「志」爲名稱，其中，晉常璩
的《華陽國志》分門別類談地理風俗、史蹟人物等，是目前中國現存最早以
「志」爲名稱的地方專書。

2. 圖經

早期中國方志以地圖爲主，文字爲輔的「圖經」形式出現。以圖經命名
者，最早是東漢《巴郡圖經》，但現存最早的圖經，則是唐代的《沙州都督府

〔註15〕周迅，《中國的地方志》（臺北：臺灣商務印書館，1994 年 2 月），頁 2～16。
〔註16〕有關方志之名稱，筆者不敢掠美，相關資料多引自來新夏，《中國地方志》，
前引書，頁 2～6。

圖經》和《西州圖經》殘卷。直至南宋才使用「志」名，圖經之名遂日益消失。而部分有圖有文的志書，也稱「圖志」或「圖記」，事實上，「圖經」、「圖志」、「圖記」乃是一義而名異，實則皆同。

3. 傳

早期方志亦有稱爲「傳」者，「傳」是傳述之意，凡記述地方人物風情者多以「傳」爲名。最早以「傳」爲名是東漢《南陽風俗傳》。魏晉南北朝，以「傳」撰作方興未艾。但唐宋以後，此一體例日漸衰落，宋以來新志體逐步建立，傳體乃沒入「志」中。

4. 記

方志又稱爲「記」，例如：東漢應劭《十三州記》是地方著述稱「記」之始，隋朝《諸郡土俗物產記》、宋樂史所撰《太平寰宇記》等，均以「記」爲名。至宋代以後，「記」之名稱漸爲「志」所取代。隨著時代不同，「記」與「志」雖混用，但卻是名異而義同。

5. 錄

方志也稱爲「錄」，最早以「錄」命名，始於三國吳韋昭《吳興錄》。又南宋程大昌（1123～1195）撰《雍錄》，計有〈五代都雍總說〉、〈未央長樂位置〉等十卷〔註17〕；南宋高似孫（1158～1231）撰《剡錄》〔註18〕計有十卷，凡山川、城池、版圖、官治、人傑、地靈、佛廬、仙館、詩經畫史、草木禽魚，無所不載。《雍錄》、《剡錄》流傳至今，被視爲方志中的名作。

6. 乘

方志中以「乘」爲名，始於元朝于欽《齊乘》。此後，以「乘」爲名者，則有明朝李貴《豐乘》、清朝陳弘緒《南昌郡乘》，又明朝《海虞別乘》，清朝《江浦埤乘》、《貞豐擬乘》，民國《新京備乘》，所以「乘」、「別乘」、「埤乘」、「擬乘」、「備乘」皆是指方志之意。

除此之外，方志亦曾有「經」、「書」、「通典」、「史」、「簿」、「論」、「志科」、「譜」、「考」、「志餘」、「補」、「略」、「系」、「鑒」、「掌故」、「文獻」和「採訪冊」等不同的名稱，但這些名稱並不普遍。由於以下章節將有探討「採

〔註17〕〔南宋〕程大昌撰，《雍錄》，收於〔清〕紀昀等撰，《四庫全書》景印文淵閣，史部三四五地理類（臺北：臺灣商務印書館，1986年3月），頁587～404。
〔註18〕〔南宋〕高似孫撰，王雲五主編，《剡錄》（臺北：臺灣商務印書館，1971年），四庫全書珍本十集。

訪冊」等論述，合先敘明。

（二）方志之類別

中國方志的分類，來新夏按方志記載的地域、內容、編寫體例和文體〔註19〕計有四類。第一類，按方志記載的地域：以行政區域劃分有「總志」、「通志」、「郡志」、「省志」、「路志」、「道志」、「府志」、「州志」、「廳志」、「縣志」、「市志」、「鄉鎮志」、「鄉土志」。而明朝在要害之地設衛、衛下設所，志稱「衛志」、「所志」；記邊塞的「邊關志」及記鹽務的「鹽井志」等十六種。第二類，按方志記載的內容：計有「通志」、「專志」、「雜志」等三種。其中，「通志」是指一國或一地的疆域、沿革、人口、人物等綜合性內容；「雜志」是指記地域比國家小的一地之政治、經濟、文化等，一般稱小志，可補志之缺。第三類，按編寫體例：方志出現「記傳體」（模仿正史，有圖表、紀、志、傳、錄諸體）、「門目體」、「三寶體」（土地、人民、政事）、「編年體」（按年代順序排列）、「紀事本末體」（每事爲篇，詳敘始末的）、「志書體」（按類編排，匯爲一書，註明出處和附載參考書目）等六種。第四類，按文體：有散文體、賦體、駢體、詩體等四種，一般志書通用散文體，少數以賦體、駢體文體、詩體等文體記事者。

學者盧萬發對於中國方志，則另提出十種分類：「按時空劃分（方志分爲古代方志、近代方志和現當代方志三種）、從政治劃分（方志可分爲封建社會的方志、資本主義的方志和社會主義的方志三種）、按行政區域劃分（方志可分爲總志（一統志）、省志、府志、州志、廳志、市志、區志、縣志、鄉鎮志、村志等十種）、按內容劃分（方志可分爲綜合志、專志、續志、簡志、點校本五種）、從刊印劃分（方志可分爲公開出版發行的志書、內部鉛印的志書、影印本志書、重印本志書、油印本志書、手抄本志書、刻本志書等七種）、從篇目設計劃分（志書可分爲條目體志書、綱目體志書、紀傳體志書、章節體志書四種）、從編纂質量劃分（志書可分爲名佳志、合格志、基本合格志、不合格志四種）、從纂修主體（志書分爲官修、私修志書）、從語言文字劃分（志書可分爲漢文志書、少數民族文志書、外文志書三種）、從體裁劃分（志書可分爲述、記、志、傳、圖、表、錄七種）」。〔註20〕

〔註19〕有關方志的類別，見來新夏，《中國地方志》，前引書，頁12～21。

〔註20〕盧萬發，《方志學原理》（大陸成都：四川出版集團巴蜀書社，2007年6月），頁18～21。

從學者對方志的分類之多，可見中國方志歷史悠久，數量繁雜而豐富。

（三）方志起源

方志的起源很早，有認為方志起源於《山海經》、〈禹貢〉、《周官》，或謂始於《越絕書》、《吳越春秋》、《華陽國志》及「史地二元論」等，茲分述如下：

1. 起源於《山海經》

近代學者趙榮認為：「《山海經》是我最古老的地理著作」。〔註21〕

《山海經》的《山經》（又稱《五藏山經》）共有五卷二十六篇，記述中國境內五大區二十六列山嶽，五大區以方位分別稱「中山經」、「西山經」、「東山經」、「南山經」、「北山經」，以山列為綱，再每一山嶽下附記河流、地形、動植物、神話等內容，包含地貌、水文、物產等，反映當時的區域地理。

2. 起源於〈禹貢〉

認為方志源於〈禹貢〉者，如近代學者李素英、于希賢和郭建勳等人。其中，李素英認為〈禹貢〉是中國地學的始祖〔註22〕，也是最早的地理圖經式的方志；于希賢主張方志導源於〈禹貢〉〔註23〕；郭建勳則以〈禹貢〉為「我國最早的地理著作」。〔註24〕

〈禹貢〉是《尚書》的一篇，成書時間有謂是西周，有謂是戰國後期作品。〈禹貢〉主要有「九州」、「託夏禹治水之故事」、「各地物產之分佈」、「各地土壤性質及其貢賦」和「服之區分」，全書僅一千一百九十三個字。〈禹貢〉假託夏禹治水之後，將全國劃分為冀、兗、青、徐、揚、荊、豫、梁、雍九州，敘述各州山川的方位和脈絡、土壤的性質、居民和物產的種類和運送貢品到中央的交通路線及少數民族等，九州之後，以專題形式記述「導山」、「導水」兩部分，分別假託大禹治水行經路線及所治之水，最後則是「五服制」，以王都的距離，進行區劃及賦役的等級。

〔註21〕趙榮，《中國古代地理學》（臺北：臺灣商務印書館，1993 年 10 月），頁 8～11。

〔註22〕李素英，〈《禹貢》的地位〉，收於禹貢學會，《禹貢》半月刊第一卷第一期，1934 年 3 月 1 日。

〔註23〕于希賢，《簡明中國方志學大綱》（臺北：文史哲出版社，2000 年 8 月），頁4。

〔註24〕郭建勳注譯，《新譯尚書讀本》（臺北：三民書局，2005 年 5 月），頁 44。

〈禹貢〉與《山海經》相較，〈禹貢〉有行政區劃作為綱領，每州分敘山川、湖泊、土壤、物產，尤詳於田賦等級、貢品名目的記述，且少怪異之談，多記實色彩，是我國現存最古的一部全國區域志。

3. 起源於《周官》

主張方志起源於《周官》者，計有司馬光、司馬祖和章學誠等人。據宋朝司馬光《河南志·序》、司光祖《景定建康志·序》：

> 周官有職方土訓、誦訓之職掌，道四方九州之事物，以詔王知其利害，後世學者為書，以述地理，亦其遺法也。〔註25〕

> 郡有志，即成周職方氏之所掌，豈徒辨其山林川澤都鄙之名物而已。〔註26〕

宋朝司馬光、司光祖認為方志源流始於《周官》，後世之書記述地理，無不以《周官》為範本。又清代章學誠云：

> 方志之由來久矣……余考之於《周官》，而知古人之於史事，未嘗不至纖析也。外史掌四方之志，注曰：「若晉《乘》、魯《春秋》、楚《檮杌》之類」，是一國之全史也。〔註27〕

以上引文，說明清代章學誠等人均主張「方志起源於《周官》」。

《周官》是周代為統治天下所設的職官記錄，全書約四萬五千字，原有〈天官〉、〈地官〉、〈春官〉、〈夏官〉、〈秋官〉和〈冬官〉六篇，但〈冬官〉篇亡佚，後補入〈考工紀〉以代之。全書除〈考工紀〉外，其他五篇的每一篇開頭都有一段序官，每篇序官開始的前五句文詞完全相同，之後再分述各官的屬官及職掌範圍，結構體例統一，六官之外，書中尚列出三百六十多個官職。

據《漢書·藝文志》載：「《周官經》六篇，王莽時，劉歆置博士，師古曰：『即今之《周官禮》也，亡其《冬官》，以《考工記》充之。』」〔註28〕，

〔註25〕〔宋〕司馬光，〈河南志序〉，收於《溫國文正司馬公集》卷六十五（中國北京：北京圖書館出版社，2004 年 10 月，據中國國家圖書館藏宋刻本影印）。

〔註26〕〔宋〕司光祖，〈景定建康志卷首·序〉，收於〔南宋〕周應合撰，王雲五主編，《景定建康志》四庫全書珍本九集（臺北：臺灣商務印書館，1971 年），頁 1。

〔註27〕〔清〕章學誠、葉瑛校注，〈方志立三書議〉，《文史通義》，前引書，頁 571。

〔註28〕〔漢〕班固撰，顏師古注，《漢書》北宋景祐刊本（臺北：臺灣商務印書館，1937 年 1 月），頁 02～446。

東漢荀悅（148～209）在《漢紀・孝成皇帝紀》云：「歆以《周官》十六篇爲《周禮》，王莽時，歆奏，以爲《禮經》，置博士。」〔註29〕簡言之，西漢時所稱的《周官》、《周官經》，到了王莽時被奉爲經典，更名爲《周禮》。從此以後，《周官》、《周禮》二個名稱並行。惟學界對於《周官》的成書時間和作者異說分歧，迄今尚未有定論。

4. 起源於地圖

因《周官》載與方志有關之資料甚多，因此有學者主張方志起源於《周官》。然而從《周官》內容所提供的另一條線索：

> 聽閭里以版圖。〔註30〕

> 掌建邦之土地之圖。〔註31〕

> 說地圖九州形勢，山川所宜，告王以施其事。〔註32〕

從「聽閭里以版圖」等引文，說明輿圖在春秋戰國就可能出現，且地圖在當時被廣泛運用。至周代，才在中央設置專門職官，專門職掌輿圖之責。章學誠因此說：「圖謂土地形象，田地廣狹，即後世圖經所由倣也。」〔註33〕近人王以中闡述地志與地圖二者之間的關係：「中國古來地志，多由地圖演變而來。其先以圖爲主，說明爲附；其後說明日增而圖不加多，或圖亡而僅存說明，遂多變爲有說無圖與以圖爲『附庸』之地志。」〔註34〕所以清人畢沅以《山海經》爲「古者土地之圖」〔註35〕，古代地圖可能只畫實際山水，至於方位距離常用文字註明，例如《山海經》中敘述，西若干里曰某某之山，又東南若干里曰某某之山。而後世方志亦附有地圖，因此，方志與地圖二者之

〔註29〕〔東漢〕荀悅，《漢紀》卷第二十五〈孝成皇帝紀〉（臺北：臺灣商務印書館，1971年10月），頁246。

〔註30〕〔東漢〕鄭玄注、〔唐〕賈公彥疏，《周禮注疏》卷二（臺北：臺灣中華書局，1966年3月），頁2左。

〔註31〕王雲五主編，黃公渚選註，〈職方氏〉，《周禮》（臺北：臺灣商務印書館，1970年7月），頁20。

〔註32〕〔東漢〕鄭玄注、〔唐〕賈公彥疏，《周禮注疏》卷十六（臺北：臺灣中華書局，1966年3月），頁6右。

〔註33〕章學誠，〈爲張吉甫司馬撰大名縣志・序〉，收於氏著，《章氏遺書》方志略例一，嘉業堂刊（臺北：漢聲出版社，1973年1月），頁288。

〔註34〕王以中，《山海經》圖與職貢圖〉，收於禹貢學會，《禹貢》第一卷第三期，1934年4月，頁6。

〔註35〕〔清〕沅畢，《山海經新校正・序》（臺北：新興書局，1962年8月），頁1。

間關係乃日漸密切。

5. 起源於《越絕書》

主張方志起源於《越絕書》者，計有清洪亮吉及近人宋晞、王曉岩、朱士嘉、傅振倫等人。

清洪亮吉有云：「一方之志，始於《越絕》。」〔註 36〕傅振倫則云：「《越絕書》先記山川、城郭、塚墓；次以紀傳，獨傳於今，後世方志，實仿於此。」〔註 37〕又宋晞說：「我國地方有志書，始於東漢初年，即《越絕書》是也。」〔註 38〕此外，王曉岩主張《越絕書》是現存最早的方志。朱士嘉認爲《越絕書》已具方志雛型，《越絕書》爲方志之源。

《越絕書》約修於東漢光武帝建武二十八年（西元 52 年），全書計有〈越絕計倪內經〉、〈越絕內經九術〉及十七篇傳。內容主要係以春秋時代吳越爭霸爲中心的野史；但因該書涉及地理、軍事、農工業等，因此，獲洪亮吉等人推爲方志之始，使得該書在中國歷史典籍中，佔有重要地位。

惟該書作者不詳，據俞紀東統計，「作者至少有子貢、伍子胥、無名氏、袁康與吳平合作」〔註 39〕四種說法。

6. 起源於《吳越春秋》 〔註 40〕

主張方志起源於《吳越春秋》者，計有史學家范文瀾等人。范文瀾、蔡美彪在《中國通史》指出：「東漢會稽郡人趙燁著《吳越春秋》，又有無名氏著《越絕書》。兩書專記本地典故，開方志之先例。此後，歷朝文士多作方志（如晉常璩作《華陽國志》），至明清，成書更多，構成史書中很大一部分。」〔註 41〕范氏等人認爲《吳越春秋》專敘本地歷史、人物，近方志雛型，開後世方志先例。

〔註 36〕〔清〕洪亮吉，《澄城縣志‧序》，收入於澄城縣志編纂委員會，《澄城縣志》（陝西：人民出版社，1991 年 4 月），頁 709。洪亮吉，江蘇陽湖人，字稚安，輿地學家，曾任翰林院編修等。

〔註 37〕傅振倫，《中國方志學通論》（上海：商務印書館，1935 年 2 月），頁 21。

〔註 38〕宋晞，《方志學研究論叢》（臺北：臺灣商務印書館，1990 年 9 月），頁 1。

〔註 39〕〔東漢〕袁康、吳平輯錄，俞紀東譯注，《越絕書》（臺北：臺灣古籍出版公司，2002 年 1 月），頁 11～15。

〔註 40〕《吳越春秋》是東漢趙曄（煜）作品，趙曄生卒年不可考，其潛心經籍，惟僅《吳越春秋》十卷傳世。

〔註 41〕范文瀾、蔡美彪等著，《中國通史》（二）（北京：人民出版社，2004 年 3 月），頁 320～321。

《吳越春秋》作者趙曄（生卒年不可考），《吳越春秋》原有十二卷，但今存十卷，主要內容係敘述先秦吳國（自太伯至夫差）、越國（自無餘至勾踐）爭霸之史事，書中記事採用紀傳體，全書還夾雜許多民間傳說和神異軼事。

7. 起源於《華陽國志》

由於《華陽國志》是現存最古以「志」爲名的地方專書，因此，有人主張方志起源於《華陽國志》。其中，以近代學者梁啓超、李泰棻、宋晞等人爲代表。

《華陽國志》，書稱「華陽」者，乃有「華陽黑水惟梁州」之說，故取「華陽」〔註42〕。《華陽國志》全書十二卷，計有〈巴志〉、〈漢中志〉、〈蜀志〉、〈南中志〉、〈公孫述劉二牧志〉、〈劉先主志〉、〈劉後主志〉、〈大同志〉、〈李特雄期壽勢志〉、〈先賢士女總贊〉、〈後賢志〉、〈序志〉、〈益梁寧三州先漢以來士女目錄〉，另有附錄一卷，全書分門別類，是記遠古到東晉穆帝永和三年（347）巴蜀一帶的歷史人物，及巴蜀地區從遠古到東晉時期的地理風俗、史蹟人物等，內容豐富，取材廣泛，可補史書記載之不足。

宋晞認爲：「《華陽國志》把歷史、地理、人物匯編在一起，頗似近世方志之體」〔註43〕。

8. 起源於兩漢之地記

中國「地理」一詞，出現很早，但直到東漢班固撰寫《漢書‧地理志》，首次以地理爲標題，《漢書‧地理志》記述漢平帝元始二年（公元 2 年）全國行政區的設置沿革等，是「後代編修地理志寫作體例之基礎」〔註44〕。而主張方志起源兩漢之地記者，計有學者倉修良、劉緯毅和王爾敏等人，他們從史書記載的依據等，認爲方志是從兩漢開始。例如：《後漢書》、《隋書‧經籍志》雜傳類小序：

> 記天下郡縣本末，及山川奇異，風俗所由，至矣。〔註45〕

> 後漢光武，始昭南陽，撰作《風俗》，故沛、三輔有耆舊節士之序，

〔註42〕〔晉〕常璩，顧廣圻校，《華陽國志》〈重刊華陽國志序〉（臺北：臺灣商務印書館，1976 年 4 月臺一版），頁 1。

〔註43〕宋晞，《方志學研究論叢》（臺北：臺灣商務印書館，1990 年 9 月），頁 2～3。

〔註44〕趙榮，《中國古代地理學》（臺北：臺灣商務印書館，1993 年 10 月），頁 28～32。

〔註45〕〔南朝宋國〕范曄、楊家駱主編，《後漢書》第十九、志第十九《郡國一》（臺北：鼎文書局，1980 年 6 月），頁 3385。

> 魯、盧江有名德先賢之讚。郡國之書，由是而作……推其本源，蓋
> 亦史官之末事也。〔註46〕

倉修良從以上記載，說明「地記這類著作，是先從統治者所重視的地方開始
撰作的，光武帝劉秀爲了表彰鄉里之盛，詔撰了《南陽風俗傳》，而所記內容，
從地方人物、風俗、山川、物產，逐步擴大，逐漸充實完備的」〔註47〕，倉
修良因此據此主張方志起源於兩漢。

　　除此之外，王爾敏並以《越絕書》、《廣陵圖經》、《巴郡圖經》爲「地區
史性質的著作。」〔註48〕認爲方志淵源應當始於東漢。

9. 起源於「史地二元論」

　　主張方志起源於「史地二元論」者，以林天蔚爲代表。林天蔚所謂史地
二分法，係以《周禮》爲史之源，以〈禹貢〉爲地之源，說明「史」的來
源是《周禮》、「地」的來源是〈禹貢〉。其中，「史」重「人」與「地」的
敘述，「地」則重「物」與「地」的記載，日積月累，「史」之發展爲「國
別史」、「耆舊傳」、「人物傳」；「地」之發展爲「圖經」、「地記（志）」、「風俗
志」。〔註49〕

10. 起源於「多源說」

　　有關方志爲「多源說」，首先見於《四庫全書總目提要》：

> 古之方志，載方域、山川、風俗、物產而已，其書今不可見。然
> 〈禹貢〉、《周禮‧職方氏》，大較矣。《元和郡縣志》頗涉古蹟、蓋
> 用《山海經》例。《太平寰宇記》增以人物，又偶及藝文，於是爲州
> 縣志書之濫觴。元明以後，體例相沿，列傳侔乎家牒，藝文溢於總
> 集，末大於本，而輿圖反若附錄，期間假借誇飾，以侈風土者，抑
> 又甚焉。〔註50〕

〔註46〕〔唐〕魏徵等撰，楊家駱主編，《隋書‧經籍志》（臺北：鼎文書局，1980年
　　　　6月三版），頁982。

〔註47〕倉修良，《倉修良探方志》（上海：華東師範大學出版社，2005年10月），頁
　　　　55。

〔註48〕王爾敏，〈地方史乘保存與纂輯〉，收於臺灣省文獻委員會，《臺灣文獻》（南
　　　　投：編者，1998年9月），第四十九卷第三期，頁182。

〔註49〕林天蔚，《方志學與地方史研究》（臺北：南天書局，1995年7月），頁13～
　　　　16。另見林天蔚，《地方文獻研究與分論》，前引書，頁4～9。

〔註50〕〔清〕紀昀等撰，王雲五主編，《四庫全書總目提要》六十八卷（臺北：臺灣
　　　　商務印書館，1965年2月），頁1454。

《四庫全書》為中國學術發展論述的重要著作，有關方志的起源據其記載，乃從春秋戰國時期的〈禹貢〉、《周禮·職方氏》起，而唐朝時期纂修的《元和郡縣志》則採用《山海經》的體例，北宋《太平寰宇記》首開人物、藝文體例濫觴，方志體例發展至宋代確立，元明以後體例相沿，《四庫全書》概括方志起源的基本線索，為方志「多源說」之始。

此外，主張方志起源「多源說」者，尚有上海復旦大學黃葦、巴兆祥等人。他們總結各種說法，提出「方志起源時間約於戰國時期，發端於秦漢，形成於魏晉，至宋代體備而定型」〔註51〕，強調方志起源包括春秋戰國時期的國別史、地理書和地圖等。而劉緯毅甚至羅列「方志起源有十七種」〔註52〕。

方志起源眾說紛紜，各家說法不一，實有其學理根據。筆者認為，任何學術應經長期醞釀，非一朝一夕所能生成，方志起源亦同。中國地方志源遠流長，方志纂修是中國悠久的文化傳統，方志的內容由簡單到複雜，體例逐漸定型化的過程。但是因為古代文獻的亡佚散失，古之方志今不可見，方志源流因缺乏直接歷史證據。綜合以上探討，要言之，方志以專敘地理等方式表現，其起源與《山海經》、〈禹貢〉等有關外，再從《周禮》中所提到的外史掌「四方之志」，方志為古代史官的記述發展而來。而近代學者傅振倫認為《越絕書》先地後人的體例，為後世方志撰修原則所遵循，可視為方志源頭。因此，方志起源與《山海經》、〈禹貢〉、《周官》、《越絕書》等均為淵源之一，據以各類著述時間推測，方志起源時間約於先秦戰國時期，直至南宋方志才告定型，後世方志並以定型方志之基礎，進而發展和創新。

第二節　中國修志發展

中國方志歷史源遠流長，然起源難以定論，且與中國古籍在秦始皇焚書、王莽燔官、董卓之亂等歷代動亂，屢遭浩劫，毀損嚴重等原因有關。有

〔註51〕黃葦，《方志學》（上海：復旦大學出版社，1993年6月），頁102。

〔註52〕按劉緯毅羅列方志起源有十七種，分別為：「商代甲古文說」、「《九丘》說」、「《山海經》說」、「《禹貢》說」、「西周說」、「《戰國春秋》說」、「土地之圖說」、「《國語》、《戰國策》說」、「《漢書》說」、「《南陽風俗傳》說」、「《越絕書》、《吳越春秋》說」、「漢代圖經說」、「《畿服經》說」、「《華陽國志》說」、「六朝說」、「唐宋說」、「多元說」。參見劉緯毅，《中國地方志》（中國北京：新華出版社，1974年10月），頁58～99。

關中國方志發展，學者董一博將中國方志發展分成爲五個階段〔註 53〕、盧萬發分爲十個階段〔註 54〕、來新夏則分成清代以前、清代及民國時期的方志〔註 55〕，學者各依其研究所見，故中國方志發展的分期也因人而異。由於歷來方志的起源和分期因人而異，本文爲尋求更爲包容性的解釋，有關中國方志發展，則依中國歷代方志編纂的時間先後爲經，按中國各朝代方志發展情形爲緯，而分爲「方志萌芽期」、「方志成形期」、「方志定型期」、「方志鼎盛期」、「方志持續期」，以論述各期特色與演變，一探中國修志傳統「常」與「變」之貌。下述先秦至 1949 年中華民國政府播遷來臺爲止。

一、方志萌芽期（先秦時期～南北朝）

（一）先秦時期

先秦時期，各國爲加強統治，特設專官，對管轄土地內的山川、人民、風俗、物產等地方資料，編成國別史書，如魯國《春秋》、楚國《檮杌》、晉國《乘》等。繼之有《周官》、〈禹貢〉等書。

其中，《周官》「外史」、「小史」、「誦訓」，其任務分別是「掌四方之志」、「掌邦國之志」、「掌道方志」，負責給天子講解四方紀錄。此外，《周官》中的「職方氏」則「掌天下之圖」，專掌周朝地圖文籍、徵貢賦；「司險」要掌握「九州之圖」；「土訓」專門給天子講解地圖，讓天子了解各地的山川形勢。從《周官》的相關記載，周朝重視方志地圖，應用資政，統領各邦國，成爲理朝施政不可缺少的文籍。

此外，其他古籍亦可見方志地圖，例如：燕太子丹派荊軻刺秦王，荊軻

〔註 53〕 方志發展分成爲五個階段：第一階段，宋以前，是方志逐漸由「圖經」演變爲方志的階段；第二階段，宋元時期，是方志體裁和形式日臻完備的階段；第三階段，明朝時期，方志進一步發展，地方體系形成的階段；第四階段，清朝時期，是我國封建時代地方志發展的全盛階段，在這個階段，地方志的體系已經完全確立；第五階段，辛亥革命時期，隨著時代的前進，封建王朝統治在我國的結束，地方志的體系有了新的突破。見董一博，〈試論中國地方誌的發展〉，收錄於中國地方史志編輯部，《中國地方史志》（北京：文史資料出版社，1982 年 10 月），第五期。

〔註 54〕 盧萬發則將中國方志的發展分成十個階段，東晉以前、東晉到南北朝、隋唐到宋金時期、元明時期、清代、民國時期，及國民黨撤退來臺後，中國大陸方志的發展。見盧萬發，《方志學原理》（四川：四川年版集團巴蜀書社，2007 年 6 月），頁 10～12。

〔註 55〕 來新夏，《中國地方志》，前引書，頁 37～112。

將匕首藏入地圖，刺殺秦王未遂，而有「圖窮而匕首見」〔註56〕。又《管子・地圖》有言：

> 凡兵主者，必先審知地圖。輾轅之險，濫車之水，名山、通谷、經川、陵陸、丘阜之所在，苴草、林木、蒲葦之所茂，道里之遠近，城郭之大小，名邑、廢邑、困殖之地，必盡知之。地形之出入相錯者，盡藏之。然後可以行軍襲邑，舉錯知先後，不失地利。此地圖之常也……遍知天下，審御機數，此兵主之事也。〔註57〕

管仲以其特有的為政之道，輔佐齊桓公稱霸諸候，一匡天下。《管子》一書之作者、成書之時間，爭議甚多，但書中引文中之「地圖」，係指地理形勢，乃強調用兵之學，必需先審知地形，地圖於軍事用途十分重要。故早期的方志地圖，除政治需要地圖外，軍事用途也需要地圖。

　　先秦以前的古方志地圖，示意性強，內容簡略；唐雅芝以其主觀推測的圖形為主，認為「形狀和位置失真」〔註58〕；後來在地圖一旁開始出現文字說明，而出現所謂的「志」。但此時期的「志」並不等同現在的方志，應泛指地方文獻的通稱。不過，從〈禹貢〉、《山海經》作為最早地理圖經式的方志，《周官》等先秦典籍的撰寫與運用方志治國，故中國方志實應從先秦時期開始萌芽。

（二）秦漢時期

　　秦始皇統一天下後，推行郡縣制，全國設置三十六個郡，由中央政府直接管理地方，於是朝廷對地方資料需求密切，而下令各地造圖籍輿情上報，為便於統治的參考而編修圖志。

　　西元前207年劉邦攻入咸陽後，蕭何乃「收秦丞相御史律令圖書藏之。」因而「漢王所以具知天下阨塞，戶口多少，強弱之處，民所疾苦者，以何具得秦圖書也。」〔註59〕西漢漢武帝為掌握全國經濟、地理和地方向朝廷貢賦

〔註56〕瀧川龜太郎著，《史記會注考證》，《史記》八十六，〈刺客列傳〉第二十六（臺北：文史哲出版社，1993年10月），頁1005下右。

〔註57〕〔周〕管仲撰、〔唐〕房玄齡注，《管子》卷第十，〈地圖〉第二十七，常熟瞿氏藏宋本（臺北：臺灣商務印書館，1965年），頁60～61。

〔註58〕唐雅芝，〈方志地圖的起源和發展〉，收於社會科學戰線雜誌社，《社會科學戰線》第三期（中國長春：編者，1991年7月），頁343。

〔註59〕瀧川龜太郎著，《史記會注考證》，《史記》五十三，〈蕭相國世家〉第二十三，前引書，頁775。

的情況，令各地政府把記載當地物產、貢賦和交通等資料，隨同「計書」上送太史保存，成爲郡國地志的資料。〔註60〕

東漢光武劉秀爲彰鄉里之盛，「始詔南陽，撰作風俗，故沛、三輔有耆舊節士之序，魯、盧江有名德先賢之贊，郡國之書，由是而作。」〔註61〕豪族地主們互相仿效，形成東漢修志風氣很；而這一類的修志書籍稱爲「地記」。除「地記」外，尚以「郡書」、「地理書」、「都邑簿」爲名，其中，郡書就是郡國之書，所記多爲鄉邦先賢和耆舊節士的事蹟，實際上是一方的人物志。後來的城市志，則多載城廓、宮闕、院囿、觀閣、倉廩、陵廟、坊市〔註62〕。東漢蘭台令史班固將蘭台所藏的朱贛、劉向所輯的資料寫成《漢書·地理志》，分別記述各地建置沿革、山川水澤、戶口物產、風俗文化。

漢代有記人物的《南陽風俗傳》、《陳留耆舊傳》；記歷史的《越絕書》、《吳越春秋》；《廣陵郡圖經》、《巴郡圖經》、《皇輿西域圖志》、《三輔黃圖》、《西京黃圖》、《長安黃圖》等採用大量方志地圖，以「圖經」、「圖志」爲名的方志。其中，東漢《廣陵郡圖經》、《巴郡圖經》是現知最早的圖經，惜已散佚不見，「惟《廣陵郡圖經》見於《文選·蕪城賦》，爲王逸所撰；《巴郡圖經》見於《華陽國志》，爲太守但望纂修，其內容記述疆域、建置、戶數、人口等」〔註63〕。

1973 年在湖南省長沙市東郊馬王堆三號漢墓，出土《長沙國南部地形圖》、《駐軍圖》、《築城圖》等簡帛〔註64〕，其中《長沙國南部地形圖》內容豐富，繪製準確，當爲現存最早的圖經雛型。

（三）魏晉南北朝

魏晉南北朝是分裂的時代，永嘉之亂後，中國南北分治，鮮卑拓拔是中國北部的勝利者，他們崇儒尊孔，禁說胡語，禁穿胡服，甚至改姓漢姓「元」，

〔註60〕〔唐〕魏徵等撰，楊家駱主編，《隋書·經籍志》（臺北：鼎文書局，1980 年 6 月三版），頁 987～988。

〔註61〕〔唐〕魏徵等撰，楊家駱主編：《隋書·經籍志》，前引書，頁 982。

〔註62〕林衍經，《方志學綜論》（上海：華東師範大學出版社，2008 年 10 月第二版），頁 32。

〔註63〕來新夏，《中國地方志》，前引書，頁 37。

〔註64〕何介鈞，《馬王堆漢墓》（北京：文物出版社，2004 年 9 月），頁 68～76；黃石林、朱乃誠，《中國重要考古發現》（臺北：臺灣商務印書館，1994 年 2 月；侯良，《馬王堆傳奇》（臺北：東大圖書公司，1994 年 11 月），頁 2～3），頁 120～122。

傾心於漢文化。酈道元雖非漢人，但從小受儒家教育，所著《水經注》緊緊扣住河流的自然地理〔註65〕，形成「酈學」。而原本在東漢興起的「地記」，到了魏晉南北朝廣為盛行，數量也最多，例如有專記風土的《交州異物志》、專記古跡的《洛陽伽藍記》、專記道理的《西京道理記》、專記城池的《國都城記》、專記牒譜的《冀州姓族譜》等。〔註66〕

　　另外，還有專記各地專門事物的「地記」，例如記地理的《洛陽記》、《炎中記》，記風俗的《關東風俗傳》、記歲時節令的《荊楚歲時記》、記物產的《南州異物記》、記山水的《衡山記》、《漢水記》，記都邑的《西京記》、記寺廟的《洛陽伽藍記》、及記人物的《忠臣傳》、《孝德傳》、《襄陽耆舊記》等地方專書，但這些地方專書，迄今多不存在。現今僅從南齊人陸澄編《地理書》得一百六十種；梁代任昉又增收八十四種，集陸氏地書，編成《地紀》二百五十二卷存目；今人劉緯毅著《漢唐方志輯佚》，得魏晉以前散佚的方志至少一百零七種以上。推估魏晉時期出現的地方專書至少有二百多種。

　　先秦時期的地圖，始輔以文字說明。秦漢以後繪圖技術成熟，方志大量運用地圖，到了西晉裴秀（224～271）又提出分率（比例尺）、準望（方位）、道裏（距離）、高下（地勢起伏）、方邪（傾斜角度）、迂直（河川、道路的曲直）六大準則，這些繪製地圖的關鍵元素，稱為「製圖六體理論」。裴秀並編製著名的《禹貢地域圖》十八篇，和縮繪漢代全國地圖為《地形方丈圖》〔註67〕。簡言之，新的製圖技術的產生，促進日後圖經、圖志的盛行。

二、方志成型期（隋唐時期）

　　根據《隋書‧經籍志》記載：

> 隋大業中，普詔天下諸郡，條其風俗、物產、地圖，上于尚書。故隋代有《諸郡物產土俗記》一百三十一卷、《區宇圖志》一百二十九卷、《諸州圖經》一百卷，其餘記注甚眾。〔註68〕

由於地圖的根據需要，進而形成有圖、有文的新體裁，這種體裁謂之「圖經」。

〔註65〕陳橋驛，《水經注擷英解讀》（臺北：三民書局，2010年1月），頁1～23。
〔註66〕林衍經，《方志學綜論》，前引書，頁32。
〔註67〕趙榮，《中國古代地理學》（臺北：臺灣商務印書館，1993年10月），頁35～38。
〔註68〕〔唐〕魏徵等撰，《隋唐‧經籍志》卷二（臺北：鼎文書局，1980年6月三版），頁988。

隋煬帝大業年間（605～616）大規模的編輯圖經、圖志。

　　及至唐代，因政治經濟繁榮，社會文化昌盛，加上地理學家賈耽（730～805）廣修方志地圖，並以紅、黑二色在《海內華夷圖》寫出古今地名，用不同的顏色繪出界線的方志圖，使唐代纂修的圖經比以前更豐富。有關方志的的內容，據《舊唐書·賈耽傳》有云：

> 好地理學……是以九州之夷險，百蠻之土風，區分指畫，備究探源……畫隴右山南圖，兼黃河經界遠近，聚其說爲書十卷……諸州諸軍，須論裡數人額，諸山諸水，須言首尾源流……圖上不可條書，憑據必資記注。〔註69〕

依《舊唐書·賈耽傳》所載，賈耽因有鑑於舊時鎮戍，不可復知，便利用他豐富的地理學專長，畫隴右山南圖，圖成之後，獻給朝廷。但圖上無法以文字說明，因此，賈耽在畫《隴右山南圖》之後，又編著《別錄》六卷、《河西戎之錄》四卷，類似現今的圖說，做爲圖的補充說明。賈耽繪編圖錄，期以修志提供朝廷，做爲收復失地的參考，被喻爲「方志發展史上的愛國先聲」〔註70〕。唐代圖經盛行，而賈耽繪製《隴右山南圖》與編《別錄》爲例，說明唐代方志已具有愛國情操的特色。

　　此外，《舊唐書·經籍志》和《新唐書·藝文志》著錄：李泰（618～652）《括地志》五十卷、李吉甫（758～814）《元和郡縣圖志》四十卷、《十道圖》十卷等〔註71〕，都是唐代著名的官修地理書。其中，《括地志》五百五十卷，序略五卷，是唐太宗四子李泰主修，以唐代全盛時代的行政區劃爲網，全面記載了各地的建置沿革、山川、河流、風俗物產、往古遺跡和人物故事，該書引用各州所上的地圖、地志及奏疏紀錄等地方文獻；是政府官員利用公費與資料纂修而成，爲唐代官修地理書之始。

　　唐代圖經發達，探究其發達原因及著名著作如下：

1.唐代圖經發達原因

　　圖經圖文並茂，在地方文獻中脫穎而出，數量驟增，從隋代開始成爲官

〔註69〕〔宋〕歐陽修、宋祁等撰，楊家駱主編，《新唐書·賈耽》卷一百六十六、列傳第九十一（臺北：鼎文書局，1980年6月三版），頁5084；〔後晉〕劉昫等撰、楊家駱主編，《舊唐書·賈耽》一百三十八、列傳第八十八（臺北：鼎文書局，1980年6月三版），頁3782。

〔註70〕林衍經，《方志學綜論》，前引書，頁36。

〔註71〕來新夏，《中國地方志》，前引書，頁42。

修志書的主要形式。圖經發展到了唐代更爲興盛，唐朝政府因行租庸調制，其賦稅徭役調徵之據，規定各州府每三年一造圖經，報送朝廷。各地遵命行事，負責向朝廷說明的官員，以圖文兼備的方式製作報告，並且沿用東漢流行的「圖經」舊名。安史之亂後，唐王朝中央勢力大爲削弱，河溯三鎮割據，進而發展其他藩鎮割據，形成「自國門以外，皆分裂方鎮」〔註72〕，爲加強中央集權，方志提供地情作爲政治和軍事決策參考的作用，日益重要。唐代圖經發達原因，與朝廷發令官修志書關係密切。

2. 唐代圖經著名著作

唐代圖經盛行，《沙州圖經》（又名《沙州都督府圖經》、《沙州志》）和《元和郡縣圖志》都是當代著名作品。

（1）《沙州圖經》

中國古代方志，唐代以前幾乎失傳，惟現僅存早期二部《越絕書》、《華陽國志》。《沙州圖經》距今約一千二百餘年，是現存最早的一部圖經。學者羅振玉（1866～1940）殫精竭慮搜集敦煌文獻，多次深入西域輯錄敦煌鳴沙山千佛洞石室史料，採錄《沙州圖經》等志。羅氏對《沙州圖經》的史料價值推崇有加，他在《沙州圖經》志跋中說：

> 《沙州志》殘卷，首尾缺佚，其存者長不踰三丈，始於水渠，竟於歌謠，敘述詳贍，文字爾雅。其所記水渠、泊澤、池堰，如若水、獨利河、湖泊及三澤二堰，均不見於它地書。七渠之名，僅都鄉渠一見於《使於闐記》。鹽池三所，《元和圖志》則舉其一而遺其二，所記城塞驛路，如漢武之長城舊塞，十九驛之名稱建置，均爲古今地志之所不及。所記十六國時，諸涼遺事取崔鴻書，如張體順之僞，宋承義之誤宋承，涼武昭王之庚子紀年直稱至五年，非元年，稱庚子二年稱辛醜。武昭之修塞城，敦煌之獻同心，黎繫年舛誤，均足正明，人纂輯兩本之僞奪，又如效穀古城在州東北，不在州西。只訂漢書孟康注，及西域志之僞誤，崔不意爲漁澤都尉，非漁澤尉，足補。漢志顏注之奪文《匈奴傳》「起亭燧」之「燧」不作「隧」，足證師古隧道之曲解。如是之類，指不勝屈，此炱炱殘卷，雖把不

〔註72〕　〔宋〕歐陽修、宋祁等撰，楊家駱主編，《新唐書》卷五十、志第四十《兵》（臺北：鼎文書局，1980 年 6 月三版），頁 1330。

－45－

盈握，而有裨史地之學，如此之宏……。〔註73〕

羅氏探究《沙州圖經》所記的水渠、泊澤、池堰，如若水、獨利河、湖泊等，他書未見。羅氏藉由《沙州圖經》考證，發現他書多所遺漏或偽誤。例如《沙州圖經》收錄的七渠，但僅都鄉渠一渠被《使於園記》收錄；又《沙州圖經》收錄的三所鹽池，但在《元和圖志》裡卻僅記東鹽池，遺漏西、北二所鹽池；而《沙州圖經》所載西漢時期的長城舊塞、十九驛名等，舉凡地志、書籍資料從來未曾見過。此外，從《沙州圖經》中，查證所記十六國諸涼遺事，把北涼左長史「張愼」、「宋承義」誤寫，又藉由《沙州圖經》考證效穀古城正確位置，指出《西域志》等書之偽誤等。《沙州圖經》戔戔殘卷，卻提供豐富的史料，倍受肯定。

（2）《元和郡縣圖志》

李吉甫有感於秦楚之際，漢高祖攻下咸陽後，將軍們掠奪財物，唯蕭何收取秦丞相禦史圖籍，因而得知山川關隘險要，戶口物資虛實乍，終於佐漢勝楚，取得天下。進而以「成當今之務，樹將來之勢，則莫若版圖地理之為切」〔註74〕，為編撰地志的主要內容，撰成《元和郡縣圖志》。《元和郡縣圖經》原有圖和志共四十卷，又目錄二卷，總四十二卷。它以貞觀十三年（639）規劃的十道為綱領，配合當時的四十七鎮，每鎮一圖一志，分鎮記載府、州與屬縣的等級、戶、鄉的數目，四至八到的方里，開元、元和的貢賦，以及沿革、山川、鹽鐵、墾田、軍事設施、兵馬配備等項。但圖的部分，在北宋時亡佚；志的部分流傳到今天僅三十卷。它是唐朝地理名著，宋代因附圖亡佚，宋代陳振孫在《直齋書錄解題》因此「將《元和郡縣圖志》稱為《元和郡縣志》」〔註75〕。現傳各本仍用《圖志》舊稱流傳至今。

隋唐時期圖經發達，其中，以距今約一千二百餘年的《沙州圖經》，是現存最早的圖經。據學者劉緯毅的《漢唐方志輯佚》〔註76〕博取四庫載籍、叢書、類書、地理志、文集筆記和稀見材料等，徵引漢唐方志的記述，劉氏輯

〔註73〕羅振玉，《鳴沙石室佚書正續編》（北京：北京圖書館出版社，2004年2月），頁34～36。

〔註74〕〔唐〕李吉甫，〈《元和郡縣圖志》原序〉，收於《元和郡縣圖志》（北京：中華書局，1983年6月），頁2。

〔註75〕〔宋〕陳振孫撰，徐小蠻、顧美華點校，《直齋書錄解題》（上海：上海古籍出版社，1987年12月），頁239。

〔註76〕劉緯毅，《漢唐方志輯佚》（北京：北京圖書館出版社，1997年12月）。

得唐代以前散佚的方志，至少有三百二十八種，其中，以圖經為名者，至少有一百一十六種，可惜圖經多已散佚。

三、方志定型期（宋代時期）

　　西元 755 年爆發安史之亂，唐朝中央政權衰落，各地節度割據一方，「且今天下四分五裂，大者稱帝，小者稱王」〔註77〕。宋太祖趙匡胤建立宋朝後，為維護國家統一局面，嚴防唐末五代武將跋扈局面再生，消除藩鎮割據而有「杯酒釋兵權」，藉削弱地方權限外，宋太祖又不斷纂修方志：

> 凡土地所產，風俗所尚，具古今興廢之圖，州縣之籍，遇閏歲造圖
> 以進……國初，令天下每閏年造圖納儀鸞司。淳化四年，令再閏一
> 造。〔註78〕

宋太祖期能借由修志鞏固政權，汲汲修志，藉修志以鞏固和加強其統治，乃詔令地方官府定期報告各地的風俗、物產等，藉以控制修志工作，使方志為統治者服務，朝廷又發出管修志書的命令，而「開了政府明令修志的先河」〔註79〕，宋太祖規定為逢閏年上版籍圖冊，極力崇文貶武，中央政府為加強集權，達到「齊政」、「修教」的目的，官修志書乃應運而生。其後的宋主也都特別重視地方志的編纂工作，例如：

> 上因覽《西京圖經》頗多疎漏，庚辰令諸道州府軍監選文學官校正
> 圖經，補其闕略來，上命知制誥孫僅等總校之。〔註80〕

> 真宗因覽《西京圖經》有所未備，詔諸路、州、府軍監，以圖經校
> 勘編入古蹟，選文學之官纂修，校正補其闕略來，上及諸路，以圖
> 經獻詔。〔註81〕

宋代相關志書的編纂，除沿用唐代定期編制圖規定，從宋太祖開寶四年起，

〔註77〕〔北宋〕歐陽修撰，楊家駱主編，《新五代史》卷三九，〈雜傳〉第二十七〈劉守光〉（臺北：鼎文書局，1980 年 6 月三版），頁 426。

〔註78〕〔元〕脫脫等修、楊家駱主編，《宋史》卷一六三，志第一六一，〈職官〉三（臺北：鼎文書局，1980 年 6 月三版），頁 3856。

〔註79〕林衍經，《方志學綜論》，前引書，頁 34。

〔註80〕〔宋〕李燾，《續資治通鑑長編》卷六五，收於清永瑢、紀昀，《景印文淵閣四庫全書》史部七三編年類（臺北：臺北商務印書館，1986 年 3 月），頁 315 ～55 下。

〔註81〕〔南宋〕王應麟，《玉海》卷十四，收於清永瑢、紀昀，《景印文淵閣四庫全書》子部二四九類書類，前引書，頁 943～349 下。

歷經太宗、眞宗、仁宗、神宗、徽宗，曾頒發過十餘次編纂或徵集方志與輿圖的詔書和諭旨。眞宗景德四年纂修《西京圖經》，因人力不夠，命各路、州、府、軍、監編繪圖經，並派知制誥孫僅等人校定，由翰林學士李宗諤等人主持重修。四年後（1010）修成《祥符州縣圖經》，計有一千五百六十六卷。徽宗大觀元年（1107）設「九域圖志局」：

> 四明舊有圖經，成於乾道五年，蓋直秘閣張公津守郡之三祀也。先是大觀初，朝廷置九域圖志局，令州縣編纂以進明。〔註82〕

> 典籍者爲書，上于九域圖志局。〔註83〕

「九域圖志局」主管州郡編纂圖經事務，專責掌管方志纂修工作，在政府大力推動下，各地紛紛展開修志。從此纂修志書不再僅是責成書吏抄錄檔案上報，而是由地方長官主持，聘請有才學的人擔任編纂，並由政府提供酬勞，官修志書形成制度。不過，南宋《四明志》載：

> 尚書盧陵胡公以寶慶二年被命作牧，上距鋟梓之歲，甲子欲周，而竟未有述之者。越明年，政修人和，百廢俱興，爰命校官方君萬里，取舊圖經與泮之士重訂之……由孟仲秋成二十一卷，圖少而志繁，故獨揭志名，而以圖冠其首。〔註84〕

盛行於唐代的「圖經」本以圖爲主，文字說明爲輔。但因圖經中需要說明的事情愈來愈多，文字記載的比重大爲增加，圖漸居次要地位，此乃成爲宋代圖經轉變爲方志原因之一。此外，又因圖軸開展折疊不易，有人遂將「圖」、「經」分開保存；或者因傳抄只抄文字，捨棄圖畫，造成圖經無圖。圖經發展到了宋代，地方史與地方地理合流，圖經名稱出現「志」、「圖經」、「記」和「圖志」等並用，到了南宋以圖經爲名的數量銳減。

　　統計宋代方志，以「志」爲名者計有三百八十三種，以「圖經」爲名者一百七十六種；此外，尚有「記」八十二種，「圖志」二十二種，全部合計約達八百種〔註85〕。除方志名稱出現變化外，宋代立國之初政策重文輕武，使

〔註82〕〔宋〕羅濬，《寶慶四明郡志序》，收於清永瑢、紀昀，《景印文淵閣四庫全書》史部二六六地理類，前引書，頁526～139上。

〔註83〕〔宋〕葛勝仲，《丹陽集》卷八，收於清永瑢、紀昀，《景印文淵閣四庫全書》集部六六別集類，前引書，頁1127～489上。

〔註84〕〔宋〕羅濬，《寶慶四明郡志・序》，收於清永瑢、紀昀，《景印文淵閣四庫全書》史部二六六地理類，前引書，頁526～139上。

〔註85〕陳正祥，《中國文化地理》（臺北：木鐸出版社，1982年7月），頁32。

得中國方志舉凡輿圖、疆域、山川、名勝、建置、職官、賦稅、物產、鄉裡、人物、方技、金石、藝文、災異等無不彙於一編〔註 86〕，不論名稱、體例皆與以前有所不同。南宋首創「九域圖志局」專門主管修志的機構，宋代成為中國方志發展史上承前啟後的重要時期。

四、方志鼎盛期（元明清時期）

宋代以後的方志既是經世之書，有著「資治」等作用。歷代政府多倡議修纂，地方官員也視為任官期間的工作項目之一，方志遂成為普遍性的作品；並且很快的由中原延伸到邊區，舉凡交阯、滇黔以及若干邊關重鎮，莫不有志。〔註 87〕方志在兩宋建立的基礎上繼續發展，不斷進步。加上，元、明、清三代因纂「一統志」，方志發達〔註 88〕，在政府推動下穩步前進，到了清代達到鼎盛。

（一）元

元世祖忽必烈 1279 年滅宋而統一，入主中原，為全面瞭解、掌控各地情況，鞏固政權，繼承修志傳統。1286 年集賢殿大學士扎馬剌丁遂上書修「一統志」：

> 至元二十三年歲丙戌……集賢大學士中奉大夫行秘書監事扎瑪拉迪音，方今尺地一民，盡入版籍，宜為書以明一統。世皇嘉納命札馬剌丁，洎奉直大夫秘書少監虞應龍等蒐輯為志。二十八年辛卯書成，凡七百五十五卷，名大一統志，藏之秘府。〔註 89〕

根據唐宋以來的舊例，各地（州郡）恆有圖籍上於職方郎中。於是扎馬剌丁與虞應龍遂以職方所藏之圖籍，加以編輯，歷時五年，1291 年書成，凡七百五十五卷，名《大元一統志》〔註 90〕。《大元一統志》是繼宋朝方志的繼承和

〔註 86〕張國淦著、楊家駱主編，《中國古方志考》（臺北：鼎文書局，1974 年 10 月），頁 2。

〔註 87〕陳捷先，《清代台灣方志研究》（臺北：臺灣學生書局，1996 年 8 月），頁 11。

〔註 88〕林天蔚，《方志學與地方史研究》，前引書，頁 59。

〔註 89〕〔明〕劉昌，《中州名賢文表》卷二十，收於清永瑢、紀昀，《景印文淵閣四庫全書》集部三一二集部類，前引書，頁 1373～307 下。

〔註 90〕扎馬拉鼎等人編輯的《大元一統志》，未刊。獲《雲南圖志》、《甘肅圖志》、《遼陽圖志》等加以重修，由孛蘭盻〔元〕、岳鉉〔元〕主持，至 1303 年書成，凡一千三百卷，但至 1346 年始由杭州刻版，明以後，已無全本。現存至正本殘

發展。

　　元代以降，政府熱心倡修方志，形成「郡邑莫不有志」的盛況，甚至連小市鎮也有修志，如江蘇甘泉邵伯鎮的《甘棠小志》、安徽池州的《杏花村志》、天津的《楊柳青小志》等。〔註91〕另外，張鉉主張「歷代因革古今大要」、「所以綜言行得失之微」、記人物應「善惡畢著」。〔註92〕

　　宋朝圖經到了元代逐漸消失，甚至幾乎被方志取而代之。方志發展到了元代不但繼續發展，而且方志的內容〔註93〕，比宋朝豐富、準確，爲日後明、清方志奠定良好的基礎。

（二）明

　　明初，中央政府對於修志的態度，和北宋相似。朱元璋爲彰顯功績，率先倡導纂修方志。洪武三年（1370）命天下州郡類編爲書，完成全國地理總志《大明志書》；明英宗命李賢改修重編，1461 年成書，賜名《大明一統志》。觀察明朝所修方志比元代多二千六百多種，約爲元代的十四倍。此外，並「出現元代所沒有的鄉鎮志，衛所志、邊關志；甚至元代無書的天津、青海等區，到了明朝都有了志書。經濟型、文化型市鎮的興起，促使鄉鎮志編纂」〔註94〕，明朝政府制訂〈纂修志書凡例〉，要求記載「詳其數目」，爲志書參照的依據。

　　據陳捷先研究，此期的中國方志先後傳入亞洲鄰邦，使韓、日、越南等國家爭相仿效。例如：「李氏朝鮮在西元十五世紀成宗之世即以《大明一統志》、祝穆《方輿勝覽》、方象之《輿地紀勝》等書範本，編製全國性志書《東國輿地勝覽》。此後四百年間，無論官修私撰的邑志，仍多以我國舊圖經

　　　帙，僅得七卷。常熟瞿氏及吳縣袁氏各藏數卷至三十多卷不等，其中當有重
　　　覆，與原書篇幅相距甚遠。1944 年，趙萬里加以整理，至 1965 年完成，共分
　　　十卷，但每卷殘缺不全，僅及全書十分之一。原書由上海中華書局刊行，旋
　　　即爆發文化大革命，結果由日本汲古書局影印出版，始能流傳海外。見林天
　　　蔚，《方志學與地方史研究》（臺北：南天書局，1995 年 7 月），頁 59～60。

〔註91〕陳捷先，《清代台灣方志研究》，前引書，頁 10。

〔註92〕張鉉，《至正金陵新志》〈修志本末〉，收入於《宋元地方誌叢書》（三）（臺北：
　　　大化書局，1980 年 7 月），頁 1547 上、1549 上。

〔註93〕王楨於 1289 年將所纂《旌德縣志》用木活字排印一百部，是我國木活字印刷
　　　史、和方志發展史上之雙料創舉。見林衍經，《方志學綜論》（上海：華東師
　　　範大學出版社，2008 年 10 月第二版），頁 41～42。

〔註94〕黃葦，《方志學》，前引書，頁 186。

體主要分類綱目，修書的宗旨也以經世致用的思想。還有日本在江戶時期，由於德川幕府推崇儒學，發揚朱子所宣揚的三綱五常、君臣主從等政治道德觀念，「輔治之書」方志便爲當時日本政界及學界重視。據日本學者統計，當時以《大明一統志》體式爲依據而編成的地志數量甚多，其中有不少以漢字寫製。中國方志文化不但影響全國各地修方志，也影響我國亞洲鄰邦修方志。」〔註95〕

明代的方志數量比元代多，分佈廣，還首開鄉鎮市志。志書記載的內容透露當時社會的生產概況、生活概貌，內容豐富，明代方志的發展，爲清代方志打下深厚的基礎。

（三）清

清初異族入主，因主政者急於瞭解各地情況外，並希望通過修志，網羅漢族知識份子參加，減少他們反清情緒。再者，以修志掌握各地戶口、錢糧、山川形勢、兵防險要、風土民俗等，維持和鞏固國家機器的運轉。〔註96〕此外，朝廷並下令爲官者，蒞任初規均要「覽志書」〔註97〕，地方志因而大受重視。清順治年間開始官修志書，大力倡議各地修志。清雍正七年，令省、府、州、縣志，每六十年重修一次；這是有史以來，朝廷首次規定定期修志制度。清朝透過各省先修通志，各省修通志，又命令各府、州、縣修志以供參考，由於從上而下，各行政單位幾乎都要修方志，方志在清代逐漸普及。

乾嘉時期是清代學術興盛期，方志纂修受到學者重視，大量文人投入修志，於是從事纂修方志者日眾〔註98〕，但學者和志家對方志的編纂，各有不同主張，而產生許多重要的方志理論家。例如：顧炎武（1613～1682）、顧祖禹（1631～1692）、戴震（1723～1777）、錢大昕（1728～1777）、章學誠（1738～1801）、洪亮吉（1746～1809）、孫星衍（1753～1818）等人。所建

〔註95〕陳捷先，《清代台灣方志研究》，前引書，頁11～12。
〔註96〕黃葦，《方志學》，前引書，頁212。
〔註97〕清朝官吏上任初期有諸多規定，其中，「覽志書」是爲瞭解當地山川、地理等，除可快速認識地方，亦可做爲治政重要參考方針。見清·徐文弼，《吏治懸鏡》（臺北：廣文書局，1976年8月），頁12。
〔註98〕根據林天蔚的統計，清代方志學家總計有九千一百三十一人，方志學家以康熙、乾隆、光緒三朝人數最多。見林天蔚，《方志學與地方史研究》，前引書，頁126～127。

立的方志理論可分爲：「體例派」、「考據派（地理派）」、「史志派（歷史派）」三派。但是根據林天蔚研究，「體例派」以體例分類，因並列門目，無所統屬，散而無系統，故發展至清中葉逐漸沒落。〔註99〕而對後世影響較大的是「考據派」、「史志派」，前者以戴震爲代表，後者以章學誠爲代表，茲將戴、章二人及其主張分述如下：

（一）方志理論

方志理論分分爲考據派與史志派：

1.考據派

部分學者將考據學運用於方志纂修，考察方志纂修的地理沿革與方位，因此，有人稱「考據派」爲「地理派」。這一派的代表人物，有戴震、錢大昕、孫星衍、洪亮吉等人。其中，戴震是當代考據大師，《四庫全書》開館時特召爲纂修官。戴震對於方志纂修的考據研究，根據段玉裁研究指出：

> 國朝之言地理者……而先生乃皆出乎其上，蓋從來以郡國爲主而求其山川，先生以山川爲主而求其郡縣。〔註100〕

段玉裁專研戴震學術，就方志的纂修而言，段玉裁認爲戴震的方志纂修係以水系辨山脈，以山川形勢考察郡縣的地理沿革。考據派專務考據，但因不重視反映現實的資料，影響志書的實用價值。〔註101〕

戴震認爲「夫志以考地理，但悉心於地理沿革，則志事已竟，侈言文獻，豈所謂急務哉。」〔註102〕戴氏之方志理論主張屬於「地理派」。但章學誠提出「史志派」，與戴震持意見相反。

2.史志派

「史志派」著重於文獻考訂，這一派的代表人物以章學誠爲主。章學誠，字實齋，號少岩，原名文敎，生於浙江省會稽縣（今紹興），其父章鑣是科舉出身，但因事免官，故章學誠童年貧困。自二十三歲（1760）起應試，七次落第，乃因「學風」不合，乾隆四十二年（1777）始以爲人撰寫方志譜牒以

〔註99〕林天蔚，《地方文獻研究與分論》，前引書，頁38。

〔註100〕〔清〕段玉裁，《戴東原先生年譜》，收在北京圖書館編，《年譜叢刊》第一○四冊，（北京：北京圖書館出版社，1999年4月，據清乾隆五七年重刻本影印），頁652～653。

〔註101〕來新夏，《中國地方志》，前引書，頁129。

〔註102〕〔清〕章學誠撰、葉瑛校注，〈記與戴東源論修志〉，收於氏著，《文史通義》，前引書，頁869。

維持生計。〔註103〕章學誠認爲方志是歷史：

> 傳狀志述，一人之史也；家乘譜牒，一家之史也；郡府縣志，一國
> 之史也；綜記一朝，天下之史也。〔註104〕

章學誠認爲「方志乃一方全史也，而自來誤以地理圖經，爲外史之方志，然
則司書所掌之版圖，又是何物？」〔註105〕方志應以歷史文獻爲主，主張「志
乃史裁」。〔註106〕章學誠熟讀前朝各家方志，嫺熟方志撰述源流，在編纂方志
的過程中，發展出方志理論。從史學著述的源流，確定方志的性質，章氏堪
稱爲方志學的奠基者。〔註107〕

戴震認爲方志乃「地」，注重舊史資料，當作修史的依據；章學誠則認爲
方志乃「史」，雖注重舊史資料，但方志纂修應「時近則跡眞，地近則易覈」
〔註108〕，亦重實際生活資料。

「清乾嘉時期，考據學風鼎盛，獨章學誠不務考據，專以辨章學術、考
鏡源流、闡述史學、講究校讐、建立方志義例爲治學旨趣」〔註109〕，章氏力
主史志派主張，但在清代並不是主流派，其修志主張，在當時並不合時宜，
而未受到官方接受和重視。直到日本學者內藤湖南（1866～1934）與胡適
（1891～1962）相繼發表《章實齋先生年譜》，開啓學術界研究章學誠的學術
風氣，章學誠的方志理論才隨之受人重視。1924 年梁啓超在〈清代學者整理
舊學之總成績──方志學〉推崇章氏的方志成就：

> 乾隆以前，一般人士對於方志觀念之幼稚誤謬，可以想見矣。注意
> 方志之編纂方法，實自乾隆中葉開始……然其間能認識方志之眞價

〔註103〕林天蔚，《地方文獻研究與分論》，前引書，頁51～52。

〔註104〕〔清〕章學誠撰、葉瑛校注，〈州縣請立志科議〉，收於氏著，《文史通義》，
　　　　前引書，頁588。

〔註105〕〔清〕章學誠，《章氏遺書》第二八卷，（臺北：漢聲出版社，1973 年 1 月），
　　　　頁710 下頁右。

〔註106〕〔清〕章學誠、葉瑛校注，〈書武功志後〉，收於氏著，《文史通義》，前引書，
　　　　頁905。

〔註107〕林天蔚，《地方文獻研究與分論》，前引書，頁39。另見潘美月主編、宋天瀚
　　　　著，《論章學誠的方志理論與「方志學」》（臺北：花木蘭文化工作坊，2005
　　　　年 12 月），頁1～47。

〔註108〕〔清〕章學誠撰、民國葉瑛校注，〈修志十議〉，收於氏著，《文史通義》，前
　　　　引書，頁843。

〔註109〕高志彬，〈影印劉刻本章氏遺書前言〉，收入於〔清〕章學誠，《章氏遺書》第
　　　　二十八卷，前引書，頁1。

值，說明其眞實意義，則莫如章實齋。〔註110〕

梁啓超勠力於研究章學誠之學術，並肯定章學誠一生全費於手撰各志，隨處表現其創造精神，大大提昇章學誠對於方志學的貢獻，將「方志學」與「地理學」分別獨立。

清朝爲維護政權的需要，透過各省先修通志，又命令各府、州、縣修志以供參考，方志發展到了清代十分普及。加上黃宗羲、顧炎武、洪吉亮、孫星衍、段玉裁、戴震、章學誠等學者參與推動與修志，成爲方志學理論建立的重要時期，中國方志纂修在清朝達到最高峰。但清朝文網甚密，嚴格控制編修志書，文字獄〔註111〕影響當時作家用字遺詞，也箝制學者的思想，修志者深恐身陷囹圄，不敢私下修史，深怕觸犯禁網，致使許多志書失去眞實性。儘管如此，學者陳捷先發現「陸隴其《靈壽縣志》、朱彝尊《日下舊聞》考據甚詳；李兆洛作《鳳台縣志》強調『志尚徵實，所以博信，一事一語必據其所自來』，而戴震的《汾陽縣志》、段玉裁的《富順縣志》以及洪亮吉的《固始縣志》一字一句考訂辨正，成爲完善之書。」〔註112〕又黃葦認爲，清代方志編修特色有：一、定期修志，二、編纂普及，三、種類眾多，四、宏編巨制紛出，五、體制完備多樣，六、官府對修志嚴加控制，七、名家輩出，佳志眾多，八、深受考據學風影響。〔註113〕總體而言，清代總結前人修志經驗，產生方志學理論和方志理論家，樹立方志學之貢獻，清代無疑是中國方志發展的鼎盛時期的最高峰。

統計中國方志數量現存有八千多種，其中，清代纂修的就有五千多種，約佔百分之八十。而內蒙、黑龍江、吉林、青海、新疆、西藏等省區，明朝時還沒有的地方志書，但到清代便都有了方志外，清朝首纂《台灣府志》和

〔註110〕梁啓超，〈清代學者整理舊學之總成績〉（三），收於氏著《中國近三百年學術史——「清代學術概論合刊」》（臺北：里仁書局，1995 年 2 月初版），頁 425 ～426。

〔註111〕論及清代方志，不能忽略清代統治者對方志的破壞。如乾隆三十年（1765）曾嚴禁私修志書，令各省官吏對已有志書進行審查，對「不合」者刪除、禁燬。以致有不少明代志書被焚。凡重新新修志者，事前詳報，書成報批後始得刊行。在乾隆的文字獄熱潮中，志書也有所牽入，如湖南巡撫李世傑的查處《滄浪鄉志》即從志中搞出字句，「指爲狂悖」，使刊刻者與作序者均受到迫害。見來新夏，《中國地方志》，前引書，頁85。

〔註112〕陳捷先，《清代台灣方志研究》，前引書，頁 12。

〔註113〕黃葦，《方志學》，前引書，頁 227～234。

縣志，保存臺灣大量史料。〔註114〕隨著中國歷代修志發展，方志學逐漸萌芽、成熟。

五、方志持續期（民國初年）

中華民國建立後，政局動盪，內憂外患頻仍，處境艱難，但方志纂修的傳統並未中斷。有關民國時期的方志，本文綜合前賢的研究，探討的時間係從民國元年（1912）起，至民國三十八年（1949）止，至中華民國政府撤退到臺灣止，民國時期的方志可分為以下四期：

（一）民國建立初期（民國一～十五年，1912～1926）

根據傅登舟的研究，1914 年教育部為提供學校教材，諮令各地編修鄉土志，並會同內務部諮文各地纂修志書，於是部分省分成立通志局、通志館，如陝西通志局、福建通志局、廣東通志館、河南通志局等。民國六年（1917）山西省頒佈〈山西各縣志書凡例〉，規定縣志的體例應由圖、略、傳、表、考五個部分組成。民國七年（1918）吳馨修、姚文楠纂修的《上海縣續志》，除附圖採用新的輿地方法繪制外，還紀錄清末帝國主義對中國的侵略；民國十年（1921）張允修、錢淦纂修的《寶山續志》則詳細紀錄民國以來的各項改革等。統計此期編修及刊印的各類方志，共四百八十四種，約佔民國修志總數百分之三十八點八，平均每年出書三十二部。〔註115〕

又學者巴兆祥亦整理黑山、新民、海城、南圖、錦縣、開原、海龍、義縣、昆明、宜良、玉溪、馬龍、大理、麗江、雙流、金堂、溫江等縣均有續修、重修志書，體例有沿襲傳統舊志傳統，亦有編纂方法新舊並存；部分志書雖設有商務、物產及記載各地經濟狀況，但資料珍貴。〔註116〕

〔註114〕清代台灣地區先後成書的志書，其中康熙期間有《台灣府志》、《重修台灣府志》、《諸羅縣志》、《鳳山縣志》、《台灣縣志》；乾隆期間有《重修福建台灣府志》、《重修台灣府志》、《續修台灣府志》、《重修台灣縣志》、《重修鳳山縣志》、《澎湖紀略》；嘉慶期間則有《續修台灣縣志》；道光期間有《澎湖續編》、《彰化縣志》、《噶瑪蘭廳志》、《噶瑪蘭志略》；同治期間有《淡水廳志》；光緒期間有則有《澎湖廳志》、《苗栗縣志》、《恆春縣志》等，內容都是沿宋、元、明、清各朝方志一派演進下來。見陳捷先，《清代台灣方志研究》，前引書，頁 121～192。

〔註115〕傅登舟，〈民國時期方志纂修述略〉，收於北京圖書館，《文獻》（北京：書目文獻出版社，1989 年 10 月），第四期，頁 145。

〔註116〕巴兆祥，《方志學新論》（上海：學林出版社，2004 年 6 月），頁 171。

又李泰棻指出，民國初年的修志情況是「國府通令各省，省府通令各縣，催促續志，急如星火。既爲功令，勢必奉行，故省無間南北，縣不分大小，莫不各續志書，待梓報命。」〔註117〕此一時期雖人力、財力有限，但仍有致力於修志者。不過，「然縣數千，未聞有某志之作，可以表現當時史潮者。」〔註118〕顯然此一時期的方志品質，尚有很大的進步空間。

（二）抗戰前時期（民國十六～二十六年，1927～1937）

民國十六年（1927）南京國民政府成立，民國十七年（1928）行政院令各省、縣一律修志，軍政部軍需署也請各省徵集縣志。民國十八年（1929）十二月內政部通令各縣搜集志書，並指示各省、縣、市志凡例，須先送部審核，並正式向全國頒佈《修志事例概要》〔註119〕，通令各省修志，做爲推動修志之依據，舉凡鄉賢名宦、辛亥革命諸烈士之行狀，天時人事之異狀都可納入志書。

中國方志發展到了清末，因受到西方社會科學東漸影響，學術領域獨立發展經濟、社會、政治等學科。此外，再加上政府制訂《修志事例概要》推動下，學者紛紛著書立論，方志纂修有了突破性的發展，依學者研究時間之先後，例如民國十八年（1929），傅振倫在《北平志類目》提出「測重現代」、「注重實用」、「偏重物質」、「注重科學」、「廣增圖表」等新主張〔註120〕；又李泰棻著《方志學》，主張方志特重「表」，在當時都受到矚目。民國二十二年（1933），《禹貢》雜誌半月刊發行，許多方志學家又大力鼓吹；於是在同年，政府又公佈〈地方志書纂修辦法〉，明訂省志三十年一修，縣、市志十五年一修。

據傅登舟分析，此期志書以統計表、大事紀等方式呈現，在編纂的方法、技術、內容、體例等都有較前期進步。他並統計此一時期共纂修及刊印的方志有六百二十六部，佔民國方志總數百分之三十九點八，平均每年出書五十

〔註117〕李泰棻總編纂，《陽原縣志》第一冊，李泰棻序，1935 年排印本。
〔註118〕李泰棻總編纂，《陽原縣志》第一冊，李泰棻序，1935 年排印本。
〔註119〕〈修志事例概要〉規定各省應於省會所在地設立省通志館，由省政府請館長一人、副館長一人、編纂若干人組織。惟台灣此時尚在日治時期，這項規定未及臺灣。見劉峰松，〈國史館臺台灣文獻館的使命〉，收於《臺灣文獻》第五十三卷第一期（臺北：國史館臺北文獻館編印，2002 年 3 月），頁 3。
〔註120〕傅振倫，《中國方志學通論》（臺北：臺灣商務印書館，1966 年 12 月），頁 110～112。

六部〔註121〕。其中，以民國三十五年（1936）最盛，計有志書八十七種問世，此為民國時期方志的盛產期。

（三）抗戰時期（民國二十七～三十四年，1938～1945）

民國二十六年（1937）七月日本發動全面侵華戰爭，全國軍民的任務轉為全面抗戰，大規模的纂修地方志書被迫中斷。及至國共內戰，各地編纂工作又受到很大的影響。不過，修志活動雖然減少，但仍有熱心的方志學者和士紳，在極難苦的環境下仍不忘修志。其中，西北聯合大學教授黎錦熙《方志今議》，提出方志編纂方法「續、補、創」，即持續、新增、創新外，黎氏又和學生合編《城固縣志》。楊家駱主修《北培志》，結合不同學者分工合作，以科學論文方式撰寫方志，「足開方志體例先河，足為未來方志軌範，可謂空前創格」〔註122〕，而以當時人力、物力、財力等各種條件艱困，修志者把修志工作當成是抗戰救國的重要任務之一。

另外，民國二十八年（1939），國立浙江大學史地研究所師生，開始在貴州遵義，進行長達七年實地考察遵義之地質、地形、氣候、土壤、人口、聚落、產業、交通、人口、民族、史蹟等，再撰寫成《遵義新志》。該志由張其昀、葉良輔斧正文稿，共計有十一章、十七萬言，附地圖二十二幅，記錄頗豐，內容與舊志不同，大都為地學著作，特重地圖的表現。《遵義新志》再版時，命名為《新方志學舉隅——遵義新志》〔註123〕，並列入國民基本知識叢書第三輯。

民國三十二年（1943）湖北省頒發《湖北各縣修志事例概要》，要求各縣成立縣志館、聘館長一人、總纂一人，相關規定內容與內政部頒《修志事例概要》相同。1944年內政部頒《地方誌書纂修辦法》，規定省志每三十年一修，市、縣志十五年一修，則是繼承清朝定期修志制度。但此期是在戰火紛飛的年代，修志工作倍極難辛。

據傅登舟統計民國二十七年到三十四年（1938～1945），纂修和印行的方志，有二百一十九種，約佔民國方志總數的百分之十四，平均每年出書二十

〔註121〕傅登舟，〈民國時期方志纂修述略〉，收於北京圖書館，《文獻》第四期，前引書，頁146～147。

〔註122〕杜負翁，〈北碚九志序〉，收於楊家駱主修，《以科學論文方式撰寫方志的試驗：北碚九志》（臺北：鼎文書局，1777年2月）。

〔註123〕張其昀，《新方志學舉隅——遵義新志》（臺北：中華文化出版事業委員會，1955年11月），頁1～3，引言。

七種。〔註124〕

（四）抗戰勝利後時期（民國三十五～三十八年，1946～1949）

抗戰末期，民國三十三年（1944）五月，內政部頒佈〈地方誌書修纂辦法〉，規定修志分爲省志、市志、縣志三種，期能重新纂修志書。民國三十五年（1946）十月，內政部重新公佈〈地方誌書修纂辦法〉，雖沒有規定成立修志館的省、市、縣應設置文獻委員會，但同時頒佈的〈各省市縣文獻委員會組織規程〉，規定文獻委員會由七至十五人組成，委員會負責徵集、保管、編纂文獻資料，期助於推動方志編纂工作。

抗戰勝利後，發生國共內戰，至民國三十八年（1949）國民政府撤退來臺，傅登舟總計從民國三十五年到三十八年（1946～1949）間，纂修的方志約有一百零五種，佔民國方志總數的百分之六點七，平均每年出書二十六部。〔註125〕

儘管本文透過各種文獻，搜集民國時期相關志書資料，但有關民國方志之資料分散、許多檔案資料毀滅或未受重視，以致民國時期的方志資料大多闕如，要做精準之統計並不容易〔註126〕。綜合傅登舟等人所述民國時期方志之數量發行，以抗戰前時期的志書六百二十六種之方志數量最多，其次爲民國建立初期四百八十四種、再次爲是抗戰時期二百一十九種，最少則是抗戰勝利後時期一百零五種。

總之，中國方志起源於春秋戰國時期的國別史、地理書和地圖等基礎上，醞釀於隋唐，成形於宋代，鼎盛於元明清，歷經各朝各代的政治、經濟、文化不斷發展，優良的修志傳統成爲全世界特有的瑰寶。「傳統方志」到了清末，因受到西方社會科學東漸的影響，學術領域獨立發展爲經濟、社會、政治等學科，方志發展在方志學者大力推動下，產生功能更廣泛的「新

〔註124〕傅登舟，〈民國時期方志纂修述略〉，收入於北京圖書館，《文獻》第四期，前引書，頁148。另見巴兆祥，《方志學新論》（上海：學林出版社，2004年6月），頁176～183。

〔註125〕傅登舟，〈民國時期方志纂修述略〉，收入於北京圖書館，《文獻》，前引書第四期，頁148。

〔註126〕2010年11月19日巴兆祥先生抵臺灣中央研究院近代史研究所進行學人訪問舉行方志座談會時，筆者針對民國時期的方志相關資料請益，巴氏表示相關資料很少，且可供參考之研究十分欠缺。另見巴兆祥，《方志學新論》，前引書，頁223，及傅登舟，〈民國時期方志纂修述略〉，收入於北京圖書館，《文獻》第四期，前引書，頁144～154。

方志」〔註127〕。民國以後，中國方志的纂修開始注意影響地方的各種因素，抗戰時期，軍閥混戰，外敵入侵，政權更迭。纂修志書表面上一度似因戰亂被迫中斷，但卻有不少愛國之士，以纂修方志做為抗戰救國之任務。其中，「楊家駱主修《北碚九志》以各篇章節標題與內容，有別於傳統方志的纂修，建立民國以來方志纂修新模式」〔註128〕，中國方志纂修傳統實際上從未間斷。

小　結

綜合以上有關「中國方志探討」、「中國修志發展」研究結論如下：

一、中國方志探討

中國地方志源遠流長，方志纂修是中國悠久的文化傳統，方志的內容由簡單到複雜，體例逐漸定型，但是古代文獻的亡佚散失，古之方志今不可見。綜合以上探討，中國方志的定義、屬性、起源，迄今尚無定論，本文綜合各家學說，試為方志所下的定義為：方志是以一定體例反映一定地區的地理、政治、社會、經濟、文化、教育、軍事、人物、自然現象、自然資源等現狀與歷史，為一部綜合性與資料性的著述。而方志因時代不斷演變，方志的內容亦隨而變，方志的屬性已不再僅僅以記述地理的地理專書，甚至被學者肯定為「古之史」、「志即史」、「方志如同國史」，其並以地理、歷史為基礎，最後發展而成一門綜合性的方志學。至於方志的起源，《山海經》、〈禹貢〉、《周官》、《越絕書》等均為淵源，據以各類著述時間推測，方志起源時間約於先秦戰國時期，直至南宋方志才告定型；後世方志並以定型方志之基礎，進而發展和創新。

此外，方志的名稱、分類，隨著時代的發展，歷代方志名稱至少出現二十三種，方志分類至少有十四種，內容廣泛，數量繁雜而豐富，並藉由不斷續修方志的方式，得以觀察一地之人文、歷史和地理等變化。方志具有地方性、連續性、廣泛性、資料性等四個特徵，為中國可貴的傳統。

〔註127〕為俾利分辯新、舊方志之不同，學者黃秀政將民國以前的中國歷代方志均統稱為「傳統方志」，民國以後的方志則稱「新方志」。見黃秀政，《臺灣史志新論》（臺北：五南圖書出版公司，2007年9月），頁381。
〔註128〕黃秀政，〈楊家駱與新方志〉，收於《臺灣史志新論》，前引書，頁380～399。

二、中國修志發展

　　中國歷代方志編纂歷程，可分爲「方志萌芽期」、「方志成形期」、「方志定型期」、「方志鼎盛期」、「方志持續期」。漢朝方志已有圖經，《華陽國志》由「地記」轉變爲「史志體」；隋代首開官修方志；唐代規定各州府每三年造一圖經，圖經盛行；宋代朝廷創設「九域圖志局」主管州郡編纂圖經業務，方志體例完備成形，圖經逐漸被方志取代。元、明、清是中國方志發展的鼎盛期，並帶動日本、越南等國家倣仿學習。清朝雍正論旨省、府、州、縣志每六十年重修一次，於是方志數量大盛，以方志成爲學術著作，樹立方志學之貢獻，成爲中國方志發展的鼎盛時期的最高峰。直至漢學家內藤湖南與胡適之相繼發表《章實齋先生年譜》，開啓學術界研究清代章學誠的學術風氣外，又梁啓超在〈清代學者整理舊學之總成績〉一文提出「方志學」名詞，始確立章學誠的方志學理論。

　　清末因受到西方社會科學東漸影響，學術領域獨立發展經濟、社會、政治等學科。民國方志雖承襲舊志編纂體例，但因社會、經濟、生活、文化、教育、政治等改變，修志主旨以民爲本。方志體例出現紀傳體、綱目體、三寶體、編年體、章節體、平目體等多樣性，方志發展在學者專家著書立論、積極推動下，產生功能更廣泛的「新方志」。自民國初年至民國三十八年，短短三十八年，修志數量近一千五百種，此與清代二百六十餘年間，修志六千五百種，前後相較，民國初年的纂修的方志總量，並未亞於清代纂修的總量。

第三章　臺灣方志纂修研究

　　荷蘭人進入臺灣〔註1〕以前，明廷從未派官經營。直到明末鄭成功渡海抵臺，臺灣一直被視爲「外夷」之地，非中國版圖。〔註2〕據黃秀政等人所著《臺灣史》：「明天啓四年（1624）荷蘭人入據臺灣以前，臺灣原係以原住民爲主體的部落社會，平地爲平埔族的分佈區，山地爲高山族的分佈區。是年，荷蘭人由澎湖轉進臺灣南部之後，首度在臺灣建立統治機構，是爲臺灣由『部落社會』轉型爲『民間社會』的開始。鄭成功進入臺灣，改赤崁地方爲東都明京，始第一次出現漢人政權，翌年，鄭成功過逝，世子鄭經繼位。清康熙二十二年（1683），清廷派福建水師都督施琅率軍攻臺，鄭克塽投降，臺灣納入清廷版圖，清廷在臺灣設置臺灣府，隸屬福建省管轄，設臺灣、鳳山、諸羅三縣，隸屬臺灣府管轄。」〔註3〕自此，臺灣雖進入清領時代，惟中國大難

〔註1〕「臺灣」地名，有「禹貢揚州之域說」、「岱員說」、「彫題國說」、「瀛洲說」、「東鯷說」、「夷洲說」、「流求說」、「毘舍耶國說」、「小琉球說」、「小東島說」、「雞籠淡水說」、「東番說」、「雞籠說」、「北港說」等。對於臺灣之名，連橫則根據「〈瀛壖百詠序〉曰：『明李周嬰遠遊篇，載東番一篇，稱其地爲臺員，蓋閩音之譌也。』認爲臺灣之名入中國始於此，連橫據是則土番之時，閩人已呼東番爲臺灣矣。周嬰閩之莆田人，當明中葉，漳泉人已有入僑住者，一葦可航，聞見較確。或曰：「臺灣原名埋冤，爲漳泉人所號，明代濫漳泉人入臺者，每爲天氣所虐，居者輒病死，不得歸，故以『埋冤』名之，志慘也。其後以埋冤爲不祥，乃改今名」。見李汝和主修、王世慶整修、張炳楠監修，《台灣省通志·卷一土地志》（臺北：臺灣省文獻委員會，1970年6月），疆域篇第一章〈地名傳說〉；及連橫，《臺灣通史》卷一〈開闢紀〉（臺中：臺灣省文獻委員會，1976年5月），頁17。

〔註2〕高明士主編，《臺灣史》（臺北：五南圖書出版有限公司，2009年8月二版一刷），頁61～63。

〔註3〕黃秀政、張勝彥、吳文星，《臺灣史》（臺北：五南圖書出版公司，2002年2

方定，是以治臺態度消極，初期僅派簡大吏來臺安撫。清光緒二十五年（1895）因甲午敗戰，清廷被迫割讓臺灣給日本，結束清廷二百一十二年的統治。

　　日明治二十八年（清光緒二十一年、1895）日本開始統治臺灣。民國二十八年（1939）九月，希特勒（德語 Adolf Hitler，1889～1945）的納粹德國入侵波蘭，爆發第二次世界大戰。民國三十四年（1945）八月六日、九日，美國在日本廣島投下兩顆原子彈，日本宣佈投降，二次世界大戰結束，日本也結束在臺五十年的政權統治。

　　二次世界大戰之前（以下簡稱戰前），臺灣曾歷經以原住民爲主體的「荷據以前」、「荷西時期」、「鄭氏治臺時期」、「清領時期」、「日治時期」、「光復初期」、「中華民國在臺灣時期」〔註4〕，不同主權者與政權統治帶來不同文化，致使臺灣文化呈現多元發展。而臺灣早期與中國大陸遠隔重洋，又是一個新開闢之處，根本無書可錄，文化程度不高，缺乏地方官私書檔，修志條件困難，有關方志纂修之歷史，直至清康熙時期才開始。二次世界大戰之後（以下簡稱戰後），臺灣回歸中華民國政府統治，一方面沿襲中國的修志傳統，一方面則繼續清領時期、日治時期的修志成果，並展開方志的纂修工作。

第一節　清康熙二十二年～民國三十四年的臺灣方志纂修

　　本節以「清領時期的臺灣方志」、「日治時期〔註5〕的臺灣方志」，一探臺灣地區從康熙二十二年～民國三十四年（1683～1945）的方志纂修情形。

　　　月），頁3～5。

〔註4〕　依據黃秀政、張勝彥、吳文星等人將臺灣歷史分期爲，「荷據以前」（1624年以前）、「荷西時期」（1624～1662）、「鄭氏治臺時期」（1662～1683）、「清領時期」（1684～1895）、「日治時期」（1895～1945）、「光復初期」（1945～1949）、「中華民國在臺灣時期」（1949年迄今），臺灣經歷荷西、明鄭、清朝、日本、中華民國政府等政權。見黃秀政、張勝彥、吳文星，《臺灣史》，前引書，頁3～7。

〔註5〕　過去規定日本統治臺灣時期必需稱「日據時期」，不能用「日治時期」。事實上，日本乃依國際法取得臺灣的統治權，並非強佔或非法據有，用「日據」是違反歷史事實的自欺欺人的說法。爲尊重史實，本文因此對於日本統治臺灣時期稱之爲「日治時期」。參見謝國興，〈近年來臺灣與大陸纂修地方志之比較〉，《五十年來臺灣方志成果評估與未來發展學術研討會論文集》（臺北：中央研究院臺灣史研究所籌備處，1999年5月），頁77。

一、清領時期的臺灣方志（康熙二十二年～光緒二十一年，1684
～1895）

清廷治臺長達二百一十二年，依康熙、乾隆、嘉慶、道光、同治、光緒
年間分期，纂修方志情形如下〔註6〕：

（一）纂修之方志

1. 康熙年間

計有以下十三種：

(1) 康熙二十三年（1684），季麒光修《臺灣郡志稿》〔註7〕、王喜撰《臺
　　灣志稿》〔註8〕、蔣毓英修《臺灣府志》〔註9〕。

(2) 康熙二十四年（1685），林謙光修《臺灣紀略》〔註10〕、杜臻修《澎
　　湖臺灣紀略》。

(3) 康熙二十五年（1686），施鴻《臺灣郡志》。

(4) 康熙三十四年（1695），高拱乾纂《臺灣府志》。〔註11〕

(5) 康熙五十一年（1712），臺灣知府周元文纂修《重修臺灣府志》，體例
　　完全仿照高拱乾的舊志，有十個總目，只是子目從八十個減為七十七
　　個。

(6) 康熙五十五～五十六年（1716～1717），諸羅知縣周鍾瑄、陳夢林合
　　修《諸羅縣志》。

(7) 康熙五十八年（1719），鳳山知縣李丕煜、陳文達合修《鳳山縣志》。

(8) 康熙五十八～五十九年（1719～1720），臺灣海防同知兼掌臺灣縣事

〔註6〕 有關清領時期的臺灣方志相關文獻資料，分別參考陳捷先《清代臺灣方志研
　　　　究》、方豪〈清代前期台灣方志的編纂工作〉、黃秀政《臺灣史志新論》等，
　　　　筆者不敢掠美，為俾利讀者查閱，有關清領時期的臺灣方志特製成表格，置
　　　　於文末附錄一。

〔註7〕 毛一波，〈臺灣方志與早期史料〉，《臺南文化》（臺南），第六卷第一期，1958
　　　　年8月，頁25～31。

〔註8〕 廖漢臣纂修，《臺灣省通志》卷六，〈學藝志·藝文篇〉，收於臺灣省文獻委員
　　　　會，《臺灣省通志》（臺北：臺灣省文獻委員會，1971年6月），頁6。

〔註9〕 陳捷先，《清代臺灣方志研究》（臺北：臺灣學生書局，1996年8月），頁16
　　　　～35。

〔註10〕 廖漢臣纂修，《臺灣省通志》卷六，〈學藝志·藝文篇〉，收於臺灣省文獻委員
　　　　會，《臺灣省通志》，前引書，頁6。

〔註11〕 方豪，〈臺灣方志的研究資料〉，《臺南文化》（臺南），第二卷第三期，1952
　　　　年9月，頁47～53。

王禮、陳文達合修《臺灣縣志》。

(9) 康熙年間，還有施鴻纂修《臺灣郡志》，以及周于仁、胡格合修《澎湖志略》〔註12〕。

2. 乾隆年間

計有以下十種：

(1) 乾隆一年（1736），周于仁纂修《澎湖志略》。

(2) 乾隆二年（1737），福建省臺灣府修《福建通志臺灣府》。

(3) 乾隆三年（1738），分巡臺灣道伊士俍修《臺灣志略》。

(4) 乾隆五年（1740），胡格重修《澎湖志略》。

(5) 乾隆五～六年（1740～1741），分巡臺灣道兼按察使司副使劉良璧纂修《重修福建臺灣府志》。

(6) 乾隆九～十一年（1744～1746），巡臺御使范咸、六十七合修《重修臺灣府志》。

(7) 乾隆十七年（1752），王必昌纂修《重修臺灣縣志》。

(8) 乾隆二十五～二十九年（1760～1764），臺灣知府余文儀《續修臺灣府志》。

(9) 乾隆二十七年（1762），鳳山知縣王瑛曾纂修《重修鳳山縣志》。

(10) 乾隆三十四年（1769），澎湖通判胡建偉纂修《澎湖紀略》。

3. 嘉慶年間

計有以下三種：

(1) 嘉慶十二年（1807），嘉義縣學教諭謝金鑾、臺灣縣學教諭鄭兼才合修《續修臺灣縣志》。

(2) 嘉慶十四年（1809），李元春輯《臺灣志略》。

(3) 嘉慶年間，謝金鑾修《蛤仔難紀略》。

4. 道光年間

計有以下九種：

(1) 道光九年（1829），澎湖通判蔣鏞纂修《澎湖續編》、陳壽祺修《福建通志臺灣府》、臺灣府修《臺灣采訪冊》。

〔註12〕方豪，〈清代前期台灣方志的編纂工作〉，《台灣人文》第二期（臺北：1978年1月），頁5～16。

(2) 道光九～十年（1829～1930），陳國瑛等十六人採輯《臺灣采訪冊》。

(3) 道光十一～十二年（1831～1833），彰化知縣周璽纂修《彰化縣志》、陳淑均纂修《噶瑪蘭廳志》。

(4) 道光十二年（1832），署噶瑪蘭通判柯培元纂修《噶瑪蘭志略》。

(5) 道光十八年（1838），陳淑均修《噶瑪蘭廳志》。

(6) 道光年間，鄭用錫、李嗣業修《淡水志初稿》。

5. 同治年間

計有以下二種：

(1) 同治九年（1870），淡水同知陳培桂纂修《淡水廳志》。

(2) 同治年間，林豪修《續志稿》。

6. 光緒年間

計有以下七種：

(1) 光緒十八年（1892），林豪纂修《澎湖廳志》。

(2) 光緒十九年（1893），林豪纂修、薛紹元刪補《澎湖廳志》。

(3) 光緒十九～二十年（1893～1894），苗栗知縣沈茂蔭纂修《苗栗縣志》。

(4) 光緒二十年（1894），屠繼善纂修《恆春縣志》、倪贊元修《雲林縣采訪冊》、胡傳修《臺東州采訪冊》。

(5) 光緒二十一年（1895），蔣師轍、薛紹元修《臺灣通志》。

　　清領時期纂修的臺灣方志，至少有以上四十四部，其中，學界咸認爲《臺灣府志》爲臺灣第一本方志。但《臺灣府志》作者有二個版本，分別爲蔣毓英（又稱《蔣志》）〔註13〕、高拱乾（又稱《高志》）所著，二本《府志》的內容也不同。此乃因《蔣志》是在大陸出版，臺灣並無傳本，蔣氏修志乙事幾乎無人知情。《高志》乃曾被學界以爲是臺灣第一部府志。直到民國以後，

〔註13〕據陳捷先研究，蔣氏《臺灣府志》共十卷，是一家刻本，白口，上魚尾、左右雙邊，仿宋體字、每半頁十一行，每行十九字，全書一百二十五頁，約五萬字，分十卷二十五目，有圖。刻本沒有序跋、凡例，書中重視學校、廟宇、強調古蹟、災祥，崇尚勛臣節烈人士及勝國遺裔，蔣志用心保存明鄭史料，並統計當時臺灣人口有三萬零二百二十九人，其中，男性一萬六千二百七十四人、女性一萬三千九百五十五人，爲臺灣方志奠下基礎。見陳捷先，《清代臺灣方志研究》，前引書，頁 16～35。

方志學家朱士嘉發現《蔣志》的康熙刻本藏於上海圖書館上海圖書館，1985年由北京中華書局景印出版。臺灣第一本方志究竟是《蔣志》，抑或《高志》？學界有不同看法。

　　據陳捷先研究《臺灣府志》(《蔣志》)成書時間及相關內容，以「蔣毓英的《臺灣府志》卷九〈勝國遺裔〉逕用『朱弘桓』、『弘』等，『弘』字不缺筆，也不改字，顯然《臺灣府志》的付刻是在乾隆以前〔註14〕，故《蔣志》應該才是臺灣第一部方志。

　　至於其他方志內容也不盡相同，例如范咸的《重修臺灣府志》，多載明鄭復臺及其遺老史事，成爲首部記載鄭明史事的臺灣方志。此外，分巡臺灣道伊士俍修《臺灣志略》一書：

> 《臺灣志略》是幾年前，筆者在一個偶然的機會發現了尹著《臺灣志略》原書的一些蛛絲馬跡，經過不懈地努力和多方求覓，「功夫不負有心人」，最近終於十分幸運地見到了這部塵封湮沒二百五十載之久的存世孤本。尹著《臺灣志略》爲刊本，白口，左右雙邊，單魚尾，半頁八行，每行十八字，宋體，分上、中、下三卷，每卷分裝一冊，保存比較完好。上卷四十二頁，中卷八十六頁，下卷四十九頁，全書共一百七十七頁，約六萬字。上、中兩卷各有十目，上卷目錄爲：全郡形勢、疆域沿革、重洋海道、文員定制、武職營規、城垣臺寨、民番田園、錢糧科則、支放兵餉、收銷鹽課。中卷目錄爲：學校士習、民風土俗、番情習俗、氣候祥異、山川景物、路程港口、出產水利、寺朝舊跡、雜輯遺事、外洋各島；下卷爲藝文題詠，無細目，計收有「疏」、「傳」、「記」、「賦」及各體詩五十九首。卷首有作者自序一篇，簡要介紹自己在臺灣爲官的經歷及與《臺灣志略》編纂的事情，落款爲乾隆三年歲次戊午黃鐘月濟水尹士俍泉甫書於臺陽觀察署之斐亭。所以尹士俍所著《臺灣志略》是在尹任滿（乾隆四年，1739）前付梓刊印的〔註15〕。

> 辛亥夏，有委盤彰邑倉庫之役，途間采之父老，問之番黎，悉心爲志之……山形地勢、番俗民風皆親歷而目擊焉……今當瓜期將屆，

〔註14〕陳捷先，《清代臺灣方志研究》，前引書，頁16～35。

〔註15〕〔清〕尹士俍纂修、李祖基點校，《臺灣志略》（中國北京：九州出版社，2003年3月），頁1～4。

憶自已酉以來共十年於茲……。謹就余所見聞，聊綴數言，刊就一
帙，非敢謂於前人所記載者，能爲之備遺而補缺。〔註16〕

前段引文，是李祖基說明尹士俍纂修《臺灣志略》的始末與內容；後段引文，
則是據尹士俍在《臺灣志略》的自序，說明纂修的原委。除李、伊二人說明
《臺灣志略》爲伊氏私纂的方志外，李氏又考證劉良璧的《重修福建臺灣府
志》、范咸的《重修臺灣府志》、陳淑均的《噶瑪蘭廳志》，都曾經引用尹志的
《臺灣志略》。尹士俍私纂的《臺灣志略》，資料廣被其他方志引用，顯示私
纂方志不容輕視。

　　早在一千七百年前，三國吳沈瑩（？～280）撰《臨海水土異物志》〔註17〕
〈夷洲〉曾記錄臺灣的地形、氣候、土壤、植被、農業、漁業、民俗、風情，
該志內容雖僅僅只有四百二十字，卻是有關臺灣地理最早的文獻記述，至於
臺灣眞正開始撰修方志，則始於清康熙二十三年蔣毓英的《臺灣府志》（《蔣
志》），臺灣第一部方志距離現今有三百多年歷史，且清領時期的臺灣方志，
係以官修方志爲大宗。

二、日治時期的臺灣方志（日明治二十八年～民國三十四年，1895～1945）

　　清光緒二十年（日明治二十七年，1894），清朝爲了朝鮮主權問題，和日
本發生甲午戰爭，但清廷戰敗，與日本簽訂馬關條約。光緒二十一年四月十
七日臺澎割讓給日本（乙未割臺），日本治臺長達五十年。

　　清廷割臺，不僅牽動臺灣與中國大陸的分合，也改變臺灣的命運，對臺
灣的政治、經濟與社會文化等方面影響至深且鉅。據黃秀政研究，「就政治方
面言，割臺使原先爲清朝一個省分的臺灣，從此成爲日本帝國的第一個殖民
地，而臺灣住民乃從大清帝國的臣民，改爲日本帝國殖民地的住民。就經濟
方面言，割臺改變臺灣農、工、商各業的發展，其中，農、商兩方面的影響
尤爲顯著。農業方面，日本統治當局引進農耕作技術，並從事科學的農業

〔註16〕〔清〕尹士俍，〈臺灣志略序〉，收於〔清〕尹士俍纂修、李祖基點校，《臺灣
　　　　志略》，前引書，頁2。
〔註17〕〔三國・吳〕沈瑩，《臨海異物志》，收於《叢書集成新編》第九十一冊（臺
　　　　北：新文豐出版公司，1985年），頁132。另見姚永森，《《臨海水土異物志》：
　　　　世界上最早記述臺灣的文獻〉，收於《安徽師範大學學報》（人文社會科學
　　　　版），2005年，第四期，頁33。

改良；商業方面，最大的變化是臺灣貿易對象的改變，原先臺灣與中國大陸所進行的區域分工，以臺灣所產的農產品換取中國大陸的民生日用品，至是，漸為臺灣與日本的貿易所取代，使臺灣的經濟體由原先融入中國經濟圈，改為融入日本經濟圈。就社會文化言，割臺對原已具有相當程度內地（中國）化傾向的社會文化，亦帶來極大的衝擊，特別是因民生日用品供應來源的改變，由生活方式所形塑的大眾文化，在臺灣確曾出現顯著的變化。臺灣總督府並透過教育及種種制度安排所加強的紀律觀念，對臺灣住民的影響極為深遠。日治末期，臺灣總督府實施戰時體制，積極推動『皇民化運動』，左右臺灣社會文化的走向。」〔註18〕在日本殖民統治下，臺灣住民處境十分困難。

臺灣在日治期間，從三縣一廳（臺北縣、臺灣縣、臺南縣及澎湖島廳）演變至日昭和元年（1926）的五州三廳（臺北州、新竹州、臺中州、臺南州、高雄州及澎湖廳、臺東廳、花蓮港廳）〔註19〕，日本受中國影響，亦盛行纂修方志，早在奈良時代就有編纂方志的傳統〔註20〕，因此，1895年，日本依馬關條約取得臺灣，是年七月日本參謀本部隨即編印第一部官修方志《臺灣誌》，作為治臺參考。為殖民統治之需，日本殖民政府致力於中國法制之研究，及清領時期臺灣地方有關土地、風俗等慣例之調查。

日人治臺之初，一方面成立「臨時臺灣土地調查局」及「臨時臺灣舊慣調查會」；另一方面，臺灣總督府廣泛蒐集清領時期所纂修之府廳舊志，並倡

〔註18〕 黃秀政，〈1895年清廷割台與台灣命運的轉折〉〉，《臺灣史志新論》（臺北：五南圖書館公司，2007年9月），頁108～109。

〔註19〕 黃秀政、張勝彥、吳文星，《臺灣史》，前引書，頁6。

〔註20〕 日本奈良時代，根據朝廷的命令，各諸侯均編纂稱之為《風土記》的地方誌類的書。日和銅六年（713）五月，元明天皇向諸侯提出：一、為郡鄉地名加好字（由兩個漢字組成的佳名）；二、錄入郡內物產種類、名稱；三、土地肥沃的狀態；四、山川原野名字的由來；五、古老、舊聞的傳說，一一上報。諸侯國響應號令，將調查結果以國史之解，以向中央官廳報告的公文形式向朝廷報告。至延喜十四年（914），這些資料以某某國府土記的名稱保存於朝廷。但或許由於保存狀態很差，多有散佚。奈良時代之所以如此向諸侯國求得各國風土記，是因為要模仿中國歷代史書中的收錄地方誌的方式。到了江戶時代，幕府及各藩均展開編纂方志活動，編纂的地志大多仿照奈良時代風土記之先例，稱為某某風土記。見犬井正，〈關於關東地方史志類中「志」與「史」的若干考察——來自與中國「方志」關聯的角度的探討〉，收入於來新夏、齊藤博主編，《中日地方史志比較研究》（中國天津：南開大學出版社，1996年1月），頁310～311。

修縣廳志。綜觀日本治臺五十年，所纂修臺灣方志如下：

（一）官修方志

綜觀日本治臺期間，官修方志茲分述如下〔註21〕：

1. 全臺志

（1）《臺灣誌》

日明治二十八年（光緒二十一年、1895），日本參謀本部編纂，全一冊，二百零一頁，是日治時期第一部官撰臺灣史志。

（2）《臺灣形勢一斑》

日明治三十年（光緒二十三年、1897），日本中央政府拓殖務省南部局第二課編印，全一冊，八十八頁，臺灣分館藏有一冊。

（3）《臺灣統治綜覽》

日明治四十一年（光緒三十四年、1908），臺灣總督府官房文書課印行的，全一冊，五百三十四頁。此爲臺灣總督府文官系統編印的首部志書，臺灣分館藏有一冊。

（4）《臺灣統治概要》

日昭和二十年（民國三十四年、1945），臺灣總督府編印（全一冊，五百零六頁），此爲日治時期官方編印之最後一部全臺志書。戰後民國六十二年（日昭和四十八年、1973）由東京原書房重刊出版，臺灣分館、臺灣省文獻委員會各藏有原版一部。以上四種全臺志，全部都是日文。

2. 縣廳志

（1）《臺南略誌》

日明治二十九～三十年（1896～1897），臺南縣所編纂的，臺灣分館藏有抄本一部。

（2）《新竹縣志初稿》

日明治三十年（1897），新竹縣知事櫻井勉聘前臺北府廩生鄭鵬雲、前新竹縣學附生曾逢辰等撰纂修。

〔註21〕 參閱王世慶，〈日據時期臺灣官撰地方史志的探討〉，收入於《漢學研究》第三卷第二期（方志學國際研討會論文專號第一冊）（臺北：國立中央圖書館出版，1985年12月），頁317～319。另見黃秀政，〈戰後臺灣方志的纂修（1945～2005）〉，《臺灣史志新論》，前引書，頁451～454。

（3）《嘉義管內采訪冊》

日明治三十一～三十四年（1898～1901）打貓辦務署調查採訪編輯，書名全稱爲《嘉義管內打貓西堡、打貓北堡、打貓南堡、打貓東下堡三分、打貓東頂堡采訪冊》，一般簡稱爲《嘉義管內采訪冊》。臺灣分館藏有正副抄本二部。

（4）《臺南縣志》

日明治二十九年（1896）日人磯貝靜藏任臺南縣知事，委任瀨戶晉爲縣志編纂主任，主持縣志編纂逐年完稿，全志分爲四編四冊。首編沿革之部，第二編制度之部、第三編員警司法監獄、第四編沿革之二。臺灣分館藏有一部。

（5）《南部臺灣誌》

日明治三十四年（1901）十一月九日，廢臺南縣，改設臺南廳，乃將《台南縣志》改稱爲《南部台灣志續編》。臺南廳委託日人花岡伊之作、蔡國琳編纂，爲《台南縣志》續編，共有四編。臺灣分館藏有抄本一部共四冊。

（6）《臺北廳志》

日明治三十六年（1903），臺北廳總務課編印，全一冊，九十五頁。臺灣分館藏有一冊。

（7）《桃園廳志》

日明治三十八～三十九年（1905～1906），桃園廳長竹內卷太郎命屬僚編輯調查完成。全一冊，三百四十四頁。臺灣分館藏有一冊。

（8）《新竹廳志》

日明治三十六～三十九年（1903～1906），新竹廳長里見義正命屬官波越重乏編纂。全一冊，五百三十六頁，臺灣分館藏有一部。

（9）《臺北廳志》（重修）

日大正七～八年（1918～1919），臺北廳重修十五年前刊行之《臺北廳志》，是日治時期唯一重修的縣廳志，也是日治時期最後一部官撰縣廳志。全一冊，七百二十九頁，臺灣分館、臺灣省文獻委員會各藏有一部。

以上縣廳志，除《新竹縣志初稿》、《嘉義管內采訪冊》爲中文外，餘者均爲日文。

3. 郡市志

(1) 明治三十年（1897），前清附生蔡振豐纂輯《苑裡志》。

(2) 明治三十一年（1898），前清附生林百川、訓導林學源纂輯《樹杞林志》（樹杞林，今竹東）。

(3) 昭和五年（1930），臺北市役所爲紀念該市成立十周年，編印《臺北市十年誌》。

(4) 昭和九年（1934），高雄市役所爲紀念該市成立十周年，編印《高雄市制十週年略志》。

(5) 昭和十年（1935），嘉義市役所爲紀念該市成立五周年，編印《嘉義市制五周年紀念誌》。

(6) 昭和十七～十八年（1942～1943），大溪郡役所庶務課文書主任富永豐編纂《大溪誌》。

以上均爲官撰郡市志，除《苑裡志》、《樹杞林志》爲中文外，餘者皆爲日文。

4. 街庄志

(1) 大正十五年（1926），嘉義街役場編印《大嘉義》（全一冊，一百四十八頁）。

(2) 大正十五年（1926），新竹街役場編印《新竹街要覽》（全一冊，二百七十八頁）。

(3) 昭和六年（1931），海山郡中和莊役場聘請前臺灣總督府翻譯劉克明編纂《中和庄誌》，此爲日治時期官撰首部正式街庄志（全一冊，一百零七頁），《中和庄誌》被喻爲「日據時期北臺官撰街庄志的範本」〔註22〕。

(4) 昭和八年（1933），板橋街役場編印《板橋街誌》（全一冊，一百九十四頁）。

(5) 昭和八年（1933），桃園郡爲舉辦街庄聯合自治展覽會而編纂《龜山庄全誌》（全一冊，一百四十九頁）。

(6) 昭和八年（1933），蘆竹莊役場職只編印《蘆竹庄誌》（全一冊，一百

〔註22〕王良行，《鄉鎮志撰修實務手冊》（臺中：國立中興大學、行政院文化建設委員會中部辦公室，1999 年 9 月），頁 19。

一十三頁）。

(7) 昭和八年（1933），大園莊役場書記徐秋琳編纂《大園庄誌》（全一冊，
一百四十二頁）。

(8) 昭和八年（1933），桃園街役場書記岸藤次郎編纂《桃園街誌》（全一
冊，文四百九十七頁，圖一頁）。

(9) 昭和九年（1934），鶯歌莊長今澤正秋編纂《鶯歌鄉土誌》（全一冊，
一百五十八頁）。

(10) 昭和九年（1934），三峽莊役場編印《三峽庄誌》（全一冊，九十八
頁）。是日治時期最後一部官撰街庄志。以上官撰街庄志，皆為日
文。

統計日治時期的臺灣方志：全臺志計有《台灣誌》等四種，都是日文；
縣廳志、采訪冊計有《臺南略志》等九種；郡市志計有《苑裡志》等六種；
街庄志計有《大嘉義》等十種，合計二十九種。從上可知，日治時期纂修的
縣廳志《臺南縣志》、《新竹縣志初稿》、《臺北廳志》、《桃園廳志》、《新竹廳
志》等多集中於 1895～1919 年間編印。郡市志則多於 1897～1943 年間編印，
街庄志則於 1926～1934 年出版，均稍晚於縣廳志。

乙未割臺，但臺灣修志工作卻未此稍戢。大正十一年（1922）七月二十
四日臺灣總督府史料編纂委員會召開職員會議，該會編纂部長持地六三郎演
說指出：

> 從來臺灣府志，概以官府行動之進退、盛衰之記事為主；對於政治
> 上、經濟上民生休戚之消長興廢，少載及之，殊不能做為現代修志
> 之體例，而西洋式之史論體，文明史體之私人著述，亦不適合官纂
> 之述作。故本史料之編纂將參酌中國之府志、西洋各種史志之體例，
> 考慮本事業之目的、內容、種類等，以制機宜。〔註23〕

持地六三郎主張方志纂修的體裁結構，應以中國傳統方志的「書志體」，但在

〔註23〕 臺灣總督府史料目錄，第一卷前紀為：臺灣地理、割臺前史略、臺日關係；
第二卷本紀上為：樺山、桂、乃木、兒玉各總督任期之臺政；第三卷本紀下
為：佐久間、安東、明石各總督及田總督任期之臺政；第四卷志類上計有二
十三志；第五卷志類下計有十四志及對外關係華南、南洋兩志，該事業計畫
作為大正十一年以降三年繼續事業，但後來中途停止。參見井出季和太著、
郭輝編譯，《日據下之臺政》（臺北：海峽學術出版社，2003 年 11 月），頁
706。

記載的類目，則廢傳統方志的典禮、方伎、藝文諸目，而增以經濟、氣象、人口、財政、交通、衛生、產業部門；在纂修方法上強調新增科學門類之調查研究。〔註24〕據王世慶統計，「日治時期，官撰史志體例，採中國傳統方志之『正史體』，分紀、表、志、傳，或採『分志體』，以科學分法類法標列類目外，餘者如「要覽」、「概況」等出版品，多而繁雜，無體例可言，纂修方法僅止於相關資料的編輯，但具有專題撰述取向。」〔註25〕

　　日治時期的臺灣方志，因應時空的變遷，除了傳承清志之遺緒，並新創一格，增加新的志書類目與記載內容，非官修的地方志書，多具有專題撰述取向，採科學的調查研究方法，和中國傳統方志有所不同。此期對修志的體例，要求嚴謹，方志纂修方法，亦有所增益。

（二）其他方志

　　除以上官修方志外，一般中小學校、文教團體等共同團體，亦積極參與修志，纂修的「鄉土志」、「要覽」、「概況」、「大觀」、「一覽」數量多達二百多種〔註26〕，惟纂修內容多爲施政資料。至於私人方面，例如伊能嘉矩（1867～1925）精查臺灣史實，一覽臺灣文化各方面的發展，以三十年時間，殆竭盡其一生的精力，傾注平民之歷史，完成著述《臺灣文化志》〔註27〕，其獨步研究臺灣古文化，獲得學界讚賞，肯定該書是「集史話、統計年鑑、臺灣初期發達史於一書，可謂爲：臺灣文獻通考」。〔註28〕此外，還有井出季和太

〔註24〕曾鼎甲，〈戰後臺灣方志纂修的傳統：兼論省通志的綱目編體〉，收於《臺灣文獻》第六十卷第一期，2010 年 3 月，頁 71。

〔註25〕王世慶，〈日據時期臺灣官撰地方史志的探討〉，收於漢學研究資料及服務中心，《漢學研究》（臺北：編者，1985 年 12 月），第三卷第二期，頁 346。

〔註26〕王世慶，〈日據時期台灣官撰地方史志的探討〉，收入於《漢學研究》第三卷第二期，前引書，頁 317～319。

〔註27〕日本人伊能嘉矩，二十八歲抵台灣，四十一歲才回日本，在臺期間從事學術調查等工作，返日之後仍以臺灣總督府理番革志編纂委員、臺灣總督府舊慣調查會委員、臺灣總督府史料編纂委員，終生與臺灣關係密切。伊能嘉矩傾注精魂寫成之書尚未出版，不幸病逝日本，原稿無題多達五十四冊委託愛徒板澤武雄出版，原本無題的稿本改題《台灣文化志》，1928 年（昭和三年）九月二十日出版，共分上、中、下三卷，每卷皆爲千頁巨著。見夏麗月主編，《伊能嘉矩與台灣研究特展專刊》（臺北：國立台灣大學圖書館，1998 年 11月）。

〔註28〕福田德三，〈《臺灣文化志》序〉，收於伊能嘉矩著、江慶林等人譯，《臺灣文化志》（臺北：臺灣書房出版公司，2011 年 3 月），頁 2。

的《臺灣治績志》（1937），及鈴村串宇經二十多年穿梭中、臺、日蒐羅而得資料編成《台灣全誌》等，均能提供大量參考史料。

爲因應「殖民統治之需要而纂修，紀錄施政概況與當地現況」〔註29〕，日治時期官修臺灣方志數量有二十九種；而私纂的方志，則有伊能嘉矩、井出季和太、鈴村串宇彙編《台灣文化志》、《台灣治績志》、《台灣全誌》等，而其品質均不亞於官修方志。

綜上所述，首先，就纂修方志的態度而言，日本從1895年來臺，對臺係推行殖民地統治，第一時間就著手編纂第一部《全臺志》，直至從臺灣撤退前，1945年又出版《臺灣統治概要》，由此可見，日本從治臺開始，到撤離臺灣，其長期從事臺灣的調查工作，從未間斷。其次，就纂修方志的內容而言，《苑裡志》、《樹杞林志》以中文撰寫，且有圖、志、表、傳、考、文徵、志餘等綱目，使用年號皆以清代的年號爲主，二部志書的體例仿清代纂修的《淡水廳志》，可見日治時期的方志纂修，仍然持續進行不輟。簡言之，清領時期爲臺灣方志之始；日治時期因殖民政府基於統治之需，對於中國法制之研究，及臺灣有關土地、風俗、宗教、司法、社會、經濟等制度與慣例的調查，不遺餘力，此期纂修的方志，係以「服務政府」爲目的，臺灣方志纂修工作，在日治時期因此得以被繼續傳承，而未中斷。

第二節　民國三十四年～九十九年的臺灣方志纂修

臺灣政治環境特殊，戰後臺灣方志纂修的啓動，本節乃依時間先後次序劃分爲「民國三十四年～七十六年（1945～1987）」、「民國七十六年～八十九年（1987～2000）」、「民國八十九年～九十九年（2000～2010）」三個時期〔註30〕，分論如下：

〔註29〕高志彬，〈臺灣方志纂修概況與內容特質〉，《臺灣史田野研究通訊》第十五期（臺北：中央研究院臺灣史田野研究室，1990年6月），頁38～40。

〔註30〕有關戰後臺灣方志發展與修志之時間劃分，本文不同於高志彬、黃秀政、郭佳玲、林玉茹等人。其中，高志彬是以1948年6月省通志館成立後，迄1995年止，將臺灣官修省、縣、市志的增補內容或重修次數分爲四期：第一期是1948～1961年爲「創稿期」，此期包括臺灣省、臺北縣、宜蘭縣、新竹縣、臺南縣、基隆市等先後完成志稿；第二期爲1962～1972年，此期以內政部函令志稿應增補至1961年，包括臺灣省、臺北市、高雄市等將志稿增補或行續修，稱爲「志稿續補期」；第三期爲1973～1983年，此期各縣市文獻會裁撤，文

一、民國三十四年～七十六年（1945～1987）

　　民國三十四年（1945）日皇軍宣佈無條件投降。九月一日，國民政府在重慶成立「臺灣省行政長官公署」，任命陳儀爲臺灣省行政長官兼臺灣警備總司令。臺灣省行政長官公署與警備司令部，於九月二十八日派長官公署秘書長葛敬恩，和臺灣警備司令部副參謀長范誦堯二人，籌組「前進指揮所」，並兼該所正、副主任。十月五日前進指揮所主任葛敬恩率員抵臺，期間整整五十天，由於原有日本的行政機關已失去拘束力，導致臺灣許多地方都發生日本員警遭到突擊報復，許多地方也發生報復日人的小騷動，時有所聞。〔註31〕十月十六日，中國軍隊從基隆登陸，進入臺北市，臺灣人民以瘋狂似的熱情，迎接他心目中的「祖國」的官員和軍隊。十月二十五日，中國戰區臺灣省受降典禮在臺北市公會堂（中山堂）舉行，臺澎地區的受降代表，由臺灣省行政長官陳儀擔任，日方代表則由最後一任臺灣總督安藤利吉（あんどう　りきち，明治十七年～昭和二十一年，西元 1884～1946 年）簽署降書。〔註32〕

　　獻工作改歸民政局掌理，全面進行重修或續修，稱爲「志書重修期」；第四期爲 1984 年起，此期主要以《臺灣省通志》、《臺北市志》進行重修，是爲「進行重修期」。見高志彬，〈臺灣方志之纂修及其體例流變述略〉，收錄於《臺灣文獻》第四十九卷第三期，1998 年 9 月，頁 190。

　　此外，黃秀政、郭佳玲則依志書修纂工作的主事者爲依據，將縣（市）志的纂修分爲「縣（市）文獻會修志」、「縣（市）民政局主導修志」、「學者主導修志」三個時期。見黃秀政、郭佳玲，〈戰後臺灣縣（市）志的纂修——以新修《臺中市志》爲例〉，收錄於《方志學理論與戰後方志纂修實務》（南投：國史館臺灣文獻館，2008 年 5 月），頁 189～192；林玉茹則將戰後臺灣方志的發展分爲「中國型全面修志期（1945～1959）」、「停滯（1960～1975）」、「醞釀與萌芽期（1976～1989）」、「本土型全面修志期（1990 以降）」四個時期。見林玉茹，〈知識與社會：戰後臺灣方志的發展〉，收錄於《五十年來臺灣方志成果評估與未來發展學術研討會論文集》（臺北：中央研究院臺灣史研究所籌備處，1999 年 5 月），頁 38～58。

　　爲俾利覆按，本文並將收錄的方志製成表格，附於文末附錄三供參。有關戰後臺灣方志纂修之啓動，凡 1945～2010 年出版之臺灣方志，皆爲本文收錄範圍。由於各地方志名稱有以「志」或「誌」名，本文因皆以原志書名稱收錄，未做更動，因此，以下有關方志名稱將會出現「志」、「誌」互見情形。

〔註31〕李筱峰，《臺灣全志・卷首——戰後臺灣變遷史略》（南投：國史館臺灣文獻館，2004 年 12 月），頁 8。

〔註32〕李筱峰，《臺灣全志・卷首——戰後臺灣變遷史略》，前引書，頁 7。

　　臺灣主權歸還中華民國之後，設八縣、九省轄市：八縣即臺北縣、新竹縣、臺中縣、臺南縣、高雄縣、臺東縣、花蓮縣、澎湖縣；九省轄市爲臺北市、基隆市、新竹市、臺中市、彰化市、嘉義市、臺南市、高雄市、屏東市。省設行政長官公署，行政長官兼臺灣省警備總司令，而集立法、行政、軍事的大權。

　　戰後臺灣政府部門，基本上是以貫徹政府的政策爲主要考量，例如以文化行政，戰後初期的「去日本化」與「再中國化」政策，戒嚴時期的「反攻復國」與「復興中華文化」政策，解嚴時期的「在地化」與「本土化」政策，以及政黨輪替時期的「文化公民權」與「文化臺灣」政策等皆如此。文化發展的走向，深受各時期政府政策的支配與影響。〔註33〕

　　臺灣人民對新的時代充滿興奮與期待。然在民國三十六年（1947）二月在臺北市爆發的「二二八事件」〔註34〕後，原臺灣省行政長官公署因乃改組爲臺灣省政府，並更換首長。民國三十八年（1949）五月二十日，臺灣省主席兼警備總司令陳誠宣告，「自今日零時起，全臺戒嚴」〔註35〕，中央政府遷臺後，臺灣才從資源不足、經濟匱乏的艱難環境中，茁壯發展。

　　臺灣在戰後的艱難環境下，中華民國政府仍依據民國三十三年（1944）內政部頒佈的「地方志書纂修辦法」〔註36〕，又展開纂修方志工作。1946 年10 月，內政部又頒佈「各省市縣文獻委員會組織章程」〔註37〕，以利進行修

<hr>

〔註33〕黃秀政，《臺灣全志・文化志》（南投：國史館臺灣文獻館，2009 年 6 月），頁 2。

〔註34〕民國三十六年（1947）在臺北市發生的「二二八事件」，是影響戰後臺灣歷史發展極爲深遠的不幸事件。由於行政長管擁有行政、立法、司法，甚至人事、督察之權，因此形成在臺專權獨斷的無限權力。其體制在臺灣實施期間，不斷有人建議國府高層廢除長官公署，恢復省府制度。見黃秀政，〈論二二八事件的發生及其對臺灣的傷害〉，收入於《臺灣史志新論》，前引書，頁164～216。

〔註35〕張勝彦，《臺灣全志・大事志》（南投：國史館臺灣文獻館，2004 年 12 月），頁 35。

〔註36〕1944 年內政部公佈「地方誌書纂修辦法」之後近六十餘年，均僅對省（市）志、縣（市）志有明確規定，鄉鎮志則不在此列。

〔註37〕1929 年內政部向全國頒佈《修志事例概要》，《修志事例概要》，規定各省應於省會所在地設立省通志館，由省政府請館長一人、副館長一人、編纂若干人組織，惟臺灣當時尚在日治時期，這項規定未及臺灣。俟 1945 年日本結束統治臺灣，戰後臺灣方志纂修，「各省市縣文獻委員會組織章程」明文規定，省市縣需設文獻委員會，編制人員爲七～十五人，由省市縣政府聘請學者專家及

志工作。但戰後初年，因臺灣省行政長官公署忙於接收臺灣、遣返日本人，修志相關工作多由地方人士倡議。

1946 年 11 月 8 日，臺北縣長陸桂祥邀集黃純青、楊雲萍等地方士紳二十餘人，召開「臺北縣修志委員會會議」，決議建議行政長官公署纂修省志，並召開「《臺北縣志》編纂委員會會議」，是爲臺灣議修省、縣志之先聲，旋因人力與財力不足而撤銷〔註38〕，該次會議不僅率先籌劃編纂縣志，並建議臺灣省行政長官公署纂修省志〔註39〕，但 1946 年 12 月 10 日臺北縣政府失火，建物及所接收的檔案付之一炬，陸桂祥翌年辭職回大陸，《臺北縣志》纂修計畫未及實現。〔註40〕綜上所述，戰後臺灣方志纂修計畫始於 1946 年，但眞正開始修纂，則是中華民國政府播遷來臺以後的事了。

繼臺北縣首行修志之後，政府於 1948 年 6 月成立「臺灣省通志館」，公佈《臺灣省通志館組織章程》、《臺灣省通志館辦事細則》，由「臺灣省通志館」負責修纂《臺灣省通志》。1949 年 7 月「臺灣省通志館」改名「臺灣省文獻委員會」（以下簡稱省文獻會），以纂修省通志要務，延攬林獻堂擔任館長，籌劃纂修通志，並通過「臺灣省通志假定綱目」，共分三十八編。

國民政府因在大陸剿共失利，1949 年中央政府被迫播遷臺灣，臺北乃成爲中華民國政府的首都。戰後臺灣內外動亂甫定，在「反共復國」國策的政治背景下，以國族主義爲中心〔註41〕，基於維護正統、施政的需求，有關方志之纂修，係以傳承中國傳統官方修志的傳統。戰後臺灣方志的纂修，卻於1950 年以後，由省文獻會輔導，各縣市成立文獻委員會，各縣（市）政府乃陸續展開縣（市）志的創修、續修、重修等工作。

自 1949 年起，至 1987 年解除戒嚴，此一時期，爲戰後臺灣的「戒嚴時

　　機關首長充任，其下分設編纂、採集、整理、總務四組，以徵集、調查、保
　　管、以及編纂文獻資料。同時並規定省志三十年纂修一次，市志及縣志十五
　　年纂修一次。
〔註38〕高志彬，《臺灣文獻書目題解：方志類》（二）（臺北：中央圖書館臺灣分館，
　　　　1989 年），頁 34。
〔註39〕該次修志會議，被視爲戰後方志學界最早的一件大事。見黃秀政，〈戰後臺灣
　　　　方志的纂修（1945～2005）〉，《臺灣史志新論》，前引書，頁 455～456。
〔註40〕王世慶講評，〈尹章義「清修臺灣方志與近三十年所修臺灣方志之比較研
　　　　究」〉，收錄於《漢學研究》第三卷第二期（臺北：漢學研究資料及服務中心，
　　　　1985 年），頁 267～268。
〔註41〕黃秀政，《臺灣全志・文化志》，前引書，頁 3。

期」。據《臺灣全志‧文化志》指出，此期因受「黨國體制」嚴密控制，幾乎沒有「民間社會團體」存在的空間，不論是報紙、雜誌等平面媒體，或是電影、廣播、電視等立體媒體，均受到政、黨、軍部門的嚴密控制，其中「報禁政策」，是對報紙的發行採限張、限證、限印，與軍情單位對言論的控制；對雜誌的控制，最常見的，便是依據《出版法》予以查禁、扣押、停刊或取消執照；對電影的控制，包括電影檢查制度的建立、電影檢查的程序、電影檢查的內容、電影檢查的手段等；對廣播、電視的控制，則採播放頻道的掌控，並採播放前審查，播放後檢討的方式，企圖將廣播、電視引導至宣傳政令、導正社會風氣的角色，部分電臺甚至負有對中國大陸心戰的任務。而一連串的禁書與禁歌，堪稱出版業的嚴冬。〔註42〕

　　但臺灣本土文化政策，隨著臺灣的政治、經濟、社會轉變中，因應而生。各地縣市政府依據「地方志書纂修辦法」、「各省市縣文獻委員會組織章程」，1951年10月，臺南市、高雄市、澎湖縣率先成立文獻委員會。1952年1月，桃園縣、臺中市、臺東縣、屏東縣、臺北市、雲林縣、南投縣、臺北縣、花蓮縣、新竹縣、臺南縣、宜蘭縣，1953年間，則有臺中縣、嘉義縣、苗栗縣、彰化縣、高雄縣等地亦相繼成立。而各縣市的文獻委員會主任委員，大多數由縣市長兼任，副主任委員由縣市議長兼任，並羅致地方碩望，展開志書修纂工作。〔註43〕一波波編纂縣市志稿、縣市志，或是縣市文獻叢輯的地方文獻工作，紛紛在全臺各地展開，並由各縣市文獻委員會主其事。〔註44〕1983年4月，內政部再公佈新修「地方志書修纂辦法」，規定各機關應編列纂修志書預算，志書的初審，則委託臺灣省文獻委員會負責，以展現官方對纂修方志的重視。

　　戒嚴時期，除纂修省（市）志外，縣（市）志、鄉鎮（市）志亦頻傳出佳績，茲就觀察本期四級志書〔註45〕分述如下：

〔註42〕黃秀政，《臺灣全志‧文化志》，前引書，頁5～6。

〔註43〕簡榮聰，〈臺灣省文獻委員會推動全面修志概述〉，收錄於《臺灣文獻》第四十六卷第三期（南投：臺灣省文獻委員會，1995年9月），頁97。

〔註44〕林美容，〈確立地方誌的傳統：兼談臺灣史學的奠基〉，收錄於東吳大學主編，《方志學與社區鄉土史學術研討會論文集》（臺北：臺灣學生書局，1998年5月），頁83。

〔註45〕劉緯毅按地域範圍，將方志分為郡志、州志、府志、路志、軍志、監志、省志、道志、縣志、衛志、所志、廳志、旗志、土司志、鹽井志、關志、島志、市志、區鄉鎮村志，見劉緯毅，《中國地方志》（北京：新華出版社，1991年

（一）省（市）志

繼臺北縣首行修志之後，臺灣省文獻委員會積極纂修通志，延攬林獻堂擔任館長，籌劃纂修通志，但凡例綱目至 1951 年 5 月，始奉內政部核定。1951 年 3 月，最先編成出版卷首凡例綱目圖表疆域〔註46〕，因尚未送審乃定名為《臺灣省通志稿》。因此，本期纂修之省（市）志開始纂修《臺灣省通志稿》、增訂《臺灣省通志稿》、出版《臺灣省通志》、至重修《臺灣省通志》之外，本期纂修之方志，尚有臺北、高雄改制而成的《臺北市志》、《高雄市志》等。

1. 省通志

（1）纂修《臺灣省通志稿》

1949 年成立臺灣省文獻委員會之後，即積極纂修通志，至 1958 年《臺灣省通志稿》已大致完成，至 1965 年 10 月，除地理篇之地理章未編之外，其餘皆全部出版問世，計為十志、十一卷、五十九篇，分訂六十冊，約一千一百萬言〔註47〕。《臺灣省通志稿》計有、卷首、土地、人民、政事、經濟、教育、學藝、人物、同胄、革命、光復志等，分訂六十冊。

（2）增訂《臺灣省通志稿》

1960 年 12 月，內政部行文指示省文獻會，應將相關志稿送部審核〔註48〕，省文獻會收文後，於 1961 年 2 月，立即將已出版的省通志稿四十冊送審。內

---

12 月），頁 5～10。但臺灣現實幅員編制，本文乃採用黃秀政所提之「四級志書」。「四級志書」一詞為黃秀政所創，「四級」志書乃指範圍包括臺澎金馬之《臺灣全志》、省（市）志、縣（市）志，及鄉鎮（市、區）志。見黃秀政，〈戰後臺灣方志的纂修（1945～2005）〉，《臺灣史志新論》，前引書，頁444。

〔註46〕《臺灣省通志》原訂 1953 年底完成，但因來不及送審，乃名為《臺灣省通志稿》出版。至 1965 年除地理篇之地質章未編纂外，其餘皆出版問世。全部志稿十志十一卷，五十九篇，六十冊。

〔註47〕臺灣省文獻委員會編輯組，《重修臺灣省通志·卷首》（南投：編者，1998 年12 月），頁 375。

〔註48〕內政部 1958 年 12 月 27 日四九內民字第 50172 號函臺灣省政府，略云：「依照地方誌書纂修辦法之規定，所有省縣市志稿，應先送本部核定後始得印行。茲查貴省各縣市志稿，已有部分送部核定付印。惟貴省文獻委員會所纂之省志稿，迄未送部審核。相應函請查照，轉飭該會依照規定，即將志稿送審。」見臺灣省文獻委員會編輯組，《重修臺灣省通志·卷首》，前引書，頁375。

政部於 1961 年 9 月，行文指示增修至民國五十年（1961）〔註 49〕，文獻會即將志稿增訂至民國五十年（1961）爲斷代，並從 1961 年研擬增修計畫，分年增修，自民國五十三年（1964）三月起，分別打字油印，至民國五十六年（1967）年刊行問世，共分訂爲二十五冊，約四百多萬字。

　　1961 年《臺灣省通志稿》送審之際，內政部函請臺灣省政府轉飭省文獻會，《臺灣省通志稿》應改以民國五十年（1961）爲斷代下限，省文獻會乃將原有志稿予以增訂，至 1967 年完成四志二十二篇，約四百萬字，分訂二十五冊，但因未送審，故不公開發行。然而增修志稿完成後，原修之通志稿六十冊，和增修通志稿二十五冊兩部志稿，無法連貫，成爲不全的兩套志稿。〔註 50〕有鑑於此，省文獻會又再進行整修計畫。

　　（3）整修《臺灣省通志》

　　1966 年，張炳楠接任省文獻委員會主委時，卸任主任委員洪樵榕曾口頭交代應修省通志。副主任委員李汝和、編纂盛清沂、編纂組長王詩琅三人，乃成立整修小組，1969 年擬定「《臺灣省通志稿》整修辦法」等工作，以十六開中式線裝本印，外用布裝函套〔註 51〕，1973 年底，省通志整修成書，全部出版問世，含卷首尾在內，共爲共分一百四十六冊，約一千九百五十八萬字。戰後首度纂修之《臺灣省通志》〔註 52〕終告完成。

〔註 49〕根據內政部（50）內字第 66407 號函，略謂：「一、經交本部地方志書審核委員會加審核，認爲所送通志稿內容，大部份篇幅爲記述日據時期事蹟，不僅明清兩代事蹟略而不詳，即光復後之政績措施亦未見詳述，如教育志僅記至民國三十五年，光復後一週年，敘述尤嫌簡略。二、查臺灣光復，已逾十五週年，而貴省志書至現在爲止，尚未出版。如依所送志稿之斷代及記載內容，據以出版，顯與目前事實脫節，以之流傳坊間，實屬不妥。復查臺省各項建設工作多在三十九年以後始著績效，貴省志係以民國三十九年（1950）爲斷代，遺漏太多，有失修志記載史實之意義。本年爲民國五十年（1961）成立五十週年，各方面多有檢討過去，策勵將來之舉，《臺灣省通志》應改爲以五十年爲斷代。三、請文獻會儘速蒐集資料，將原有志稿予以增訂，隨時送部審查。」見臺灣省文獻委員會編輯組，《重修臺灣省通志・卷首》，前引書，1998 年 12 月，頁 376。

〔註 50〕黃秀政，〈戰後臺灣方志的纂修（1945～2005）〉，《臺灣史志新論》，前引書，頁 463。

〔註 51〕黃秀政，〈戰後臺灣方志的纂修（1945～2005）〉，《臺灣史志新論》，前引書，頁 377～378。

〔註 52〕《臺灣省通志》計有卷首、卷尾、土地、人民、政事、經濟、教育、學藝、人物、同胄、革命、光復志，分訂一百四十六冊。

（4）重修《臺灣省通志》

依「地方志書纂修辦法」規定，省志二十年一修，而之前《臺灣省通志》因為斷代於民國五十年（1961）至民國七十年（1981），已經二十年間，而需為修志。故臺灣省文獻委員會於民國六十九年（1980）擬訂重修計劃，定《重修臺灣省通志》之纂修，上窮開闢之始，下迄民國七十年（1981），草擬綱目，幾經修正，於民國七十二年（1983）經內政部核定，含凡例十則，綱目有卷首、序錄，卷尾朥錄外，尚有十卷，下領五十四篇，初預計自民國七十二年（1983）至七十七年（1988），以六年總成。省文獻委員會編輯組擬訂「重修及增編《臺灣省通志》計畫方案細部計畫討論題綱」，1983 年提請委員會討論，決定綱目及凡例，最後經內政部數次指示重行修訂後，更改名稱為《重修臺灣省通志》，1984 年奉內政部准予備查，而開始進行《重修臺灣省通志》工作。〔註53〕

但因預算不足等因素而難成，至民國八十五年（1996）謝嘉梁接掌臺灣省文獻委員會主任委員，始推展重修〔註54〕。《重修臺灣省通志》編纂期間，通志各志篇文稿，採每篇完稿，隨時送請內政部審定，隨時付印。不過，相關志書出版，則始於 1989 年 5 月。〔註55〕

2. 續修《臺北市志稿》

原為臺灣省所轄之省轄市臺北市，設有文獻委員會。1967 年 7 月 1 日，臺北市改制為行政院直轄市。改制後，原文獻委員會擴編為直轄市層級之委員會，分組辦事，負責編纂市志。因至 1987 年，尚未纂修專志，而依內政部所頒地方志書纂修須二十年一修的規定，因此，創修直轄市志。〔註56〕民國六十三年～七十三年（1974～1984），由該會副主任委員兼執行秘書王國璠總纂〔註57〕《臺北市志》陸續出版。

〔註53〕臺灣省文獻委員會編輯組，《重修臺灣省通志‧卷首》，前引書，頁 384～392。

〔註54〕謝嘉梁，《重修臺灣省通志‧序二》，收錄於《重修臺灣省通志‧卷首》，前引書，頁 5～6。

〔註55〕《重修臺灣省通志》第一本印刷出爐的是由王世慶編纂之〈土地志‧轄境篇〉。

〔註56〕《臺北市志》包括卷首、卷尾、沿革志、自然志、政制志、社會志、財政志、經濟志、教育志、文化志、人物志，共計十一卷。見曾迺碩，《臺北市志‧卷首》（臺北：臺北市文獻委員會，1991 年 11 月），頁 19。

〔註57〕有清一代，並無專志，日人據臺，官方雖編有《臺北市政二十年史》，然體異

惟臺北市文獻委員會有感於舊志的篇目不足，斷代又未能統一，致未臻完善等，加上多年來由於本市發展迅速，臺北市已成為國際大都會，為將此施政建設成果載入史乘，以加強歷史文化建設，因此，民國七十五年（1986）起，又全面纂修臺北市志，邀請學者專家暨市府各局、處、會共同參與。〔註58〕

3. 續修《高雄市志稿》

原為臺灣省所轄之省轄市的高雄市，民國六十八年（1979）七月一日改制為行政院直轄市。改制後，文獻委員會於焉成立，隸屬於高雄市政府民政局，主任委員由民政局長兼任。因鑒於省轄市時期所修市志不全，斷代時間不一，時斷時續，極不統一，乃於民國七十一年（1982）三月開始，由金祥卿擔任總纂，就省轄市時期志稿進行重修，《高雄市志》斷代下限為民國六十八年（1979）六月三十日止，計有卷首十五卷。〔註59〕

民國七十二年（1983）內政部頒布「地方志書纂修辦法」，規定「市縣志二十年纂修一次」，為使修志順利及提高撰寫品質，高雄市文獻委員會提前於民國七十六年（1987），延聘學者專家先行規畫，並邀請國立成功大學歷史學系教授黃耀能總纂《續修高雄市志》，斷代自民國六十八年（1979）七月，至民國七十八年（1989）十二月底止，民國八十七年（1998）六月全部完成。〔註60〕

（二）縣（市）志

民國三十八年（1949）七月一日，臺灣省通志館改組為臺灣省文獻委員會，除了積極規劃進行纂修省通志，採集整理保管文獻資料外，並發動各地設立縣（市）文獻委員會推行全面修志。1952 年內政部函轉臺灣省政

意殊，是以該志之纂修，係從新擘畫。該志敘述比例，清代及清代以前百分之二十、日據時期百分之四十、光復以後百分之四十。參見黃宇元監修、王國璠纂修、劉曉寒主修，《臺北市志·凡例》（臺北：臺北市文獻委員會，1984年6月），頁27。

〔註58〕臺北市文獻委員會 http://www.chr.taipei.gov.tw/fp.asp?fpage=cp&xItem=62549&ctNode=6359&mp=119031，查詢時間 2011 年 12 月 2 日。

〔註59〕黃興斌編纂、楊壬生主編，《重修高雄市志·卷尾》（高雄：高雄市文獻委員會，1993 年 12 月），頁 1～7。

〔註60〕黃耀能，〈纂修高雄市、南投縣志的架構以及所遭遇的困難〉，收錄於許雪姬、林玉茹主編，《五十年來臺灣方志成果評估與未來發展學術研討會論文集》（臺北：中央研究院臺灣史研究所籌備處，1999 年 5 月），頁 403～406。

府，轉飭各縣市應設立文獻委員會，以纂修地方誌書。且各地縣（市）政府應於文到一個月內，呈報各縣市文獻委員會成立的情形，並於文到三個月內，先行編擬志書凡例、分類綱目及編纂期限，層轉內政部備查。而省文獻委員會則編印《修志通訊》（後改爲《方志通訊》），作爲全面修志的聯繫工具。〔註61〕

此期各地縣（市）政府著手進行纂修的縣（市）志計有五十部，依編纂先後順序條列如下：

1. 民國四十一～五十九年（1952～1970）：《臺北市志稿》。
2. 民國四十一～四十七年（1952～1958）：《基隆市志》。
3. 民國四十一～四十五年（1952～1956）：《桃園縣志》。
4. 民國四十一～五十七年（1954～1968）：《屏東縣志稿》。
5. 民國四十二～四十九年（1953～1960）：《臺北縣志》。
6. 民國四十二～五十四年（1953～1965）：《宜蘭縣志》。
7. 民國四十二～四十七年（1953～1958）：《臺南縣志稿》。
8. 民國四十三～四十八年（1954～1959）：《臺南市志稿》。
9. 民國四十三年（1954）：《屏東縣志稿》。
10. 民國四十三～六十年（1954～1971）：《彰化縣志稿》。
11. 民國四十三～六十七年（1954～1978）：《南投縣志稿》。
12. 民國四十四～四十六年（1955～1957）：《臺灣省新竹縣志稿》。
13. 民國四十五～五十六年（1956～1967）：《高雄市志》。
14. 民國四十六年（1957）：《新金門志》。
15. 民國四十六～五十七年（1957～1968）：《高雄縣志稿》
16. 民國四十六～五十七年（1957～1968）：《花蓮縣志稿》。
17. 民國四十七（1958）：《新竹新志》。
18. 民國四十八～六十七年（1959～1978）：《臺灣省苗栗縣志》。
19. 民國四十八～五十三年（1959～1964）：《臺東縣志》。
20. 民國四十九年（1960）：《澎湖縣誌》。
21. 民國四十九～七十二年（1960～1983）：《雲林縣志稿》。
22. 民國四十九年（1960）：《澎湖縣誌》。

〔註61〕謝嘉樑，〈由行政主管談當前方志纂修面臨的問題〉，《五十年來臺灣方志成果評估與未來發展學術研討會論文集》，前引書，頁 381～385。

23. 民國五十二～七十年（1963～1981）：《臺中市志》。

24. 民國五十三～五十六年（1964～1967）：《重修金門縣志》。

25. 民國五十四～六十年（1965～1971）：《屏東縣志》。

26. 民國五十四～六十一年（1965～1972）：《臺中市志稿》。

27. 民國五十四年（1965）：《臺中縣志稿》。

28. 民國五十六～六十三年（1967～1974）：《續修高雄市志》。

29. 民國五十七～七十二年（1968～1983）：《續修臺灣省苗栗縣志》。

30. 民國五十八～六十九年（1969～1980）：《宜蘭縣志續篇》。

31. 民國六十一～七十二年（1972～1983）：《澎湖縣誌》。

32. 民國六十二～六十八年（1973～1979）：《花蓮縣志》。

33. 民國六十三～七十二年（1974～1983）：《雲林縣志稿》。

34. 民國六十五～六十六年（1976～1977）：《重修金門縣志》。

35. 民國六十五～六十六年（1976～1977）：《重修金門縣志》。

36. 民國六十五年（1976）：《臺灣省新竹縣志》。

37. 民國六十五～八十年（1976～1991）：《嘉義縣志》。

38. 民國六十五～八十三年（1976～1994）：《彰化縣志》。

39. 民國六十六～八十一年（1977～1992）：《臺南市志》。

40. 民國六十七～八十三年（1978～1994）：《彰化縣志》。

41. 民國六十七～七十五年（1978～1986）：《福建省連江縣志》（二部）。

42. 民國六十八～七十七年（1979～1988）：《桃園縣志》〔註62〕

43. 民國六十八～七十九年（1979～1990）：《重修基隆市志》。

44. 民國六十七年（1980）：《臺南縣志》。

45. 民國六十九～七十四年（1980～1985）：《續修臺南縣志》。

46. 民國七十二年（1983）：《嘉義縣志》。

47. 民國七十二～七十六年（1983～1987）：《臺中縣志》。

48. 民國七十二～八十年（1983～1991）：《嘉義縣志・教育志》。

49. 民國七十四～七十八年（1985～1989）：《續修花蓮縣志》。

50. 民國七十五～七十六年（1986～1987）：《增修金門縣志》。

〔註62〕有關桃園縣纂修縣志，1952～1956、1979～1988 年先後出版二部縣志均名爲
《桃園縣志》，惟 1979～1988 年出版《桃園縣志》係以重修爲目的，但重修
《桃園縣志》僅出版〈經濟志〉、〈文教志〉二部分志。

　　雖為戒嚴時期，但各縣（市）政府在各地文獻委員會輔導下，積極投入縣（市）志的纂修，而早期各縣（市）志的「出版單位」為各縣（市）文獻委員會，但民國六十一年（1972）臺灣省各縣（市）文獻委員會遭到裁撤，各縣（市）的文獻工作改由各縣（市）政府民政局文獻課承辦，縣（市）志的編纂工作，遂由縣（市）政府主其事，「出版單位」為縣（市）政府。〔註63〕

　　民國七十二年（1983）臺中縣政府委託張勝彥擔任《臺中縣志》總編纂，張勝彥教授邀集地理學、人類學、考古學、法律學、農業經濟、金融、植物學、動物學、畜牧學、海洋工程、工業工程等各學門的學者專家組成編纂委員會，以集體合作方式纂修《臺中縣志》〔註64〕，開學術界人士主導纂修縣（市）志之先河。〔註65〕

　　繼臺中縣政府委託學者主持纂修《臺中縣志》的模式出現之後，至民國九十九年（2010）止，包括《續修花蓮縣志》等十六部縣（縣）市志〔註66〕，都是臺灣各縣（市）政府紛紛仿效《臺中縣志》模式，延攬學術界人士擔任總編纂。此外，尚有「文化包商」〔註67〕的纂修方式。

〔註63〕黃秀政，〈戰後臺灣方志的纂修（1945～2005）〉，前引書，頁469。

〔註64〕張勝彥口述、詹素娟記錄，〈從《臺中縣志》的纂修我的方志理念〉，《臺灣史田野研究通訊》第二十期，（臺北：中央研究院臺灣史田野研究室，1991年9月），頁23～27。

〔註65〕謝國興，〈近年來臺灣與大陸纂修地方志之比較〉，《五十年來臺灣方志成果評估與未來發展學術研討會論文集》，頁71。

〔註66〕根據黃秀政統計，全省各縣（市）政府仿效《臺中縣志》的模式，延攬學術界人士擔任總編纂的例子，包括《續修花蓮縣志》、《新竹市志》、《續修臺南市志》、《福建省連江縣志》、《南投縣志》、《續修臺北縣志》、《嘉義縣志》、《續修澎湖縣志》、《續修新竹縣志》、《續修花蓮縣志》、新修《臺中市志》、《新修桃園縣志》、《新修嘉義縣志》、《南投縣志》、《續修臺北市志》、《續修臺中縣志》等，至少有十六部縣（市）志以上。見黃秀政，〈戰後臺灣方志的纂修（1945～2005）〉，前引書，頁470～472；另見黃秀政、郭佳玲，〈戰後臺灣縣（市）志的纂修——以新修《臺中市志》為例〉，前引書，頁191～192。

〔註67〕「文化包商」係指以類似企業組織的形式包攬「方志工程」，文化包商包括中華綜合研究院、漢皇文化事業機構。文化包商的出現，意味著社會富裕、經濟充裕、鄉志纂修需求高及地方政府不再裁量或擔心犯禁的社會條件配合之下，方志這種地方知識的生產，變成工廠式的生產，不但產品規格化、生產標準化，而且進行量產，形成知識工業的新型態。見林玉茹，〈知識與社會：戰後臺灣方志的發展〉，《五十年來臺灣方志成果評估與未來發展學術研討會論文集》，前引書，頁57。

　　戒嚴時期纂修的縣（市）志，如上所計，至少有五十部，其中，有的縣市同時纂修並出版二次以上的志書。例如：基隆市、桃園縣除了出版《基隆市志》、《桃園縣志》外，又再度出版重修《基隆市志》、《桃園縣志》；彰化縣、嘉義縣、臺南市、臺中縣、臺中市、屏東縣、花蓮縣則除出版縣（市）志稿、縣志外，屏東、花蓮縣又再纂修第三部縣志《重修屏東縣志》、《續修花蓮縣志》。

　　戰後臺灣在「戒嚴時期」，縣（市）政府纂修縣（市）志盛況空前，縣（市）志的編纂主導權，從最早爲各地文獻委員會，改爲各縣（市）政府，再改爲各縣（市）政府紛紛延攬學術界人士主導纂修。

　　而《臺北縣志》在民國三十五年（1946）即著手籌劃；《臺灣省通志稿》則是民國三十七年（1948）臺灣省通志館成立後才開始籌劃，民國四十年（1951）開始出版，民國五十四年（1965）出齊六十冊。因此，戰後縣（市）志的籌劃最早。換言之，戰後臺灣縣（市）志的纂修籌畫工作，早於《臺灣省通志稿》。

　　《臺北縣志》雖是戰後臺灣第一個著手籌劃，但卻遲於民國四十二年（1953）才開始纂修，但直到民國四十九年（1960）才完成出版。而稍晚籌劃的《基隆市志》，則於民國四十三年（1954）開始出版，到民國四十八年（1959），二十冊志書已全部完成出版，於是《基隆市志》乃成爲戰後臺灣出版的第一部縣（市）志。戰後初期臺灣方志編纂，是以通志稿體與盛清沂的《臺北縣志》影響也最深遠。基隆、澎湖縣志則仿《臺北縣志》。〔註68〕

　　而此一時期出版之方志，不難發現出版單位不同：

　　首先，民國六十一年（1972）以前，有十九部志書的出版對象是各地文獻委員會，另有八部志書是各地文獻委員會、及各地縣市政府出版。其次，民國六十一年（1972）以後，各縣（市）出版的方志，出版單位則幾乎都是縣（市）政府。此乃因民國六十一年（1972）以前，方志出版單位多以文獻委員會爲主，此係與民國六十二年（1972）省府精簡各機關編制員額，將縣（市）文獻委員會裁撤，改組文獻課，隸屬於縣（市）政府民政局有關。

（三）鄉鎮（市、區）志

　　此一時期官方纂修鄉鎮（市、區）志尚計有以下五十四部：

〔註68〕林玉茹：〈知識與社會：戰後臺灣方志的發展〉，《五十年來臺灣方志成果評估與未來發展學術研討會論文集》，前引書，頁41。

1. 民國四十九年（1960）：《中和鄉志》。
2. 民國五十四年（1965）：《永和鎮志》。
3. 民國五十七年（1968）：《士林鎮志》。
4. 民國六十二年（1973）：《重修永和鎮志》、《內埔鄉志》、《六堆客家鄉土誌》等三部。
5. 民國六十四年（1975）：《蘆竹鄉志》。
6. 民國六十五年（1976）：《樹林鎮志》。
7. 民國六十六年（1977）：《重修中和鄉志》、《白沙鄉志》、《麻豆鎮鄉土誌》等三部。
8. 民國六十七年（1978）：《大園鄉志》。
9. 民國六十八年（1979）：《鶯歌鎮志》、《大坵園鄉土誌》等二部。
10. 民國六十七年（1980）：《頭份鎮志》、《員林鎮志》等二部。
11. 民國七十年（1981）：《新莊志卷首──新莊（臺北）平原拓墾史》、《大溪鎮志》、《梓官鄉志》、《高樹鄉志》等四部。
12. 民國七十年（1982）：《竹南鎮志》。
13. 民國七十三年（1984）：《仁武鄉志》、《屏東縣南州鄉誌》、《馬公市志》、《橋頭鄉志》、《永安鄉志》、《杉林鄉志》等六部。
14. 民國七十四年（1985）：《鳥松鄉志》、《頭城鎮志》、《林園鄉志》、《阿蓮鄉志》、《路竹鄉志》、《六龜鄉志》、《甲仙鄉志》、《林邊鄉志》等八部。
15. 民國七十五年（1986）：《觀音鄉志》、《豐原市志》、《溪湖鎮志》、《草屯鎮志》、《後壁鄉志》、《湖內鄉誌》、《大寮鄉志》、《大樹鄉志》、《大社鄉志》、《岡山鎮志》、《高雄縣田寮鄉誌》、《田寮鄉誌》、《茄萣鄉誌》、《永和市志》等十四部。

中國現存最早的鄉鎮志，乃浙江省海鹽縣澉水鎮，是由宋人常棠纂修的《澉水志》，統計鄉鎮志在宋代有二種，明代有《新市鎮志》等八種，清代有《涼鎮志》等七十三種。〔註69〕戰後臺灣的鄉鎮志，民國三十五年（1946）、民國五十七年（1968）、民國七十二年（1983）三次條文修改過程中，都未規範到鄉鎮（市、區）志書，直至民國八十六年（1997）年中央機關才明文規

〔註69〕 盛清沂，〈吾國歷代之鄉鎮志暨本省當前編纂鄉鎮志關係〉，《臺灣文獻》第十七卷第二期，1966年6月，頁31～36。

定將鄉鎮（市、區）志納入規範，儘管如此，臺灣省文獻委員會館所藏此一時期之鄉鎮（市、區）志〔註70〕，鄉鎮（市、區）志成績可觀，其中私修的鄉土史志則以 1951 年出版的《臺灣埔里鄉土志稿》〔註71〕最早，其次，民國四十三年（1954）《金山縣管內概要》；官修部分，則以民國四十九年（1960）出版的《中和鄉志》（盛清沂纂修）最早。

觀察此一時期的鄉鎮（市、區）志，產量以北臺灣爲主，其中又以位於臺北縣的鄉鎮市居多。此與七○年代以後，隨著臺灣經濟、政治、社會日漸開放，鄉土意識的覺醒，有較多鄉鎮（市、區）公所開始重視方志的纂修工作，其中，《新莊志》甚至已採取學術論著體裁，此期並以民國七十五年（1986）爲出版數量的高峰，戰後臺灣鄉鎮（市、區）志的纂修有大幅增加的趨勢。

二、民國七十六年～八十九年（1987～2000）

民國七十六年（1987）七月十四日，蔣經國總統發布命令，宣告臺灣自七月十五日零時起解嚴，國防部宣佈，非軍人受軍法審判之受刑人，二百三十七人獲減刑並回復公權。現今實施最長（長達三十八年）的戒嚴令，終於解除。十二月一日，行政院宣佈民七十七年（1988）元旦起，解除報禁，接受新報登記並開放增張。一連串開放改革措施，爲臺灣的政治帶來新的氣象。〔註72〕

解嚴之後，隨著政治變革與思想開放，社會出現各種批判性書籍，本土意識抬頭，環保、同志、獨統政治意味濃厚等書籍，如雨後春筍般的出現。民國八十一年（1992）著作權法，取得翻譯授權成爲出版社新的工作重點；出版界開始走向組織化、公司化、企業化、集團化，不再像過去由黨公營

〔註70〕臺灣地區公藏方志有：中央研究院歷史語言研究所傅斯年圖書館、故宮博物院圖書文獻館、國立中央圖書館、中央圖書館臺灣分館、孫逸仙博士紀念圖書館、臺灣省文獻委員會。見顧力仁、辛法春，〈臺灣地區公藏方志的存藏留傳與利用之調查〉，收錄於《漢學研究》第三卷第二期（臺北：漢學研究資料及服務中心，1985 年），頁 379～389。

〔註71〕《臺灣埔里鄉土志稿》共有二卷八章，1946 年 1 月埔里改埔里鎮，隸臺中縣能高區，1950 年 9 月行政區重劃，臺中縣分臺中、彰化、南投縣，埔里鎮隸南投縣轄。見國立中央圖書館臺灣分館編印，《臺灣文獻書目題解》第一種方志類（六）（臺北：中央圖書館臺灣分館，1989 年），頁 107～120。

〔註72〕張勝彥，《臺灣全志・大事志》（南投：國史館臺灣文獻館，2004 年 12 月），頁 358。

和中國大陸來臺的出版社主導〔註 73〕。隨著黨國體制的崩解以及民間社會的崛起，時至今日，基金會甚至成爲「第三部門」或「非政府組織」，在民間社會扮演重要角色。民國八十年（1991）以後，伴隨著解嚴而來的民主化與本土化趨勢，臺灣的民主政治發展逐漸走向以社區和地方自治爲主要考量。〔註 74〕

　　民國八十年（1991），臺灣省文獻委員會以「各縣市政府加強輔導各鄉鎮市纂修地方志書，落實文獻紮根，達到省、縣市全面修志之既定目標」，向省政府爭取縣市鄉鎮志纂修經費，訂定「臺灣省各機關纂修機關志及出版文獻書刊獎勵金發給要點」〔註 75〕，民國八十六年（1997）九月，內政部進一步修訂「地方志書纂修辦法」，明令鄉鎮市公所可以視需要纂修方志，鄉志並需送縣政府與省文獻委員會等機關審查〔註 76〕，鄉志的編纂，終於被納入內政部管轄的範圍。

　　此一時期，在省（市）志部分，除《重修臺灣省通志》全部出版之外，並先後完成《臺北市志》、《高雄市志》之重修、續修的出版工作。在縣（市）志部分，則有八部志書順利出版，另外著手進行纂修的五部志書，則係於 1987年以後才得以陸續出版。至於鄉鎮（市、區）志則相繼撰修，本期相關志書纂修情形，茲整理如下：

（一）省（市）志

1.完成《重修臺灣省通志》

　　臺省文獻委員會先前所纂修的《臺灣省通志》，係以民國五十年爲斷代，因此，省文獻會改從民國五十年（1961），改爲民國七十年（1981）爲斷代下限，《臺灣省通志》乃從民國七十一年（1982）起再行重修。但《重修臺灣省通志》一直到民國八十五年（1996）謝嘉梁接掌臺灣省文獻委員會主任委員，才推展重修。到 1989 年由王世慶編纂的〈土地志〉問世，其餘志書也陸續出

〔註 73〕黃秀政，《臺灣全志·文化志》，前引書，頁 6～7。
〔註 74〕黃秀政，《臺灣全志·文化志》，前引書，頁 5～6。
〔註 75〕依「臺灣省各機關纂修機關志及出版文獻書刊獎勵金發給要點」申請者，1994
　　　　年計有二十三個單位，其中有二十件符合規定，獲核發獎勵金總計有一百二
　　　　十三萬元。至 1995 年全省有七十五個鄉鎮市完成纂修。見簡榮聰，〈臺灣省
　　　　文獻委員會推動全面修志概述〉，收錄於《臺灣文獻》第四十六卷第三期（南
　　　　投：臺灣省文獻委員會，1995 年 9 月），頁 98。
〔註 76〕內政部臺八六內民字第 8682143 號函，1997 年 9 月 17 日。

版，直至民國八十七年（1998）二月〈土地志‧博物篇‧動物章〉出版後，《重修臺灣省通志》終算完稿〔註77〕，總共出版七十二冊，計三千六百萬言，前後歷經數十年，修纂人手達一百多人。〔註78〕

臺灣省（市）志的纂修，通志自民國三十九年（1950）開始進行，期間歷經《臺灣省通志稿》（民國三十九～五十四年，1950～1965 年纂修、出版）、增修《臺灣省通志稿》（打字油印，未出版，民國五十一～五十四年，1962～1965 年纂修，民國五十三～五十六年，1964～1967 年出版）、出版《臺灣省通志》（民國五十五～六十一年，1966～1972 年纂修，民國五十七～六十二年，1968～1973 年出版），最後《重修臺灣省通志》（民國七十一～八十五年，1982～1996 年纂修，民國七十八～八十七年，1989～1998 年出版）於 1998 年出版。省志纂修之時間，竟長達四十八年之久，充份顯示修志工程之不易。

2. 完成重修《臺北市志》

臺北市文獻委員會從民國七十五年（1986）起，全面纂修臺北市志作業，邀請學者專家由曾迺碩總纂暨市府各局、處、會共同參與《臺北市志》纂修工作，重修的《臺北市志》終於民國八十年（1991）完成。該志的斷代，上起原始，下迄民國七十年底，纂修的範圍以臺北市為主，明確記述中華民族生生源流及發展歷程，而成為一方寶典，既供國史，施政根據，復作文學、藝術、科學資源，教學材料，以及觀光指導，是地方史乘，兼具百科全書實效。

3. 完成《續修高雄市志》

高雄市在改制為行政院直轄市之後，《高雄市志》仍由高雄市文獻委員會負責，截至民國九十九年（2010）止，該會完成修纂的《高雄市志》共有二部。纂修第二部市志，乃鑑於省轄時期所修的《高雄市志稿》未全備，民國七十年（1981）重修市志，民國八十二年（1993）完成《續修高雄市志》；另一部《續修高雄市志》，則是聘請國立成功大學歷史學系教授黃耀能總纂，修

〔註77〕《重修臺灣省通志》計有卷一大事記、卷二《土地志》、卷三《住民志》、卷四《經濟志》、卷五《武備志》、卷六《文教志》、卷七《政治志》、卷八《職官志》、卷九《人物志》、卷十《藝文志》、《卷尾》，分訂七十冊。

〔註78〕謝嘉梁，《重修臺灣省通志‧序二》，收錄於《重修臺灣省通志‧卷首》（南投：臺灣省文獻委員會編輯組，1998 年 12 月），頁 5～6。

志斷限，自民國六十八年（1979）七月至民國七十八（1989）年十二月底止，民國八十七年（1998）六月全部完成。

臺北、高雄兩直轄市，從改制到民國九十九年（2010）止，均分別出版二種版本的市志，除因兩直轄市在省轄市時期已累積相當豐富的修志基礎，兩市幅員均較臺灣省爲小外，亦與兩直轄市的文獻會編制較大有關。

（二）縣（市）志

此期，進行纂修的縣（市）志，計有以下九部：

1. 民國七十九～八十八年（1990～1999）：《新竹市志》。
2. 民國八十一～八十五年（1992～1996）：《續修臺南市志》。
3. 民國八十一～八十八年（1992～1999）：《福建省連江縣志》。
4. 民國八十二～八十七年（1993～1998）：《重修屏東縣志》。
5. 民國八十三～八十七年（1994～1998）：《南投縣志》。
6. 民國八十五年（1996）：《新竹縣志・住民志宗教篇稿》。
7. 民國八十五～九十二年（1996～2003）：《重修基隆市志》。
8. 民國八十五～九十四年（1996～2005）：《續修臺北縣志》。
9. 民國八十八～九十四年（1999～2005）：《嘉義市志》。

除有以上九部之外，尙有重修《桃園縣志》、《臺南市志》、《彰化縣志》、《基隆市志》、《臺中縣志》、《續修花蓮縣志》、《金門縣志》七部，其實早在前一時期已著手纂修，但直到本期才陸續完成出版。此期，含纂修、出版的縣（市）志多達十六部。

（三）鄉鎮（市、區）志

此期出版之鄉鎮（市、區）志，計有以下六十九部：

1. 民國七十六年（1987）：《三民鄉志》、《鳳山市志》等二部。
2. 民國七十七年（1988）：《板橋市志》、《淡水鎮志》等二部。
3. 民國七十八年（1989）：《新莊市卷三——新莊政治發展史》、《石岡鄉志》、《后里鄉志》、《大安鄉志》、《北港鎮志》等五部。
4. 民國七十九年（1990）《烏來鄉志》、《和美鎮志》、《員林鎮志》、《長治鄉志》等四部。
5. 民國八十二年（1993）：《內門鄉志》、《埔心鄉志》、《大園鄉志續編》、《霧峰鄉志》、《大肚鄉志》、《大埔鄉志》、《民雄鄉志》、《蘆竹鄉志》、

《三峽鎮鎮誌》、《潭子鄉志》等十部。

6. 民國八十三年（1994）：《大里市志》、《新店市誌》、《土城市志》、《泰山鄉志》、《竹南鎮志》、《公館鄉志》、《三芝鄉志》、《沙鹿鎮志》、《三義鄉志》、《仁德鄉志》等十部。

7. 民國八十四年（1995）：《大雅鄉志》。

8. 民國八十五年（1996）：《湖口鄉志》、《竹北市志》、《三重市志》、《龍井鄉志》、《頭屋鄉志》。

9. 民國八十六年（1997）：《西湖鄉志》、《鳥榕頭與它的根：太平市誌》、《板橋市志（續編）》、《深坑鄉志》、《石門鄉志》、《平溪鄉志》、《萬里鄉志》、《五股志》、《新埔鎮誌》、《彰化市志》、《北斗鎮志》、《芳苑鄉志》、《中埔鄉志》、《美濃鎮志》、《新營市志》等十五部。

10. 民國八十七年（1998）：《中和市志》、《新莊市志》、《汐止鎮志》、《苗栗市誌》、《清水鎮志》、《新社鄉志》、《鹿港鎮志經濟篇》、《鹿港鎮志宗教篇》、《芬園鄉志》、《集集鎮志》、《樸子市志》、《潮州鎮志》、《鹽水鎮志》、《歲月山河店仔口：白河鎮志》、《佳里鎮志》、《永康鄉志》、《銅鑼鄉志》等十七部。

　　觀察此一時期的鄉鎮（市、區）志，首先，以民國八十七年出版的數量最多，且出版的地區已涵蓋中、南臺灣，不再集中於北臺灣的鄉鎮（市、區）。其次，就產量而言，爲本文劃分成三期中的最盛期。分析原因，乃臺灣光復後，1946 年 7 月內政部頒訂之「地方志書纂修辦法」，並未將鄉鎮（市、區）納入地方志書的範圍，直至 1997 年 9 月第四次修正時，第十一條規定「鄉鎮（市、區）公所得視需要纂修鄉鎮（市、區）志，前項鄉鎮（市、區）志之纂修辦法，準用縣（市）志之規定。」〔註 79〕至此，鄉鎮（市、區）志得以取得法源地位，始正式納入地方志書的範圍。各基層鄉鎮（市、區）也積極投入纂修地方志之行列。

　　爲鼓勵鄉鎮（市、區）公所纂修方志，行政院編列三千多萬元補助鄉鎮纂修志書，先後舉辦一系列有關鄉鎮志纂修研習活動，包括：「方志學與社區鄉土史學術研討會」、「海峽兩岸地方史志研討會」、「地方誌書編纂實務（分區）研討會」、「地方誌與鄉土史編纂修（分區）研習營」、「臺灣省原住民地

〔註79〕謝嘉樑，〈由行政主管談當前方志纂修面臨的問題〉，《五十年來臺灣方志成果評估與未來發展學術研討會論文集》，頁 389。

方誌書編纂實研討會」、「美濃鎮志編輯理論與實務分享研習營」、「五十年來臺灣方志成果評估與未來發展學術研討會」、「大家來寫村史計畫」等，以帶動地方修志熱潮，促進整合各地區學術機構，各學研究者在地文史人才，投入全臺灣各鄉鎮修志蓬勃事業中〔註 80〕，纂修鄉鎮（市、區）志，蔚為風尚。

三、民國八十九年～九十九年（2000～2010）

有關本期纂修志書情形，分述如下：

（一）《臺灣全志》

《臺灣全志》由國史館臺灣文獻館〔註 81〕負責，民國九十一年（2002）二月至五月間，國史館多次召開纂修事宜諮詢會議，邀請館長張炎憲、學術界人士及國史館相關人員參加，經討論而將新修之志定名為《臺灣全志》，纂修範圍擴及臺北市、高雄市、福建省連江縣、金門縣，其內容涵蓋臺灣省、臺北市、高雄市，以及福建省，亦即民國三十八年（1949）以後中華民國政府實際統治區，其性質有如元、明、清的「一統志」。斷代以民國三十四年（1945）為起點，至民國九十年（2001）止。依政府採購法規定，採限制性招標方式，自民國九十一年（2002）起，至民國一〇一年（2012）止，分志篇、分年編列預算辦理。

《臺灣全志》各志之內容，為避免與臺灣省文獻委員會時期出版的《臺灣省通志》、《重修臺灣省通志》重複，以「略古詳今」為原則，即民國七十年（1981）以前，予以適當略述，民國七十年（1981）以後，則力求詳實完整。《臺灣全志》全書分十二志、七十八篇，包括〈卷首〉、〈卷一大事志〉、〈卷二土地志〉、〈卷三住民志〉、〈卷四政治志〉、〈卷五經濟志〉、〈卷六國防志〉、〈卷七外交志〉、〈卷八文教志〉、〈卷九社會志〉、〈卷十職官志〉、〈卷十一人物志〉、〈卷十二文化志〉、〈卷尾〉。除〈卷首〉、〈卷尾〉及〈卷一

〔註80〕王良行，《鄉鎮志撰修實務手冊》，前引書，頁 iii。

〔註81〕臺灣省文獻委員會 2002 年 1 月 1 日改隸總統府國史館，機關層級提升為中央層級，有關志書纂修仍為國史館職掌，乃有賡續辦理修志之舉，該館前身是「臺灣省文獻委員會」，再之前則是「臺灣省通志館」，修志是主要職掌之一，歷年來辦理《臺灣省通志》的興修，以 1961 年斷代，先後出版《臺灣省通志館》、《臺灣省通志》，再於 1981 年之後陸續出版《重修臺灣省通志》。李筱峰，《臺灣全志‧卷首──戰後臺灣變遷史略》，前引書，頁 1～2。

大事志〉外，一般以志統篇，篇下分章、節、項、目，各以類從，並附相關圖表。

《臺灣全志》各志分篇纂修，除大體沿用《重修臺灣省通志》原有者外，爲因應臺灣的政治、經濟及社會之急遽變遷，志篇名稱和內容皆有所調整或增刪。例如原轄境篇改爲地理篇，原「同冑篇」改爲「族群篇」，原「保安篇」改爲「治安篇」；而原〈武備志〉改爲〈國防志〉，以求精當。另社會篇、外交篇擴大內容，分別改爲〈社會志〉、〈外交志〉，其他各志，則增列相關內容，如環保、國貿、政黨輪替、客家事務、兩岸關係等，不一而足，以符合時代變遷與發展。

《臺灣全志》每篇預計二十萬字，《臺灣全志‧志首》纂修李筱峰指出，該志完成後，可保存近五十年來政府各項施政成果及社會經濟等各方面之變遷史料外，並可提供民眾進行相關研究之參考。《臺灣全志》既保留「志」的名稱，又有重構臺灣史位階之意義，兼顧方志的特性，以歷史及地理並重。就修纂方式而言，《臺灣全志》仍多沿襲《臺灣省通志》之體例；就轄境而言，則非《臺灣省通志》之延續工作；又斷限自民國三十四年（1945）起，可呈現半世紀來臺灣的全貌。範圍涵蓋臺、澎、金、馬，既非屬國家意涵修志，也非一省的意涵修志，而是一種事實的表述，深具時代意義。

《臺灣全志》預定出版十二志，但截至民國九十九年（2010）十二月底爲止，《臺灣全志》已逐年出版如下：民國九十三年（2004）〈卷首戰後臺灣變遷史略〉、〈卷一大事志〉、〈卷十職官志〉，及民國九十五年（2006）〈卷九社會志〉、民國九十六年（2007）〈卷四政治志〉；民國九十八年（2009）〈卷十二文化志〉、〈卷八教育志〉，及民國九十九年（2010）〈卷二土地志〉，以上合計共八志。〔註82〕

（二）省（市）志

由於中央政府所頒訂之《地方志書纂修辦法》，至民國九十年（2001）十二月三十一日後已不復適用，且依據現行之《地方制度法》，地方文獻事項爲自治事項，即規範全國地方志書之纂修的法規，透過命令方式予以調整，而將此工作改由直轄市政府及縣（市）政府自行制定纂修辦法。因此，臺北市

〔註82〕 在本論文寫作期間，查《臺灣全志‧住民志》已於 2011 年 12 月完成纂修，計出版〈語言篇〉、〈族群篇〉、〈姓氏篇〉、〈人口篇〉、〈考古篇〉共五冊。惟本文收錄方志時間止於 2010 年，不在本文收錄範圍，合先敘明。

文獻委員會於九十年第二次委員會議討論通過後，訂定「臺北市志方志書纂修辦法草案」，民國九十一年五月二十七日臺北市政府文化局，依據行政程序法第一百五十四條，公告「臺北市地方志書纂修辦法草案」，並刊登在《臺北市政府公報》內，臺北市文獻委員會自民國九十四年度起，編列《續修臺北市志》預算，辦理續修市志事宜。《續修臺北市志》計有〈卷首〉、〈卷尾〉、〈大事紀〉外，共分〈土地志〉、〈政事志〉、〈經濟志〉、〈交通志〉、〈社會志〉、〈教育志〉、〈文化志〉、〈人物志〉等八志（志各一卷），八志均已順利完成招標委辦，並分別通過初期報告審查，未來出版期能爲完整呈現近三十年臺北市之發展實況及演變過程。〔註83〕

至於《重修臺灣省通志》、《續修高雄市志》則均已於前期完成出版。

（三）縣（市）志

此期著手纂修的縣（市）志，計有以下十部：

1. 民國九十一～九十四年（2002～2005）：《續修新竹市志》、《續修澎湖縣志》。
2. 民國九十二～九十四年（2003～2005）：《重修苗栗縣志》。
3. 民國九十二～九十五年（2003～2006）：《續修花蓮縣志》。
4. 民國九十二～九十七年（2003～2008）：《臺中市志》。
5. 民國九十二～九十九年（2003～2010）：《新修桃園縣志》。
6. 民國九十三～九十八年（2004～2009）：《新修嘉義縣志》。
7. 民國九十五～九十八年（2006～2009）：《金門縣志》（續修）。
8. 民國九十六～九十九年（2007～2010）：《續修臺中縣志》。
9. 民國九十九年（2010）：《南投縣志》（重修）。

「政黨輪替時期」除有以上十部之外，《基隆市志》、《嘉義市志》、《福建省連江縣志》、《南投縣志》、《續修臺北縣志》五部縣（市）志因始於「解嚴初期」纂修，直至2002～2005 年才陸續出版。因此，本期含纂修、出版的縣（市）總計有十五部，本期纂修、出版的縣（市）志出版單位均是各縣市政府單一機構獨立完成。其中，以 2010 年出版的縣（市）志，分別是《新修桃園縣志》、《續修臺中縣志》、《南投縣志》。

〔註83〕黃秀政，〈《續修臺北市志》纂修計畫〉，收於臺北市文獻委員會，《臺北文獻》（臺北：編者，2012 年 3 月），頁 3～7。

（四）鄉鎮（市、區）志

本文根據國家圖書館等收藏所得，此期出版的鄉鎮市區志統計如下：

1. 民國九十五年（2006）：《太平市志》、《大同鄉志》、《新店市志》、《寶山鄉志·文化篇》、《寶山鄉志·歷史篇》、《北埔鄉土誌》、《塔克金故鄉影像誌》、《竹山風土誌》、《斗六市志》、《花壇鄉志》、《莒光鄉志》、《四湖鄉志》、《新市鄉志》、《旗山鎮誌》、《富里鄉誌》、《琉球鄉志》、《金峰鄉志》、《秀林鄉志》、《重修大社鄉志》。

2. 民國九十六年（2007）：《新埤鄉志》、《水里鄉志》、《鹿野鄉志》、《金沙鎮志》、《竹東鎮志》。

3. 民國九十七年（2008）：《萬巒鄉志》、《茂林鄉誌》、《仁愛鄉志》、《泰安鄉志》。

4. 民國九十八年（2009）：《板橋市志三編》、《新豐鄉志》、《北斗鄉土誌》、《重修白沙鄉志》、《山岡鄉志》、《大甲鎮志》、《金城鎮志》、《金湖鎮志》。

5. 民國九十九年（2010）：《大園鄉志續篇》、《增修蘭嶼鄉志》、《增修烈嶼鄉志》。

總計以上，除官修方志計有三十九部，其中，有多部離島地區的鄉鎮（市、區）志外，坊間亦有私人纂修，例如《崁津五十一》〔註84〕（2001）則是由一名署名「草店尾老人」之私人著作，作者自費影印二十份送人，筆者經一年多的訪查，得知「草店尾老人」乃現今八十六歲的大溪鎮中興國小退休校長劉義慶。〔註85〕此外，尚有《梅山地名誌》（2007）、《龍眼林誌》（2007）則由分別民間團體自發性編纂，紀錄中寮鄉龍眼林的自然環境等。

〔註84〕「崁津」是大溪鎮的舊稱，《崁津五十一》是筆者在各地蒐集出版之方志時，於九十九年十一月十日發現所得，全冊是打字稿，影印本。作者在書中序言指出，他因熱愛大溪鎮，並且深以大溪人爲榮，因此傾力將有關日據時代的大溪，分成〈日據重大設計〉、〈崁津地文誌〉、〈崁津行政誌〉、〈文業誌〉、〈文教〉、〈建設〉、〈庶民〉等章節一一紀錄下來。全書共計二百二十二頁，末頁還有疑似作者手寫的註記。該書目前在國立中央圖書館臺灣分館藏有一冊。見草店尾老人，《崁津五十一》（桃園：編者印，2001年9月19日）。

〔註85〕筆者於民國一〇一年一月十日前往化名「草店尾老人」位於中壢市內壢住家，採訪劉義慶纂修《崁津五十一》的編纂過程。由於劉義慶已退休多年，未居住大溪鎮，尋訪不易。本文得以順利訪問劉義慶本人，係仍大溪鎮公所和中興國小多位行政人員全動協助，特此感謝。

而 2002 年，臺灣省文獻委員會改隸國史館臺灣文獻館，省通志的位階也從方志格局，調整為國史的撰修〔註86〕，因此，本期最受矚目的修志工作，莫過於纂修《臺灣全志》。此外，偏遠的外島如金門、馬祖等地，則排除萬難，首度完成有史以來第一部鄉鎮志，刷新地方歷史紀錄。統計本期官、私修鄉鎮（市、區）志，至少計有四十二部以上。

第三節　臺灣方志纂修特色

　　臺灣方志纂修始於清代迄今三百多年，歷經清領、日治和中華民國政府等政權，有關方志纂修特色，本節因此以「戰前臺灣方志纂修特色」、「戰後臺灣方志纂修特色」分論之。

一、清康熙二十二年～民國三十四年的臺灣方志纂修特色

　　戰前臺灣方志以「清領時期」、「日治時期」二個階段，分述方志纂修的特色如下：

（一）清領時期

　　臺灣在清領時期二百多年間，纂修《臺灣府志》等方志，成果豐碩。觀察所修方志特色如下：

1. 地方官員親自修志

　　統計清領時期參與臺灣方志的纂修人員，幾乎都具有清廷官員背景。例如：分巡臺廈道高拱乾曾修過《廣德州志》，對方志纂修有經驗和訓練。高氏來臺，既得蔣氏「草稿」作基礎，又有比較豐富的資料可供參考，對「修志駕輕就熟」〔註87〕。此外，纂修《重修臺灣府志》的周元文，則是臺灣知府；《臺灣縣志》的主修王禮，曾是擔任臺灣海防同知兼掌臺灣縣事；《重修福建臺灣府志》的纂輯劉良璧，時任職分巡臺灣道兼按察使司副使；《重修臺灣府志》的纂輯范咸，在臺灣的頭銜是巡視臺灣兼提督學政御史；《續修臺灣府志》的修纂余文儀，時任臺灣知府。

〔註86〕蕭新煌、黃世明，〈纂修《臺灣全志・社會志》：實務的經驗與檢討〉，收錄於國史館臺灣文獻館，《方志學理論與戰後方志纂修實務》（南投：編者，2008 年 5 月），頁 150。

〔註87〕陳捷先，《清代臺灣方志研究》，前引書，頁 36。

又《重修鳳山縣志》的編纂，是鳳山知縣王瑛曾；《澎湖紀略》是澎湖通判胡建偉所撰；《彰化縣志》是桂林人進士周璽所撰，周璽曾署理彰化縣令，道光六年（1826）因閩、粵械鬥事件去職；《噶瑪蘭廳志》總纂陳淑均，是福建晉江縣舉人；《噶瑪蘭志略》是噶瑪蘭通判柯培元所撰。

而諸羅知縣周鍾瑄、鳳山知縣李丕煜，分別在主修《諸羅縣志》、《鳳山縣志》時指出：

> 每一卷就，余輒與參互而考訂之。凡所謂郡縣志乘之載，各具體矣。
>
> 中間因事建議，陳君留心時務，動與余合；往復論難，要於保健息民、興教淑世，如醫者之用藥。〔註88〕
>
> 自媿才非良史，焉足以證今而傳後！〔註89〕

由此觀之，周鍾瑄和編纂人陳夢林合作無間，主修《諸羅縣志》用心觀察，積極投入，李丕煜在《鳳山縣志》不是只掛空名，而是親自參與修纂。

2. 培養在地修志專家

方志纂修工程浩大，清領時期的臺灣方志，光是靠著上述來自中國內地的行政官員，顯然是不足以應付的。纂修方志的過程，官員們必借助很多人力共同參與才能成事，因此，臺灣本地識字的讀書人，自然成爲協助官員們纂修方志的首選。

例如高拱乾的《臺灣府志》修纂人員名單中，「分訂」名單裡，列出舉人王璋，貢生王弼、陳逸、黃巍、馬廷對，生員張銓、陳文達、鄭莘達、金繼美、張紹茂、柯廷樹、張儇客、盧賢、洪成度都是臺灣人。其中，陳文達曾參與《高志》、周元文《府志》等志的分訂；李欽文與陳夢林則共修《諸羅縣志》，成了修志的能手，康熙末年的臺灣三部縣志《諸羅縣志》、《鳳山縣志》、《臺灣縣志》都以他們爲重要成員〔註90〕，他們都爲臺灣，用心編纂方志。

又如，《臺灣縣志》的編纂魯鼎梅與王必昌二人，曾合纂過《福建省德化縣志》，臺灣縣舉人陳輝也曾參與乾隆六年《重修福建臺灣府志》的工作

〔註88〕周鍾瑄與陳夢林合修：《諸羅縣志》（臺北：臺灣銀行經濟研究室，1962年12月），頁4，自序。

〔註89〕李丕煜主修，《鳳山縣志》（臺北：臺灣銀行經濟研究室，1962年12月），頁15，凡例。

〔註90〕鄭喜夫，《臺灣史管窺初輯》（臺北：浩瀚出版社，1975年5月），頁142～152。

〔註 91〕，而《重修鳳山縣志》的編纂，是鳳山知縣王瑛曾，參閱則是侯官舉人黃佾、鳳山舉人卓肇昌，其中，黃佾也曾參與《續修臺灣府志》，是修志老手；《彰化縣志》則是彰化舉人曾作霖纂輯。

　　方志必需有專業「修志專家」〔註 92〕，但臺灣方志發展初期，因無修志經驗，修志人才主要係以來自中國大陸的修志專家，臺灣當地的讀書人只能在旁協助。但漸漸地，臺灣當地的讀書人，纍積大量的修志經驗，最後甚至逐漸取代清廷指派的官員，成為方志的主要纂修成員。因此，方豪說：「清初臺灣人士有功於地方志的，在不到半世紀的短時間中，得三十二人且，且都是當時本地最優秀的人士，實可驚奇。」〔註 93〕

3. 方志內容史料豐富

　　清領時期的臺灣方志，由蔣毓英、高拱乾、陳夢林等學者與循吏，將中國傳統優良的修志傳統引進臺灣，再由後世的學者，循此修志的模式依樣畫蘆。修志人員雖是奉命採輯以應一統志、通志之採擇，然而主纂季光麟等人具有「以論作志」的胸襟與氣魄，企圖以臺灣之志成為監門之圖，使清廷能重視臺灣。對此，高志彬認為，「清領時期的臺灣方志特詳風俗，又論阨塞形勢。此外，周鍾瑄修《諸羅縣志》，更於記中多所建議，所以其志於兵防首作總論，於風俗特繪『番俗圖』。餘如陳文達等纂之《臺灣縣志》，六十七、范咸合纂之《重修臺灣府志》特重武備兵防；清修臺志所以特詳兵備、風俗、山川、物產，無非在強調方志的『資治』功能，為殖民統治需要而修。而清領中期以後的實況調查、地方發展概書，亦在提供施政之參考。」〔註 94〕清

〔註91〕　朱士嘉，《中國地方誌綜錄》（臺北：新文豐出版社，1986 年 11 月），頁 10～11。

〔註92〕　方豪指出，所謂「修志專家」，是指凡曾纂修志書在兩部以上志書的人，因為「修志專家」至少當他們在修第二部志書時，必能運用從前一部志書所獲得的經驗。例如陳夢林纂修的《諸羅縣志》刻於康熙五十六年（1717），《諸羅縣志》曾被喻為臺灣方志的楷模，而陳夢林曾在此之前，曾在清康熙四十七年（1708）曾參與纂修《漳浦縣志》、清康熙五十三年（1714）修過《漳州府志》。見方豪，《方豪六十自定稿》（臺北：方豪發行，1969 年 6 月），頁 647～656。另見方豪，〈清初臺灣人士與地方誌〉，《方豪教授台灣史論文選集》（臺北：捷幼出版社，1999 年 12 月），頁 109。

〔註93〕　方豪，〈清初臺灣人士與地方志〉，《方豪教授台灣史論文選集》，前引書，頁 101。

〔註94〕　高志彬，〈臺灣方志之纂修及其體例流變述略〉，《臺灣文獻》第四十九卷第三期，1998 年 9 月，頁 191。

修臺灣志書,「特別強調以資治爲纂修之旨趣」。〔註95〕

此外,《臺灣志略》乃伊士俍在臺十年的親身經歷,該書保存許多與政令、政務有關的資料,例如:

> 合南北各熟番其雜俗俱相仿佛,無甚大異。向者皆罔知廉恥,不識尊卑。數十年來沐經化之涵濡,感憲恩之教養,漸知揖讓之誼,頗有尊親之心。多戴冠著履,身穿衣褲。風近邑之社,亦有知用媒妁聯姻,行聘用達戈紋及紬布,並以花草作箍相遺,名曰「搭搭子」。〔註96〕

伊士俍觀察各地熟番雜俗後,細述以上客觀的比較結果。另在〈番情習俗〉中則載:

> 從前各社中有習紅毛字者,以鵝毛管蘸墨橫書,謂之「教冊仔」,出入簿籍,皆經其手,今則簿籍皆用漢字,每至一社,番童各執所讀經書文章,背誦以邀賞,且有出應考試者。〔註97〕

其收錄的「搭搭子」、「教冊仔」等,《臺灣志略》確實有不少相關平埔族的研究文獻外,還提供有關減輕臺灣漢民丁銀、番民社餉、地種雜稅等規定,及人口統計、支放兵餉、不許漢民侵佔番界、不許番黎私買、臺灣文職官員任職的年限及升用等。該志保留伊士俍親身所見所聞等第一手資料,成爲這部私纂方志有別於官修方志的特色。

清領時期臺灣方志,繼承中國傳統,並造就臺灣當地修志人員,參與修志的循吏與專家認眞從事,此外,不論官修、私纂方志,皆含豐富史料,成爲探索臺灣早年開闢史實的重要資料庫。

(二)日治時期

日本受中國影響,也有纂修方志的概念。因此,光緒二十一年(1895)取得臺灣之後,日本爲領臺統治的參考依據,遂積極編印各種史料和方志。就日治時期纂修的臺灣方志,呈現特色如下:

1.使用日文撰寫方志

清領時期,不管是官修或私撰的臺灣方志,皆以中國文字撰寫;但到了

〔註95〕 高志彬,〈臺灣方志纂修概況與內容特質〉,《臺灣史田野研究通訊》第十五期,1990 年 6 月,頁 38～40。

〔註96〕 〔清〕尹士俍纂修、李祖基點校,《臺灣志略》,前引書,頁 61。

〔註97〕 〔清〕尹士俍纂修、李祖基點校,《臺灣志略》,前引書,頁 61～62。

日治時期，首部由日本參謀部自行編印的《台灣誌》，以日文寫出版。此外，《台灣形勢一斑》、《臺灣統治綜覽》、《台灣統治概要》、《台南略志》、《台南縣志》、《南部台灣誌》、《臺北廳志》、《桃園廳志》、《新竹廳志》、《臺北廳志》（重修）、《臺北市十年誌》、《高雄市制十週年略志》、《嘉義市制五周年紀念誌》、《大溪誌》、《大嘉義》、《新竹街要覽》、《中和庄誌》、《板橋街誌》、《龜山庄全誌》、《蘆竹庄誌》、《大園庄誌》、《桃園街誌》、《鶯歌鄉土誌》、《三峽庄誌》，也全部都是以日文撰寫。

　　考察本文統計日治時期官修臺灣方志，僅有《新竹縣志初稿》、《嘉義管內采訪冊》、《苑裡志》、《樹杞林志》四部是以中文撰寫，餘者均以日文撰寫。其中，除《嘉義管內采訪冊》編輯未詳外，《新竹縣志初稿》是知事櫻井勉，邀前臺北府廩生鄭鵬雲、前新竹縣學附生曾逢辰兼修；《苑裡志》是苑裡辦務署長淺井元齡，邀前清附生蔡振豐纂，前附生蔡相協修；《樹杞林志》是樹杞林辦務署長木戶有直，邀前清附生林百川、訓導林學源，開局採訪纂輯。統計日治時期官修的臺灣方志，以日文撰寫的方志數量，高達百分之八十六以上，以日文撰寫為大宗。

　　以日文撰寫方志有二個原因，首先，乃臺灣是日本第一個殖民地，也是日本自明治維新以來，為控制南洋，做為「南進」基地的主要國策之一，所以日本經營臺灣的殖民地經驗，關係著日本「南進」戰略與國際聲譽。因此，「首先從事廣泛的認知工作（understanding），大規模的調查臺灣的人口、土地、資源、風俗、習慣等，也大量的出版書刊。」〔註98〕以供日人領臺的重要指南。

　　其次，以日文撰寫方志，使得不諳中文語言的日本人，無需透過翻譯，也能自行閱讀，快速了解臺灣的風土人情與地情，以最短時間，一探殖民地之全貌。簡言之，此期官修方志，主要是為服務日本殖民政府，供其統治臺灣參考依據，並非寫給殖民地的百姓閱讀，因此，編纂乃循此需求模式，順勢而為，成為以日文撰寫方志的主要原因。

2. 設置專責史志機構

　　日治時期官修方志，原以委任專人編纂。直到日本統治臺灣二十七年，

〔註98〕黃富三，〈〈日據時期臺灣官撰地方史志的探討〉講評〉，收於漢學研究資料及服務中心，《漢學研究》（臺北：編者，1985 年 12 月），第三卷第二期，頁349。

即民國十一年（大正十一年，1922），第八任臺灣總督田健治郎，始以令第 101 號，公佈「臺灣總督府史料編纂委員會規程」〔註 99〕，成立「臺灣總督府史料編纂委員會」，專責調查編纂臺灣史料。同年七月，以令第 147 號修改規程，增設編纂顧問，人選由臺灣總督從總督府內及民間聘任人選。〔註 100〕

「臺灣總督府史料編纂委員會」由賀來佐賀太郎擔任委員長兼庶務部長，持地六三郎爲委員兼編纂部長，另有一名主查、三十名委員、四名幹事、三十一位評議員、六名書記、二十名編纂顧問、八名囑託、四名雇員〔註 101〕。其中，委員包括伊能嘉矩、藤田捨次郎等人，首屆「臺灣總督府史料編纂委員會」，共計有一百零九人，組織編制頗具規模，但該會民國十三年裁撤。

民國十八年（日昭和四年，1929）第十二任總督川村竹治主張繼續推行史料纂修工作，於同年四月二十六日廢除原「臺灣總督府史料編纂委員會規程」，重新頒布辦法〔註 102〕，設置會長、庶務部長、編纂部長、幹事、評議員、書記、編纂員。前後二部規程不同之處，是將原來委員制，改成編纂會，以專人從事調查編纂史料稿本，修訂後逐卷付印，經費預每年約二萬圓，纂修期程至民國二十二年（日昭和八年，1933）止，以四年完成《臺灣史料》（稿本），計有五十九冊，成爲日治時期官修最豐富、冊數最多的臺灣史志。

臺灣在清領時期，並未有類似「臺灣總督府史料編纂委員會」的組織機構；日治時期，自《臺灣史料》完成纂修，至日本投降爲止，則未再設有類似組織。「臺灣總督府史料編纂委員會」，成爲日治時期唯一的修志組織，也是戰前臺灣纂修史志，僅有的專責機構。

3. 開創纂修「街庄志」

民國九年（大正九年，1920），首任總督田健治郎在臺建立三級政府的地方制度，將廳改爲州，支廳改爲郡、市，廢區、堡、里、澳、鄉，改設街庄，

〔註 99〕 依「臺灣統督府史料編纂委員會規程」，設置「臺灣總督府史料編纂委員會」，該會設委員長一人、委員若干人，委員由臺灣統督聘任。下設庶務部、編纂部，幹事、評議員、書記。參見臺灣總督府，府報第 2654 號，大正十一年五月十四日，頁 60。

〔註 100〕 臺灣總督府，府報第 2704 號，大正十一年七月十四日，頁 36～37。

〔註 101〕 臺灣總督府，《臺灣總督府職員錄》（臺北：國立中央圖書館臺灣分館委託員工消費合作社複製發行，1994 年 1 月攝製），頁 76～78。

〔註 102〕 臺灣總督府，府報第 652 號，昭和四年四月二十六日，頁 137。

依昭和二十年（1945）九月一日之統計，全臺共五州、三廳、十一市、五十一郡、二支廳、六十七街、一百九十七庄。〔註103〕此期所稱的「街庄」，相當於戰後臺灣的「鄉鎮（市、區）」。也就是說，「街庄志」相當於現在的「鄉鎮（市、區）志」。

中國方志，就鄉鎮（市、區）而言，始於宋代。根據統計，現存民國以前的鄉鎮市志，宋代有二種，明代有八種，清代有七十三種。〔註104〕在臺灣，學界曾提出僅道光九年（1829）姚瑩所撰〈埔里社紀略〉〔註105〕一文，但該文只是《東槎紀略》的一卷，且記述簡略，未具方志體例。日治時期，官修纂修全臺志、縣廳志、郡市志、街庄志。其中，街庄志始於此一時期所創。學者王世慶認為，成書於大正十五年（1926）的《大嘉義》、《新竹街要覽》，皆由街役場編纂出版，其雖無街庄之志名，但內容卻有街庄之實，故《大嘉義》、《新竹街要覽》應為「官修街庄志之濫觴」〔註106〕。

就方志的體例而言，《中和庄志》分章論述，體例創新，跳脫舊式志體，成為以後《板橋街誌》、《龜山庄全誌》、《蘆竹庄誌》、《大園庄誌》、《三峽庄誌》等庄街志承襲的範本。街庄志可補郡市志之不足、舛誤，並可保存一隅之史，然考察庄街志纂修的地域，除《大嘉義》、《新竹街要覽》之外，餘者出自於臺北、桃園縣二地，顯示首創於日治時期的街庄志，多出自於臺灣北部，全臺尚未全面普及。

簡言之，鄉鎮志從宋代到清代，產量漸增，而有逐漸受到重視的趨勢；至 1960 年以後，臺灣省文獻委員會提倡全面纂修鄉鎮（市、區）志，鄉鎮（市、區）志成為戰後臺灣新興方志，出版盛況蔚為空前。

4. 收錄臺灣大量史料

日本統治臺灣之前，從未有殖民統治的經驗，治臺初期，為瞭解民情風土，藉以方便施政參考，大力展開調查工作，因此收錄很多臺灣的地理、歷

〔註103〕原著臺灣總督府 1945 年編纂，山本壽賀子、曾培堂譯，《臺灣統治概要》（臺中：大社會文化出版社，1999 年 3 月），頁 22。

〔註104〕盛清沂，〈吾國歷代之鄉鎮志暨本省當前編纂鄉鎮志問題〉，收於《臺灣文獻》第十七卷第二期，1966 年 6 月，頁 31～38。

〔註105〕姚瑩，《東槎紀略・埔里社紀略》，臺灣文獻叢刊第七種，臺灣銀行經濟研究室編印，1957 年 11 月，頁 32～40。

〔註106〕王世慶，〈日據時期臺灣官撰地方史志的探討〉，收入於《漢學研究》第三卷第二期，前引書，頁 341。

史、政治、經濟、軍事、文教、社會、宗教、人口、風俗、習慣等史料。例如，「《臺灣誌》、《臺南縣志》、《新竹廳志》收編清代臺灣府縣廳的行政、司法制度、組織、職掌、編制及清末臺灣社會經濟的資料；《南部臺灣誌》收錄清代曹公圳之組織、編制、職責、祭祀和曹瑾制定的規約，及清末南部糖業、鹽業等工商資料。」〔註107〕

日治時期的臺灣方志，內容也有錯誤之處，例如《全臺誌》將「斗六」誤作「六斗」、「寧南」誤作「南寧」等，但是「氣候一項，用『華氏』，統計光緒十三年到十五年間的溫度與雨量，並且詳細記述商況和物價。」〔註108〕修志已能運用現代科學調查，且資料詳實。由於當時的原始資料現已不復見，因此，此期方志所收錄臺灣在日治時期的史料，資料難能可貴，頗値得參考與運用。

二、民國三十四年～民國九十九年的臺灣方志纂修特色

統整戰後臺灣纂修的方志，其所呈現的特色有下列六項：

（一）纂修產量多量化

臺灣方志纂修工程，雖在「戰後初期」成績掛零，但纂修工程啓動之後，至「戒嚴時期」方志產量成績破百。「政黨輪替時期」以後產量稍減，但各地方志纂修工程仍持續進行新修、續修、重修。

臺灣戰後從 1945～2010 年僅短短六十五年，已完成出版方志有近三百部方志。其中，除《臺灣全志》這本全國性方志編纂最受注目外，各地出版之方志頁數厚實，就連地方基層的鄉鎮方志也不例外，例如《旗山鎮誌》〔註109〕分訂三冊，共一千七百九十九頁、《仁愛鄉志》〔註110〕分訂二冊，共二千零二十七

〔註107〕王世慶，〈日據時期臺灣官撰地方史志的探討〉，收入於《漢學研究》第三卷第二期，前引書，頁347。

〔註108〕王世慶，〈日據時期臺灣官撰地方史志的探討〉，收入於《漢學研究》第三卷第二期，前引書，頁323。

〔註109〕《旗山鎮誌》分大事記及十三篇，依序爲地理、歷史、住民、政事、經濟、交通、教育、藝文、宗教民俗、人民團體、人物、特產勝景與傳說、史料，分訂於全三冊，一千七百九十九頁。見蔡正松，《旗山鎮誌》（高雄：旗山鎮公所，2006年1月）。

〔註110〕《仁愛鄉志》計有行政、開發、地理、住民、社會、建設、經濟、教育、文化、宗教、人物、村史采風、勝蹟等十三篇，全二冊，二千零二十七頁。見沈明仁，《仁愛鄉志》（南投：仁愛鄉公所，2008年8月）。

頁、《鹿野鄉志》〔註111〕分訂二冊，共一千四百一十九頁，數量十分可觀。

（二）出版對象多元化

我國現存八千多種方志中，清代纂修的就有五千多種，約佔百分之八十，清朝首纂《臺灣府志》和縣志，保存臺灣大量史料〔註112〕，清朝方志雖然大盛，但因清朝文網甚密，文字獄濫施，清政府嚴格控制編修志書，修志者深恐身陷囹圄，不敢私下修史。〔註113〕

惟爬梳戰後臺灣方志纂修資料所得，方志出版對象不管是各地文獻委員會與各地縣市政府共同出版，或者由各地縣市政府單獨出版，都是以官修為主；但自從民國四十年（1951）首部私修方志《臺灣埔里鄉土志稿》出現，其後，又有草店尾老人自行編纂《崁津五十一》、《龍眼林誌》〔註114〕等私纂方志出現。

此外，不在四級志書之列的「機關志」，例如南投農田水利會的《南投農田水利會會志》〔註115〕，則是人民團體修志的例子之一，該志由政府編列預算，也受政府採購法的規範。

由此可見，戰後臺灣方志，雖仍以官修為主，但私纂方志也日益興起，纂修的單位也有人民團體出現，顯示方志纂修出版已趨多元化。

（三）編纂團隊多樣化

就纂修者而言，從以上方志的總纂名單中，除淡江大學教授申慶璧是雲南省第一師範畢業，是 1948 年在南京選出的行憲第一屆國民大會代表外，其餘張永堂、謝國興、鄭樑生、黃耀能、張勝彥、顏尚文、許雪姬、康培德、

〔註111〕《鹿野鄉志》計有十三篇：地理、開發、生態、行政、教育、經濟、建設、
　　　　阿美族、漢族、宗教、社會、觀光、人物篇。分訂二冊、一千四百一十九頁。
　　　　見夏黎明，《鹿野鄉志》（臺東：鹿野鄉公所，2007 年 8 月）。
〔註112〕陳捷先，《清代臺灣方志研究》，前引書，頁 121～192。
〔註113〕林衍經，《方志學綜論》（上海：華東師範大學出版社，2008 年 10 月第二
　　　　版），頁 45～48。
〔註114〕《龍眼林誌》計有龍眼林的自然環境、沿革、宗教信仰、地方自治、人口狀
　　　　態、教育、土地利用、生產事業、金融事業、建設事業、交通運輸、工商業、
　　　　觀光事業、人物略傳、地名淵源、故事傳說、隘租制度、風林採收場前因後
　　　　果及民蕃風俗習慣等二十章、二百三十九頁。見李應森，《龍眼林誌》（南
　　　　投：中寮鄉龍眼林福利協會，2007 年 12 月）。
〔註115〕陳哲三總纂，《南投農田水利會會志》（南投：臺灣省南投農田水利會，2008
　　　　年）。

黃秀政、賴澤涵、雷家驥等十一位總編纂,皆具有博士學位,且均在臺灣公私立大學人文社會等相關學系,或中央研究院服務,也是戰後臺灣修志專家的代表。〔註116〕

　　除有學術專精的學者投入之外,民間機構中華綜合發展研究院應用史學研究所編纂的《新店市志》〔註117〕、《琉球鄉志》〔註118〕、《金峰鄉志》〔註119〕;花壇鄉公所委託卓越諮詢顧問有限公司編纂的《花壇鄉志》〔註120〕;板橋市公所委託尋俠堂國際創藝有限公司編纂的《板橋市志三編》〔註121〕;財團法人梅山文教基金會出版的《梅山地名誌》〔註122〕,則調查梅山地區十八個村三百一十個老地名。林玉茹針對九〇年代以後,臺灣主體意識的方志纂修風潮,在政治、經濟、社會文化及官方、民間社團推動下,提出方志纂修出現「文化包商」,纂修的成員於傳統有別。

　　簡言之,戰後臺灣方志纂修團隊,除有學者專家之外,還出現「文化包商」〔註123〕等組合等團隊,各種類型的組合團隊紛紛投入,修志乃蔚爲

〔註116〕黃秀政,《臺灣史志新論》,前引書,頁481。

〔註117〕《新店市志》共計十二志:地理、開拓、政事、行政、經濟、交通與公共事業、人口、教育、宗教、文化與勝蹟、市政建設、人物等,全一冊,合計八六六頁。見中華綜合發展研究院應用史學研究所,《新店市志》(臺北:新店市公所,2006年2月)。

〔註118〕《琉球鄉志》計有地理、開拓、政事、行政、經濟、建設、住民、教育、文化、宗教、人物等十一篇,全一冊、三三五頁。見中華綜合發展研究院應用史學研究所,《琉球鄉志》(屏東:琉球鄉公所,2006年12月)。

〔註119〕《金峰鄉志》計有雄山秀水、部落親法、金峰尋根、民事服務、豐衣足食、百年樹人、文化采峰、宗教祭儀、刻石紀功等九篇,分述該鄉之地理、部落慣習、族群開拓、政事、經濟、教育、文化、宗教與人物。全一冊,六二五頁。見中華綜合發展研究院應用史學研究所,《金峰鄉志》(臺東:金峰鄉公所,2006年2月)。

〔註120〕《花壇鄉志》計有地理、開發、政事、經濟、社會、教育、宗教禮俗、文化、人物等九篇。全一冊、七三五頁。見卓越諮詢顧問有限公司編纂,《花壇鄉志》(彰化:花壇鄉公所,2006年8月)。

〔註121〕《板橋市志三編》記載範圍1997~2008年(凡例五),計有地理、人口、政事、城市、交通、環境、經濟、教育、社會、宗教、文化、人物篇等,全一冊,共六百一十七頁。見尋俠堂國際創藝有限公司,《板橋市志三編》(臺北:臺北縣板橋市公所,2009年12月)。

〔註122〕沈耀宜,《梅山地名誌》(嘉義:財團法人梅山文教基金會,2007年2月)。作者以田野調查的方式,調查梅山地區十八個村三百一十個老地名。

〔註123〕「文化包商」係指以類似企業組織的形式包攬「方志工程」。文化包商的出現,意味著社會富裕、經濟充裕、鄉志纂修需求高及地方政府不再裁量或擔心

風氣。

（四）方志內容多變化

戰後臺灣方志，除有行政、開發、地理、住民、社會、建設、經濟、教育、文化、宗教、人物、村史采風、勝蹟等篇，部分方志取材廣泛，例如：內政部營建署雪霸國家公園管理處出版的《塔克金故鄉影像誌》〔註124〕，收錄一百五十五張圖片，以圖片取代文字。《竹山風土誌》〔註125〕內容有竹文化、鄉土傳奇、鄉土語典、臺灣諺語等。《新埤鄉志》〔註126〕有箕湖村的舊照片與土地契約古文書等。《四湖鄉志》有武術篇，而《富里鄉誌》有觀光勝跡篇、影像誌等，《水里鄉志》有旅遊篇等，方志結合地方觀光產業。此外，《秀林鄉志》則有族群關係與族群互動、文化生活與傳承、當代議題等，《萬巒鄉志》有大事記等。

對於九〇年代學術界大量投入臺灣鄉鎮志、縣（市）志、省（市）志，臺灣各級志書由量變逐漸質變〔註127〕。學者黃秀政歸納以下特點：一、打破傳統地方志體例、題材多樣、撰寫彈性大。二、不再習用以往「同胄」觀念，對紀錄原住民傳統社會文化與語言，具有保存傳統的用心。三、由不同學科合作撰述，雖然還只是在分工合作的層次，談不上共同研究，但難保不在未來激起科際研究的火花。四、注重田野調查，以發掘新的史料及文獻，並加強對現況的調查紀錄。五、不再服膺統治者或是執政者的需求。雖然很多方

犯禁的社會條件配合之下，方志這種地方知識的生產，變成工廠式的生產，不但產品規格化、生產標準化，而且進行量產，形成知識工業的新型態。見林玉茹，〈地方知識與社會變遷——戰後臺灣方志的發展〉，收錄於《臺灣文獻》第五十卷第四期（南投：臺灣省文獻委員會，1999年12月），頁257。
〔註124〕內政部營建署雪霸國家公園管理處，《塔克金故鄉影像誌》（苗栗：編者，2006年12月）。全一冊，九千字、一百五十五張圖片。
〔註125〕《竹山風土誌》計有聚落開發、產業、教育、人物、社團、宗教、竹文化、勝蹟、鄉土傳奇、鄉土語典、臺灣諺語等十一章。全一冊，計有六百一十九頁。見劉耀南，《竹山風土誌》（南投：竹山鎮公所，2006年12月）。
〔註126〕《新埤鄉志》計有話說臺灣、新埤鄉的開拓史、人文地理、政事、人口與農業、經濟、社會志、教育、宗教、新埤鄉各機關簡介、藝文、人物、附錄、村志、新埤村、打獵村、建功村、南豐村、萬隆村、箕湖村、餉潭村、箕湖村老照片專輯、從照片中看歷史、箕湖村的舊照片與土地契約古文書等二十四個部分。全一冊、七百五十五頁。見林雲榮等，《新埤鄉志》（屏東：新埤鄉公所，2008年9月）。
〔註127〕黃秀政，〈戰後臺灣方志的纂修（1945～2005）〉，收錄於《臺灣史志新論》，前引書，頁484。

志仍然要配合地方首長的任期，而有時間壓力，但是基本上已擺脫爲統治者或行政需要而撰寫方志的型態，越來越接近人民的歷史，而不再是官方的歷史。過去有些縣志或縣志稿寫得像縣政報告，如今已不多見。〔註128〕

（五）保存方式現代化

現今資訊科技發達，戰後臺灣方志纂修手法跟進，例如《重修大社鄉志》〔註129〕、《臺中市志》〔註130〕等，除出版精裝本的志書外，還將志書電子檔再另製成光碟片，隨書附贈。方志印刷改變以光牒片的方式在市場上亮相，光碟片的優點是薄薄一片，體積不大，重量輕盈，攜帶又十分方便。

方志的出版與發行作業，已不再侷限於紙本印刷等傳統形式，以光碟片形式出現的方志，大大提供讀取方志的便利性。方志纂修充分運用資訊科技，迎合時代潮流的腳步，適應現代企業經營提供新產品、新服務。

（六）方志經營多角化

早期方志完成纂修後，大多不會向外推銷，不過，本文所見方志，已開始結合行銷，積極推廣。以金門縣的《金沙鎮志》〔註131〕爲例，該志末頁出現「工本費一千九百八十元」，此外，《增修烈嶼鄉志》〔註132〕末頁亦出現「訂價二千元」等。成套的方志出現「工本費」、「訂價」等字眼，乃係因商業交易行銷行爲所需，但因其售價不低，消費者購買意願並不強烈，市場反應有限。

又部分方志之印刷，亦依規定編印政府出版品統一編號（Government

〔註128〕林美容，〈確立地方誌的傳統：兼談臺灣史學的奠基〉，收錄於東吳大學主編，《方志學與社區鄉土史學術研討會論文集》（臺北：臺灣學生書局，1998年5月），頁96。

〔註129〕計有大事記、歷史、地理、經濟、政事、社會、文化等七篇，全一冊、八四八頁，附光碟。見柯安正，《重修大社鄉志》（高雄：大社鄉公所，2006年2月）。

〔註130〕計有沿革、地理、政事、經濟、社會、教育、藝文與人物等八志，每志單獨成冊，附光碟。見黃秀政總編纂，《臺中市志》（臺中：臺中市政府，2008年12月）。

〔註131〕計有方域、經營、政事、教育、村里、導覽、人物、風俗、經濟等九篇，分上、下二冊，共八百一十九頁。工本費新台幣一千九百八十元。見楊天厚、林麗寬，《金沙鎮志》（金門：金沙鎮公所，2007年12月）。

〔註132〕計有地理、開發、政事、文化、教育、經濟、社會、軍事、華僑、人物等十篇，分訂上、下冊，共九百二十四頁，訂價二千元。見呂允在，《增修烈嶼鄉志》（金門：烈嶼鄉公所，2010年1月）。

Publications Number；以 GPN 標示），並依國家圖書館之規定，申請辦理及印製國際標準書號（International Standard Book Numbering；以 ISBN 標示），讓方志出版業更具國際化。

　　而方志能否順利推動，纂修的經費是成敗的重要關鍵，有足夠預算的地方政府，有能力不斷續修方志；反之，有不少鄉鎮（市、區）公所苦無經費，面臨無力修志或印刷的窘境，因此，有地方仕紳基於愛家愛鄉愛土的熱情，及意識到修志對地方的重要性，積極募集資金纂修方志，出錢出力，協助推動方志的纂修工作。以《鹿谷鄉志》〔註133〕為例，該鄉財政困難，又先後遭逢九二一大地震及賀伯、桃芝等天然災害侵襲，多年來鄉志纂修困難，直至鄉長林光演上任，自民國九十六年（2007）起分三年編列預算，終可展開纂修工作。惟公所仍欠缺經費而無法印刷，最後在大家熱心捐款，始能印製對外分送。〔註134〕

　　方志的經營，除以標示價格、印製國際標準書號之行銷行為模式，推動方志的出版，與現代圖書出版業的脈動接軌外，甚至還出現愛家愛鄉的地方仕紳，自發性募集資金纂修鄉鎮志，使得方志從中央、縣市，到基層的鄉鎮市，均能積極參與方志的纂修，呈現戰後臺灣方志另一特色。

小　結

一、清康熙二十二年～民國三十四年臺灣方志纂修

　　首先，就臺灣在清領時期而言，蔣毓英的《臺灣府志》為臺灣第一部方志，直至周鍾瑄與陳夢林合修《諸羅縣志》成為臺灣地方縣志的濫觴，臺灣各地主政者紛紛效法，掀起製作縣志的熱潮，繼之而起的縣（廳）志有《鳳山縣志》、《臺灣縣志》、《澎湖志略》、《重修澎湖志略》、《重修臺灣縣志》、《重修鳳山縣志》、《澎湖紀略》、《續修臺灣縣志》、《澎湖續編》、《彰化縣志》、《噶瑪蘭廳志》、《噶瑪蘭志略》、《噶瑪蘭廳志續補》、《淡水志初稿》、《淡水廳志稿》、《澎湖廳志稿》、《澎湖廳志》、《苗栗縣志》、《恆春縣志》等。清修志書特詳兵備、風俗、山川、物產，強調方志「資治」功能，而方志纂修具

〔註133〕總編纂林文燦，《鹿谷鄉志》（南投：南投縣鹿谷鄉公所，2009 年 12 月）。
〔註134〕有關《鹿谷鄉志》纂修及印刷發行過程，係 2012 年 9 月 8 日在銘傳大學校園，訪問《鹿谷鄉志》編審人員康世統博士。

有「地方官員親自修志」、「培養本地修志專家」及「方志內容史料豐富」三大特色。

其次,就臺灣在日治時期而言,日本政府熱衷於土地、風俗、經濟等調查,臺灣總督府參事官室設「臨時調查掛」、在「臨時土地調查局」內設「舊慣調查」業務,總督府內設立「臨時臺灣舊慣調查會」,從事臺島全面舊慣之調查,綜觀日本治臺五十年官撰全臺志計有《臺灣誌》等四種,都是日文;縣廳志、采訪冊計有《臺南略志》等九種;郡市志計有《苑裡志》等六種;街庄志計有《大嘉義》等十種,合計二十九種。日治期間,日本殖民政府熱衷於全島性調查,私纂方志如伊能嘉矩、井出季和太、鈴村串宇彙編《臺灣志》、《臺灣治績志》、《臺灣全誌》等,品質均不亞於官修方志。而方志纂修具有「使用日文撰寫方志」、「設置專責史志機構」、「開創纂修街庄志」、「收錄臺灣大量史料」四大特色。

臺灣在清領時期、日治時期,縣(廳)志的史料豐富,爲研究臺灣早年歷史之重要依據,清領、日治時期沿續中國方志纂修傳統。日治時期的方志纂修,更採專題撰述、科學調查研究方法,而不僅止於相關資料的編輯,可謂爲新方志的先聲。

二、民國三十四年～民國九十九年的臺灣方志纂修

首先,就全志而言:《重修臺灣省通志》於民國八十七年(1998)全部完成出版,而唯一一部屬於全國性的志書《臺灣全志》,民國九十二年(2003)才開始纂,其內容涵蓋台灣省、臺北市、高雄市,並且首次將福建省的金門、馬祖納入,亦即民國三十八年(1949)以後中華民國政府實際統治區,其性質有如元、明、清的「一統志」,《臺灣全志》計畫出版十二志,但到民國九十九年(2010)止,僅出版〈卷首戰後臺灣變遷史略〉、〈卷一大事志〉、〈卷十職官志〉、〈卷九社會志〉、〈卷四政治志〉、〈卷十二文化志〉、〈卷八教育志〉、〈卷二土地志〉等八志。

其次,就臺灣省(市)志而言:《重修臺灣省通志》民國八十七年(1998)完版,《臺灣省通志》數度編修,纂修時間長達半百之久,顯示修志工程不易,至於臺北市文獻委員會總共出版二套《臺北市志》,高雄市民國六十八年(1979)改制後,高雄市文獻委員會出版《高雄市志》、《續修高雄市》。

再次,就縣(市)志而言:戰後臺灣縣(市)的纂修,總共有六十九部,其中,民國四十三年(1954)出版的《基隆市志》,爲戰後臺灣出版的第一部

縣（市）志。

　　最後，就鄉鎮（市、區）志而言，因民國八十六年（1997）內政部始正式納入地方志書範圍，但首部官、私修鄉志分別為民國四十九年（1960）《中和鄉志》（盛清沂纂修）、民國四十年（1951）《臺灣埔裡鄉土志稿》，總計官修鄉鎮（市、區）志共有一百六十四部，而《梅山地名志》、《龍眼林志》等民間團體自發性編纂，具有闡揚鄉土意識及社區（區域）教育意義。

　　有關臺灣光復後的縣（市）志的纂修數量，本文以三個時期進行觀察。由於臺灣光復初期因忙於遷臺工作，省府多數人力均投入於計畫纂修一部臺灣省通志，方志纂修尚無具體成果，纂修數量最多為「民國三十四年～七十六年（1945～1987）」。分析原因，乃「戒嚴時期」因臺灣省文獻委員會在民國四十一年（1952）全面推動各縣（市）政府設立縣（市）文獻委員會，各縣（市）政府陸續成立文獻委員會，造成纂修省（市）志、縣（市）達到高潮，此外，民國六十一年（1972）以前後出版的縣志多由各地文獻委員會所主導，民國六十一年（1972）以後出爐的志書，出版單位幾乎都是由各地縣市政府主政，因此，出版單位無各縣（市）文獻委員會。

　　民國三十五年（1946）即開始籌劃編纂《臺北縣志》，但始終沒有結果。而民國四十一年才開始纂修的《基隆市志》，從民國四十三年（1954）開始出版，至民國四十八年（1959）出齊二十冊，《基隆市志》成為臺灣光復後第一部出版的縣（市）志，從此之後，其他縣（市）緊跟在後，各地官修縣（市）志紛紛出版。「戒嚴時期」因在政府積極推動下，不管是以縣（市）志的形式，或以志稿的形式出版，各地無不努力推出首部縣（市）志，因此，纂修的縣（市）志堪稱最多，

　　在政府積極極推動下，臺灣光復後的修志工作蓬勃發展。臺灣各縣市政府為探本溯源，不僅重視首纂縣（市）志，還有縣（市）政府在首纂縣（市）志後，為記述各時期變化，又持續不斷進行方志纂修工作，例如桃園縣、臺北縣、臺南市、花蓮市、澎湖縣、苗栗縣、屏東縣、臺中縣等地除首纂縣（市）志外，還有重修、續修、新修的縣（市）志，顯示地方政府對縣（市）志十分重視。至民國九十九年（2010），在短短六十多年間，不論全志、省（市）志、縣（市）志、鄉鎮（市、區）志，四級志書的纂修成果，成績斐然。而方志則呈現「纂修產量多量化」、「出版對象多元化」、「編纂團隊多樣化」、「方志內容多變化」、「保存方式現代化」、「方志經營多角化」六大特色。

第四章 《新修嘉義縣志》之纂修

本章以《新修嘉義縣志》為研究對象,並以「《新修嘉義縣志》纂修背景」、「《新修嘉義縣志》纂修團隊與審查機制」、「《新修嘉義縣志》編纂內容與結構」三節,分別探究最新出版之《新修嘉義縣志》的纂修過程、規範與表現形式。

第一節 《新修嘉義縣志》纂修背景

嘉義縣政府自民國五十年(1961)起,至民國九十八年(2009)止,先後纂修出版《嘉義縣志》、《新修嘉義縣志》。本文探究雖以最新出版的《新修嘉義縣志》為主,但由於該志係以《嘉義縣志》舊志為基礎,而《新修嘉義縣志》纂修的背景,無疑與舊志息息相關,故有必要將《嘉義縣志》舊志的纂修概況一併納入,以「各版嘉義縣志」、「《新修嘉義縣志》纂修過程」分述之。

一、各版嘉義縣志

清康熙二十三年(1684)設置臺灣府,府下設有臺灣、鳳山、諸羅三縣。清乾隆五十二年(1787)十一月三日,乾隆下旨改「諸羅」為「嘉義」,以褒揚全體官民的忠義精神與行為表現。〔註1〕因此,「嘉義縣」與「諸羅縣」淵源甚深。

〔註1〕 總纂修雷家驥、阮忠仁纂修,《嘉義縣志》〈沿革志〉(嘉義:嘉義縣政府,2009年12月),頁127。另見曹鳳祥,〈乾隆帝出兵平定臺灣林爽文起義的戰略〉,《陝西廣播電視大學學報》第四期,2002年4月,頁26~40。

更名後的「嘉義縣」，在「日本治臺之初，設嘉義支廳，隸臺灣縣，明治二十八年（1895），廢臺灣縣，改隸臺灣民政支部，設「嘉義初張所」，十一月，改隸臺南民政支部；明治二十九年（1896），廢民政支部，改隸臺南縣。明治三十年（1897），復置嘉義縣，其轄域爲清領設省以前，原嘉義縣之舊轄區。明治三十一年（1898），裁撤嘉義縣，復隸臺南縣，原轄分設嘉義、打貓、撲仔腳三辦務署。明治三十四年（1901），廢縣治廳，設嘉義廳，轄境較今嘉義縣略小。明治四十二年（1909），廢二十廳合爲十二廳，合斗六、嘉義二廳及鹽水港之一部爲嘉義廳。大正九年（1920）廢廳置州，於今縣境內分設嘉義、東石二郡，隸臺南州；昭和五年（1930），改嘉義市，仍隸臺南州。

民國三十四年（1945）十月，臺灣光復，改州爲縣、改郡爲區，嘉義、東石仍隸臺南縣，嘉義市則改省轄市。民國三十九年九月，調整行政區劃，以嘉義市（改縣轄市）及嘉義、東石二區設置嘉義縣。1982 年嘉義市再升格爲省轄市，嘉義縣政特區於太保鄉與朴子鎮之間（縣政府位於太保鄉，縣議會位於朴子鎮），太保鄉和朴子鎮因此先後於 1991 年和 1992 年 9 月 10 日升格爲縣轄市，嘉義縣政府位於太保市。今之嘉義縣轄有十八個行政區（二市、二鎮、十四鄉）。」〔註2〕

戰後，臺灣省調整行政區域，設置嘉義縣，嘉義開始纂修專志，有關各版嘉義縣志纂修情形，分述如後：

（一）《嘉義縣志》

「諸羅」爲「嘉義」舊名，臺灣首部縣志《諸羅縣志》是最早記載有關嘉義史料。惟諸羅縣時所轄，自新港溪以北皆屬之。及至雍正元年（1723）割虎尾溪以北分設彰化縣、淡水廳，時所轄南至新港溪，北至虎尾溪，東至大武巒山，西至大海。清乾隆五十二年（1789）十一月，改「諸羅」爲「嘉義縣」。光緒十三年（1887）臺灣建省，割牛稠溪及石圭溪以北添設雲林縣，轄域又縮。「諸羅」雖是「嘉義」的舊稱，但實際上，《諸羅縣志》是按康熙年代設縣，諸羅縣管轄的範圍，南北延表九百一十九里〔註3〕，範圍包括半個

〔註 2〕 國立中央圖書館臺灣分館特藏資料編纂委員會編纂，《臺灣文獻書目題解》第一種方志類（二）（臺北：國立中央圖書館臺灣分館，1988 年 6 月），頁 341～343；另見總纂修雷家驥，副總纂修吳昆財，《嘉義縣志・卷首》（嘉義：嘉義縣政府，2009 年 12 月），頁 39。

〔註 3〕 康熙五十三年，欽差大人繪畫地圖，勘丈里數所定，諸羅縣治東至大武巒山二十一里、西至大海三十里、南至鳳山大岡山界一百二十里、西南由下加冬

北臺灣，諸羅轄區並非僅爲嘉義縣，《諸羅縣志》所載內容亦非僅有嘉義一地之事物。

　　除《諸羅縣志》載有嘉義史料的方志外，日治臺灣之初，尚有《嘉義管內打貓各堡采訪冊》、明治二十九～三十五年間編纂之《臺南縣誌》（一至四篇）、《南部臺灣誌》（五至九篇）中第四篇，載有嘉義事。此外，還有大正八年排印的《嘉義廳行政事務及管內概況》、《嘉義郡概況》、《嘉義市要覽》、《朴子街要覽》，及大正十五年（1926）、昭和四年（1929）嘉義街役場兩次編印的《大嘉義》，昭和八年（1933）玉川公學校編印的《嘉義鄉土概況》，昭和十二年（1937）林璽堅、李添興所編之《躍進嘉義近郊大觀》，昭和八年日人柳本貞吉所編《大林庄庄民讀本》；昭和十年（1935）嘉義市役所編《嘉義市制五周年記念誌》等，內容或詳或略，體例或嚴或疏，保留日人施政概況及嘉義地區發展史實〔註4〕，但此期的采訪冊等亦非嘉義縣全體之事。

　　直至民國三十四年（1945）十月，嘉義市改省轄市。民國三十九年九月，調整行政區劃，以嘉義市（改縣轄市）及嘉義、東石二區設置嘉義縣。民國四十一年（1952）起，臺灣省各縣市先後成立文獻委員會，以採輯資料，纂修志書。在政府積極鼓吹修志潮背景之下，嘉義縣乃於民國四十一年一月十七日成立「嘉義縣文獻委員會」，並於縣內各鄉鎮成立「文獻工作站」，草擬縣志「凡例」與「綱目」，於四十三年八月，編輯《嘉義文獻專刊》（四十四年六月出刊，僅出創刊號一期）。然縣志之纂修，因經費、人員兩缺，幾乎呈停頓之狀態。民國四十九年，嘉義縣政府重組文獻委員會，先行編刊《嘉義文獻》，以保存資料〔註5〕，爲纂修縣志準備。直至民國五十年（1961），嘉義縣政府始著手投入纂修縣志。

　　嘉義縣從無嘉義縣志，零星的史料散於各處，纂修縣志工作文獻匱缺不備。加上古來嘉義縣是處兵燹匪禍頻仍，文化摧毀殆盡，因此蒐輯整理二百多年的嘉縣史料，如「緣木求魚、入海撈月」〔註6〕。雖然史料蒐輯工作非常

　　　　至臺灣一百零一里、北至大雞籠六百零五里，南北延袤九百一十九里，《諸羅縣志》以此數據，指出過去郡志對於諸羅縣治的範圍是錯誤的。見〔清〕周鍾瑄、陳夢林合修，《諸羅縣志》，前引書，頁32～33。

〔註4〕 國立中央圖書館臺灣分館特藏資料編纂委員會編纂，《臺灣文獻書目題解》第一種方志類（二）（臺北：國立中央圖書館臺灣分館，1988年6月），頁343。

〔註5〕 國立中央圖書館臺灣分館特藏資料編纂委員會編纂，《臺灣文獻書目題解》第一種方志類（二），前引書，頁343～344。

〔註6〕 賴子清，《嘉義縣志稿·卷十二·前事志》（嘉義：嘉義縣文獻委員會、嘉義

艱困，但嘉義縣政府仍決定投入修志行列，在毫無纂修縣志前例下，嘉義縣政府縣志民國五十年（1961），嘉義縣政府延請賴子清（1894～1988）爲文獻委員會顧問〔註7〕，民國五十一年邀請賴子清、賴明初纂修縣志。民國六十三年十月，賴子清等人先後完成十二卷，經排印爲平裝九冊，命名《嘉義縣志稿》，成爲嘉義縣政府首部官修縣志，爲專記嘉義縣之志。

《嘉義縣志稿》記事時間，係以民國五十年爲斷限，出版單位爲嘉義縣文獻委員會，全志計有〈卷首〉疆域總圖、史略、大事記、卷一〈土地志〉（四篇）、卷五〈經濟志〉（十篇）、卷六〈學藝志〉、卷七〈人物志〉（二篇）、卷八〈同胄志〉（二篇）、卷九〈革命志〉（二篇）、卷十〈光復志〉（一篇）、卷十二〈前事志〉（三篇），雖尚缺部分分志，但《嘉義縣志稿》從無到有，資料蒐集過程備極艱辛，開啓纂修縣志新頁。

繼《嘉義縣志稿》之後，嘉義縣政府將《嘉義縣志稿》〈卷首〉、〈土地志〉、〈經濟志〉、〈學藝志〉、〈人物志〉、〈同胄志〉、〈革命志〉、〈光復志〉、〈卷尾〉送內政部審查，民國六十五年（1976）依審查意見予以修訂後重排、增修，所成之志書命名爲《嘉義縣志》。又《嘉義縣志》另增修卷二〈人民志〉（五篇）、卷三〈政事志〉（八篇）、卷六〈學藝志〉（二篇）、卷十一〈自治志（一）〉（一篇）、〈自治志（三）〉（二篇）。《嘉義縣志》總計排印爲平裝本十三冊，由賴子清、賴明初主修，嘉義縣文獻委員會、嘉義縣政府共同出版。此外，《嘉義縣志》就原訂的綱目，尚缺卷四〈教育志〉與〈自治志（二）〉，因此再邀請邱奕松等人協助纂修。民國八十年（1991）六月完成纂修《嘉義縣志·教育志》，《嘉義縣志》全部齊備。

（二）《新修嘉義縣志》

民國九十三年（2004）底，嘉義縣政府鑑於世代轉換，生活改變，嘉義縣的發展與日俱增，新出土之史料增加，以及文化觀點之差異，舊志已無法滿足讀者需求；且1991年《嘉義縣志·教育志》之後，一直未進行修志作業，爲彌補歷史缺憾，前瞻未來發展，計畫重修。

重修縣志的志名仍爲《嘉義縣志》，但此次縣志乃係新修，新修縣志以雷家驥教授爲主，集結嘉義縣內各大學，各領域專家學者組成纂修團隊。《新修

縣政府，1963年2月），序。
〔註7〕 國立中央圖書館臺灣分館特藏資料編纂委員會編纂，《臺灣文獻書目題解》第一種方志類（二），頁343～344。

嘉義縣志》2009 年出版，總計有〈卷首〉、〈沿革志〉、〈地理志〉、〈政事志〉、〈住民志〉、〈社會志〉、〈農業志〉、〈經濟志〉、〈宗教志〉、〈文學志〉、〈藝術志〉、〈教育志〉及〈人物志〉，共計有十二志一卷，每卷、志均各一冊，總計十三冊，每志下設有章節目次，字數總計多達四百萬字。

綜觀嘉義縣官修縣志，首先就內容而言，民國六十五年（1976）纂修《嘉義縣志》，係以《嘉義縣志稿》為依據，經重排、增修而成。而民國九十八年（2009）《新修嘉義縣志》，也以舊志為基礎，再增補新出土的史料；其次就志書名稱而言，《新修嘉義縣志》的〈卷首〉、〈經濟志〉、〈人物志〉、〈政事志〉、〈教育志〉五部分志乃沿襲前部《嘉義縣志》，另考量社會發展的面向，《新修嘉義縣志》刪減舊志的〈革命志〉、〈同胄志〉，另行增益〈地理志〉、〈農業志〉、〈社會志〉、〈宗教志〉，舊志其他內容則調整至《新修嘉義縣志》的同質性志書。嘉義縣志建立在前部舊志為基礎架構上，再依不同時代的需求，擴大記述的範圍與增益志書的內容，新、舊縣志編纂內容與編纂結構，實質上均已不同了。

二、《新修嘉義縣志》纂修過程

民國九十三年（2004）底，嘉義縣政府決定重修縣志，縣長陳明文立即指示嘉義縣政府文化局承辦修志。文化局於是對全國各縣市的纂修情況，進行了解，於民國九十三年六月十五日議定五點修志原則〔註8〕：

1. 本次縣志纂修以新修為原則。
2. 展現本縣地方特色。
3. 以學科分工，科技整合方式編輯現代式志書。
4. 纂修團隊需以社區密切結合。
5. 蒐集並保存文獻資料。

根據以上五點原則，展現以下七大目標〔註9〕：

1. 資治：快速了解本縣狀況的最佳工具書。
2. 教育：本縣居民的鄉土教材和百科全書。

〔註 8〕　嘉義縣政府新修縣志的五點原則，七大目標，見嘉義縣政府文化局，〈《嘉義縣志》纂修前期工程報告〉，收於《嘉義縣文獻》第三十二期，2005 年 12 月，頁 12。
〔註 9〕　嘉義縣政府文化局，〈《嘉義縣志》纂修前期工程報告〉，收於《嘉義縣文獻》第三十二期，2005 年 12 月，頁 12。

3. 文化：提昇居民的文化水準。

4. 公關：提昇本縣在國內文化界的知名度。

5. 存史：記錄、保存本縣居民共同的記憶。

6. 反省：檢討過去優劣得失，做爲未來進步改革之依據。

7. 展望：分析本縣歷史趨勢，並解釋其變遷原因，鑑往知來，對未來發展方向提供參考。

　　嘉義縣政府確立以上修志的原則和目標後，在民國九十三年（2004）十一月公佈〈嘉義縣志書纂修作業要點〉〔註 10〕，廠商評選則以優先採用嘉義縣廠商，及鼓勵採納跨越學科、專業之團隊。嘉義縣政府依〈政府採購法〉第二十二條第一項第九款，採限制性招標，準用最有利標評選辦法之規定〔註11〕，公開評選優勝廠商。

　　國立中正大學歷史系教授雷家驥，深覺既是縣民，又在嘉義縣執教，抱著「捨我之外，即無他人也」的精神，回饋鄉梓，義不容辭。〔註 12〕雷家驥爲此，先徵得中正大學同意，再提出《嘉義縣志纂修計畫服務建議書》，參加投標之列。民國九十三年十二月二十九日嘉義縣政府及學者專家組成審查委員會，決議將雷家驥所組纂修團隊評爲最優，雷氏得到承作資格。〔註 13〕〈嘉義縣志纂修計畫〉於民國九十三年（2004）十二月三十一日以新台幣一千六百四十萬元決標。〔註 14〕民國九十四年一月九日雷家驥依評選委員會之意見，將〈嘉義縣志纂修計畫服務建議書〉修改完畢，送府備案，列入合約書。〔註 15〕同年一月二十二日，纂修團隊集結中正、嘉義、南華大學及大同技術學院等當地大專院校之史學或該門類專業學者，力求秉持傳統史學慣例和手法，更納入多元思潮與觀點，讓新的志書能對歷史有合理的解釋，並紀錄山川的改變，伸展歷史的視野。

〔註 10〕民國九十三年十一月十九日發布之「嘉義縣志書纂修作業要點」，發文字號「府文資字第 0930144231 號」，請見本文文末附錄六。

〔註 11〕嘉義縣政府，《嘉義縣文獻》第三十二期，2005 年 12 月，頁 15。

〔註 12〕雷家驥，《嘉義縣志纂修計畫服務建議書》（嘉義：編者，2004 年 12 月），頁 1～2。

〔註 13〕嘉義縣政府，《嘉義縣文獻》第三十二期，2005 年 12 月，頁 15。

〔註 14〕臺灣採購公報網決標資訊 http://www.taiwanbuying.com.tw/ShowCCDetailUCS. ASP?RecNo=1194784，登錄時間 2012 年 8 月 20 日下午九時。

〔註 15〕雷家驥，〈總纂修序——縣志纂修的緣起與結果〉，收於《嘉義縣志・卷首》（嘉義：嘉義縣政府，2009 年 12 月），頁 III。

　　雷家驥在《嘉義縣志纂修計畫服務建議書》指出，「前修縣志第一手資料運用不足、近代研究成果未能予以適當注意及引用，此外，綱目架構、編纂體例、論述方式皆較為傳統、新興事物較少重視、地圖照片缺乏，甚至敘述內容重複，重修縣志有很大改進空間。」〔註16〕民國九十四年四月二十九日，纂修中心召開「第一次纂修工作會報」確定大綱。五月二十一日嘉義縣政府在嘉義縣人力發展所，召開「嘉義縣志纂修研討會」，召集纂修團隊、審查委員會及地方人士，集思廣益，修改及確認十二分志的全部大綱。纂修團隊六月七日在會後收到〈嘉義縣政府函〉及〈嘉義縣志纂修研討會會議記錄〉，根據會議記錄以及審查委員意見，完成纂修大綱修正工作，並以〈《嘉義縣志》大綱修訂總說明〉，由各分志纂修，針對〈嘉義縣志纂修研討會會議記錄〉所提意見，尤其是審查委員的意見、大綱章節做刪增、調整以及補充說明。至於未獲提示修正意見的〈地理志〉、〈農業志〉、〈藝術志〉也做小幅度修訂等。九月九日，大綱通過，纂修團隊召開「第二次纂修工作會報」，自即日起進入正式纂修階段。

　　該纂修團隊進入正式纂修階段，以十個月為一期，期交十萬字稿為目標。從大綱擬訂到審查確定，歷時半年時間。雷家驥尊重各分志纂修人之專業判斷、論述風格，對各分志纂修人採取支持、支援、協調，放手研撰，不加掣肘。

　　《新修嘉義縣志》纂修不易，以〈人物志〉為例，日治以前的人物，多參酌賴子清編纂《嘉義縣志・人物志》及賴彰能《嘉義市志・人物志》，此外，嘉義縣政府積極向各地鄉鎮市公所採集〈人物志〉名單，並舉行六次分區座談會，廣納各地意見，採一人一傳，期為日治以後的人物進行增補。

　　為使《新修嘉義縣志》如期完成，《新修嘉義縣志》纂修團隊自 2005～2008 年間，共召開「嘉義縣志纂修研討會」及十三次纂修團隊工作會報。期間嘉義縣政府文化局長鍾永豐亦曾與會主持。其中，十三次工作會報針對「縣志纂修時黑白兩道可能干預威脅」〔註17〕、「每季工作會報、書寫時間及縣志分期」〔註18〕、「是否接辦縣府『嘉義研究學術研討會』、初稿繳交方式」〔註19〕、「志稿退稿如何處理？」〔註20〕、「調整各分志內容重複、文言

〔註16〕雷家驥，《嘉義縣志纂修計畫服務建議書》，前引書，頁2。
〔註17〕援引九十四年四月二十九日《嘉義縣志》纂修團隊第一次工作會報。
〔註18〕援引九十四年九月九日《嘉義縣志》纂修團隊第二次工作會報。
〔註19〕援引九十五年三月十日《嘉義縣志》纂修團隊第四次工作會報。

文白話文夾雜、資料交代、年代書寫問題與原住民論述」〔註 21〕、「嘉義縣志纂修計畫未能按計畫於九十七年十二月底以前結案」〔註 22〕等問題，進行討論與解決。透過工作會報協調各分志撰稿的方向，纂修人員並與縣府、審查人員當面協調，大家群策群力，就負責的纂修或業務範圍兢兢業業，全力以赴。此外，舉行地方耆老座談會，及組成「《嘉義縣志》纂修計畫審查委員會」，專責審查纂修團隊所送交之志稿，全力爲《新修嘉義縣志》嚴格把關。

　　承辦嘉義縣志業務的嘉義縣文化局，在縣志出版前，特別把所有志稿在嘉義縣立圖書館公開閱覽，邀請民眾一起纂修志書，期把閱覽期間蒐集到意見與資料，交給縣志纂修教授群參考。爲了配合公開閱覽，文化局特別製作「嘉義縣志纂修計畫過程」，在縣立圖書館一樓大廳展出，展覽內容包括縣志企劃、執行過程，以及地方耆老口述史、古文書與老照片蒐集、「嘉義研究」學術研討會計畫內容等。〔註 23〕《新修嘉義縣志》終於 2009 年 12 月正式出版。

第二節　《新修嘉義縣志》纂修團隊與審查機制

　　本節分別就「《新修嘉義縣志》纂修團隊」及「《新修嘉義縣志》審查機制」進行觀察。

一、《新修嘉義縣志》纂修團隊

　　有關《新修嘉義縣志》纂修團隊各志成員，從最初簽約到完稿名單分述如下：

（一）簽約之纂修團隊

　　《新修嘉義縣志》纂修團隊，根據簽約名單〔註 24〕，邀請國立中央大學榮譽教授賴澤涵爲纂修顧問外，雷家驥爲總纂修、國立嘉義大學史地系副教

〔註 20〕援引九十五年六月九日《嘉義縣志》纂修團隊第五次工作會報。
〔註 21〕援引九十五年九月八日《嘉義縣志》纂修團隊第六工作會報。
〔註 22〕援引九十七年十一月七日《嘉義縣志》纂修團隊第十三次工作會報。
〔註 23〕http://www.epochtimes.com/b5/9/4/17/n2498346.htm，資料登入時間 2011 年 9 月 16 日下午八時。
〔註 24〕雷家驥，《嘉義縣志纂修計畫服務建議書》，前引書，頁 13～17。

授兼系主任阮忠仁為副總纂修，其他分志纂修名單如下：

1. 〈地理志〉：纂修陳文尚（時任高雄師範大學地理系教授），分修李佩倫（嘉義大學史地系助理教授）。
2. 〈沿革志〉：纂修阮忠仁（嘉義大學史地系副教授）、分修吳昆財（嘉義大學史地系助理教授）。
3. 〈住民志〉：纂修林德政（成功大學歷史系副教授）。
4. 〈政事志〉：纂修陳淳斌（嘉義大學國防與國家安全研究所副教授），分修王明燦（大同技術學院通識教育中心副教授）。
5. 〈社會志〉：纂修翟本瑞（南華大學社會學研究所教授兼社會科學院院長）、分修楊弘任（時任南華大學應用社會學助理教授）。
6. 〈農業志〉：纂修張峻嘉（臺灣師範大學地理副教授）。
7. 〈經濟志〉：纂修李若文（時任中正大學歷史系教授）、張建俅（時任中正大學歷史系助理教教授）。
9. 〈教育志〉：纂修李泰儒（中正大學教育研究所教授）、分修林明地（中正大學教育研究所教授兼所長）。
10. 〈宗教志〉：纂修顏尚文（中正大學歷史系教授兼系主任）。
11. 〈文學志〉：纂修江寶釵（中正大學台灣文學研究所教授兼所長）。
12. 〈藝術志〉：纂修李淑卿（時任中正大學歷史系副教授）。
13. 〈人物志〉：纂修楊維真（中正大學歷史系副教授）。

（二）定稿之纂修團隊

1. 〈志首〉：由總纂修雷家驥（國立中正大學歷史系教授）、副總纂修吳昆財（國立嘉義大學史地系副教授）二人共同纂修外，多了助理林靜薇、何承冀、陳境泰、邵祖威、許一平、翁珮倫、黃麗君。
2. 〈地理志〉：纂修陳文尚（病逝）、陳美鈴（嘉義大學史地系副教授），分修吳育臻（高雄師範大學地理系副教授）及李佩倫，助理高鈺普、陳巧樺、吳歆婕、劉那均、粘雨馨、林智勇、許晉誠、黃俊誠。
3. 〈沿革志〉：纂修阮忠仁，助理徐尉倫、蔡米虹。
4. 〈住民志〉：纂修林德政，助理林景翰、沈婉玲、徐淑瑾、彭沛翎、高美華。
5. 〈政事志〉：纂修陳淳斌，分修王明燦，助理黃淑裙、鄭貞蓉、曾名郁、余康中、陳政賢、楊婷方、湯寶鳳。

6. 〈社會志〉：纂修楊弘任（陽明大學科技與社會研究所助理教授），助理吳秋蓉、蘇葦珊、李宗麟、張國偉、林群桓、王正宇。

7. 〈農業志〉：纂修張峻嘉，助理羅伊眞、林思婷、史蕙萍、蔡秀菊、洪惠婷。

8. 〈經濟志〉：纂修張建俅、分修張秀蓉（中正大學歷史系副教授），助理許庭碩、施協豪、陳尹嬿。

9. 〈教育志〉：纂修李奉儒（中正大學教育研究所教授兼所長）、分修林明地（中正大學教育研究所教授兼教育學院院長），助理周毓芳、許嘉雯、黃淑怡、柯秀芬、謝糧蔚。

10. 〈宗教志〉：纂修顏尚文，分修潘是輝（中正大學歷史學博士）、王俊昌（國科會補助中央研究院博士後研究），助理蔡美端、康詩瑀、黃蕙茹、鍾智誠、呂建鋒、董坤耀、陳至德。

11. 〈文學志〉：纂修汪寶釵，分修蕭藤村（中正大學台灣文學研究所兼任講師）、張屛生（中山大學中國文學系教授），助理呂依純、李知灝、洪培修、陳佩詩、潘明慧、王慈憶、徐清文。

12. 〈藝術志〉：纂修（美術）李淑卿，分修（音樂舞蹈）明立國（南華大學民族音樂系副教授）、（工藝）翁徐得（大葉大學造型藝術系副教授兼工業設計系主任），助理蔡名哲、杜玉如、魏綉芬、陳聖宗、林恩辰、陳吟合、卜瑞玲、廖俊忠、吳佩綺。

13. 〈人物志〉：纂修楊維眞、分修楊宇勛（中正大學歷史系副教授兼系主任），助理黃俊豪、簡宜君、朱文惠。

　　纂修團隊都是學有專長的學者專家，重修縣志因纂修所需，參與纂修的團隊成員，從原來最初合約的十八人，到完稿前增加分修、助理共一百零一人。

　　《新修嘉義縣志》經過四年纂修期間，除〈地理志〉纂修陳文尚病逝，改由陳美鈴纂修，〈社會志〉改由楊弘任纂修外，其餘各志的纂修，均如期完成纂修之任務。至於團隊成員，則有人從助理教授、副教授升爲副教授、教授，或有人榮升學系主任、研究所所長、學院院長等，在學術領域上傳出佳績；雖有人須扶病工作，或有家罹喪事者，但他們都仍堅持努力工作，〈地理志〉纂修陳文尚則不幸於縣志出版前病逝。

　　編纂過程至爲艱辛，故總纂修雷家驥曾對參與此事表示「後悔莫及」

〔註 25〕，但整體而言，纂修團隊認為「唯有貼近家鄉者，才能以最充分的時間準備與學術的關照，運用最真切的筆觸呈現家鄉史的全部」〔註 26〕終於順利完成纂修工作。

二、《新修嘉義縣志》審查機制

戰後臺灣各縣市修志，主要依據民國三十三年（1944）公佈〈地方志書纂修辦法〉，明訂縣、市志十五年一修，志稿則依據第七條規定：「各省（市）文獻主管機關及各縣（市）政府編纂志書，應先編擬志書凡例、綱目及纂修計畫函送內政部核備。」不過，〈地方志書纂修辦法〉因時修改，1983 年修正為「各省（市）志書編纂完成，應將志稿送請內政部審定；各縣（市）志書編纂完成，應將志稿送請各該省文獻委員會審查後，由省政府函請內政部審定。」1987 年修正為「各省（市）志書編纂完成，應由省（市）文獻主管機關將志稿送請內政部審定；各縣（市）志書編纂完成，應將志稿送省文獻主管機關審查後，由省政府函請內政部審定。」1999 年修正為：「各省（市）、縣（市）志書編纂完成，應由省（市）文獻主管機關、縣（市）政府將志稿函請內政部審定」。〔註 27〕不過，〈地方志書纂修辦法〉2003 年發佈廢止，地

〔註25〕　林靜薇訪談記錄指出：「我（雷家驥）參加《嘉義縣志》的編纂，是上帝安排的錯誤。因為早在六、七年前，前任縣長時就已經由中央政府撥款同意進行縣志修纂，原本是南華大學龔鵬程校長要接手這個工作，據說因為南華教授群缺乏歷史學門的老師，所以後來沒有接成，而龔校長也離開了南華，便後續無人再做規劃。兩年前嘉義縣文化局決心纂修此志，派人與嘉大史地系接觸不果，有人介紹我給他們認識，我給了一些建議，但是當時並沒有要接受這個計畫的意圖。後來我的朋友裡有人認為應給地方做點事，有人認為應該爭取研究業績，加上縣府也口頭邀請組隊競標；而我自恃研究史學以及方法論多年，也不妨一試，為本縣做些文化工作，所以就匆匆草擬了一個計畫書。當初以為只是意在參加、不問收穫，捧個人場就是。不料開標那天卻僅有我那一隊，只好硬著頭皮接標。這是我生平第一次參加競標包工程，卻就是這樣糊里糊塗的得標，當然會影響自己已有的研究計畫，真是後悔莫及！我研究唐史讀唐詩，深受唐代文人豪放性格的影響，這次是豪放到意外「上了賊船」，那就航行到底吧，不過以後再也不會做這種傻事了。」見林靜薇，〈雷家驥教授訪談回憶錄〉，《中正歷史學刊》第十期，2007 年 12 月，頁 23。

〔註26〕　吳昆財、雷家驥，《嘉義縣志‧志首》（嘉義：嘉義縣政府，2009 年 12 月），頁 99～100。

〔註27〕　鄭喜夫，〈地方志書纂修辦法之探討（上）〉，《臺灣文獻》第五十三卷第一期，2002 年 3 月，頁 225～226。

方修志屬於地方政府的自治事項，志書之審查，原本由中央改爲地方自治，各直轄市政府及縣（市）政府之修志依據，則以地方文獻志書修纂業務，自行制定法規。

《新修嘉義縣志》計畫，工作纂修團隊進入正式纂修階段後，以十個月爲期，每期均準時交稿十萬字，志稿送交嘉義縣政府，再由嘉義縣政府聘請外部二十五位審查委員專責審查，邀請時任國立中興大學歷史學系教授黃秀政，擔任該志總召集人兼審查委員。審查團隊除黃秀政一人負責審查三個分志之外，其他分志之審查委員人數，爲一至三人不等。

《新修嘉義縣志》各分志之審查人員名單，及當時的服務學校如下：

1. 〈卷首〉：黃秀政（國立中興大學歷史學系教授，2009 年 8 月退休）。
2. 〈地理志〉：陳國川（國立台灣師範大學地理系）、張永堂（國立清華大學歷史系研究所）。
3. 〈沿革志〉：黃秀政（國立中興大學歷史系）、吳學明（國立中央大學歷史研究所）。
4. 〈住民志〉：許仟（南華大學歐洲研究所）、黃秀政（國立中興大學歷史系）、陳靜瑜（國立中興大學歷史系）。
5. 〈政事志〉：宋學文（國立中正大學戰略暨國際事務研究所）、王志宇（逢甲大學歷史與文物管理研究所）、孟祥瀚（國立中興大學歷史系）。
6. 〈社會志〉：楊凱成（國立雲林科技大學文化資產維護研究所）。
7. 〈農業志〉：陳憲明（長榮大學臺灣研究所）。
8. 〈經濟志〉：溫振華（長榮大學臺灣研究所）、鄭瑞明（長榮大學臺灣研究所）、簡宣博（大同技術學院）。
9. 〈教育志〉：姜添輝（國立臺南大學教育系）。
10. 〈宗教志〉：陳梅卿（國立成功大學歷史系）。
11. 〈文學志〉：楊翠（國立中興大學臺灣文學系）、游勝冠（國立成功大學臺灣文學系）。
12. 〈藝術志〉：劉豐榮（國立嘉義大學人文藝術學院）、張麗昀（國立嘉義大學音樂系）、陳國寧（國立臺南藝術大學博物館學研究所）。
13. 〈人物志〉：莊焜明（國立臺北科技大學退休）、何培夫（立德大學文化創意學系副教授）。

　　嘉義縣政府除聘請上述審查委員進行「外審」，承辦縣志業務單位又同步進行「內審」，將《嘉義縣志》初稿，分別送請嘉義縣政府各相關單位窗口，協助審查縣志初稿，例如，教育處校閱〈教育志稿〉、民政處校閱〈住民志稿〉及〈宗教志稿〉，校稿工作雖並非相關單位業務範圍，但基於保存嘉義縣史的使命感，縣府團隊奮力達成使命。各分志纂修，依審查委員所提之意見，增益資料或訂正錯字等，無法立即進行修訂者，則提出說明。〔註28〕

　　《新修嘉義縣志》是「官方委託專業服務」的性質，其纂修不全是官修官書，《新修嘉義縣志》纂修團隊絕非為某人、某派或某黨修志，而是秉持中立客觀的態度為本縣修志，故纂修擁有纂修自主權、審查委員擁有獨立的審查權、縣府擁有行政監督權，纂修、審查和行政單位，三方互相協調、互相尊重。惟「少數審查者頗持某些價值觀以繩衡少數分志的內容，而纂修人則亦頗為氣結，以致偶有齟齬發生。」〔註29〕雖纂修過程發生纂修團隊、縣府及審查委員會，為行政纂修自主權、獨立審查權、與行政監督權發生爭執，但在外聘審查委員等團隊嚴格把關，並以嚴謹的學術審查態度，《新修嘉義縣志》終於順利出版。

第三節　《新修嘉義縣志》編纂內容與結構

　　《新修嘉義縣志》總計出版十三卷志。本節以「《新修嘉義縣志》編纂內容」與「《新修嘉義縣志》編纂結構」，分別探究《新修嘉義縣志》十三卷志編纂的內容與結構。

一、《新修嘉義縣志》編纂內容

　　嘉義縣在歷史演變所呈現的特質：是臺灣最古老的縣之一〔註30〕，《嘉義縣志》以十三卷志、五十三篇、二百二十二章、七百六十一節、四百九十五目記述之，各卷志內容如下：

〔註28〕有關《新修嘉義縣志》審查作業，筆者一○○年十月三日洽詢嘉義縣文化觀光局，並訪問承辦《嘉義縣志》業務承辦人、現榮升該局文化資產科科長于秉儀小姐。本論文業經于小姐熱心提供資料增益內容，特致謝意。

〔註29〕雷家驥，〈總纂修序──縣志纂修的緣起與結果〉，收於《嘉義縣志·卷首》，前引書，頁 IV～V。

〔註30〕阮忠仁，《嘉義縣志·沿革志》（嘉義：嘉義縣政府，2009 年 12 月），頁 526～528。

（一）〈卷首〉

計有二篇五章十六節，是雷家驥研讀相關文獻著作、讀完各分志後的心得與撮要。〈卷首〉內容有「總纂修序」、「嘉縣述略」、「大事紀」、「《嘉義縣志》基本凡例」、「纂修團隊始末」、「十二分志要略」，共有三百六十三頁，全一冊。其中，從一百四十頁起，至三百六十三頁為各分志之目錄，約佔〈卷首〉五分之三的頁次。此外，「十二分志要略」則分述十二個分志大旨要略及各志之目錄，用以作為全書的後記及取代索引。俾讀者能夠優先而快速掌握嘉義縣古今發展的大體。此外，內頁第一面浮貼一張四開大之折疊式「嘉義縣地圖」，俾利讀者對嘉義縣之地理，進行檢索之便。

（二）〈地理志〉

計有二篇十四章五十七節，以自然地理、人文地理二篇，分別論述嘉義縣轄境、地質、地形、水文、土壤、氣候與氣象、植動物、環境及自然災害、自然觀光資源、環境與生活面積、地體構造，及聚落形成與特色、地名沿革與意義、建築景觀的特色、名勝古蹟等。此外，並以「玉山在嘉義縣境海拔高達一千九百五十二公尺，但是降到東石、布袋卻是海平面，甚至低於海平面；此外，東石沿海三合院的埕，因水患而用磚塊砌成；而竹崎的三合院，因地勢較高無水患，故用土埕，該志以築埕材料差異，顯示地區差異性」等案例，建構獨特文化資產及地理學思想。

（三）〈沿革志〉

計有七篇二十五章七十一節，其宗旨和內容，原應說明史前時代到民國九十五年的嘉義縣歷史演變面貌，但〈沿革志〉開宗明義即強調，為避免與其他分志重複，或成為分志摘錄，內容不以政治、社會、經濟……等名目，而以「嘉義縣的雛型之形成」、「嘉義縣的現代化」、「山、海、平原的歷史演變過程」三大主軸，呈現嘉義縣歷史的階段性過程主體性與獨特性。此外，該志章節標題有創意，例如第四篇第四章第二節〈終身與鄉土互動聯繫〉、第七篇第四章為〈本土文化的活力與歡愉〉。

（四）〈住民志〉

計有三篇十四章七十九節，以〈人口〉、〈氏族〉、〈生命禮俗〉三篇，分別探討嘉義縣的人口、住民之族群狀況、姓氏種類分佈及生命禮俗，分析當地居民的各項結構與活動。嘉義縣住民主要是漢人與原住民，漢人以閩南系

為主，客家人為輔，原住民是鄒族。其中，以閩南人人數最多，鄒族雖僅有二千人，但該志並未忽略鄒族的存在，且指出鄒族的「鄒」字，本意是「人」的意思，鄒族屬於父系社會等相關探討。全篇以文字、圖表相互搭配，呈現嘉義縣氏族之全貌。

（五）〈政事志〉

計有五篇三十三章七十八節，該志除有自訂凡例外，並以「行政區域劃分與沿革」、「行政體制沿革」、「地方行政」、「地方自治與選舉」、「政治運動」五篇，分別討論從荷據、明鄭、臺灣光復、臺灣實施地方自治後之行政區域的調整情形、嘉義縣政府人事、行政組織異動、歷任首長之施政、各級民意代表組織，並介紹戶政、地政、財務、教育、文化等縣府業務。此外，還有歷屆選舉、派系動員、當選情形，另有嘉義縣較重要的政治衝突，或政治運動事件。

（六）〈社會志〉

計有四篇十二章三十五節。其中，在「社會階層與社會流動篇」，說明嘉義縣在明鄭時期起，始進入拓墾經濟型態，軍事屯田制度形成新的地主階層與佃農階層。清領初期，土地變為「墾戶」、「管事」、「佃戶」，清領中期變為「大租戶」、「小租戶」、「佃戶」三類社會階層。清領時期，因科舉制度，出現從「平民階層」分化出來的「士紳階層」，再出現「經濟型」、「政治型」、「文教型」的領導人。又如「社會福利與公共衛生篇」，說明臺灣的社會福利制度之雛型，建於日治中期，公共衛生議題，則始於日治初期，民政長官後藤新平建立分級醫院體制，並以「保甲制度」疫病通報系統等，建立重大傳染病的預防與治療措施。「社會衝突與社會運動篇」，分述嘉義在日治中期有文化協會與讀報社、演講，號召住民反抗日本的「竹林事件」等反殖民與新社會的藍圖。日治晚期，走向左派運動，但在戰備動員，嚴格取締下，全面瓦解。此外，羅列1980年以後，在嘉義縣發生的反公害自力救濟事件、紅樹林保育、海岸生態動植物復育、鹽場文化保存等，還有聯合環保、生態保育、文史保存與社區總體營造的在地社會運動的主軸，一路演變為文史保存與鄉土教育工作等。

（七）〈農業志〉

計有三篇十九章五十六節，嘉義縣是臺灣非常重要的農業大縣，該志有

大量圖表分析。其中，「農業篇」分爲農業自然生態環境、農地資源、農戶結構、農業組織、水利設施、肥料使用的時空變化、農產物及其生產活動之變遷、甘蔗與糖業、山地農業、畜牧業等十章。「漁業篇」分漁場、鹽田生態環境、漁港與漁場的空間分佈、漁船筏、漁具的變遷、近沿海漁獲與生產之變遷、養殖漁業的漁獲與生產活動之變遷、漁民組織、鹽業等七章。「林業篇」則有嘉義林區管理處、森林的多目標經營與保育等二章。

（八）〈經濟志〉

計有三篇十二章二十九節，以「工商金融業」、「交通與公用事業」、「觀光旅遊休閒產業」三篇，分別說明嘉義縣的手工業、輕工業、工業區的設立與發展，此外，並介紹嘉義縣的糖、阿里山茶、樟腦、酒、銀行、鐵路、公路、航空、航運、郵政、電報、電話、阿里山風景區、雲嘉南濱海國家風景區、中部平原區、南部山岳區、東部山岳區等重要商品、金融銀行、交通、觀光旅遊休閒產業。

（九）〈教育志〉

計有二篇六章二十一節，以「教育發展史篇」、「社會教育、文化事業與體育發展史」篇分別記錄明鄭、清領、日治、戰後臺灣有關嘉義縣教育的原貌。該志提到漢學教育設施係包括儒學、書院、社學、義學與私學，社學、義學、私學等同現行初等教育機構。此外，該志還介紹嘉義縣一百二十八所國小、二十三所國中、一所縣立高中、三所公立高職、五所私立中學（含高中與高職）、八所大專院校等學校機構的歷史沿革與學校特色；「社會教育、文化事業與體育發展史篇」，則補充說明嘉義縣於民國八十年中期之後，興起的文化教育（藝術）基金會、社會教育工作站，及圖書館、文化中心與表演藝術中心等社會教育活動，全志史料豐富。

（十）〈宗教志〉

計有六篇、四十一章、二百五十五節，以「歷代的宗教政策」、「道教與民間信仰」、「佛教」、「基督宗教」、「民間教派」、「原住民的傳統信仰」分別介紹嘉義縣各個時期的宗教演變與世俗生活推移的文化軌跡。其次，該志以《嘉義縣寺廟登記冊》爲主，凡有正式登記證的寺廟、佛教團體等才列入縣志記載外，未能登記進道教、佛教、基督宗教之外的各種教派，例如：齋教、一貫道、慈惠堂、天理教、創價學會、法輪功等流傳嘉義縣的重要宗教

教派,則在〈民間教派〉中分七章記錄。該志透過文獻外,為補過去資料之不足,並從事田野調查等工作,記錄鄒族的神靈、祭典、巫術、占卜等重要宗教信活動。

(十一)〈文學志〉

計有三篇七章十八節,該志以緒論、庶民文學、作家文學篇,分別說明臺灣文學的範疇與類型、嘉義地區的墾拓與分類,從原住民社會變遷、漢人社會的發展等節,做為全文的先導。為了適應區域文學的特質,〈文學志〉納入廟聯、歌仔冊、流行歌詞與民間文學。此外,〈文學志〉主力以庶民文學為重點,大力從事民間文學文獻的採集與整理,一探歌仔冊與流行歌詞、嘉義縣廟聯踏查、廟宇淵源傳說暨其聯對的撰寫等。作家文學則分成古典文學與現代文學,分別論述清領時期、日治以降等時代背景與文學環境、二二八事件、從五〇年代到世紀末及女性文學書寫主題與特色等。

該志指出,全臺第一個詩社「東吟社」,發凡於嘉義,嘉義文風鼎盛,一度號稱「臺灣鄒魯」。廟聯是嘉義縣最豐富的文化資產,數量大,也有一定的質地。惟因現代交通發達,無法留住作家,以致於出現居住於嘉義縣的現代文學作家,僅有三位而已。

(十二)〈藝術志〉

計有三篇十章四十二節,分別以藝術、工藝、音樂與舞蹈加以論述,美術與工藝兩篇屬於視覺藝術,音樂與舞蹈屬於表演型態。該志除重新整理補充舊志所述,並就嘉義縣之藝術創作者、藝術教育者、藝術活動推動者,擇取較為重要的加以記述。美術篇則細分成書畫、西畫、立體造型及科技藝術、視覺藝術教育;工藝篇則分民間工藝、民間雕塑、民間彩繪,對每一工藝類型、技法與型態,如紙工藝、藤竹編織工藝、蓆帽編織工藝、金屬工藝、燈花工藝、刺繡與織品工藝、交趾陶、剪黏、陶藝、麵塑、竹木雕、葫蘆雕、皮雕、芒雕與線雕、彩繪、妝佛等加以介紹。音樂舞蹈則以鄒族、漢民族在音樂上的概念、型態與表現方式、相異的想法與特色等,分別論述播種祭、小米收穫祭、生命豆祭、釋奠祭儀、布袋戲、歌仔戲、北管、南管、道教音樂、佛教音樂、民俗藝陣等。至於現代社會既有傳統特質相異且新的音樂舞蹈,則以現代社會中的音樂與舞蹈一章另述,內容包括教育體制中的音樂與舞蹈、教會音樂、表演藝術現況等。

(十三)〈人物志〉

計有十篇二十四章，收錄三百一十四傳、三百二十八人，該志編纂秉持「詳人所略，略人所詳」原則，為嘉義縣各時期的人物立傳。〈人物志〉計分成十篇：政事、軍事、經濟、教育、藝文、宗教、醫學、女性、流寓、外籍人物。其中，政事篇荷據時期（計收錄 Johnnes van den Eynde 等四傳）、清領時期（計收錄季麒光等十七傳）、日治時期（計收錄王朝文等三十七傳）。民國時期則有地方自治首長（計有林甲炳等十八傳）、民意代表（計有郭柱等十一傳）、黨政人物（計有陳尚文等七傳）、社區意見領袖（計有簡朝琴等十八傳）。軍事篇有統兵將領（計有阮蔡文等七傳）、民意首領（計有吳球等八傳）、抗日志士（計有羅俊等六傳）。經濟篇有拓殖（計有薛珍允、薛蒲父子等七傳）、農林漁牧（計有陳向義等十五傳）、工商企業（計有賴時輝等三十五傳）。

教育篇有官學與私塾（計有丁必捷等二十九傳）、日治教育（計有趙松如等十四傳）、中華民國教育（計有賴松輝等八傳）、教育熱心人士（計有林歡邦等四傳）；藝文篇有學術（計有何健民一傳）、文學（計有趙文徽等五傳）、藝術（計有周圭元等九傳）、音樂戲曲（計有邱季培等二傳）；宗教篇有佛教（計有覺豐等九傳）、天主教（計有王耕莘等三傳）、基督教（計有黃武東一傳）。醫學篇有西醫（計有吳高照等二十五傳）、中醫（計有陳如一傳）、傳統療法（計有何在其二傳）；女性篇（計有陳韓氏等十傳）、流寓篇（計有童錫梁等二傳）、外籍篇（計有小泉順等三傳）。

二、《新修嘉義縣志》編纂結構

隨著方志內容日益增多，方志編纂結構更為多樣化。以下分別耙梳《新修嘉義縣志》十三卷志編纂結構，並以「序」、「凡例」、「目錄」、「概說」、「圖」、「表」、「紀」、「志」、「傳」和「徵引資料」十個部分進行論述。

(一)《新修嘉義縣志》的「序」

志書中的「序」，又可謂「敘」，為介紹該志源流、編纂體例、修志目的、成書經過、內容評介、刊刻情形及作者寫作意圖等，「序」置於全書之首。漢代孔安國和唐代劉幾知有云：

> 序者，所以敘作者之意也。〔註31〕

〔註31〕〔唐〕劉幾知著、劉點召注，《史通評注·序例》，內篇卷四（北京：中央編

《書》列典謨,《詩》含比興,若不先敘其意,難以曲得其情。故每
篇有序,敷暢厥義。〔註32〕

劉幾知等人認為「序」是敘寫作者的原意,藉由「序」可先敘其意,可正確
地引導旨趣,陳陳相因,其對「序」的評價很高。學者王曉岩則認為:「『序』
能夠揭示篇章內容,闡述作者意圖,具有引導閱讀作用,因此被引入方志
中」。〔註33〕

　　《新修嘉義縣志》的「序」,為所有分志中,唯一「共有」的結構體,
「序」之形式分為「大序」和「小序」二類,其中,「大序」為地方首長等人
提筆,「小序」為編纂所寫。《新修嘉義縣志》各卷志,均有一篇縣長作的
「大序」,序量統一。

(二)《新修嘉義縣志》的「凡例」

　　「凡例」,是規範志書編纂體例、規則等的條例,做為遵循的規範和準
則。根據張英聘的研究指出,「明永樂十年(1412)頒布的《修志凡例》、十
六年(1418)頒布《纂修志書凡例》,作為明朝廷要求各布政司及府州縣修志
遵守的法則而普遍施行。『凡例』始於明代」。〔註34〕而《新修嘉義縣志》有
「凡例」者,計有〈卷首〉、〈人物志〉、〈社會志〉、〈政事志〉四志。其中,〈卷
首〉「凡例」明文制定方志結構的規格除以〈臺灣史研究體例〉為依據外,未
及或未用者,概以〈基本凡例〉為準,以「凡例」做為各卷志遵循的規範和
準則。而〈社會志〉「凡例」實與〈卷首〉內容無異。至於〈人物志〉會有
「凡例」,係以「蓋因〈人物志〉性質有別於其他各志,實有新增凡例的必要」
〔註35〕為由,故另訂行之。

(三)《新修嘉義縣志》的「綱目」

　　《新修嘉義縣志》的「綱目」,置於「序」、「凡例」之後。綱目可以統攬

譯出版社,2010 年 9 月),頁 102。

〔註32〕　〔唐〕劉幾知著、劉點召注,《史通評注・序例》,內篇卷四,前引書,頁
　　　　　102。

〔註33〕　王曉岩,《方志體例古今談》(大陸南寧市:巴蜀書社出版,1989 年 8 月),頁
　　　　　57。

〔註34〕　張英聘,《明代南直隸方志研究》(北京:社會科學文獻出版社,2005 年 11
　　　　　月),頁 236。

〔註35〕　總纂修雷家驥、楊維真纂修、楊宇勛分修,《嘉義縣志》〈人物志〉(嘉義:嘉
　　　　　義縣政府,2009 年 12 月),頁 VI。

全書，惟從《新修嘉義縣志》各卷志綱目，卻發現有部分章節名稱有重疊現象。例如：〈沿革志〉第六篇第一章第二節「民國三十六年二二八事件」，與〈社會志〉第三篇第三章第一節「嘉義縣境的二二八事件」、〈文學志〉第三篇第二章第二節「二二八事件暨其書寫」頗爲相似；〈住民志〉第二篇第三章第二節「鄒族的文化」，與〈藝術志〉第三篇第一章第二節「鄒族的社會與文化」相近。

其次，再觀察《新修嘉義縣志》各卷志綱目的層次〔註36〕：

1. 第一層次「志」

就《新修嘉義縣志》的綱目第一層爲「志」，包括〈地理志〉、〈沿革志〉、〈住民志〉、〈政事志〉、〈社會志〉、〈農業志〉、〈經濟志〉、〈教育志〉、〈宗教志〉、〈文學志〉、〈藝術志〉及〈人物志〉，方志體例屬於「分志體」。

2. 第二層次「篇」

次就《新修嘉義縣志》綱目第二層次「篇」而言，《新修嘉義縣志》共有五十三「篇」，其中以〈人物志〉十篇最多，其次〈沿革志〉有七篇、最少的〈卷首〉、〈教育志〉各有二篇。

3. 第三層次「章」

再就《新修嘉義縣志》綱目第三層次「章」而言，《新修嘉義縣志》共有二百二十「章」；其中，〈宗教志〉有四十一章，章數最多。

4. 第四層次「節」

另就《新修嘉義縣志》綱目第四層次「節」而言，《新修嘉義縣志》共有七百六十一節，以〈宗教志〉二百五十五節爲最多。

5. 第五層次「目」

最後就《新修嘉義縣志》綱目第五層次「目」而言，有「目」者計有：〈地理志〉、〈政事志〉、〈農業志〉、〈藝術志〉、〈教育志〉五志，「目」數總計多達四百九十五個，其他分志則無設「目」次。整體而言，《新修嘉義縣志》的綱目層次雖未統一，且部分目錄的章節名稱有重疊之處，但綱目章節綱舉目張，制定原則仍以科學分類體系爲標準。

（四）《新修嘉義縣志》的「概說」

方志「概說」，是對全書主要內容和一方基本情況的概論與闡述，「概說」

〔註36〕有關《新修嘉義縣志》綱目層次統計情形，請見本文末附錄十一。

一般置於志書「序」之後，志體篇章之前。據王曉岩的研究，「地方志書中有概述之名，自民國黃炎培主纂《川沙縣志》導言中說：『本書各志，皆先以概述。』始」〔註37〕，「概說」乃因新方志而生成的新結構。統計《新修嘉義縣志》有「概說」者，計有〈社會志〉、〈教育志〉、〈經濟志〉、〈人物志〉、〈住民志〉、〈地理志〉、〈沿革志〉、〈政事志〉、〈藝術志〉、〈藝術志〉、〈農業志〉十志。

《新修嘉義縣志》「概說」文字精短，例如：《新修嘉義縣志》〈住民志〉的「概說」以「《嘉義縣志》〈住民志〉，分成三篇……」，該志一開頭即切入要論述的主題；〈教育志〉則說明該志分成「第一篇教育發展史」、「第二篇社會教育、文化事業與體育發展史」兩大篇，再按各篇分成不同章節依次進行說明；〈地理志〉撰寫主要考慮嘉義縣境內部的自然環境與人文發展兩面向舖陳，區分為自然地理篇與人文地理篇兩部分論述之，強調全志以「歷代宗教政策」等六篇，再分篇、章、節、目，依次完整記錄嘉義不同時代，縣轄高山、平原與沿海鄉鎮市多元族群，內含各種宗教類型，及不同時空的宗教與生活推移的文化軌跡。

「概說」是快速介紹全書的篇章節目，或闡述內容重點，具有畫龍點睛之效。此外，就補充說明方面，例如：〈經濟志〉「概說」說：「雖名為經濟志，但由於農業志另有專篇，故本志包含第一篇工商金融篇……」、「在蒐集資料上，已盡最大的努力，如仍有在資料上未盡如人意處，只能期待後來者續修時繼續努力……本志盡量從經濟的角度加以敘寫，希望讀者可以諒察。」又〈地理志〉「概說」指出，「……嘉義地區到目前還是臺灣非常重要的農業縣，嘉義縣有北回歸線通過……就作物生態系統而言，嘉義縣含有熱帶、溫帶、高山之自然生態系統。使得此地帶蘊含著物種豐富與多樣性之特色……嘉義縣是非常重要的農業大縣」。

「概說」表現方式，並非僅有以文字記述的形式，例如：嘉義縣又因轄區廣闊，所以〈沿革志〉「概說」，除以文字，並以一張「嘉義縣鄉鎮示意圖」補充文字之不足。

（五）《新修嘉義縣志》的「圖」

圖經是早期的志書形式，因此，圖的出現時間很早。宋代方志定型後，

〔註37〕王曉岩，《方志體例古今談》，前引書，頁174。

圖經雖逐漸被方志取代，但圖卻成爲方志廣泛採用，成爲方志結構一部分。《新修嘉義縣志》僅〈人物志〉無圖外，餘者皆廣泛用圖，有的甚至全志用圖皆爲照片，顯示各卷志對圖的運用十分重視。

　　統計《新修嘉義縣志》各分卷志對於圖量（含圖和照片）的運用情形：〈卷首〉有用圖量爲三十七張、〈沿革志〉月一張、〈地理志〉有四百五十張、〈政事志〉二十一張、〈住民志〉六十二張、〈社會志〉八張、〈農業志〉二百六十五張、〈經濟志〉三十五張、〈宗教志〉七百二十五張、〈文學志〉五十張、〈藝術志〉二百五十五張、〈教育志〉十二張，全志總計有一千九百二十一張，其中，以〈宗教志〉最多。反映圖被《新修嘉義縣志》廣泛運用的情形。

　　此外，在用圖形式上，〈經濟志〉，「嘉義縣村莊簡明圖」引用「山水畫法」、「計里畫法」、「經緯度三角測量法」、「經緯度計里畫方併用法」、「丈量山水畫併用法」等，繪有綿延的山峰、溪流等地景，筆工精美，唯妙唯肖。各分志用圖，除傳統繪圖外，例如：〈教育志〉「教育行政組織圖」、〈農業志〉「朴子市耕地面積變化圖」、「阿里山測站月平均霧日數」、「檳榔種植面積及其縣市排序」線條組合也不同，表現技巧進步。又〈農業志〉「嘉義縣水系分布圖」、〈地理志〉「嘉義地區的三維立體地形圖」結合「地理資訊系統（Geographic Imformation System，簡稱 GIS）」〔註38〕，透過疊圖、空間分析，將原始資料轉爲解決問題的資訊，用圖方法已從傳統繪製進入電腦地圖繪製，用圖方式靈活多樣。

（六）《新修嘉義縣志》的「表」

　　志表，是由史發展而來，是指以數據或文字填充的表格，以表格方式反映事物及其發展變化的體裁。司馬遷《史記》〈三代世表〉等「十表」首創表體，又班固《漢書》有「八表」，表體用於方志始於宋。據王曉岩統計，南北朝及隋唐時期所修的正史均不設表，宋代以後所修正史均設表，由於表體簡潔明瞭，所以自宋代開始逐漸被引入地方志書，明清以來，表體在方志中應用較爲普遍。到了民國，方志的表體則出現「類目表」、「統計表」〔註39〕，方志的年表、事表、人表都屬於「類目表」，就體裁而言，都歸類爲

〔註38〕李若愚，《地理資訊系統概論》（臺北：全華圖書公司，2008 年 12 月），頁 2 ～2。
〔註39〕王曉岩，《方志體例古今談》，前引書，頁 54～55。

表體。

《新修嘉義縣志》除〈文學志〉、〈人物志〉無表體外，餘者均有表體。各分卷志運用表格數量不一：例如〈卷首〉表格有七個、〈經濟志〉有三百三十七個、〈沿革志〉有五十二個、〈地理志〉有一百九十七個、〈政事志〉有七十三個、〈住民志〉有二百一十五個、〈社會志〉有一百一十個、〈農業志〉有二百九十二個、〈宗教志〉有四十一個、〈藝術志〉有十三個、〈教育志〉有二百一十七個，總計表格多達一千五百五十五個，其中以〈經濟志〉的表格數量最多。

觀察〈經濟志〉「製鹽業者」、「嘉義縣製造業商店數及其營業概況」、〈住民志〉「嘉義縣男女性別比例概況表」等，分別將數年時間的同類事物串連起來，縱向表示時間，橫向展示事類發展不同的結果。〈藝術志〉「縣籍演藝人員一覽表」、「舞蹈補習班一覽表」、「傳承系統表」、「展覽活動檔期表」等羅列資料清清楚楚，使人一目了然。

清人章學誠在〈報廣濟黃大尹論修志書〉、〈永清縣志職官表序例〉分別指出：

> 表之爲體，縱橫經緯，所以爽豁眉目，省約篇章，義至善也。〔註40〕
>
> 職官選舉，入於方志，皆表體也……方志所書，乃是歷官歲月，與夫科舉甲庚，年經事緯，足以爽豁眉目，有所考察，按格而稽，於事足矣。〔註41〕

章學誠認爲方志的表體應有有經有緯，對於未重視表體的方志，他批評說：「體例未純，紀載無法，不熟年經事緯之例，猥雜成書。」〔註42〕章學誠主張表體應經緯結合。由此可見，有經有緯的表體，在方志結構表現的重要性外，又說引文乃強調按格填寫，查閱時只要「按格而稽」，查閱十分方便。觀察《新修嘉義縣志》表格乃發揮先賢纂修之長處，表格的文字簡潔、數字簡單，提綱挈領，檢索十分方便。並承前代方志而有所發展，表述方式按時間順序，一事一條目，按編年本末體的方式，簡明扼要記載。

〔註40〕〔清〕章學誠，〈爲畢秋帆制府撰常德府志‧序〉，收於葉瑛校注、氏撰《文史通義》（臺北：頂淵文化事業公司，2002年9月），頁874。

〔註41〕〔清〕章學誠，〈爲畢秋帆制府撰常德府志‧序〉，收於葉瑛校注、氏撰《文史通義》，前引書，頁714。

〔註42〕〔清〕章學誠，〈爲畢秋帆制府撰常德府志‧序〉，收於葉瑛校注、氏撰《文史通義》，前引書，頁617。

（七）《新修嘉義縣志》的「紀」

「紀」，是史書中的一種體裁，以時間爲中心。王曉岩在《方志體例古今談》指出，「高似孫《剡錄》首列縣紀年，宋元時期地方志書開始使用紀體。到了清代「大事紀」逐漸增多，民國年間的志書中，「大事紀」普及，是史書中的編年體、紀事本末體在地方志書中的具體運用。而採用紀這種體裁，就爲一部志書建立縱座標，使千載之事，形於目前，期間興衰起伏，發展演變，都可以找到線索，可補志書缺乏從貫的不足，起到全書之經的作用。」〔註43〕

《新修嘉義縣志》採用「紀」者，計有〈卷首〉、〈文學志〉、〈藝術志〉三志，在紀體的運用上均直名爲「大事紀」，紀年方式則繼承南宋《剡錄》，惟紀年時間，同中有異。其中，〈卷首〉、〈文學志〉紀事時間，前者起於西元前2550～1550年，止於2006年，後者起於明治二十九年，止於2007年，二志紀事時間，均同取年號、天干、西元爲主；《嘉義縣志》〈藝術志〉表演大事記，則不記事內容，而是記活動名稱、地點，時間則從民國八十四年（1994）至九十三年（2004）。

以年做爲大事紀之計算單位，統計〈卷首〉有二百七十八條，文字描述超過一百字者僅有二條，以十字左右紀事者則有二百條以上；〈藝術志〉共有三百三十三則，每條活動名稱少則十字，多則二十六字；〈文學志〉有一百零一條，每條尚有數項，幾乎都以短短二十字左右完成記事，紀體的文字簡潔有力。

綜觀《新修嘉義縣志》的紀體收錄標準在於「事件重大」、「依時爲序」，紀體記一方大事，脈絡清晰，事要文簡，具引導全志之綱之功用。

（八）《新修嘉義縣志》的「志」

司馬遷在《史記》中首創禮、樂、律、歷、天官、封禪、河渠、平準八「書」，記載各代朝章國典，《漢書》避免和書之名衝突而改「志」，爲以後各代史書繼承。「志」乃志書的主體，志主記事，以事件爲中心。唐代顏師古在《前漢書・律歷志注》說：「志，記也，積記其事也」〔註44〕，這就是說，志是記載各志的單項事物，就體裁而言，是記述體裁。南宋《景定健康志》最早採用史書紀傳體，設十志，區分不同體裁。觀察《新修嘉義縣志》僅

〔註43〕王曉岩，《方志體例古今談》，前引書，頁36～38。
〔註44〕〔唐〕顏師古，《前漢書》卷二十一，清《文淵閣四庫全書》本史部，頁1。

〈卷首〉不直書志名，餘者均書「志」，全志普遍採用志體，借以分述一地各類事物。

探究《新修嘉義縣志》敘事結構，例如：〈政事志〉行政、戶政、地政、役政、警政等篇章排列，分別按荷據時期、明鄭時期、清領時期、日治時期、戰後初期等歷史分期，依次順敘記述。其他各志對於時間、地點、人物、原因、事物等也以順敘記述，謹慎使用敘事結構，緊密舖排開展方志的主題內容，敘事章節篇目組織依類記述、橫向排列，與編年紀事為主的「紀」形成經緯關係，既能為鈎玄提要，提綱挈領，又能注意到各類目之間的邏輯性，「紀」與「志」的給合，為纂修工作奠定成功的基礎。

（九）《新修嘉義縣志》的「傳」

傳體，是記錄人物生平事跡的體裁，以人物為中心。司馬遷《史記》首創列傳體，專記人物。《隋書‧經籍志》有載「後漢光武，始詔南陽，撰作《風俗》，故沛、三輔有耆舊節士之序，魯、廬江有名德先賢之讚，郡國之書，由是而作」〔註45〕，從而顯示漢代已有專傳人物的郡書。又章學誠在《亳州志人物表例議（下）》說，「方志為國史所取裁，則列人物而為傳，宜較國史加詳」〔註46〕，強調「史主略，志主詳」，史書中的人物傳與志書中人物傳，相同之處皆以人物生平事蹟為主要訴求的題材。

由於社會歷史是由人類活動創造的，離開人物即無歷史可言，因此，人物志成為志書重要結構之一。《新修嘉義縣志》對於專傳人物十分重視，除將人物單獨成一志外，〈人物志〉並另以凡例為人物立傳，且訂出以下修志原則：

秉持傳統史書「不為生人立傳」之原則，故〈人物志〉所載皆已故之鄉先賢。〔註47〕

由於嘉義縣舊境週邊地區所發生而與嘉義有關之情事，亦可得酌予收述。〔註48〕

〔註45〕唐‧魏徵等撰，楊家駱主編，《隋書‧經籍志》（臺北：鼎文書局，1980 年 6 月三版），頁982。

〔註46〕〔清〕章學誠，《亳州志人物表例議（下）》，收於葉瑛校注、氏撰《文史通義》，前引書，頁808。

〔註47〕總纂修雷家驥、楊維真纂修、楊宇勛分修，《嘉義縣志》〈人物志〉（嘉義：嘉義縣政府，2009 年 12 月），頁 VI。

〔註48〕總纂修雷家驥、楊維真纂修、楊宇勛分修，《嘉義縣志》〈人物志〉，前引書，頁 VI。

《新修嘉義縣志》〈人物志〉不爲在世人物立傳，對於人物入傳，採取「蓋棺論定」、「生不立傳」方式，秉持傳統史書不爲生人立傳之原則。〈人物志〉採紀傳體，是一部仿正史列傳體例的志書，其各傳獨立論述，計分成政事、軍事、經濟、教育、藝文、宗教、醫學、女性、流寓、外籍人物十篇，每一篇下均設有章、節、目次，其中，除政事、教育二篇章層依時記述外，其他八篇，則均依類記述，其一層一層篇章節次架構，外部形式，與現代學術論文寫作格式相同。

（十）《新修嘉義縣志》的「徵引資料」

最後，置於《新修嘉義縣志》志末的徵引資料〔註49〕，全志除〈卷首〉、〈宗教志〉外，餘志均於書末附有徵引著述資料。其中，〈宗教志〉內文有多達近千個註釋，分別引用寺廟登記、宗教資料和政府機關之檔案、調查記錄等，但書末卻無參考書目供參。〔註50〕

其次，就徵引書目名稱出現「參考資料」、「參考書目」、「參考文獻」、「徵引資料」或「徵引書目」五種，全志名稱並未統一。而有爲徵引資料進行分類者，計有〈文學志〉、〈教育志〉、〈地理志〉、〈沿革志〉、〈住民志〉、〈農業志〉；未分類者則有〈政事志〉、〈社會志〉、〈經濟志〉、〈藝術志〉。

再就徵引資料數量，《新修嘉義縣志》總計多達二千四百四十四筆，少則如〈教育志〉有六十六筆，多者如〈沿革志〉有四百九十筆。統計《新修嘉義縣志》徵引資料，以「專書論文」佔百分之四十八點九，其次爲「舊志史古文書」百分之二十二點八，再次依序爲「檔案年鑑報刊」百分之十四點九、「網站資料」百分之九點七、「訪問調查」百分之二點八、「史前史資料」百分之零點九，顯示《新修嘉義縣志》搜集、徵引史料範圍甚廣。

至於《新修嘉義縣志》使用註釋情形，僅〈卷首〉、〈人物志〉二志無隨頁註腳外，餘者均採用隨頁註腳，茲依「註譯方式」和「註釋數量」進行分析：

1.註釋方式

從註釋方式觀察〈卷首〉、〈人物志〉並無隨頁註腳，此二志未和其他各

〔註49〕 有關《新修嘉義縣志》徵引資料情形，請見本文末附錄五。

〔註50〕 筆者民國一〇年一月三日，前往嘉義縣國立中正大學歷史系雷家驥教授研究室訪問總纂修雷家驥教授，據雷家驥教授指出，《嘉義縣志·宗教志》書末無徵料資料供參，係纂修漏排疏失所致。

志一樣同採隨頁註腳，各有理由。其中，〈卷首〉是因爲「不一一贅註出處，徵引原典更是免了，以便達到簡單扼要、顯而易懂、圖文並茂的要求」〔註51〕，而〈人物志〉則以各傳獨立分述等理由，所以各傳參考資料採傳末隨附，正文中不採用隨頁註腳方式註解資料出處，全卷參考資料統一置於卷末。

　　2. 註釋數量

　　《新修嘉義縣志》使用註釋數量，〈沿革志〉有一千三百七十七個、〈地理志〉有四百零六個、〈政事志〉有六百一十四個、〈住民志〉有五百三十三個、〈社會志〉有三百九十一個、〈農業志〉有三百零六個、〈經濟志〉有二百六十四個、〈宗教志〉有一千四百六十一個、〈文學志〉有六百九十四個、〈藝術志〉有八百七十四個、〈教育志〉有四百四十四個。總計多達七千四百六十四個，以〈宗教志〉居冠。而〈人物志〉雖採傳末隨附，但隨傳末附註也至少有多達三百一十四個以上。

　　徵引資料可以杜絕抄襲之惡習，傳統方志兼錄著述資料並不多，近代學術發展，著述事業已非僅限於少數文人，在知識普及化、大眾化的現代，編製文獻徵引出處索引之著錄，除能以明學術源流外，亦可俾利後人研究之所資。觀察《新修嘉義縣志》註釋方式，因編纂各有不同的考量，而出現傳末隨附和當頁註釋等，註釋方式多元，且各卷志引用註釋數量十分龐大。方志著述書目資料爲必要趨勢，參考資料與附註是戰後新方志普遍採用的方法。

小　結

　　戰後，嘉義縣政府官修出版縣志共有：《嘉義縣志》和《新修嘉義縣志》二部，其中，《新修嘉義縣志》〈卷首〉、〈經濟志〉、〈人物志〉、〈政事志〉、〈教育志〉五部分志，乃沿襲《嘉義縣志》，另考量社會發展的面向，遂刪減舊志的〈革命志〉、〈同冑志〉，另行增益〈地理志〉、〈農業志〉、〈社會志〉、〈宗教志〉，餘者分別調整至《新修嘉義縣志》同質性分志中。嘉義縣官修縣志均建立在前部舊志架構上，再依不同時代的需求，擴大記述的範圍與增益志書的內容。探究民國九十八年（2009）出版的《新修嘉義縣志》，其以《嘉義縣志》

〔註51〕總纂修雷家驥，〈嘉義述略〉，總纂修雷家驥、副總纂修吳昆財，《嘉義縣志‧卷首》（嘉義：嘉義縣政府，2009 年 12 月），頁 2。

舊志爲基礎,再增補新出土的史料,總計有十三卷志、五十三篇、二百二十二章、七百六十一節、四百九十五目、四百多萬字。其中,與藝文有關的方志則有〈藝術志〉、〈文學志〉二部。

《新修嘉義縣志》具有「學者修志、圖表豐富、歷史定位、族群並融、手法創新、論述並重、鄉土意識」〔註52〕七大特色與價值,此外,就編纂結構而言,《新修嘉義縣志》的「序」統一、「凡例」自由、「綱目」多至第五層「目」次、「概說」以圖文表述、「圖」體則進步到以電腦繪圖、「表」體的表格文字簡潔、「紀」體以時爲序、「志」體以順敘結構舖排開展;「傳」體〈人物志〉採紀傳體,秉持傳統史書不爲生人立傳之原則,各傳獨立論述。此外,「徵引資料」註釋方式多元、註釋數量龐大。整體而言,方志纂修結構呈現多樣性、多層性,其除了能夠繼承方志纂修的傳統,並能突破創新。

《新修嘉義縣志》雖是官方「委託專業服務」的性質,但因纂修團體擁有纂修主自權,審查人擁有獨立審查權,嘉義縣政府擁有行政監督權,三方互相協調、尊重,已不全然是官修官書,而其投入纂修人力、內容章節,均爲戰後三次官修縣志之最。《新修嘉義縣志》印刷出版一年之後,嘉義縣政府於九十九年(2010)再將《新修嘉義縣志》及縣志大事紀轉成電子檔〔註53〕,全部張貼在嘉義縣文化觀光局網頁,志書內容全面公開,主動與人分享,讓民眾在家上網也可以便利查詢,運用網路傳播無遠弗界的力量,爲方志展開網路傳播之途,迎頭趕上知識進步的資訊時代。

〔註52〕 見拙作,〈戰後嘉義縣志的纂修——以新修《嘉義縣志》爲中心〉,收於國立嘉義大學通識教育中心,《嘉義大學通識學報》第九期,中華民國一○一年一月,頁125~158。

〔註53〕 民國一○一年十月十一日筆者訪談嘉義縣文化觀光局文資科長于秉儀。據于秉儀表示,當年她承辦修志業務時,和各地承辦方志纂修業務承辦人員一樣,因缺乏修志經驗,每每遇到問題只能打電話到各地文化局尋求解決之道,她因有感於經驗分享的可貴,《新修嘉義縣志》出版後,苦無經費大量印刷發行,因此,決定上傳電子檔,讓更多需要的人得以方便查詢,《新修嘉義縣志》全文電子檔的網址在 http://www1.cyhg.gov.tw/cyhgcultural/03_cultural/03_main_3.asp?offset=0。

第五章 《新修桃園縣志》之纂修

本章以《新修桃園縣志》爲主要研究對象，並以「《新修桃園縣志》纂修背景」、「《新修桃園縣志》纂修團隊與審查經過」、「《新修桃園縣志》編纂內容與結構」三節，深入探討《新修桃園縣志》的纂修過程、規範與表現形式。

第一節 《新修桃園縣志》纂修背景

桃園〔註1〕纂修專志，始於日本明治三十八年（1905）《桃園廳志》。戰後臺灣省調整行政區域，設置桃園縣，桃園縣政府自民國四十一年（1952）起，至民國九十九年（2010）止，先後三度纂修縣志，本文探究雖以最新出版《新修桃園縣志》爲主，但是因爲該志係以舊志爲基礎，所以本節乃將《桃園廳志》及兩部桃園舊縣志的纂修概況，一併納入，分以「各版桃園縣志」、「《新修桃園縣志》纂修過程」分述之。

〔註1〕桃園原名「桃仔園」，爲凱達格蘭族南崁四社所居住之地，稱「芝芭里」，明鄭隸天興縣（鄭經改天興州）。清領臺灣，初隸諸羅縣，雍正元年（1723）改隸淡水廳淡水堡，光緒五年（1879）析淡水廳爲淡水、新竹二縣，桃園乃分隸兩縣；日據之初，隸臺北縣；明治三十年（1897）設桃仔園、中壢兩辦務署；明治三十四年（1901）設桃仔園廳；明治三十六年（103）改名桃園廳。民國三十四年十月臺灣光復，初隸新竹州。三十九年九月臺灣省調整行政區域，始由新竹縣分設桃園縣，此爲桃園設縣之始。見國立中央圖書館臺灣分館特藏資料編纂委員會編纂，《臺灣文獻書目解題》第一種方志類（二）（臺北：國立中央圖書館臺灣分館，1988年），頁125～126。

一、各版桃園縣志

戰後桃園縣出版的縣志，分述如下：

（一）《桃園縣志》

桃園舊無專志，故在清同治十年（1871）以前之史事，具載於《淡水廳志》中。而清光緒五年（1897）以後，其境分隸淡水、新竹兩縣。淡水縣雖有光緒二十年（1894）採輯之采訪冊，惜其稿散佚無存，新竹縣則有采訪冊殘抄本六冊，略存竹北堡北部資料，明治三十四年，調整行政區劃，將全島改設二十廳，時以行政制度多經變遷，爲統治需要乃有廳志之編纂。〔註2〕桃園廳長竹內卷太郎命屬僚調查纂輯《桃園廳志》，全志分十二章，下含六十三子目，分述疆域、建置、地理、種族及表譽、交通、產業、租稅、警察、學事、廟宇及古蹟、生番人、土匪討伐（抗日事件）；所記自明朝末年，下迄日本明治三十八年止，略古詳今，且以日治初期十一年間之史事爲主。在明治三十八年（1905）編纂，日明治三十九年（1906）六月，由桃園廳排印。〔註3〕

日本大正九年桃園廢廳，並改隸新竹州，新竹州亦未修志，僅有郡庄志書之纂輯（如《大溪誌》、《蘆竹庄誌》、《大園庄誌》、《龜山庄全誌》）之纂輯，與施政概況之編纂，如《新竹州要覽》、《新竹州管內概況及事物概要》、《桃園郡要覽》、《中壢郡要覽》、《桃園街要覽》、《大溪街勢一覽》、《龜山庄勢一覽》、《大園庄勢一覽》、《蘆竹庄勢一覽》。〔註4〕《桃園廳志》爲日治時期，唯一一部屬於桃園的志書。

戰後桃園纂修縣志，始於民國三十九年（1950）九月設置桃園縣之後。民國四十年九月一日，桃園縣政府奉內政部命令設置「桃園縣文獻委員會」，負責蒐集資料，整理資料，保管資料暨纂修方志，時任縣長徐崇德召開首次修志座談會，籌議修志工作。〔註5〕民國四十一年五月草擬「《桃園縣志稿》

〔註2〕 國立中央圖書館臺灣分館特藏資料編纂委員會編纂，《臺灣文獻書目解題》第一種方志類（二），前引書，頁117～126。民國七十四年三月，臺北成文出版社據桃園廳排印本影印，十六開本，精裝一冊，列爲「中國方志叢書——臺灣地區」第235號。

〔註3〕 國立中央圖書館臺灣分館特藏資料編纂委員會編纂，《臺灣文獻書目解題》第一種方志類（二），前引書，頁117～126。

〔註4〕 國立中央圖書館臺灣分館特藏資料編纂委員會編纂，《臺灣文獻書目解題》第一種方志類（二），前引書，頁117～126。

〔註5〕 郭薰風，《桃園縣志總目錄》（桃園：桃園縣文獻委員會，1956年5月），頁46。

凡例綱目」，民國四十二年二月聘請郭薰風爲主修，同年六月，修正凡例與綱目。志書之纂修，則由會內人員郭薰風、諶化文、唐銘新等，又聘特約編纂石璋如、周法高、金惠、周念行等九人，按所訂篇目分篇纂稿。民國四十四年四月全部志稿完成初校，四十五年一月完成校正，繕印爲油印本十冊，稱《桃園縣志稿》，但志稿未公開發行。〔註6〕

《桃園縣志稿》雖未發行，但桃園縣文獻委員會已於民國四十五年（1956）五月，先行出版《桃園縣志總目錄》一冊，將《桃園縣志稿》各志目錄加以統整，並詳述縣志纂修經過、縣志修輯職名、各志纂修人員一覽表等。

民國四十六年，桃園縣政府將《桃園縣志稿》送至內政部審查，獲審通過後，民國五十一年（1962）九月起，陸續出版，至民國五十八年（1969）十二月全志出齊，平裝十二冊，改稱《桃園縣志》。

《桃園縣志》始於桃園縣設縣分治之際，成爲設縣以來，第一部縣志。斷代自民國前二百五十年，即明永曆十五年（清順治十八年）鄭成功在臺灣北部設置天興縣起，迄民國四十一年（1952）十二月底止爲範疇。〔註7〕

《桃園縣志》從民國五十一～五十八年（1962～1969）陸續出版，計有〈卷首〉（1962）、卷二〈人民志〉（1964）、卷三〈政事志〉（1964）、卷四〈經濟志〉（1966）、卷五〈文教志〉（1967）、卷六〈人物志〉（1968）、卷末〈志餘〉（1969），其綱目、體例仿《臺灣省通志稿》，成爲桃園縣從戰後臺灣設縣以來，首部官修方志。其中，卷二〈人民志〉原列有〈氏族篇〉，但因氏族譜牒搜集不全，最後決議緩修，直至民國六十三年（1974）陳啓英編纂〈氏族篇〉，才將〈人民志〉補全，同年九月，完成出版《桃園縣志・人民志・氏族篇》〔註8〕。

〔註6〕國立中央圖書館臺灣分館特藏資料編纂委員會編纂，《臺灣文獻書目解題》第一種方志類（二），前引書，頁126。

〔註7〕郭薰風主修、石璋如纂修，《桃園縣志・卷首》（桃園：桃園縣文獻委員會，1962年9月），頁1～2。另見郭薰風，《桃園縣志總目錄》，頁6。

〔註8〕《桃園縣志・人民志・氏族篇》計有「中華民族之形成」、「臺灣之居民」、「本縣人之祖籍」、「本縣之氏族」四章，其中，第四章「本縣之氏族」共有三十六節，介紹分佈全縣之姓氏，全書十八開本，一百九十六頁，平裝一冊。見陳啓英，《桃園縣志・氏族篇》（桃園：桃園縣政府，1975年9月），及國立中央圖書館臺灣分館特藏資料編纂委員會編纂，《臺灣文獻書目解題》第一種方志類（二），前引書，頁127～142。

（二）《重修桃園縣志》

依照內政部規定，地方志每隔十年應補修一次，意在謀求地方志之記述能與現實情況脗合。〔註9〕民國四十五年修志完成後之二十年內，桃園縣境內之農地重劃、社區建設、工業區之設立、國際機場之闢建、高速公路之完工通車、先總統蔣中正之奉安慈湖等建設，都促使桃園縣建設突飛猛進，社會結構與地方建設變化殊大，爲使縣志所錄能與現實狀況脗合，俾資徵信，並利查考起見，遂有重修縣志之議。民國六十五年（1976）六月，時任民政局局長廖本洋與專家學者提出《桃園縣志重修總綱目》〔註10〕，做爲重修縣志之計畫。

《重修桃園縣志》斷代，肇自中華民國紀元前二百五十年起，迄中華民國六十年（1971）止，惟大事記因先總統蔣中正之奉安慈湖而延至民國六十四年（1975）。不過，《重修桃園縣志》僅在民國六十八年（1979）出版卷四〈經濟志〉〔註11〕、民國七十七年（1988）出版卷五〈文教志〉〔註12〕，其餘並未出版。

《重修桃園縣志》與《桃園縣志》都有〈經濟志〉、〈文教志〉，但綱目相異。其中，二部縣志之〈經濟志〉綱目都有九篇，不過，《桃園縣志‧經濟志》分上、下二冊，上冊有農業、林業、水利、水產四篇；下冊有交通、工業、礦業、商業、金融五篇；《重修桃園縣志‧經濟志》則有三冊，其中上冊有農業、水利二篇；中冊有林業、水產、交通三篇，計有二百頁；下冊有工業、礦業、商業、金融等四篇；《桃園縣志‧文教志》有教育制度、教育設施、社會教育、藝文四篇〔註13〕，《重修桃園縣志‧文教志》則有教育、藝文、武術技擊三篇。

〔註9〕 桃園縣政府，《桃園縣志重修總綱目》（桃園：桃園縣政府，1976年6月），頁3。《桃園縣志重修總綱目》除有續修縣志工作因革外，從頁7～70，分別載明重修的卷首、卷一〈土地志〉、卷二〈人民志〉、卷三〈政事志〉、卷四〈經濟志〉、卷五〈文教志〉、卷六〈人物志〉、卷末〈志餘〉之綱目。

〔註10〕 桃園縣政府，《桃園縣志重修總綱目》，頁1～3。

〔註11〕 國立中央圖書館臺灣分館特藏資料編纂委員會編纂，《臺灣文獻書目解題》第一種方志類（二），前引書，頁142。另見連文安，《桃園縣志卷四‧經濟志》（桃園：桃園縣政府，1979年10月）。

〔註12〕 許中庸，《桃園縣志卷五‧文教志》（桃園：桃園縣政府，1988年6月）。

〔註13〕 郭薰風主修，《桃園縣志卷五‧文教志》（桃園：桃園縣文獻委員會，1967年3月）。

觀察出版情況，《重修桃園縣志》其實僅完成重修〈經濟志〉和〈文教志〉二志而已，至於其他計畫，諸如重修的〈土地志〉、〈人民志〉、〈政事志〉、〈人物志〉、〈志餘〉，五志均未能如期出爐。

（三）《新修桃園縣志》

由於先前纂修的兩部《桃園縣志》均無法滿足時代的需求，桃園縣政府遂興起重修計畫，最後委由玄奘大學客座教授賴澤涵擔任總編纂，帶領編纂團隊進行纂修《新修桃園縣志》，全志計有〈志首〉、〈地理志〉、〈開闢志〉、〈住民志〉、〈社會志〉、〈行政志〉、〈地方自治志〉、〈經濟志〉、〈交通志〉、〈教育志〉、〈人物志〉、〈藝文志〉、〈勝蹟志〉、〈宗教禮俗志〉、〈贅錄志〉十五部分志，每分志一冊，共有六百萬字，民國九十九年（2010）九月完成出版，為桃園縣最新版的縣志。

二、《新修桃園縣志》纂修過程

戰後臺灣各地興起縣（市）志纂修熱潮，桃園縣始於民國四十二年（1953）開始纂修《桃園縣志》，重修《桃園縣志》時，僅在民國六十八年（1979）、七十七年（1988）分別出版〈經濟志〉、〈文教志〉二志。但社會型態瞬息萬變，桃園發展快速變遷，《桃園縣志》、重修《桃園縣志》，已無將地方實情提供施政參考，及社會大眾對桃園的認識。

其次，依據「桃園縣志書纂修辦法」〔註 14〕，桃園縣志纂修以二十年纂修一次為原則，以更新、保存地方史料，提供地方建設實情與施政、問政參考、及對桃園縣研究所需，縣長朱立倫認為有大幅纂修縣志之必要，因此，指示桃園縣政府文化局負責縣志新修業務。

民國九十二年（2003）二月二十五日，由桃園縣政府文化局召開第一次《新修桃園縣志》編纂會議，朱立倫親自主持，針對重修縣志的預算，朱立倫會中允諾新臺幣八千一百萬元預算；第一年編列新台幣五百萬元，以後逐年編列預算。〔註 15〕民國九十三年初，桃園縣政府依政府採購法規定，公開徵求編纂團隊，九十三年二月二十五日，經專案小組審查，通過由賴澤涵組成編纂團隊，以三千二百萬元得標，九十三年四月十二日，桃園縣

〔註14〕桃園縣政府於民國九十一年（2002）四月十九日以府法二字第 0910080662 號發佈施行「桃園縣志書纂修辦法」，該辦法附於本文文末附錄九。
〔註15〕援引自《桃園縣志》編纂委員會第一次編纂委員會會議紀錄。

政府與受託單位玄奘人文社會學院（現改名為玄奘大學）、時任玄奘人文社會學院教授賴澤涵三方簽訂，合約時間止於九十五年（2006）十二月三十一日。

《新修桃園縣志》編纂團隊以賴澤涵擔任總編纂外，並邀請對有實務經驗，或有研究的學者進行編纂。根據編纂團隊製並訂新修縣志的凡例與綱目，纂修主旨以對桃園地區的歷史沿革、風土人文、政經發展、社會脈動作深入描述與探究，藉此保存地方史料、彰顯先賢遺德，並增進縣民對鄉土之認識與關懷。對舊有縣志之編纂內容，原則不再更動重編，但若有缺漏、錯誤或有新證據者，則另依史料增補或修訂。唯形式上雖為重修，然所有篇章仍須重新以現在觀點編纂，內容也需將民國四十一年（1952）前之縣志資料納入，即納入舊有的資料並重編形式。

《新修桃園縣志》時間斷限，起自民國四十二年（1953），終至民國九十三年（2004），並針對民國四十一年前既有縣志之缺漏，加以增補修訂，使舊志與新修縣志得以結合。此外，若有重要人物事件可供紀錄者，各分志編纂委員亦可視情況，往後補述至展延時間內。至於縣志編纂之空間範圍，以桃園縣十三鄉鎮市之行政區為主，唯與桃園縣發展相關之外縣市，可視實際需要列入撰述範圍，但以不超過各志內容百分之十為原則。

編纂團隊計畫以下列三階段進行纂修：第一階段：各志編纂委員需詳閱過去出版的《桃園縣志》，再與現已出版的，《臺中市志》、《臺中縣志》、《澎湖縣志》及其他各地方鄉土志書作比較，取其優點。而編纂團隊也定期聚會研商各志寫法，統一格式。第二階段：各志編纂團隊需蒐集桃園縣相關刊物、研究成果、文獻資料、田野調查與口述訪問，尤其是第一手資料的掌握，另將修志需訪談的人物列出，以利縣志工作之進行。第三階段：各志起草。各志編纂委員相互提供訊息，且每隔三個月聚會一次，仔細討論撰寫時發現的問題。〔註16〕

桃園縣政府預估在民國九十三年底，完成第一期期中進度成果報告書，民國九十四年五月三十一日，完成第二期期中報告，九十四年十一月三十日完成第三期期中報告，民國九十五年底完成初稿。〔註17〕為使縣志編纂工作

〔註16〕總編纂賴澤涵、編纂鄭政誠，《新修桃園縣志‧志首》（桃園：桃園縣政府，2010年9月），頁171。
〔註17〕謝小韞，〈桃園縣政府文化局工作報告〉，桃園縣議會第十六屆第一次定期會，2006年5月，頁20。

更趨嚴謹，桃園縣政府成立「編纂委員會」，該會除由桃園縣正、副縣長及文化局長擔任編纂委員外，還特別邀請縣府退休主管、退休校長、地方耆老、文史工作者與學者專家，成立審查委員會，針對編纂團隊所提出的期中報告（各志初稿）、期末報告（各志修訂稿）及正式報告（各志完稿）等，進行實質審查，務使各志內容錯誤減至最低。

民國九十四年五月，縣文化局成立人物志諮詢委員會，遴選編纂團隊人物志所列之各類訪查名單，並推薦地方、各界適合之代表人物。縣府各單位則積極配合縣志的編纂，舉凡公文調閱、資料影印、照片提供、疑問諮詢等，皆全力幫助，期使縣志內容充實。〔註18〕此外，因部分單位及各鄉鎮市公所不了解新修縣志，致使編纂工作受阻，文化局乃主動籲請各機關單位，指派一位對機關各項業務較嫻熟者擔任聯絡窗口，俾便專家學者的調查訪談，能順利進行。〔註19〕

儘管編纂團隊、編纂委員會及桃園縣政府為纂修《新修桃園縣志》全力以赴，但資料蒐集與撰寫費時，修訂舊志誤謬需有一定時程。此外，編纂團隊在修志的過程中，〈教育志〉、〈人物志〉、〈社會志〉、〈住民志〉等志編纂主持人中途易人〔註20〕，造成部分分志，無法依約在期限內送審，受託單位乃於九十五年十二月二十九日，行文桃園縣政府申請展延；桃園縣政府文化局會簽法制室、工務採購課等單位，經奉核同意《新修桃園縣志》展延至民九十六年六月三十日為原則。〔註21〕

《新修桃園縣志》總共十五志，但截至民國九十六年四月十日，受託單位玄奘大學僅完成十二志二十萬字初稿，且未如期繳交〈人物志〉、〈志首〉、〈膳錄志〉資料審查。〔註22〕桃園縣政府為能順利完成《新修桃園縣志》，經

〔註18〕總編纂賴澤涵、編纂鄭政誠，《新修桃園縣志·志首》，頁171。

〔註19〕2004年11月3日桃園縣政府第七一七次縣務會議紀錄，頁8～9。

〔註20〕《桃園縣志》編纂委員會第四次編纂委員會會議紀錄，該次會議時間是2005年6月三十日上午十時在桃園縣政府文化局三樓會議室舉行。〈教育志〉編纂主持人易人案，會議以案由三提請大會討論，最後決議同意〈教育志〉編纂主持人易人，改由梁榮茂教授續任，相關事宜則請總編纂妥善處理後，並行文縣府依約完成程序。編纂團隊除〈教育志〉編纂中途易人外，〈人物志〉、〈社會志〉、〈住民志〉、〈藝文志〉亦然，對原訂纂修的進度影響不少。

〔註21〕有關《新修桃園縣志》合約原至民國九十五年十二月三十一日止，經奉核展延至九十六年六月三十日，援引桃園縣政府文化局內部公文簽呈，及《桃園縣志》編纂委員會第七次、第八次編纂委員會會議紀錄。

〔註22〕援引自《桃園縣志》編纂委員會第七次編纂委員會會議紀錄。

奉核在合約屆滿前，請玄奘大學如期派員到府進行工作報告，但賴澤涵所屬編纂團隊無人與會，令《新修桃園縣志》編纂委員會深表遺憾。縣府爲此，轉請受託單位玄奘大學補辦說明，並請確實掌握編纂進度，務必依約完成義務。〔註23〕

　　受託單位未能於民國九十六年（2007）六月三十日完成履約標的，有關新修縣志纂修合約存續及違反合約事宜，桃園縣政府除努力與受託單位協調外，並積極催促編纂團隊早日完稿。十五志中，〈交通志〉、〈經濟志〉最早將四十萬字送交審查，繼〈交通志〉、〈經濟志〉之後，其他分志也陸陸續續提交審查。民國九十八年十一月前，《新修桃園縣志》十五志初稿，均已完稿，並已召開各分志小組審查會議。其中〈勝蹟志〉、〈經濟志〉、〈交通志〉、〈膳錄志〉、〈宗教禮俗志〉、〈地理志〉六志業經《新修桃園縣志》編纂委員會審查通過。

　　《新修桃園縣志》纂修過程，波折艱辛，但在編纂團隊、編纂委員會委員以熱忱與堅持，及行政機關全力協助，民國九十八年十二月、民國九十九年二月《新修桃園縣志》終獲桃園縣政府完成驗收，九十九年（2010）三月，委託德伸文化事業股份有限公司辦理「《新修桃園縣志》出版計畫」，九十九年九月九日，完成「《新修桃園縣志》出版計畫」全案校對、印刷事宜，《新修桃園縣志》共印製精裝版一百套、軟精裝版八百套，計畫分贈國內各學術研究機構及圖書館。

第二節　《新修桃園縣志》纂修團隊與審查機制

　　《新修桃園縣志》於民國九十九年（2010）九月出版，成爲民國九十九年臺灣北部地區最新出版的縣（市）志。有關「《新修桃園縣志》纂修團隊」及「《新修桃園縣志》審查機制」分述如下：

一、《新修桃園縣志》纂修團隊

　　《新修桃園縣志》編纂團隊名單分述如下：

（一）簽約之纂修團隊

　　《新修桃園縣志》纂修團隊，邀請總編纂賴澤涵、副總編纂謝艾潔，及

〔註23〕援引自《桃園縣志》編纂委員會第七次編纂委員會會議紀錄。

其他分志纂修名單如下：

1. 總編纂：賴澤涵（前國立中央大學歷史研究所教授兼文學院院長）。
2. 副總編纂：謝艾潔（國立中央大學客家社會文化研究所兼任副教授、私立眞理大學通識學院兼任副教授）。
3. 〈志首〉：鄭政誠（國立中央大學歷史研究所副教授）。
4. 〈地理志〉：潘朝陽（臺灣師範大學地理系教授與東亞系合聘教授、臺灣師大國際與僑教學院院長）。
5. 〈開闢志〉：陳立文（中國文化大學史學系教授）。
6. 〈住民志〉：王怡辰（臺北市立教育大學——歷史與地理學系）。
7. 〈社會志〉：羅烈師（國立交通大學客家文化學院人文社會系助理教授）。
8. 〈行政志〉：林澤田（中華綜合發展研究院院長，前文化大學建築暨都市設計系主任）。
9. 〈地方自治志〉：劉阿榮（元智大學社會系教授兼人文學院院長）。
10. 〈經濟志〉：李力庸（國立中央大學歷史研究所教授）。
11. 〈交通志〉：朱德蘭（中央研究院人文社會科學研究中心暨臺灣史研究所合聘研究員）。
12. 〈教育志〉：夏誠華（玄奘大學校長兼海外華人研究中心主任）。
13. 〈人物志〉：孫若怡（國立中興大學歷史系教授兼系主任）。
14. 〈藝文志〉：梁榮茂（前國立臺灣大學中文系教授）。
15. 〈勝蹟志〉：吳學明（國立中央大學歷史研究所教授）。
16. 〈宗教禮俗志〉：黃運喜（玄奘大學歷史系副教授兼主任）。
17. 〈贍錄志〉：劉明憲（萬能科技大學通識教育中心助理教授）。

不過，《新修桃園縣志》纂修過程，負責纂修〈住民志〉、〈社會志〉、〈教育志〉、〈人物志〉、〈藝文志〉五志人員，纂修期間發生人事異動，案經編纂團隊提請《新修桃園縣志》編纂委員會審查同意異動案，故《新修桃園縣志》完稿纂修召集人名單，與原始合約有別，至於〈志首〉等十志，主要纂修召集人則維持不變。〔註24〕

〔註24〕 投標文件爲公務機密文件，公務機關依法全數歸檔，有關原始投標文件中的編纂團隊名單乃依民國九十三年九月二十日桃園縣政府研究發展室製，桃園縣政府文化局九十三年四月至九十三年九月施政報告，頁358。

（二）定稿之纂修團隊

根據〈謄錄志〉之「纂修人員名錄」〔註 25〕所載，完稿時編纂團隊，除由前縣長朱立倫、前副縣長黃敏恭擔任主任委員、副主任委員外，各分志有一名纂修，總計十六人。不過，為深入探究《新修桃園縣志》纂修成員，本文以各分志為輔，將纂修召集人〈序〉文裡所條列的纂修成員，全數列入編纂團隊名單，纂修人員職務，則以九十九年九月完稿時間為準。《新修桃園縣志》定稿時，編纂團隊成員臚列如下：

1. 總編纂：賴澤涵。
2. 副總編纂：謝艾潔。
3. 〈志首〉：召集人鄭政誠。
4. 〈地理志〉：召集人潘朝陽，分修郭大玄（臺北市立教育大學史地系副教授兼系主任）、洪醒漢（臺北市立大安高工地理科老師）、廖依俐（桃園縣平鎮高中地理科老師）、助理李宜梅。
5. 〈開闢志〉：召集人陳立文，助理廖英杰、段承恩、林讌如、楊光正。
6. 〈住民志〉：主持人尚世昌（致理技術學院史學教授兼校長）、協同主持人陳立文、助理游維眞、廖英杰、何政哲、呂惠美、許玉屏。
7. 〈社會志〉：謝艾潔。
8. 〈行政志〉：林澤田。
9. 〈地方自治志〉：召集人劉阿榮，助理黃敏如、黃信彰、黃偉雯。
10. 〈經濟志〉：李力庸，分修莊濠賓、鄭巧君、林煒舒、陳錦昌。
11. 〈交通志〉：主持人朱德蘭，助理高銘鈴（開南大學應用日語系助理教授）、陳家豪（政治大學臺灣史研究所博士生）、莊建華（成功大學歷史研究所博士生）。
12. 〈教育志〉：梁榮茂、協同主持人陳立文，助理呂惠美、游維眞、許玉屏、何正哲、段承恩、校稿李彥萱。
13. 〈人物志〉：謝艾潔、劉明憲。
14. 〈藝文志〉：謝艾潔。
15. 〈勝蹟志〉：召集人吳學明，助理陳鳳虹、陳凱雯、陳志豪、鄭威聖。

〔註25〕總編纂賴澤涵、編纂劉明憲，〈謄錄志〉，頁 33～46。及總編纂賴澤涵、編纂梁榮茂，〈教育志〉，頁 XIV～XV。

16.〈宗教禮俗志〉：黃運喜。

17.〈臕錄志〉：劉明憲。

綜合以上《新修桃園縣志》定稿纂修的編纂團隊資料，計有總編纂賴澤涵、副總編纂謝艾潔，和鄭政誠、潘朝陽、陳立文、尚世昌、林澤田、劉阿榮、李力庸、朱德蘭、梁榮茂、吳學明、黃運喜、劉明憲等十四人爲主。其中，謝艾潔同時身兼〈社會志〉、〈人物志〉、〈藝文志〉三志的纂修召集人；陳立文除擔任〈開闢志〉纂修召集人外，另爲〈住民志〉、〈教育志〉二志的協同纂修；劉明憲則纂修〈臕錄志〉外，另爲〈人物志〉協同纂修。至於其他分志的纂修召集人，則都只有一名。

《新修桃園縣志》纂修召集人，有擔任人文學院院長、或爲人文社會科學研究員、或爲教授、副教授、助理教授等，其學術專業，除爲史學外，尚有專攻地理學、歷史經濟、政治學、文學等學者主導。統計以上參與編纂的名單至少有五十二人以上，各分志的編纂多以團隊合作的模式進行。

至於編纂者而言，則多數是由歷史學系師生或同業共同編纂外，有的則是地理學系同業集體纂修。例如〈開闢志〉主持人陳立文具有史學專業背景，她並邀請史學研究所博士生等人參與纂修，歷史系的師生投入志書編纂，學以致用。〈地理志〉召集人潘朝陽具有地理學專業外，又力邀史地系學者、高中地理科老師加入纂修行列，〈地理志〉由地理學者主導，故對桃園縣的農村農業的區域特色、聚落發展和演變、環境問題等，提出專業的篇幅。〈行政志〉纂修召集人爲中華綜合發展研究院長林澤田，林澤田是該院院長暨資深研究員，獲該院全力協助俾利纂修〈行政志〉。

《新修桃園縣志》編纂團隊組織，係結合史學、地理學、經濟學、文學等不同學術專長的專家學者組合而成，其他各志分別就桃園縣的開拓與發展，詳加探討與記錄。就編纂的成員，或以師生合力纂修，或與同領域之專業人士集體編纂，補史學領域力有未逮之處，順利完成《新修桃園縣志》的纂修工作。

二、《新修桃園縣志》審查機制

「地方志書纂修辦法」〔註 26〕於民國三十五年七月十六日內政部訂定發布，依據「地方志書纂修辦法」相關規定，「各縣（市）政府編纂志書，應先

〔註26〕見文末附錄四。

編擬志書凡例、綱目及纂修計畫函送內政部核備」、「各縣（市）志書編纂完成，應由縣（市）政府將志稿函請內政部審定」，但該法在民國九十二年一月三十日，內政部內以授中民字第 0920088588-3 號令發布廢止。為因應「地方志書纂修辦法」廢止，桃園縣政府遂於九十一年四月十九日，先行發布施行「桃園縣志書纂修辦法」以為因應。「地方志書纂修辦法」廢止後，縣志編擬志書凡例、綱目及纂修計畫函送的審查，及志稿的審定，不再呈送內政部的方志審查委員會。

　　為能順利出版《新修桃園縣志》，桃園縣政府依據「桃園縣志書纂修辦法」第五條、第六條之相關規定〔註 27〕，早在新修縣志著手纂修前，已先行設置「《桃園縣志》編纂委員會」。〔註 28〕

　　《新修桃園縣志》編纂委員會共計十五人，除由當時的縣長朱立倫擔任主任委員，副縣長黃敏恭擔任副主任委員外，另邀請修志經驗豐富的學者吳文星（國立臺灣師範大學歷史系教授）、黃秀政（前國立中興大學文學院院長、歷史系教授）外，再邀廖本洋（前桃園縣代理縣長）、劉永和（前桃園縣副縣長）、曾盛鴻（前桃園縣政府工務、建設局長）、吳正牧（前武陵高中校長）、林熺達（前桃園縣大溪鎮長）、范姜運榮（國小校長退休）、陳學聖（時任文化局局長）、邱晞傑（前聯合報桃園特派員）、呂河清（前中壢市長）、許朝全（前桃園縣議會議事組主任）、黃厚源（桃園縣人與地學會創辦人）擔任委員。〔註 29〕

〔註 27〕根據「桃園縣志書纂修辦法」相關規定條文，其中，第五條為「本縣志書纂修前應先組成編纂委員會，置委員十一至十五人，以為審查志書內容，其設置要點由辦理機關另訂之。」該項辦法第六條為「本縣志書之編纂，應先編擬志書凡例、綱要送編纂委員會審核。」

〔註 28〕《桃園縣志》編纂委員會的義務係均依據「桃園縣志編纂委員會設置要點」相關規定辦理。有關「桃園縣志編纂委員會設置要點」見本文文末附錄八。

〔註 29〕總編纂賴澤涵、編纂劉明憲，《新修桃園縣志·膡錄志》，頁 46～60。
依據〈膡錄志〉所載「審查委員」名單，實際上就是負責審查事宜的「桃園縣志編纂委員會委員」。不過，〈膡錄志〉上的審查人員名單，未將早期廖秀年、許金用、謝小韞三名委員列入。事實上，新修縣志於民國九十二年籌辦時，桃園縣志編纂委員會聘任的委員尚包括國小退休校長廖秀年、許金用二人。後因廖、許二人以年事已高等理由請辭，民國九十六年第三任編纂委員會委員改聘吳正牧、范姜運榮二人協助審查事宜。至於謝小韞則在民國九十六年轉任台北市文化局副局長，桃園縣政府文化局改由陳學聖接任，陳學聖兼任《桃園縣志》編纂委員。儘管廖、許、謝三人未在〈膡錄志〉的審查人員名單上，但在《新修桃園縣志》各分志頁末的版權頁，分別將廖秀年、

　　《新修桃園縣志》編纂委員會分別聘請府外專家學者、府內退休的主管與地方文史工作者，擔任編纂委員。編纂委員會均為階段性任務之組織，設置期間自九十二年一月起至縣志編纂完成止，委員都是無給職，任期二年，期滿得續聘。編纂委員根據規定，議定縣志架構及大綱，及審查志書凡例、綱要、內容，期讓《新修桃園縣志》更臻完美。

　　民國九十二年二月二十五日、民國九十三年四月二十九日，先後召開二次編纂委員會議，會中針對新修縣志時間斷限、大綱議定等進行討論，編纂委員發言踴躍，認為「當時受官方影響，許多志書中對日據時代論點、光復後敘述，有諸多忌諱與考量，就研究而言十分不足。如之前編纂的桃園縣志，也有這樣的顧慮……近來資訊充足，社會無所禁忌，學術研究開放自由，以重編方式為未來縣志立下基礎，作為後人續編參考，亦可考量。」〔註30〕建議新修縣志可以補充、修訂舊有縣志不足與錯誤之處。

　　《新修桃園縣志》纂修過程，除了涉及專業學術外，涉及行政事務複雜繁瑣，已非一般學者能夠掌握，因此，編纂團隊在纂修的過程中，曾多次行文桃園縣政府請求協助。〔註31〕即使編纂團隊延誤送審，只要志稿送到桃園縣政府審查，《新修桃園縣志》編纂委員會總是能排除萬難，全力配合桃園縣政府，在合約規範的四十天內完成審查，提出書面意見，以提供編纂團隊修改依據。

　　《新修桃園縣志》編纂委員會委員，雖是無給職，但幾乎是有會必到，視審查志書為重任。為期審查作業順利進行，該會排定「志書書面審查分工表」，委員先審查分配到的志書，其他志書其次，以分組分工方式審查志書。〔註32〕但桃園縣政府認為《新修桃園縣志》文字龐大，書面審查工作耗費時

　　　許金用二人補列入審查委員。

〔註30〕總編纂賴澤涵、編纂鄭政誠，《新修桃園縣志·志首》，頁170。另參見《桃園縣志》編纂委員會第一次、第二次會議紀錄。

〔註31〕《新修桃園縣志》的合約當事人是桃園縣政府，因此，《新修桃園縣志》纂修團隊在纂修過程，凡事都會請求桃園縣政府協助。桃園縣政府排除萬難積極協助，除函轉各行政機關協助提供資料外，亦召開多次編纂委員會議及「行政會議」，協助解決〈教育志〉等志纂修易人，及編纂團隊、玄奘大學的「問題」。

〔註32〕有關《新修桃園縣志》初稿審查分工表，經送第六次、第七次《桃園縣志》編纂委員會議討論。民國九十六年五月二十四日召開第八次編纂委員會議決議以分工方式審查志書，每位委員審查二部志書為原則。但吳文星、黃秀政委員具有修志專業背景，特被委請十五志內容全審。

間極爲辛苦，志書按件計資審查費用頗不合理，惟文化局民國九十六年有關「辦理《桃園縣志》審查費及出席費，只編列新台幣七十萬元」，審查經費有限，計酬方式改以「各機關學校出席費及稿費支給要點」打折計算，簽經奉核，除〈志首〉大綱、〈贍錄志〉大綱各新台幣六百九十元，二件合計一千三百八十元，〈人物志〉初稿，二十萬字爲五千元外，各志四十萬字審查費爲一萬元。〔註33〕

　　桃園縣政府支付縣志初稿的審查費用，雖然不高，但《新修桃園縣志》編纂委員會委員審查工作，卻從不馬虎。編纂委員會對於志書的內容審查，至爲嚴格，每每進行志書審查，委員們總是提供洋洋灑灑的書面意見；審查會議決議送審的志稿，則不斷提供意見供參。所召開的《新修桃園縣志》編纂委員會，委員莫不知無不言，言無不盡，編纂委員與編纂團隊，經常唇槍舌劍，甚至一度發生編纂委員拒審志書、編纂主持人揚言辭職的尷尬場面。不過，經文化局長陳學聖出面圓場，始繼續爲志書努力纂修、把關。

　　《新修桃園縣志》編纂委員會，由府外學者、府內退休主管與地方文史工作者，共同組成聯合審查小組，委員不計較審查費用之多寡，遠從各地抵達桃園開會審查，竭盡其所能，提供寶貴意見供編纂團隊參酌，以求《新修桃園縣志》更臻完善。《新修桃園縣志》編審過程嚴格，以展現編纂團隊用心與嚴謹外，《新修桃園縣志》編纂委員嚴格把關，則是新修縣志幕後非常重要的推手。

第三節　《新修桃園縣志》編纂內容與結構

　　《新修桃園縣志》計出版十五部分志。本節計以「《新修桃園縣志》編纂內容」與「《新修桃園縣志》編纂結構」，分別進行分析。

一、《新修桃園縣志》編纂內容

　　《新修桃園縣志》編纂團隊，從民國九十三年三月開始纂修，到民國九十六年九月纂修完稿，期間賴澤涵與各志編纂主持人，曾先後召開十八次編纂工作會議，針對纂稿等問題逐一討論，期間因纂修實地訪查所得，或《新修桃園縣志》編纂委員會修改，以致原訂內容須不斷增修，各志定稿內容

〔註33〕援引自第八次《桃園縣志》編纂委員會會議記錄。

如下：

（一）〈志首〉

全一冊共一百八十八頁，計分為二篇五章十六節。上篇第一章「歷史沿革」，以荷西明鄭、清領、日治時期及戰後迄今四節，說明桃園縣的社會、經濟、原住民發展。第二章「輿圖」，則依歷史編年順序，收錄有關桃園縣境的相關地圖，計清領時期七幅、日治時期四幅、戰後迄今十四幅，透過地圖讓大家了解桃園縣境地形、地貌的變遷，聚落、產業與交通的發展，在各時期之行政區劃演變，及製圖技術、製圖方式與觀看角度不同。第三章「大事紀」則以時間為經，以事為緯，將各年發生大事，按年月編排，內容涵蓋政治、社會、經濟、交通、教育、宗教、藝文、人物等各類別，共計一千五百五十八條目，以求史事之完備。下篇第一章「凡例與綱目」，說明《新修桃園縣志》的編纂原則、撰寫格式、注意事項、各志暫訂綱目、各式正式綱目。第二章「編纂經過」，說明編纂緣起、編纂執行計畫及歷次編纂工作會議等。

（二）〈地理志〉

分為四章二十二節，第一章「自然環境」，分別由地形、地質、氣候、水文、土壤與生物等面向，詮釋桃園縣自然環境的特質。第二章「聚落與都市發展」，則以桃園地域空間的形成、桃園臺地的區域空間、南北桃園都市體系、再造美麗新桃園，說明在高度工業化和都市化的波瀾衝擊下，桃園獨有的地方性漸漸消失，取而代之是缺乏感情的都市容器。第三章「桃園縣的環境問題」，則以桃園土地的開發與聚落發展、桃園縣土地資源利用現況、桃園縣土地利用的變遷、目前土地利用所面臨的問題等，俾利瞭解桃園土地的利用方式與開發型態。第四章「桃園縣的環境問題」，則以全球性嚴重的環境問題、臺灣環境的主要問題、桃園縣環境的重大問題、桃園縣環境污染重大個案、桃園的空氣污染問題、石門水庫的環境災害，說明桃園縣面臨的環境問題。該志依據桃園的農村農業的區域特色、聚落發展和演變、環境問題等三大特性，充份運用當代「地理學」〔註34〕觀點進行纂修。

〔註34〕根據潘朝陽所指，「地理」是包括自然和人文現象以及兩者互動之下，在大地上面，以其結構和演變而形成的空間性質、生態性質以及區域性質。「地理學」就是指研究空間性質、生態性質、區域性質的學問。（見總編纂賴澤涵、編纂潘朝陽，《新修桃園縣志·地理志》（桃園：桃園縣政府，2010 年 9 月），頁XV。

（三）〈開闢志〉

分爲五章十四節，第一章「史前遺址」，分述臺灣史前文化發展與遺址、桃園地區史前遺址、桃園地區重要遺址舉例。第二章「原住民之生態與遷移」，則以桃園地區的平埔族——南崁四社、清領與日治時期的南崁四社、霄裡社蕭家、桃園地區的泰雅族，說明原住民早期在桃園地區的生態與遷徙。第三章「漢人入墾」，則陳述漢人大量入墾前的人文景觀、漢人入墾經過、漢人入墾的幾個特點、重要墾戶與家族，論述當時平埔族人的分佈狀況、漢人入墾桃園地區的歷史進程與形態，說明各業主在桃園地區開墾之過程。第四章「本縣各鄉鎮市開闢經過」，陳述縣內各鄉鎮市開闢經過。第五章「地名沿革」，敘述桃園縣地名的分類特性與變革、及村、里、部落、庄街、巷道地名及戰後新興地名，據此，使讀者對桃園縣的開闢史有縱向的歷史認知與橫向的地理認識。

（四）〈住民志〉

分爲五章十九節，第一章「人口」，以日治時期以前、日治時期、戰後至今，敘述桃園縣人口發展。第二章「宗族與姓氏別分佈」，以宗族發展與由來的理論架構、祭祀公業及宗親會、桃園縣境內的開墾與閩客分佈情形、全國姓氏數量、姓氏別及分佈，一探桃園縣住民的開墾歷程與遷徙情況。第三章「聚落」，以原住民聚落、清領時期桃園聚落的開發與形成、日治時期的桃園聚落、語群分類下的桃園聚落，說明桃園縣各聚落乃至鄉鎮市形成的過程。第四章「族群」，則主要分析桃園縣原住民、北閩、南粵、外省人士、外籍人士的分佈與發展，說明桃園縣五大族群特色。第五章「語言及文化淵源」，則採集桃園縣特有的語言、諺語與歌謠，分析桃園縣住民的語言文化淵源。

（五）〈社會志〉

分爲四篇十六章五十二節。第一篇「社會行政」，以社會行政體系、社會行政法令，分述社會行政組織發展、社會行政支出、社會行政立法之背景、桃園縣相關社會政策與輔助辦法，一探早期清代、日治時期，到戰後國民政府時期的社會行政體系。第二篇「社會組織」，以社會組織團體之發展、傳統社會組織、社區發展、職業團體、社會團體、合作社等六章，介紹桃園縣地方公廟、宗教與宗親會、社區發展協會、工商團體、農會、漁會、教育會與

教師會、水利會、自由職業團體、學術文化團體、慈善服務團體、體育衛生團體、聯誼團體、宗教團體、經濟團體等，各式各樣的社會組織。第三篇「社會福利」，則以社會階層、社會福利、社會救助，分述社會階層化現象、社會保險、社會工作、兒童少年福利、婦女福利、老人福利、身心障礙福利、性侵害防治及家庭暴力防治、軍眷與榮民福利、原住民福利、社會救助之實行、中低收入戶救助措施等福利政策。第四篇「勞工」，則以勞工行政、勞動條件與福利、勞資關係、人力資源、外籍勞工服務等五章，論述有關勞工之勞動條件、勞工安全、保險、福利、組織、勞資爭議、職業訓練、就業訓練、外籍勞工與桃園社會，此外，並就外勞滋生社會問題，提醒主政者應該提出有效因應措施。

（六）〈行政志〉

分為四篇十三章四十二節，第一篇「行政區劃沿革」，闡述清治時期、日治時期、戰後之行政區域。第二篇「行政組織變革」，則以縣級組織沿革、各鄉鎮市公所、歷任縣長及職官表等，分述明清時代、日治時期、戰後之初期之地方行政組織，及桃園設縣後縣府組織之沿革、桃園縣政府組織體系之沿革及縣轄市公所組織沿革等。第三篇「縣政沿革」，則以民政、警政消防、地政、財稅主計、衛生行政、文化與環保、原住民行政等，分述清治、日治時期及戰後，有關桃園縣的戶籍行政、兵役行政、警消工作、土地制度、機關組織、原住民政策與行政等。第四篇「司法」，論述清代時期之司法、日治時期之司法、戰後之司法，不同時期的司法組織與沿革，了解其中之變化。

（七）〈地方自治志〉

分為八章二十七節。第一章「導論：地方自治之理論與臺灣之實踐」，說明地方自治之理念及相關法律規定、地方自治之檢討與展望。第二章「本縣早期地方自治實施概況」，以明清時期之鄉治、日治時期之地方自治、戰後初期（民國三十四～三十九年）施行地方自治及行政區域之劃分，論述地方自治實施概況。第三章「本縣內人口結構與政治生態的變遷」，則一探地方派系之形成、南北桃園劃分政治大餅、本縣外省人口之分佈、本縣人口概況分析，分述桃園縣南區、北區及十大姓之勢力，及各主要黨派及閩、客、眷村等族群在桃園縣政治勢力發展。第四章「本縣各鄉鎮市區域及自治概況」，說明桃

園縣歷史、地理、轄區，及桃園縣所轄行政區域及各鄉鎮市自治概況外，並有針對本縣實施地方自治之綜合分析，就現住人口等十三項指標提出建言。第五章「本縣歷屆縣長選舉與施政」介紹歷屆縣長選舉及施政成績，其中，桃園縣自治史上重大事件1977年中壢事件、1996年劉邦友槍擊事件，及被視爲具有影響人物吳伯雄、呂秀蓮、朱立倫，則另立章節論述。第六章「本縣縣級以上民意代表選舉」、第七章「鄉鎮市選舉」、第八章「結語」。該志從桃園縣的地方自治、歷史演進、行政組織與首長之變遷、民意代表選舉等皆有深入著墨。

（八）〈經濟志〉

分爲七篇三十九章九十八節。第一篇「農業」，分述桃園縣的農業環境、農作物、技術改良、休閒農業。第二篇「林業」論述林業機關演變、林政沿革、林野面積及林相、造林事業、木材砍伐及需求。第三篇「漁牧」，說明漁政與漁產、漁民與漁會、漁港與機能、畜產疾病防治、畜產交易、牧場等。第四篇「水利」，介紹桃園縣的水利事業沿革、陂塘現況、農田水利會、石門水庫、水利污染。第五篇「工業」，則分述桃園縣工業發展、各業發展概況、工業區與工業研究、工業污染。第六篇「商業」，介紹桃園縣在日治時期商業概況、戰後商業活動，及商業種類與數量、民眾消費習慣與地點、物流。第七篇「金融」，論述桃園縣的金融發展沿革、銀行，及農、漁會及信用合作社、郵政儲匯業、期貨與票券業、保險與信託投資業、證券與價券業、民間金融業、金融問題等。桃園縣由農轉工，商業隨之朝向工商服務業發展，民眾消費習慣因所得提高而改變，蓬勃的經濟發展，卻對生態與社會產生負面影響，六〇年代以後的經濟轉型與影響，是該志編纂重點。

（九）〈交通志〉

分爲三篇十三章三十九節。第一篇「鐵公路水運」，以清代水陸交通、日治時代水陸交通、戰後鐵路交通、戰後公路建設、國道高速公路的興建與營運、公路運輸的擴展與變化，分別闡述桃園縣在各時期的交通發展過程，及南北交通修築過程。《新修桃園縣志》斷限時間至民國九十三年底，但該志已先行將九十五年十一月才開始營運的高鐵青埔站，一併收錄於「鐵公路水運篇」，並以「高速鐵路時代的來臨」專節論述。第二篇「航空」，則以桃園國際機場的興建與營運、國際機場的安全與事故、國際機場的公害與環保，分

述桃園國際機場的興建、設施、組織管理、聯外交通、安全與事故、空難與犯罪事件、機場公害與環保。其中，發生於民國八十七年、八十九年的華航空難事件、新加坡航空空難事件，分別造成二百零二人、八十三人罹難，因此，另立專節討論國際機場的安全事故與公害環保。第三篇「郵電」，則從清代郵電、日治時代郵電、戰後郵政、戰後郵電，一探桃園縣郵政、電信，從草創期到臺灣光復後，相關郵政、電信業務發展情形。

（十）〈教育志〉

分為八章六十三節。第一章「戰前教育沿革」，從臺灣早期教育的沿革談起，再敘述明清時代及日治時代對臺灣教育所打下的基礎。第二章「戰後教育行政」，以臺灣省教育發展概況、教育行政機構、當前教育行政業務概況、教育經費、教學觀摩研習與國民教育輔導團、桃園縣教師會，說明戰後臺灣省教育體制的發展，戰後教育行政系統的歷史沿革、學官遞嬗等。第三至第七章是綜合桃園縣各級學校教育，其中，第三章為幼稚園，但因學前教育體系龐雜，桃園縣公立托兒所及幼稚園數量頗豐，該志僅擇評鑑績優、經營具有特色的機構入志。第四～七章，則仔細介紹位於桃園縣十三鄉鎮市的國民小學、國民中學、高中高職、大學院校。第八章「特殊教育與社會教育」，詳述桃園縣特殊學校及一般學校校內特殊教育實施現況，並從日治時期、戰後分述桃園縣社教機構、圖書館設置，及民眾教育、社區教育等發展。

（十一）〈人物志〉

全志只有〈人物志〉有「人物傳」，該志收錄的原則主要依據原訂綱目，網羅桃園縣境內，各時代有顯著表現先進賢能之生平事蹟，並請各基層單位提供名單，經《新修桃園縣志》編纂委員會共同商討後，方列名撰寫。該志依循「不為生人立傳」的原則，將傳主依開闢、保鄉衛國、抗日先賢、宦績——政事、鄉紳、地方建設、儒林、藝文、醫學、工商業、教育、宗教、傑出女性、經濟農業、公義、社會運動、孝行、學術研究等十八個門類來立傳，分別介紹自清代至民國年間，閩、客、原住民族、日籍人士四百六十一人之事蹟。而寫作方式則仿效史記，除有一人單獨列傳外，還有以合傳的方式收錄。其中，合傳者有徐金元、徐秀嬌父女〔註35〕；曹丁波、曹欽源父子

〔註35〕總編纂賴澤涵、編纂謝艾潔、劉明憲，《新修桃園縣志・人物志》，前引書，頁85。

〔註 36〕；田清香、田清華姊妹〔註 37〕；陳希達、陳文進父子〔註 38〕；徐萬喜、徐李匿夫妻〔註 39〕；劉世醮、劉阿溪父子〔註 40〕；蕭昌山、蕭興起父子。〔註 41〕入傳的人物，其主要生平事蹟發生在桃園縣，或是非臺灣出生，但其事蹟發生在桃園縣等，該志都酌情為之立傳。

（十二）〈藝文志〉

分為七篇二十五章五十八節。第一篇「藝文行政」，分別以桃園縣文化行政沿革、文化政策與實施、文化建設與展演場所、桃園縣藝文團體、作家與文物收藏家名錄，介紹文化行政機關、文化基金會、桃園縣立文化中心暨桃園縣政府文化歷任首長、獎助文化藝術、藝文團體之扶植、文化產業之推廣、桃園地區文化建設、桃園縣藝文展演場所、桃園縣立案藝文團體、桃園縣籍藝文作家、桃園縣籍文物收藏家。第二篇「美術」，一探傳統書畫、日治時期的發展、戰後與戒嚴時期、戒嚴至 2005 年的文人畫、書法、民俗畫、宗教藝術、美術教育與活動、傳統繪畫、西洋技法、東洋技法、民間畫會與社團、及近代本縣傑出藝術家。第三篇「舞蹈」，以緒論、戰後臺灣原民住舞蹈發展、中華民族舞蹈、桃園縣舞蹈發展四章，介紹臺灣宗教舞蹈、臺灣傳統民俗舞蹈、臺灣傳統舞蹈、移民舞蹈、傳統舞蹈之古典舞與民俗舞、各式舞蹈團體、舞蹈教學之教室或補習班。

第四篇「戲劇」，則分述日治時期的社會現象、都市化的影響、傳統戲劇、改良劇與新劇。第五篇「工藝」，分述廟宇藝術與民俗工藝、廟宇文物、民宅建築與裝飾藝術、宗教工藝及原住民的織物、編器、竹籐草編、文化呈現。第六篇「音樂」，則從傳統民間音樂、傳統民謠、童謠、傳統戲劇音樂、日治

〔註 36〕　總編纂賴澤涵、編纂謝艾潔、劉明憲，《新修桃園縣志・人物志》，前引書，頁 309。

〔註 37〕　總編纂賴澤涵、編纂謝艾潔、劉明憲，《新修桃園縣志・人物志》，前引書，頁 303～304。

〔註 38〕　總編纂賴澤涵、編纂謝艾潔、劉明憲，《新修桃園縣志・人物志》，前引書，頁 245～247。

〔註 39〕　總編纂賴澤涵、編纂謝艾潔、劉明憲，《新修桃園縣志・人物志》，前引書，頁 162。

〔註 40〕　總編纂賴澤涵、編纂謝艾潔、劉明憲，《新修桃園縣志・人物志》，前引書，頁 235。

〔註 41〕　總編纂賴澤涵、編纂謝艾潔、劉明憲，《新修桃園縣志・人物志》，前引書，頁 306。

時期起之新音樂、戰後臺灣音樂教育，分述原住民音樂、漢民族音樂、傳統歌謠體式、字音與音韻、閩南族群歌謠、客家族群歌謠、閩南兒歌、客家兒歌、北管戲、南管戲、戲劇舞臺樂、西式音樂、國樂發展、西洋音樂發展、合唱音樂發展、音樂展演狀況、民間宗教音樂發展。第七篇「文學」，則以臺灣傳統文學、俗文學、臺灣文學、兒童文學、桃園文藝作獎五章，分述古典文學、詩社、詩稿、漢民族文學、原住民文學、中華文藝、臺灣鄉土文學、兒童文學發展、桃園兒童文學作家與作品、桃園兒童文學創作選集、歷屆桃園文藝創作獎得獎者。

(十三)〈勝蹟志〉

分為五章十三節，第一章「前言」，說明撰寫脈落及後續章節討論的重點。第二章「勝蹟觀念的歷史變化」，從清代來臺的清朝官員常去的「臺灣八景」與淡北八景，說明清代已開始注重「勝景」。到了日治時期，日本殖民政府以臺灣八景票選活動，開啟民眾參與景點建構，並將勝蹟與旅遊活動結合起來。當代對於勝蹟的認定，不僅是自然美景的追尋，勝蹟背後的歷史意涵，亦是建構勝蹟的重要條件。第三章「桃園縣的官定古蹟」，介紹桃園縣十座官定古蹟，古蹟的觀念是戰後才具體成形，但古蹟存在歷史久遠，是所有勝蹟中與地方發展關係最密切。第四章為「桃園縣的老街、寺廟與歷史建築」，探討桃園縣老街的風華、寺廟之美與歷史建築，都是今日居民生活的一部分，因此，透過老街等景點，可以進一步看到居民生活的形態。第五章則是「桃園縣的名勝美景」，分述桃園縣古道、產業、風景美勝、特色建築等。該志主要是介紹桃園縣的美景風貌。

(十四)〈宗教禮俗志〉

分為二篇十三章三十九節，上篇「宗教篇」分為八章，第一章說明宗教的起源與涵義、宗教政策與宗教行政外。第二章「佛教的發展」，說明清代桃園的佛教與寺院齋堂、清代以降桃園地區的齋堂、日治時期桃園的佛教、桃園佛教戰時自保結社與寺廟整理運動、戰後桃園的佛教。第三章「道教的發展及寺廟」，分述道教的發展、桃園縣各鄉鎮市的廟宇。第四章「基督宗教的發展」，闡述基督宗教的發展、天主教的教堂、基督教的教會外，第五章「其他宗教的發展」，則介紹伊斯蘭教、一貫道、理教、天帝教等宗教的沿革發展。第六章「神明體系與桃園縣寺廟主要神祇」，一探道教三十六天與神明體

系、廟宇主要神祇、佛門尊聖。第七章「道教、佛教重要宗教儀式與活動」中，則分別介紹佛教水陸法會、梁皇懺法、齋天、浴佛、盂蘭盆會、放燄口、過午不食、傳戒、皈依等，及道教的入教禮、齋醮科儀、道教節日等。第八章「原住民宗教信仰」，主要說明復興鄉泰雅族的傳統信仰、基督宗教在復興鄉的發展。

下篇「禮俗篇」，除說明禮俗的形成與內涵、禮俗的功能、禮俗的變化端正外，第一章「緒論」。第二章「歲時節俗」，介紹農業社會及現代社會的歲時節俗。第三章「生命禮俗」，分述結婚、生育、成年、壽誕、喪葬禮俗。第四章「生命禮俗中的數術」，有山、醫、命、卜、相五術簡介，次及算命、符咒、求籤、小兒關煞及制化、風水。第五章「原住民的禮俗」，則說明祭祀儀式、生命禮俗，及鳥占、夢占、巫醫治病等生活中術數。最後附錄有桃園縣佛教大事記、桃園縣道教大事記、桃園縣基督宗教大事記、桃園縣其他宗教大事記，而實地進行田野調查，資料珍貴。

（十五）〈贅錄志〉

分爲三章四節，是《新修桃園縣志》的卷尾。第一章是桃園縣志之編纂，內容包括桃園縣志編纂沿革、本次縣志新修經過。第二章是桃園縣的特殊紀錄，及桃園縣、各鄉鎮市官定花、樹、果、鳥、徽、歌與其他代表物。第三章「與桃園縣有關的重要的法規與方案」中，不但將「戒嚴相關法令在桃園縣所造成之白色恐怖史」、「二二八事件在桃園」載入外，並列出受難者名單等，這些內容在此次新修縣志之前，從所未見。

《新修桃園縣志》編纂過程，依纂修需要不斷調整，民國九十九年（2010）九月正式出版，十五分志獨立成冊。全志合計二十九篇一百八十二章五百二十四節。《新修桃園縣志》多能依據最初暫訂綱目之主旨進行編纂，直至志書出版之際，經編纂團隊屢次補增修訂，以致出版之綱目與原始暫綱目有異。例如，〈地理志〉除原始暫訂綱目外，還增加「聚落與都市發展」、「土地利用的發展與變遷」、「桃園縣的環境問題」；〈開闢志〉增加「本縣各鄉鎮市開闢經過」；〈行政志〉除介紹縣政各行政部門外，亦將司法沿革、機關納入；〈地方自治志〉則保留縣長選舉及民意代表選舉外，另納入「本縣早期地方自治實概況」、「本縣內人口結構與政治生態的變遷」等。

此外，〈經濟志〉增加水利篇；〈藝文志〉亦新增文化行政篇，及兒童文學、桃園文藝作獎等章節；〈勝蹟志〉則多了「勝蹟觀念的歷史變化」，提供

讀者對於勝蹟之觀念，古今不同；〈宗教志〉則增以佛教、道教、基督教和其他宗教等章節，分門別類。〈膡錄志〉則多了「桃園縣的特殊紀錄及官定花、樹、果、鳥、徵、歌及其他相關代表物」、「與桃園縣有關重要法規與方案」等節，提供過去縣志所未見的新資訊。《新修桃園縣志》內容廣泛，是桃園縣有史以來，最具規模的一部縣志。

二、《新修桃園縣志》編纂結構

以下分別耙梳《新修桃園縣志》十五分志的「序」、「凡例」、「目錄」、「概說」、「圖」、「表」、「紀」、「志」、「傳」和「徵引資料」纂修結構。

（一）《新修桃園縣志》的「序」

「序」是為誘導讀者去閱讀正文，《新修桃園縣志》的「大序」計有「縣長序」、「前縣長序」、「議長序」、「前議長序」、「局長序」、「前局長序」、「總編纂序」共有七篇，因此，每一分志的「大序」均多達七則之多。各分志除「大序」外，另有「小序」，計有：〈經濟志〉、〈住民志〉、〈地理志〉、〈地方治志〉、〈宗教文俗志〉、〈交通志〉、〈勝蹟志〉、〈開闢志〉、〈膡錄志〉十部分志，編纂親自為個人纂修的分志寫序。餘者分志則未設「小序」。

〈經濟志〉編纂李力庸、〈勝蹟志〉編纂吳學明、〈地理志〉編纂潘朝陽、〈交通志〉編纂朱德蘭、〈住民志〉編纂尚世昌，在序中感謝審查委員斧正內容、總編纂賴澤涵力邀、編纂團隊群力合作、執事的桃園縣政府和提供資料者等。〈宗教禮俗志〉編纂黃運喜，感謝所有宗教團體提供資料。而〈地方自治志〉編纂劉阿榮作序，則以第三人稱致謝辭，與其他分志均以第一人稱有別。

綜上所述，各分志的「序」，序量未限，闡述內容除修志始末、闡述修志重點，還對感謝者致謝詞外，就敘事觀點而言，作序者敘寫類型，除以第一人觀點作序外，還有以第三人稱觀點作序，作序內容不拘一格，《新修桃園縣志》的「序」，闡述內容豐富，敘寫觀點也擴大了。

（二）《新修桃園縣志》的「凡例」

《新修桃園縣志》的「凡例」，僅置於〈志首〉，餘者均未見有「凡例」。凡例的內容係界定纂修的宗旨、綱目、時間、空間、名稱、數字、原則和範圍，規範志書編纂體例，做為遵循規範外，《新修桃園縣志》凡例亦同意「以開放及彈性為原則，使編纂委員撰稿時，依資料之多寡自行發揮」，這使得各

志在各部結構中，呈現同中有異，異中有同的多元形式，展現靈活創意。

（三）《新修桃園縣志》的「綱目」

就《新修桃園縣志》各分志的「綱目」，發現有部分的章節出現重疊之處，例如：〈志首〉下篇第二章「纂修經過」及章下「編纂規劃」、「歷次編纂工作會議」等三章，與《新修桃園縣志》〈臏錄志〉第一章「桃園縣志之編纂」及章下「桃園縣志編纂沿革」、「本次縣志新修經過」二節，實則相似；《新修桃園縣志·社會志》第二篇第四節「教師會與教師會」，與《新修桃園縣志·教育志》第二章第六節「桃園縣教師會」。

其次，再觀察《新修桃園縣志》各卷志綱目的章節層次〔註42〕：

1. 第一層次「志」

就《新修桃園縣志》綱目，第一層次包括〈志首〉、〈地理志〉、〈開闢志〉、〈住民志〉、〈社會志〉、〈行政志〉、〈地方自治志〉、〈經濟志〉、〈交通志〉、〈教育志〉、〈人物志〉、〈藝文志〉、〈勝蹟志〉、〈宗教禮俗志〉、〈臏錄志〉，方志體例屬於「分志體」。

2. 第二層次「篇」

次從《新修桃園縣志》綱目第二層次「篇」而言，「篇」計有二十九篇，其中以〈藝文志〉、〈經濟志〉的「篇」數最多，各有七篇，而〈地理志〉、〈開闢志〉、〈住民志〉、〈地方自治志〉、〈教育志〉、〈人物志〉、〈勝蹟志〉、〈臏錄志〉第二層次則均無設「篇」。

3. 第三層次「章」

再從《新修桃園縣志》綱目第三層「章」次而言，則共有一百八十二「章」；其中以〈經濟志〉有三十九章，章數最多。

4. 第四層次「節」

另就《新修桃園縣志》綱目第四層「節」次而言，總計有五百二十四「節」，以〈經濟志〉有九十八節，節數最多。

5. 第五層次「目」

《新修桃園縣志》各志綱目僅止於第四層次，各志目錄均無第五層次，也無設有「目」次。

〔註42〕有關《新修桃園縣志》綱目層次統計情形，請見本文末附錄十。

整體而言，《新修桃園縣志》綱目層次，只到第四層次，全志均無設置「目」次，部分目錄章節名稱雖然重疊，但仍是以科學分類體系，做為綱錄章節層次的依據。

（四）《新修桃園縣志》的「概說」

統計《新修桃園縣志》有「概說」者，僅有〈社會志〉一志。惟〈經濟志〉、〈行政志〉和〈勝蹟志〉三志，雖均無「概說」設置，但卻形同有「概說」。

例如：〈經濟志〉「概說」，在第一篇一開始，即記述「……本篇分四章，敘述本縣的農業環境、農作物、技術改良及休閒農業」；又〈行政志〉僅在第一章前有「本縣之行政區畫自歷代以來迭變革，本篇歷數自明、清、日治及民國以來之沿革發展過程」，短短二行文字記述，〈經濟志〉、〈行政志〉雖未標註「概說」二字，但透過文字說明，猶如「摘要」、「導讀」般，質同「概說」。此外，〈勝蹟志〉第一章「前言」，旨在說明該志撰寫的脈絡及述後續章節的討論重心，「前言」亦猶如「摘要」，質亦同「概說」。

《新修桃園縣志》「概說」，置於各篇之後、或各章之前的文字說明。「概說」的文章體裁採記述體，縱橫結合，字數簡短。其篇幅短小，重點突出，可以讓讀者閱讀之後，能夠對全書的內容「大致了解」，建構初步印象。「概說」位處方志位置特殊，獨立成篇，不佔章節。

（五）《新修桃園縣志》的「圖」

《新修桃園縣志》除了〈人物志〉、〈勝蹟志〉無圖外，餘者皆廣泛用圖，統計各分志對於圖量（含圖和照片）運用情形，《新修桃園縣志》用圖量總計有二千五百五十六張，以〈教育志〉最多，用圖量有一千一百四十四張外，〈志首〉用圖量有二十五張、〈開闢志〉一百二十四張、〈地理志〉九十九張、〈行政志〉一百四十二張、〈住民志〉九十九張、〈社會志〉十三張、〈地方自治志〉十六張、〈宗教禮俗志〉一百六十三張、〈藝文志〉一百四十五張、〈交通志〉一百一十六張、〈勝蹟志〉四百一十六張、〈臘錄志〉五十四張。其中，〈宗教禮俗志〉入志照片則全部是彩色，有別於他志黑白照片。

《新修桃園縣志》各分志用圖內容廣泛，例如：〈交通志〉中正國際航空站（今桃園國際航空站）、第二航廈入境大廳、第一航廈、桃園客運新屋站今昔對照、桃園客運木造車廂公車等照片；〈地理志〉「桃園臺地的河川」、「龜

山鄉人口比例圖」、「桃園縣五個空間結構發展示意圖」等。此外,〈交通志〉「民國七十六~九十三年縣境車輛總數增長趨勢圖」。又以圓圖呈現的《新修桃園縣志》〈交通志〉「國際航空站營收類型圖」。還有以區塊方式呈現的《新修桃園縣志》〈交通志〉「國際航空站歷年營收統計圖」、「航空警察局保安隊職掌配置圖」;《新修桃園縣志》〈地理志〉「大漢溪襲奪石門溪示意圖」、《新修桃園縣志‧地理志》「大園鄉人口比例圖」、「中壢市民國三十九~九十四年人口成長趨勢圖」、「桃園縣各鄉鎮坡度百分之三十分布圖」等不同圖樣,以示區隔。

綜觀各分志用圖內容,有境界、山川、人民、風俗、物產、都邑、河流、池塘、建築、交通工具、車站、能源、經濟、產業、宗教等,反映用圖內容豐富。此外,各分志用圖,除傳承傳統繪圖外,並分別藉以線條精細、不同形狀及黑白、色塊等及擴大發展以色塊區隔、兼以形狀、線條、幾合圖形、等方式表現。顯示用圖繪製技術水平也大爲提高,且以大量照片入志,充份反映新修方志的結構特色。

(六)《新修桃園縣志》的「表」

《新修桃園縣志》表格,以〈經濟志〉四百二十九個最多,餘者表格:〈志首〉有十二個、〈開闢志〉有六十二個、〈地理志〉有一百一十四個、〈行政志〉有一百五十個、〈住民志〉有一百三十一個、〈社會志〉有一百一十一個、〈地方自治志〉有一百三十三個、〈宗教禮俗志〉有一百一十五個、〈藝文志〉有二十個、〈教育志〉有二百五十四個、〈交通志〉有三百零六個、〈勝蹟志〉有二十個、〈臟錄志〉有十七個,總計表格多達一千八百七十四個,各分志對表體運用非常普遍,顯示各分志對表體的重視極高。

《新修桃園縣志》有表人、表事等,例如,表人有〈藝文志〉「桃園縣籍藝文作家一覽表」、表事有〈地方自治志〉「桃園縣地方派系一覽表」等。此外,〈住民志〉「桃園縣遺址分佈」,以表格呈現桃園縣史前遺址分佈情形,史前遺址分佈以大溪鎮最多,次爲復興鄉、大園鄉、平鎮市、觀音鄉。又〈交通志〉「國道一號縣境路段平均速率」表,將數年時間的同類事物串連起來,縱向表示時間,橫向展示事類發展不同的結果,表體以時間爲經,事類爲緯,此外,〈地理志〉「桃園大圳通水前後桃園臺地水旱田面積變化表」,表體係以事類爲經,時間爲緯,突顯旱田水田化在桃園地區水利設施興建後的變化,足見桃園大圳通水後,對臺地最明顯的變化,即水田激增,旱田

銳減。

　　《新修桃園縣志》各分志的表體，無論表以時間爲經，事類爲緯，或者以表以事類爲經，時間爲緯等例子，均說明不同的經緯組合而成，縱橫貫通，可以快速了解其發展脈絡和變化的規律。

（七）《新修桃園縣志》的「紀」

　　《新修桃園縣志》各分志採用紀體者，計有〈志首〉、〈宗教禮俗志〉，在紀體的運用上，均直名爲「大事紀」。首先，就紀年編寫方式，〈志首〉記事時間起於 1624 年，止於 2008 年，記事時間則以紀元、西元表示。〈宗教禮俗志〉則有「桃園縣佛教大事記」、「桃園縣道教大事記」、「桃園縣基督教大事記」三篇大事記，但記事時間則不同，其中，「桃園縣佛教大事記」始於乾隆元年（1736），止於民國九十五年（2006）；「桃園縣道教大事記」則始於乾隆五年（1740），止於民國九十二年，觀音鄉保障宮舉慶成醮典；「桃園縣基督教大事記」，記事時間自光緒十一年（1885），止於民國九十五年六月二十四日，李克勉神父就任天主教新竹教區主教職務止。

　　另就紀文而言，〈志首〉雖爲採章節體，將大事記分成荷西明鄭時期、清領時期、日治時期及戰後迄今四節，但仍以表格方式紀事，以編年爲序，列舉九百二十條、一千五百五十八條目，但其紀事的文字短則有六字，例如明治四十四年（1911）紀事有「中壢建元化院」，長則七十二字，例如永曆十五年（1661）紀事有「鄭成功將赤崁地方定爲東都明京，改赤崁城爲承天府，分置天興、萬年二縣於臺灣北路與南路，實施兵農合一之屯田制。今桃園地區因位居北臺，故隸天興縣所轄。」避免紀體文字過長，以免與志體或傳體分辨不清，即使事件雖大，但敘事的文字均以不超過二十字居多，紀體的文字力求簡潔有力。

（八）《新修桃園縣志》的「志」

　　《新修桃園縣志》十五分志均直書志名，各分志書以志名，此乃按定型方志名稱而來。章學誠對於志體的寫作體裁應該「忌偏尚文辭」〔註43〕，說明志體不應以追求文藻華麗爲能事，主張志體記事貴在文直。而《新修桃園縣志》對於敘事之工，特別在「凡例」中訂出以下規範：

〔註43〕〔清〕章學誠，〈修志十議〉，收於葉瑛校注、氏撰《文史通義》（臺北：頂淵文化事業公司，2002 年 9 月），頁 843。

行文力求簡潔淺顯，並加上新式標點，以達通俗易讀之標準。〔註44〕
《新修桃園縣志》就各分志的記述用詞，力求簡潔通俗，期達到庶民大眾皆
有能力閱讀。此外，記述的內容雖依類記述爲主，但各類記述時間均按歷史
發展的時間先後，例如：〈開闢志〉從史前遺址開始敘述，其次說明原住民在
桃園地區的生態與遷徙，再陳述漢人入墾桃園的過程，接著再記述桃園縣各
鄉鎮市開闢經過，最後分述桃園各村里、部落、庄街、巷道地名的歷史由來，
全文以略古詳今的原則，依次記述。《新修桃園縣志》記述體裁爲順敘記述，
記述的文直事核，展現紀傳體志書的特點。

（九）《新修桃園縣志》的「傳」

《新修桃園縣志》對於〈人物志〉入傳之標準，有明文規定：

> 需盡力網羅桃園縣境內各時代有顯著表現或特色之先進賢能（以不
> 爲生人立傳爲原則）。〔註45〕

〈人物志〉明定入傳對象，均爲已故之人外，並且釐訂入傳的時間和範圍，
採「不爲生人立傳」原則，入傳人物主要生平事蹟發生在桃園縣，或是非臺
灣出生，但其事蹟發生在桃園縣也會被酌情收錄，總計入傳人數計有四百六
十一人。惟〈鄧雨賢傳〉除了生平事跡的記述之外，尚有鄧雨賢大事記〔註46〕，
而〈吳金淼傳〉、〈吳金榮傳〉則僅以年表呈現，並無記述〔註47〕，使得人物
傳記採紀體外，表現方式尚夾雜紀體。

持平而論，其他專志因涉及事物的沿革等，內容繁瑣而複雜，爲便利清
楚記述，使用「志」體等體裁，以篇、章、節、目等多層次結構，符合學術
撰稿規範；惟人物傳記因入傳人數較多，以大類區分可俾利查閱，又人物內
容單純，以單層次的結構反映，更爲簡單明瞭，且無跨越兩個分期的窘境。
而該志〈人物志〉並無篇章節的結構，分別將傳主依開闢、保鄉衛國、抗日
先賢、宦績——政事、鄉紳、地方建設、儒林、藝文、醫學、工商業、教育、
宗教、傑出女性、經濟農業、公義、社會運動、孝行、學術研究等十八個門

〔註44〕總編纂賴澤涵、編纂鄭政誠，《新修桃園縣志‧志首》，頁146。
〔註45〕總編纂賴澤涵、編纂謝艾潔、劉明憲，《新修桃園縣志‧人物志》，前引書，
　　　　頁152。
〔註46〕總編纂賴澤涵、編纂謝艾潔、劉明憲，《新修桃園縣志‧人物志》，前引書，
　　　　頁203。
〔註47〕總編纂賴澤涵、編纂謝艾潔、劉明憲，《新修桃園縣志‧人物志》，前引書，
　　　　頁208。

類，乃依不同性質劃分，門類下再依時代為序依次立傳。就人物傳記而言，《新修桃園縣志》對於〈人物志〉以單層次的排列略勝一籌。

（十）《新修桃園縣志》的「徵引資料」

就《新修桃園縣志》的徵引資料〔註48〕，首先，就各志徵引資料情形，《新修桃園縣志》，每一部分志均於書末附有著述資料，總計徵引資料多達三千四百四十二筆。其次，就書目名稱而言，各分志末徵引參考資料名稱，皆統一為「參考資料」，且作者、書名、出版地、出版者，年份，參考書目的格式整齊、統一。再就資料分類，除〈藝文志〉的志末徵引資料未分類外，餘者，徵引資料分別按以史料、專書、期刊、學術論文、檔案資料、口述歷史或網路資料進行分類。

統計《新修桃園縣志》徵引資料，其中，「史前史資料」約佔全部資料的百分之零點一、「檔案年鑑報刊」約為百分之二十一點八、「舊志史古文書」約為百分之十九點一、「訪問調查」約為百分之零點三、「專書論文」約為百分之五十點七、「網站資料」約為百分之八，足見其搜集、徵引史料範圍亦廣，其中，又以「專書論文」最多，其次為「檔案年鑑報刊」，再次依序為「舊志史古文書」、「網站資料」、「訪問調查」、「史前史資料」。

《新修桃園縣志》的徵引資料，就文獻資料方面，幾乎都能夠註明徵引資料出處，已具備學術論文寫作標準，其透過科學方法的彙編歸納，化繁為簡，條理井然，有助於讀者理解與掌握。其次，就調查訪問方面，田野調查訪問工作可補現有資料之不足，或用以覆按記錄資料之正誤，惟從徵引資料列出調查訪問者，僅〈經濟志〉、〈人物志〉、〈膳錄志〉，顯示參考資料主要以文獻資料之搜集為主，田野調查訪問運用紀錄偏低，十分可惜。

觀察《新修桃園縣志》各分志使用註釋情形，均採用隨頁註腳，茲依「註譯方式」和「註釋數量」分述如下：

1. 註釋方式

《新修桃園縣志》所有分志，雖註腳編號有分章採計，亦有註腳編號連續合計，但其註腳均採當頁註。

2. 註釋數量

《新修桃園縣志》各分志註釋數量，〈志首〉有二百三十九個、〈地理志〉

〔註48〕有關《新修桃園縣志》徵引資料情形，請見本文末附錄七。

三百九十六個、〈開闢志〉四百八十三個、〈住民志〉五百五十二個、〈社會志〉一百一十個、〈行政志〉三百六十三個、〈地方自治志〉一百四十七個、〈經濟志〉一千零六個、〈交通志〉六百六十六個、〈教育志〉一百零五個、〈人物志〉九百三十四個、〈藝文志〉一千零一十七個、〈勝蹟志〉七百五十一個、〈宗教禮俗志〉六百六十六個、〈膡錄志〉二百一十個，總計多達七千六百四十五個，以〈藝文志〉一千零一十七個居冠，少者〈社會志〉也有上百個。

就註釋方式而言，《新修桃園縣志》採隨頁註腳，全志統一；另就註釋數量而言，各分志引用註釋數量可觀。

小　結

戰後桃園縣政府官修縣志總計有三次：《桃園縣志》、《重修桃園縣志》及《新修桃園縣志》，觀察各版桃園縣志修志的始末，《重修桃園縣志》其實僅重修〈經濟志〉、〈文教志〉二部而已，原《桃園縣志》〈土地志〉、〈人民志〉、〈政事志〉、〈人物志〉、〈志餘〉五志均未重修。有鑑於首纂、重修兩部縣志無法滿足時代需求，遂展開《新修桃園縣志》纂修工作。統計《新修桃園縣志》分志數量，至少比舊志多出〈志首〉、〈地理志〉、〈開闢志〉、〈住民志〉、〈社會志〉、〈行政志〉、〈地方自治志〉、〈交通志〉、〈教育志〉、〈藝文志〉、〈勝蹟志〉、〈宗教禮俗志〉、〈膡錄志〉十三志，新修縣志的編纂工程巨大且繁瑣，投入的纂修成員人力、纂修數量、章節安排之豐，頁數之多，均爲歷次縣志編纂之最。其中，與藝文有關的方志，則有〈藝文志〉一部。

《新修桃園縣志》除能突顯「學者主導修志、忠於歷史事實，編纂手法則充份運用科學方法，並保有鄉土意識、尊重多元族群，議論述作並重、講求經世致用」〔註49〕七大特色和價值。此外，就編纂內容而言，其涵蓋美學、文學、區域研究、及地理、政治、經濟、社會、人口、教育、人類、宗教、民俗學等理論與方法，內容豐富；另就編纂結構而言，《新修桃園縣志》的「序」，序量未限、「凡例」統一、「綱目」僅止於第四層「節」次、「概說」表現方式多元、「圖」體以照片入志、「表」體運用表格廣泛、「紀」體紀文簡潔、「志」體依類記述，再依時舖排開展，而「傳」體〈人物志〉不爲生人立

〔註49〕見拙作，〈戰後臺灣縣（市）志的纂修研究——以《新修桃園縣志》爲例〉，收入於臺北市文獻委員會，《臺北文獻》直字第177期，中華民國一〇〇年九月二十五日，頁217～227。

傳，採紀傳體，不同門類的單層次結構，簡單明瞭。此外，「徵引資料」註釋數量龐大，但註釋方式統一，方志結構能夠繼承和創新兼容並蓄。

惟《新修桃園縣志》編纂團隊，中途人事異動、或與受託單位官司纏訟等因素，纂修過程倍極艱辛波折，卻還能順利出版，與下列因素有關：

首先，就《新修桃園縣志》編纂團隊而言，該志編纂團隊克盡其職，經過長達七年，披閱增修，總計以二十九篇、一百八十二章、五百二十四節、六千九二十頁、六百萬字，完整呈現十五部分志之內容，纂修工程十分艱辛。〔註50〕其次，就《新修桃園縣志》編纂委員會而言，其由府外學者、府內退休主管與地方文史工作者共同組成，該會委員從不計較審查費用之多寡，竭盡所能，審查嚴謹，不斷提供寶貴意見，供編纂團隊參酌，充份發揮聯合審查機制的功能，為縣志嚴格把關，是《新修桃園縣志》背後重要推手。再次，就桃園縣政府而言，該志纂修期間，縣府對於編纂團隊面臨的各種問題，均能從旁協助，《新修桃園縣志》名義上雖是官修，但實質卻能尊重該志編纂團隊纂修內容，和編纂委員會審查意見，實屬難能可貴之事。

〔註50〕儘管全志業已出版，但本論文完稿前，筆者一〇〇年十二月六日特前往國立中央大學訪問編纂主持人賴澤涵。賴澤涵受訪時，對於該志的纂修成績自評只有七十九分，且對纂修過程及主政單位的態度，仍抱遺憾。

第六章　《新修嘉義縣志》與《新修桃園縣志》之纂修比較
──以藝文方志爲中心

　　本文探究《新修嘉義縣志》與《新修桃園縣志》之纂修，惟「不通《漢書・藝文志》，不可以讀天下書。〔註 1〕〈藝文志〉者，學問之眉目，著述之門戶也。」〔註 2〕由於〈藝文志〉爲學問之樞紐，舉足輕重。因此，以縣志中的藝文方志〔註 3〕做爲主要考察對象。而方志內容浩瀚繁雜，鑒往知來，爲瞭解〈藝文志〉的演進史，觀察〈藝文志〉之內容。在探究嘉義、桃園縣志藝文志之前，擬從現存先秦以降的歷代史籍，觀察中國古代對於「藝文」之釋義、正史〈藝文志〉和方志〈藝文志〉之面向；再對戰後嘉義、桃園縣歷次纂修縣志中，凡收錄藝文或專志藝文方志，逐一梳理，以掌握兩縣志中藝文方志之纂修內容與結構、特色與價值。

第一節　史志「藝文志」釋義

　　本節擬先就〈藝文志〉釋義，再探〈藝文志〉在史書與方志中的纂輯方

〔註 1〕顧實，《漢書藝文志講疏》（臺北：廣文書局，1970 年 11 月），頁 1。按顧實，「此處所謂『天下』乃指中國一家而言」。

〔註 2〕〔清〕王鳴盛著、黃曙輝點校，《十七史商榷》卷二十二〈《漢藝文志》考證〉，條引金榜語（上海：上海書店出版社，2005 年 12 月），頁 162。

〔註 3〕嘉義、桃園縣志各版縣志中的藝文志名稱，除《新修桃園縣志》名爲〈藝文志〉，餘者藝文志之名不一，有以〈藝文篇〉、〈學藝志〉、〈文學志〉、〈藝術志〉，因此，本文論析的藝文志稱爲「藝文方志」。

式，是否有所差異。

一、〈藝文志〉釋義

　　〈藝文志〉始於班固《漢書》，首先就〈藝文志〉的「藝」而言，根據唐顏師古注《漢書》：「六藝，六經也。」〔註4〕「六經」乃指《詩》、《書》、《禮》、《樂》、《易》、《春秋》，其中，《樂經》早已亡佚，《漢書・藝文志》並無收錄。而六藝有兩種含義，即《周禮》中的古六藝和孔子提出的春秋以後的六藝。根據《周禮・地官・保氏》：「養國子以道，乃教之六藝：一曰五禮、二曰六樂、三曰五射、四曰五御、五曰六書、六曰九數」〔註5〕，又《禮記・少儀》：「游於藝」，鄭玄《禮記鄭注》：「藝，六藝也，一曰五禮、二曰六樂、三曰五射、四曰五御、五曰六書、六曰九數。」〔註6〕《禮記》「六藝」有禮、樂、射、御、書、數，西周貴族並據此六藝，做爲教育的六個學科，六藝是中國古代儒家要求學生掌握的六種基本才能。《論語》「求也『藝』，於從政乎何有？」及「『藝』爲六藝。」〔註7〕惟西漢賈誼（公元前200～前168年）、董仲舒（約公元前179～前104年）等人繼續衍行六經分類名稱，稍加變異，例如：賈誼《新書・六術篇》曰：「以與《書》、《詩》、《易》、《春秋》、《禮》、《樂》六者之術以爲大義，謂之六藝。」〔註8〕又董仲舒《春秋繁露・玉杯篇》：「君子知在位者之不能以惡服人也，是故簡六藝以贍養之：《詩書》序其志，《禮樂》純其美，《易春秋》明其知。」〔註9〕《春秋繁露義證》：「以六藝養其德性，志、美、知，屬習六藝者言之，序其志，使無邪惡；純其美，使不躁厲；明其智，使順於陰陽。」〔註10〕。顏師古爲《漢書》作注，則是再承襲漢人以「六藝」解釋「六經」之說，因此，乃有「六藝，六經也」一說。

〔註4〕〔漢〕班固撰，顏師古注，《漢書・藝文志》北宋景祐刊本（臺北：臺灣商務印書館，1937年1月），頁02～444。

〔註5〕〔漢〕鄭玄注、王雲五主編，《周禮鄭氏注》（臺北：臺灣商務印書館，1965年12月），頁87～88。

〔註6〕〔漢〕鄭玄注，《禮記鄭注》（臺北：臺灣中華書局，1966年3月），頁16。

〔註7〕陳國慶、何宏在，《論語評注》（臺北：國家出版社，2003年9月），頁117。

〔註8〕〔漢〕賈誼，閻振益、鍾夏校注《新書校注・六術》（臺北：中華書局，2000年7月），頁316。

〔註9〕〔西漢〕董仲舒著，蘇輿撰、鍾哲點校，《春秋繁露義證》（北京：中華書局，1992年12月），頁35。

〔註10〕〔西漢〕董仲舒著，蘇輿撰、鍾哲點校，《春秋繁露義證》，前引書，頁35。

其次，就〈藝文志〉之「文」而言，據《論語‧學而篇》「行有餘力，則以學文。」及《論語‧雍也篇》「君子博學於文」，《論語評注》：「文，爲古代文化典籍，主要指《書》、《詩》、《禮》、《樂》等知識」〔註11〕中國古籍最早的子書產生於春秋、戰國時期的百家爭鳴之中，這批諸子之書，是中國珍貴的文化結晶。

析言之，正史〈藝文志〉所記錄的對象，其中「藝」除了有古代專指的《書》、《詩》、《易》、《春秋》、《禮》、《樂》「六經」；「文」則含蓋中國歷史古書和諸子之書。而班固《漢書‧藝文志》是對先秦及秦漢典籍的總結，也是中國最早總結文藝的百科全書，其集結教育、娛樂、觀賞、文化，體現先秦時期諸家之藝文系統，爲後人閱讀先秦及秦漢典籍的津梁，〈藝文志〉之名，並爲後世方志襲用迄今。

二、正史〈藝文志〉

班固在《漢書‧藝文志》一書云：

> 至成帝時，以書頗散亡，使謁者陳農求遺書於天下。詔光祿大夫劉向校經傳諸子詩賦，步兵校尉任宏校兵書、太史令尹咸校數術、侍醫李柱國校方技，每一書已，向輒條其篇目，撮其指意，錄而奏之。會向卒，哀帝復使向子侍中奉車都尉歆卒父業。歆於是總群書，而奏其《七略》、故有《輯略》，有《六藝略》，有《諸子略》，有《詩賦略》，有《兵書略》，有《術數略》，有《方技略》。今刪其要，以備篇籍。〔註12〕

從上文可知，班固纂輯《漢書‧藝文志》乃因漢成帝時，見藏書散落遺佚，而下詔派劉向、任宏、尹咸、李柱國分別校閱諸子詩賦、兵書、數術、方技等書籍，然後編成總目錄，記述學術之流變與系統。可見《漢書‧藝文志》是以劉歆（？～23）《七略》爲藍本。《漢書‧藝文志》雖非班固所編，但〈藝文志〉體例卻始見此，成爲現存最早的一部書目，也是目錄學之祖。

《漢書‧藝文志》之內容，首章爲總序，說明編纂緣起，次爲書目，按學術系統分爲「六藝」、「諸子」、「詩賦」、「兵書」、「數術」、「方技」六略，每略再分若干類，每書記書名、撰人、篇卷數，其下小注有關撰人生平、

〔註11〕陳國慶、何宏在，《論語評注》（臺北：國家出版社，2003年9月），頁14、110。

〔註12〕〔漢〕班固撰，〔唐〕顏師古注，《漢書》，前引書，頁02～444。

學術、書籍內容等。每類記錄典籍完畢，再總結全類家數、篇數，如書類之總結云：「凡書九家，四百一十二篇」〔註13〕，總結後又有小序；每略結束，又總結全略之類數、家數、篇數，例如六藝略之總結云：「凡六藝一百三家，三千一百二十三篇。入三家百五十九篇，出重十一篇」〔註14〕，其後有綜論全略之學術流變；全書終結，再總結六略之總數、家數、卷數等，例如「大凡書六略三十八種，五百九十六家，萬二千二百六十九卷。入三家五十篇，省兵十家。」〔註15〕《漢書・藝文志》之體例分爲書目及敘述二部分，書目部分載典籍書名、撰人和篇卷數；敘述部分則包括總敘、小序、書名下的小註。前者論述學術系統，後者說明學術流變，正史以〈藝文志〉爲著錄書目。

〈藝文志〉始於《漢書》，爲後世正史所承。揆諸後代史家承續《漢書・藝文志》編纂方式者，計有：《隋書》、《舊唐書》、《新唐書》、《宋史》、《明史》等。其中，《隋書》、《舊唐書》雖不稱爲〈藝文志〉，而稱爲〈經籍志〉，但因《隋書》及《舊唐書》〈經籍志〉的內容均有經、史、子、集，並有小序、註撰人姓氏及卷軸數。因此，《隋書》及《舊唐書》雖名爲〈經籍志〉，但實質同於〈藝文志〉。

《漢書・藝文志》著錄先秦兩漢典籍之目，是第一部對中國古代著作，首進行全面調查與整合，具觀千古學術源流。因此，對研究歷代圖書文獻、考訂學術源流，極具文獻參考價值，及至《隋書・經籍志》的出現，再對古代著作進行第二次全面性的總結。自《漢書》設〈藝文志〉，《隋書》設〈經籍志〉以後，史志設立「藝文」幾成通例。

三、方志〈藝文志〉

有關方志〈藝文志〉之纂修，首先有北齊《關東風俗傳》中的《墳籍志》最早一說。據劉知幾在《史通・內篇・卷三・書志第八》指出：

> 近者宋孝王《關東風俗傳》亦有《墳籍志》，其所錄皆鄴下文儒之士，鐫校之司。所列書名，唯取當時撰者。習茲楷則，庶免譏嫌。
> 語曰：「雖有絲麻，無棄菅蒯。」於宋生得之矣。〔註16〕

〔註13〕〔漢〕班固撰，〔唐〕顏師古注，《漢書》，前引書，頁02～445。
〔註14〕〔漢〕班固撰，〔唐〕顏師古注，《漢書》，前引書，頁02～449。
〔註15〕〔漢〕班固撰，〔唐〕顏師古注，《漢書》，前引書，頁02～461。
〔註16〕〔唐〕劉知幾著，姚松、朱恒夫譯注，《史通・內篇・卷三・書志第八》（臺

又根據姚松、朱恒夫譯注《史通》云：「北齊宋孝王所著《關東風俗傳》中，也有《墳籍志》，其中所記錄的，都是北齊都城鄴下的文人儒士，校勘圖書機構；所列出的書名，只取代當地人所撰寫的。以它作為學習楷模的遵守準則，也許可以免受譏笑。諺語：『雖有絲麻，無棄菅蒯。』，用在宋孝王身上，是很恰當的。」〔註17〕從《史通》史籍記載，中國早在北朝時代的《墳籍志》，其入志著作作者，除限當地人之外，入志的作者不分等級貴賤均可入志，且《墳籍志》收錄作品全都是當代人的著作。《墳籍志》收錄作品和作者的原則與態度，劉知幾甚表贊揚。爬梳史籍文獻等資料，析釐方志〈藝文志〉之源，《關東風俗傳》中的《墳籍志》，應為開方志藝文之先河。

其次，宋代樂史《太平寰宇記》收錄題詠詩文，據《四庫全書總目提要》評論：

> 其書採摭繁富，惟取賅博。於列朝人物，一一並登，至於題詠古蹟，若張祐金山詩之類，亦皆並錄。後來方志必列人物、藝文者，其體例皆始於史。蓋地理之書，記載至是書而始詳，體例亦自是而大變。〔註18〕

《太平寰宇記》為北宋初期太常博士直史館樂史（930～1007）所撰，《太平寰宇記》本有「二百卷，並目錄二卷，起自河周於海外。」〔註19〕但缺第四卷、及一百一十二卷至一百一十卷等七卷，是書是北宋初期一部著名的地理總志，係沿襲唐十三道區劃列目，始于河南，終於四夷。

《太平寰宇記》內容，除了徵引《尚書》、《周禮》、《山海經》、《水經注》等前朝史料古籍外，並收錄民間諺語、名人碑記、文人詩賦、樂府詩、志怪小說《搜神記》等作品。例如：《太平寰宇記》第九十卷，收錄〈吳都賦〉，及第一百三十三卷、一百四十八卷，分別記述上元縣落星山、南鄭縣旱山、奉節縣灩澦堆：

> 饗戎旅乎落星之樓。〔註20〕

北：臺灣古籍出版公司，2002 年 2 月），頁 116～117。

〔註17〕〔唐〕劉知幾著，姚松、朱恒夫譯注，《史通·內篇·卷三·書志第八》，前引書，頁 117。

〔註18〕王雲五主編、永瑢等撰，《四庫全書總目提要》六十八卷史部二十四地理類一（臺北：臺灣商務印書館，1965 年 2 月），頁 1454。

〔註19〕〔北宋〕樂史，〈太平寰宇記序〉，收於氏著《太平寰宇記》（北京：中華書局，2007 年 11 月），頁 1。

〔註20〕〔北宋〕樂史，《太平寰宇記》（北京：中華書局，2007 年 11 月），頁 1785。

山頭戴，旱山晦，家中乾穀莫相貸。〔註21〕

灩澦大如襆，瞿塘不可觸；灩澦大如馬，瞿塘不可下；灩澦大如鼈，瞿塘行舟絕；灩澦大如龜，瞿塘不可窺。〔註22〕

又《太平寰宇記》第九十卷、《太平寰宇記》第九十四卷，地碑分別引李白、徐陵記述溧陽縣溧水、烏程縣卞山，銘曰：

春風三十，花落無言。〔註23〕

高岫蒼蒼，遙聞天語。〔註24〕

另在《太平寰宇記》第九十二卷，記述富陽縣赤亭里、第一百零六卷記述南昌縣松門山，及一百一十卷記述南城縣落岫石，分別引謝靈運〈入彭蠡湖口〉等云：

定山緬雲霧，赤亭無淹泊。〔註25〕

攀崖照石鏡，牽葉入松門。〔註26〕

朝發飛猿嶠，暮宿落岫石。〔註27〕

還有《太平寰宇記》卷九十四，記述武康縣前溪一地，則引晉代邑人沈充樂府詩〈前溪曲〉曰：「當曙與未曙，百鳥啼忩忩」〔註28〕，又記「後少帝續爲七曲，其一曲曰：「憂思出門戶，逢郎前溪渡；莫作流水心，引新都捨故。」〔註29〕此外，內文並有大量引述《搜神記》等作品，例如《太平寰宇記》一百二十六卷：

焦湖廟有一柏枕，或名玉枕，有小坼。時單父縣人楊林爲賈客，至廟祈求。

廟巫謂曰：「君欲好婚否？」林曰：「甚幸。」巫即遣林近枕邊，因入坼中，遂見朱門瓊室，有趙太尉在其中，即嫁女與林，生六子，皆爲秘書郎。歷數十年，並無思鄉之志。忽如夢覺，猶在枕傍，林

〔註21〕〔北宋〕樂史，《太平寰宇記》，前引書，頁2612。
〔註22〕〔北宋〕樂史，《太平寰宇記》，前引書，頁2875。
〔註23〕〔北宋〕樂史，《太平寰宇記》，前引書，頁1794。
〔註24〕〔北宋〕樂史，《太平寰宇記》，前引書，頁1880。
〔註25〕〔北宋〕樂史，《太平寰宇記》，前引書，頁1868。
〔註26〕〔北宋〕樂史，《太平寰宇記》，前引書，頁2102。
〔註27〕〔北宋〕樂史，《太平寰宇記》，前引書，頁2241。
〔註28〕〔北宋〕樂史，《太平寰宇記》，前引書，頁1888。
〔註29〕〔北宋〕樂史，《太平寰宇記》，前引書，頁1888。

愴然久之。〔註30〕

上述引文，是《太平寰宇記》為記述淮南道廬州合肥縣湖廟名稱之由來，而引述晉代干寶搜集記錄神仙鬼怪的著作《搜神記》，與南朝宋宗室劉義慶集門客所撰志怪小說集《幽明錄》的作品。《太平寰宇記》採摭繁富，援引內容豐富，開後世徵引藝文之先河。〈趙承恩舊學山房藏板《太平寰宇記》校宋本重印序〉、〈萬廷蘭本《太平寰宇記》陳序〉、及〈洪吉亮《更生齋文甲集》卷三萬刺史廷蘭重校刊《太平寰宇記》序〉分別有云：

> 惟宋使郎樂公所撰《寰宇記》，徵引繁富，幾於完備，足為地輿方域
> 諸書善本。而於郡縣、戶外，仍復以風俗、姓氏、土產、人物，
> 上溯唐虞周秦，下迄漢唐宋、六朝五代，編年紀地紀人紀事，細大
> 不遺，視《輿地考》、《郡縣志》、《九域志》等書，尤為賅括詳盡。
> 〔註31〕
>
> 因得盡讀之，紀人紀地紀事，由周秦迄漢唐，援引之富，比類之蹟，
> 志怪搜神，靡不備載。〔註32〕
>
> 藉是書以存者實多，此其所長也。至若地理外又編入姓氏、人物、
> 風俗數門，因人物又詳及官爵及詩辭雜事，遂至祝穆等撰《方輿勝
> 覽》，寧略建置沿革，而人物瑣事必登載不遺，實皆濫於此。〔註33〕

趙承恩、萬廷蘭、洪亮吉等人，在以上引文，讚嘆《太平寰宇記》援引豐富，有別於方志只記述一地地理外，另增姓氏、人物、風俗等門類。《太平寰宇記》「於前代地理志外，旁及詩賦，又好引仙佛雜記，史稱論者，嗤其詭誕是也。」〔註34〕樂史在《太平寰宇記》徵引大量文學資料，不僅大量採錄了歷代地志、正史和文集材料，還仿酈道元《水經注》列詩文、碑記之法，引用了不少詩賦和碑文。是書除可考察北宋初期政區建置變遷，可補史之缺，其對後世最大的影響，則是增補姓氏、風俗、人物、戶口、土產、詩文歌賦等，

〔註30〕　〔北宋〕樂史，《太平寰宇記》，前引書，頁2493。

〔註31〕　趙承恩，〈舊學山房藏板《太平寰宇記》校宋本重印序〉，收於〔北宋〕樂史
　　　　　《太平寰宇記》，前引書，頁3884。

〔註32〕　萬廷蘭本，〈《太平寰宇記》陳序〉，收於〔北宋〕樂史《太平寰宇記》，前引
　　　　　書，頁3872。

〔註33〕　〔清〕洪亮吉，〈《更生齋文甲集》卷三萬刺史廷蘭重校刊《太平寰宇記》序〉，
　　　　　收於〔北宋〕樂史《太平寰宇記》，前引書，頁3882。

〔註34〕　〔北宋〕樂史，《太平寰宇記》，前引書，頁3874。

使以圖經、山川地理爲主的方志，擴充大量各地社會歷史、風土習俗及珍貴的人文內容，一改過去書寫地理爲主。樂史對於《太平寰宇記》的成就，將一向偏重地理記載的方志，轉向著重記錄人物、藝文，《太平寰宇記》在中國方志的歷史地位評價甚高，例如：清錢大昕在《十駕齋養新錄》云：

> 有宋一代志輿地者，當以樂氏爲巨擘。〔註35〕

析論方志〈藝文志〉，在《太平寰宇記》之前，北齊宋孝王所著《關東風俗傳》中的《墳籍志》，並未受到矚目，但直至《太平寰宇記》增益記述藝文、人物等內容。又經《四庫全書總目提要》肯定方志藝文體例始於《太平寰宇記》。又宋晞指出：「《太平寰宇記》間錄名士題詠詩文，爲方志藝文之濫觴」〔註36〕，及另有洪亮吉等多位後世史家，咸推《太平寰宇記》爲方志載錄藝文作品的濫觴。據此觀察，方志之載藝文，雛形應始於北齊宋孝王所著《關東風俗傳》中的《墳籍志》；定型於北宋《太平寰宇記》。

《太平寰宇記》增益藝文體例，後世方志纂修亦受影響。統計南宋所修方志，傳於今者有二十七種，計有：《乾道臨安志》、《淳祐臨安志》、《咸淳臨安志》、《乾道四明圖經》、《寶慶四明志》、《開慶四明志》、《嘉泰會稽志》、《寶慶會稽續志》、《吳興志》、《剡錄》、《嘉定赤城志》、《嚴州圖經》、《景定嚴州續志》、《澉水志》、《吳郡志》、《景定建康志》、《嘉定鎮江志》、《鹹淳毗陵志》、《雲間志》、《玉峰志》、《玉峰續志》、《淳熙三山志》、《仙溪志》、《臨汀志》、《壽昌乘》、《新安志》、《雍錄》，其內容不乏藝文者。例如，范成大的《吳郡志》〔註37〕，全志共有五十卷，收山川、水利、風俗、學校、古蹟、仙事、奇事、異文、雜詠等。又成書於淳熙二年（1175）的《新安志》〔註38〕有十卷，由羅願纂，全志採用綱目體，十五大目下又詳列子目，其子目劃分甚細，例如：第十卷〈雜錄〉分人事、詩話、雜藝、硯、紙、墨、定數、神異、記聞九門。此外，書成於嘉定七年（1214）的《剡錄》〔註39〕有十卷，由高似

〔註35〕〔清〕錢大昕，《十駕齋養新錄》卷第十四（臺北：臺灣商務印書館，1968年5月），頁315。

〔註36〕宋晞，《方志學研究論叢》（臺北：臺灣商務印書館，1990年9月），頁3。

〔註37〕〔南宋〕范成大撰，《吳郡志》，收於〔清〕紀昀等撰，《四庫全書》景印文淵閣，史部二四三地理類（臺北：臺灣商務印書館，1986年3月），頁485～337。

〔註38〕〔南宋〕羅願撰，《新安志》，收於〔清〕紀昀等撰，《四庫全書》景印文淵閣，史部三四五地理類，前引書，頁587～73。

〔註39〕〔南宋〕高似孫撰，《剡錄》，收於〔清〕紀昀等撰，《四庫全書》景印文淵閣，

孫纂，全書分二十八門，卷五收錄阮裕、王羲之、謝靈運等十四人的著述，及詩文一百一十種不等。

臺灣方志始於清領時期。清代臺灣刻書不易，印刷條件欠佳，連雅堂（1878～1936）在《臺灣詩乘》說：「臺灣前人之詩，頗少刊集，其存者每在方志。」〔註40〕臺灣早期，文人學士的詩文作品要刊刻成書，猶如緣木求魚，因此，清領時期的〈藝文志〉，成了另類的詩文選集。收錄詩文的方志，則以清領時期的《臺灣府志》（通稱「高志」）爲濫觴。

高拱乾《臺灣府志》〈藝文志〉收有〈臺灣八景詩〉、〈臺灣賦〉、〈東寧十詠〉等作品，首開臺灣漢語文言文學創作文類風氣。此後，藝文方志纂修亦據此模式，例如《諸羅縣志》收錄閩浙總督覺羅滿保〈題報生番歸化疏〉、陳夢林〈望玉山記〉等作品。臺灣方志在有清一代，〈藝文志〉記述的性質「近似於『文選』，作選文的收錄編輯，非襲用正史的著錄書方式，而且選文的標準，是以『文學』爲主，不涉及經、史、子三部」。〔註41〕

綜觀臺灣在清領時期藝文志作品的數量，史學家陳捷先曾爲藝文志的作品數量佔全志的比例進行統計。除前述《臺灣府志》外，尚包括：《重修臺灣府志》（周志）、《重修福建臺灣府志》、《重修臺灣府志》（范志）、《續修臺灣府志》、《諸羅縣志》、《鳳山縣志》、《臺灣縣志》、《重修臺灣縣志》、《續修臺灣縣志》、《澎湖廳志》、《彰化縣志》、《噶瑪蘭廳志》、《淡水廳志》、《苗栗縣志》等十五志。陳氏據此表示：

> 引錄詩文，多有偏好：文人偏好收集詩文是情理中事，可是方志畢竟不是一部詩文集子，方志的内容是應該重在地方史地文獻方面的。如果一部方志中詩文的比例太高，必將影響這部書的價值，而清代臺灣地區的方志卻有不少是有這方面缺陷的。〔註42〕

本文第二章，曾統計臺灣在清領時期成書的官纂、私修方志及未完成的采訪冊計有四十種，臺灣在清領時期收錄的藝文志，除陳氏所統計十五部外，尚有《重修鳳山縣志》、《鳳山縣采訪冊》、《澎湖志略》、《澎湖紀略》、《澎湖續

史部二四三地理類，前引書，頁 485～526。
〔註40〕連雅堂，《臺灣詩乘》（臺北：龍文出版社，2009 年 3 月），頁 136。
〔註41〕張鈺翎，〈清代臺灣方志中藝文志之研究〉，國立政治大學中國文學研究所，2003 年碩士論文，頁 21。
〔註42〕陳捷先，《清代臺灣方志研究》（臺北：學生書局，1996 年 8 月），頁 197～198。

編》、《澎湖廳志稿》、《恆春縣志》、《臺東州采訪冊》，合計有二十三部。簡言之，清領時期的臺灣方志，大部分的府志、廳志、縣志、采訪冊皆有收錄藝文志，而收錄的藝文志，佔全志頁數的百分比，近百分之二十以上者有十九部、近百分之三十者有八部，《澎湖續編》甚至高居百分之五十一點二六，即《澎湖續編》有一半以上內容是以藝文志作品爲主。陳氏以史家的觀點，認爲臺灣方志收錄藝文作品數量所佔之比例過高。

惟筆者以爲，清領時期印刷事業並不普及，且能夠被收錄於方志者，必具其重要性。由於臺灣早期文獻典籍難徵，灣早期文獻典籍難徵，因此，臺灣方志收錄大量藝文作品，反而讓臺灣初期的藝文資料，透過清領時期方志的收錄，得以保存迄今。因此，清領時期方志所收錄的藝文志，猶如一座文獻資料庫，能夠彌補文學史之不足，對文學史而言，如獲至寶。

《漢書‧藝文志》是首部對中國古代學術著作進行全面性的整理，俾益學林一探古代學派性質、學術文化之發展，及至《隋書‧經籍志》再對中國古代學術著作，進行第二次全面性的整理。就正史〈藝文志〉而言，正史〈藝文志〉的書目載典籍書名、撰人和篇卷數，主要係以論述學術系統爲主；總敘、小序、書名下的小註，主要說明學術流變，正史以〈藝文志〉爲著錄書目，開創「辨章學術、考鏡源流」。次就方志〈藝文志〉而言，以上述《太平寰宇記》爲例，樂史收錄的藝文作品多依附在州縣山川、姓氏、人物、風俗等門類條下，徵引民間諺語、名人碑記、文人詩賦、樂府詩、志怪小說《搜神記》等相關作品，《吳郡志》、《剡錄》則置文人雜詠，《新安志》置詩話、雜藝等，方志以〈藝文志〉爲登錄藝文作品。

析言之，正史和方志皆有〈藝文志〉。但正史〈藝文志〉採錄著錄書目，以論述學術系統、說明學術流變，對研究歷代圖書文獻、考訂學術源流，極具學術參考價值；而方志〈藝文志〉採錄詩文作品，係於表彰當地的文采，以登錄藝文作品爲主，其採集的空間和範圍，均不及正史〈藝文志〉。因後世可由方志〈藝文志〉發現大量史料遺珠，可補正史〈藝文志〉所不及。

第二節　嘉義、桃園縣志藝文志編纂內容與結構

從觀察正史與方志之〈藝文志〉，可知藝文志的纂修內容和架構，不斷發展演變。本文所要探究的嘉義、桃園縣志中的藝文志，是否也不斷發展演

變？為此，本文逐一整理戰後嘉義、桃園縣歷次纂修之縣志，總計有五卷五十三志，除最新出版新修《嘉義縣志》與《新修桃園縣志》中的《嘉義縣志‧文學志》〔註43〕、《嘉義縣志‧藝術志》〔註44〕、《新修桃園縣志‧藝文志》〔註45〕外，尚有《嘉義縣志‧學藝志》〔註46〕、《續修嘉義縣志‧學藝志》〔註47〕，及《桃園縣志‧文教志‧藝文篇》〔註48〕、重修《桃園縣志‧文教志‧藝文篇》〔註49〕或以單篇收錄、或以專志收錄當地之藝文。本節乃以此七部藝文方志，先行探究其內容與結構，並逐一分析其徵引書目、按紀圖表、收錄人數、纂修成員等，然後據此觀察嘉義、桃園縣志中七部藝文方志纂修之發展演變。

一、嘉義、桃園縣志藝文方志編纂內容

戰後嘉義、桃園縣志中的藝文志，歷次纂修內容〔註50〕，分述如下：

（一）嘉義縣志藝文方志編纂內容

戰後嘉義縣的歷次縣志纂修，其中有關藝文方志計有：首纂《嘉義縣志‧學藝志》、《續修嘉義縣志‧學藝志》和新修《嘉義縣志‧文學志》、新修《嘉義縣志‧藝術志》，內容如下：

1.《嘉義縣志‧學藝志》編纂內容

民國六十四年，由張李德和賴子清編纂的《嘉義縣志‧學藝志》，總共分成「文學」、「藝術」二篇十四章二十八節。其中，「文學」篇有散文、詩詞、

〔註43〕 總纂修雷家驥，纂修江寶釵、分修張屏生、蕭藤村，《嘉義縣志‧文學志》（嘉義：嘉義縣政府，2009 年 12 月）。

〔註44〕 總纂修雷家驥，纂修李淑卿、分修明立國、翁徐得，《嘉義縣志‧藝術志》（嘉義：嘉義縣政府，2009 年 12 月）。

〔註45〕 總編纂賴澤涵、編纂謝艾潔，《新修桃園縣志‧藝文志》（桃園：桃園縣政府，2010 年 9 月）。

〔註46〕 主修趙璞、林家駒，纂修張李德和、賴子清，《嘉義縣志‧學藝志》（嘉義：嘉義縣文獻委員會，1975 年 6 月）。

〔註47〕 主修趙璞、林樑棟，纂修何伯銘、賴子清，《續修嘉義縣志‧學藝志》（嘉義：嘉義縣政府，1983 年 12 月）。

〔註48〕 主修郭薰風、纂修周念行，《桃園縣志‧文教志‧藝文篇》（桃園：桃園縣文獻委員會，1967 年 3 月）。

〔註49〕 許中庸，《桃園縣志‧文教志》（桃園：桃園縣政府，1988 年 6 月）。

〔註50〕 有關嘉義、桃園縣歷次藝文方志內容大綱，請參見本文文末附錄十一「嘉義、桃園縣志藝文方志內容大綱一覽表」。

小說、戲劇、歌謠等五章;「藝術」篇有繪畫、雕塑、書法、建築、金石、工藝、紋繡、音樂、舞誦等九章。

2.《續修嘉義縣志・學藝志》編纂内容

《續修嘉義縣志・學藝志》計有文學、藝術二篇十三章十七節。其中,文學篇有著作、論述、散文、文藝等四章。藝術篇有書法、繪畫、戲劇歌舞、歌謠、雕塑、建築、金石、食品工藝、木竹工藝等九章。

3.《新修嘉義縣志》〈文學志〉與〈藝術志〉編纂内容

《新修嘉義縣志・文學志》計有三篇七章十八節。第一篇「緒論」,有嘉義縣文學的範疇與類型、嘉義地區的墾拓及其分類二章;第二篇「庶民文學」,有民間文學、歌仔戲與流行歌詞、嘉義縣廟聯踏查共三章;第三篇「作家文學」,有古典文學、現代文學二章。而《新修嘉義縣志・藝術志》計有三篇十章四十二節九十六目。第一篇「美術」,有書畫、西畫、立體造形與科技藝術、視覺藝術教育共四章;第二篇「工藝」,有民間工藝、民間雕塑、民間彩繪等三章;第三篇「音樂舞蹈篇」,有原住民的音樂與舞蹈、漢民族音樂與舞蹈、現代社會中的音樂與舞蹈等三章。

析釐首纂《嘉義縣志》、續修《嘉義縣志》藝文方志名稱均同爲〈學藝志〉,各有一冊,且《嘉義縣志・學藝志》、續修《嘉義縣志・學藝志》内容均有「文學篇」和「藝術篇」,其中,續修《嘉義縣志》「藝術篇」僅對《嘉義縣志》「藝術篇」的章節稍做調整,將工藝、紋繡改爲食品工藝、木竹工藝;將音樂、舞誦改爲戲劇歌舞、歌謠,二部〈學藝志〉之内容相去不遠。《嘉義縣志・學藝志》、《續修嘉義縣志・學藝志》纂修時代的科技資訊並不發達,資料收集有所限制,史料貧乏,而有難求充實完備之憾,但「藝術篇」仍能涵蓋視覺藝術和表演藝術之範疇,誠屬可貴。

而《新修嘉義縣志》除承繼二部〈學藝志〉之藝文基礎,又能隨著時空環境變換,綱目隨之調整,從歷次纂修的縣志,原僅以一部〈學藝志〉收錄嘉義縣的藝文,竟擴大增益爲〈文學志〉、〈藝術志〉二部專志,分別收錄民間文學、民間藝術等新材料,從現代嚴格的學術觀點專章討論,以符合當代嘉義縣的文藝發展最新趨勢。此外,《嘉義縣志・藝術志》出現大量新藝術名稱,例如:美術篇之立體造形與科技藝術、綜合媒材與裝置藝術、科技藝術;工藝篇的紙工藝、籐竹編織工藝、蓆帽編織工藝、燈花工藝、刺繡與織品工藝、麵塑、葫蘆雕、皮雕、芒雕、線雕、妝佛;「音樂舞蹈篇」則納入原住民

的音樂與舞蹈、漢民族音樂與舞蹈、釋奠及其樂舞、傳統戲曲、宗教音樂、民俗陣藝、教會音樂等發展日益多元，爲昔日舊志所無，此實與時代潮流更迭、臺灣致力於推廣國際性展演、文化藝術發展劇烈、各式創作工藝不斷融合傳統或創新技法等因素有密切關係。

（二）桃園縣藝文志編纂內容

歷部桃園縣志，有關藝文之記載僅見於《桃園縣志·文教志·藝文篇》、重修《桃園縣志·文教志·藝文篇》及《新修桃園縣志·藝文志》，各部內容如下：

1. 《桃園縣志·文教志·藝文篇》編纂內容

關於藝文一門，舊志多立專卷，戰後，桃園首纂第一部縣志，因「桃園縣歷史較短，資料不豐」〔註51〕，而將有關藝文之事收錄在第五卷《桃園縣志·文教志》裡〔註52〕。《桃園縣志·文教志》共有四篇，最後一篇爲「藝文篇」。「藝文篇」共有概說、詩社與詩稿、文苑、民間藝術、書畫碑匾五章十四節十九目。

2. 重修《桃園縣志·文教志·藝文篇》編纂內容

桃園縣重修縣志，有關「藝文」者，仍收錄在第五卷《桃園縣志·文教志》裡，重修《桃園縣志·文教志》共有三篇，第二篇收錄「藝文篇」，計有方志、著述、文苑、及歌謠、戲劇、舞蹈、書畫，彫塑、雜藝等六章二十二節八目。

3. 《新修桃園縣志·藝文志》編纂內容

桃園縣新修縣志，將《新修桃園縣志》獨立設置〈藝文志〉，讓原本僅是《桃園縣志·文教志》其中的一篇「藝文篇」，擴大成爲藝文專志。《新修桃園縣志·藝文志》，計有七篇二十六章八十七節，其中，第一篇藝文行政，計

〔註51〕主修郭薰風、纂修石璋如，《桃園縣志·卷首》〈《桃園縣志》凡例〉（桃園：桃園縣文獻委員會，1962 年 9 月）。

〔註52〕就桃園縣政府首纂《桃園縣志》而言，《桃園縣志》依土地、氣候、物產而設〈土地志〉；依禮俗、宗教、人口、語言設〈人民志〉；依經濟生活設〈經濟志〉、依文化生活設〈文教志〉；其他建置、行政、司法屬〈政事志〉，此外，尚有〈人物志〉、〈志首〉和〈卷末〉，至於藝文一門，舊志多立專卷，但《桃園縣志》將有關藝文之事列入〈文教志〉設篇志之。見主修郭薰風、纂修周念行，《桃園縣志·文教志·凡例》（桃園：桃園縣文獻委員會，1967 年 3 月）。

有桃園縣文化行政沿革、文化政策與實施、文化建設與展演場所、桃園縣藝文團體、作家、文物收藏家名錄共四章十一節;第二篇美術,則有傳統書畫、日治時期的發展、戰後與戒嚴時期、戒嚴至 2005 年共四章十七節;第三篇舞蹈,共有緒論、戰後臺灣原住民舞蹈發展、中華民族舞蹈發展、桃園縣舞蹈發展四章八節;第四篇戲劇,則有緒論一章四節;第五篇工藝,有緒論和原住民工藝二章九節;第六篇音樂,有傳統民間音樂、傳統民謠、童謠、傳統戲劇音樂、日治時期起之新音樂、戰後臺灣音樂教育六章十六節;第七篇文學,計有臺灣傳統文學、俗文學、臺灣文學、兒童文學、桃園文藝創作獎,共有五章十二節。

　　析釐《桃園縣志・文教志・藝文篇》、重修《桃園縣志・文教志・藝文篇》、《新修桃園縣志・藝文志》均各有一冊,其中,二部舊志「藝文篇」都收在《桃園縣志》及重修《桃園縣志》的〈文教志〉裡,直至《新修桃園縣志》始獨立設置〈藝文志〉一部專志。就組織架構的章節數量而言,重修《桃園縣志・文教志》「藝文篇」比《桃園縣志・文教志・藝文篇》多出一章八節,《新修桃園縣志・藝文志》比重修《桃園縣志・文教志・藝文篇》又多出二十章六十五節,各版藝文志的章節數量,普遍出現後志多於前志的現象。

二、嘉義、桃園縣志藝文方志編纂結構

　　其次,以徵引書目、人物傳記、紀圖表,分別觀察歷部嘉義、桃園縣志藝文方志之結構:

(一)徵引書目

　　觀察嘉義、桃園七部藝文方志的徵引書目,其中,續修《嘉義縣志・學藝志》、《桃園縣志・文教志・藝文篇》與重修《桃園縣志・文教志・藝文篇》三部,均無徵引書目。而首纂《嘉義縣志・學藝志》、《新修嘉義縣志・文學志》、《新修嘉義縣志・藝術志》和《新修桃園縣志・藝文志》四部,則均有徵引書目。其中,首纂《嘉義縣志・學藝志》的「主要參考書目」僅有臺北文獻會編印《中原文化與臺灣》、余文儀纂修《續修臺灣府志》等十五本史志文獻資料,並無出版時間和頁碼,徵引的手法不符合現今學術論文,不過,該志卻是四部藝文方志中,第一部出現徵引資料的藝文方志。

　　至於《新修嘉義縣志・文學志》等三部,徵引資料豐富,其中,《新修嘉義縣志・文學志》,徵引資料多達三百六十六筆、《新修嘉義縣志・藝術志》

有七十六筆、《新修桃園縣志・藝文志》則有八十三筆。此三部藝文志，在纂修過程中，積極參考檔案年鑑報刊、舊志史、古文書、專書論文網站資料等大量資料，善於運用學術性著作，其提昇學術價值。

（二）人物傳記

《新修嘉義縣志》、《新修桃園縣志》，除收錄作家和作品外，並採用以人繫文的記述方式，例如：

> 洪以南，字逸雅，淡水艋舺人。清光緒間生員。工書善畫。日治時，任淡水街長，初代瀛社首任社長。〔註53〕

> 伍佰，本名吳俊霖，嘉義縣六腳鄉人，嘉義高中肄業。父親在糖廠工作，母親照顧檳榔攤，他以聯考前十名的成績考上嘉中。他在嘉中參加管樂團，吹 TUBA 低音號，於民國七十五年（1986）赴臺北補習，這時候民間社會力衝擊權威體制，後現代就要來，他放棄升學，從事各種勞力工作，擺地攤、貼海報、拉保險，以及地下舞廳、保齡球館的服務生，同時，他日夜琢磨著他自己的音樂。八十一年（1992），他崛起於 PUB 演出，組成 China Blue 樂團，擔任主唱，漸受矚目，現為知名歌手、歌曲創作人。他的歌迷遍及各階層，文化圈、白領、藍領階級，而年齡層則從國中跨入大學生；幾乎形成了十五歲到七十歲都有人在聽的「伍佰現象」。〔註54〕

藝文方志的引文，以人物紀傳體方式，記述古典文學、現代文學作家之生平和寫作的緣起，對於當代從事歌謠創作的簡上仁、伍佰等人，亦以相同的記述方式呈現，徵引參考文獻，採隨文附註或當頁註等方式。從以上藝文方志所收錄的人文傳記係採「生人立傳」，乃與〈人物志〉「生人不立傳」之原則衝突。藝文方志雖採「生人立傳」，然而其以人繫文的人物傳記方式，使得一些表現優異，且被大眾傳為美談的作家及其作品，能夠順利入志，增益藝文資料，可供參考。

（三）紀圖表

紀、圖、表，本為中國傳統史體，但也被分別運用於嘉義縣藝文志之中，

〔註53〕總纂修雷家驥，纂修江寶釵，分修張屏生、蕭藤村，《新修嘉義縣志・文學志》（嘉義：嘉義縣政府，2009 年 12 月），頁 210。

〔註54〕總纂修雷家驥，纂修江寶釵，分修張屏生、蕭藤村，《嘉義縣志・文學志》，前引書，頁 111。

茲分論如下：

1. 紀

紀，本是史體，宋時方志始用紀體，是記載之意。新修嘉義、桃園縣志中的藝文志，均有採用紀體，例如：《嘉義縣志・文學志》附錄，「嘉義縣文學大事紀（1911～2007）」，計有四十五頁，總計篇幅約佔《嘉義縣志・文學志》的百分之八左右。另外，《嘉義縣志・藝術志》有「八十四年一月一日至九十三年十二月十三日，嘉義縣表演大事紀」，及「九十四年四月十三日至九十八年四月二十五日，嘉義縣表演大事紀」。大事紀按時間先後次序，逐一載明主要活動的內容。又《新修桃園縣志・藝文志》則有「桃園地區美術年表」，依年代收錄桃園地區人文藝術活動綱要。

藝文志的大事紀，均採編年體，以時爲經，以事爲緯，語無重出，次第井然。如《春秋》「屬辭比事〔註55〕而不亂」〔註56〕，其按時間編年體記事，即杜預所言：「記事者，以事繫日，以日繫月，以月繫時，以時繫年，所以紀遠近，別同異也。」〔註57〕，構成編年體史書的基本特徵。由於紀體按時序紀事，提綱挈要，事要文簡，脈絡清晰，同爲嘉義、桃園縣志新修藝文方志纂修運用。

2. 圖

圖體在中國傳統方志出現很早，圖的內容豐富多樣，宋元方志定型後，圖爲志的一部分。不過，從嘉義、桃園縣志中的七部藝文方志，未見傳統方志的都城地圖，取而代之的，是大量的照片。從嘉義縣志首纂《嘉義縣志・學藝志》、桃園縣志首纂《桃園縣志・文教志》「藝文篇」，均已開始有照片入志，而此期入志的照片數量並不多，且入志照片均爲黑白印刷。

及至《續修嘉義縣志・學藝志》，入志照片，已進步爲彩色印刷。而《新修嘉義縣志・文學志》和《新修桃園縣志・藝文志》，入志照片數量創新高，前者，收錄作者、著作的書影、書院等五十一張照片，後者，收錄照片共一

〔註55〕屬辭比事，「屬事，指在表達方法上運用一定的體例，說明狀況、結果；比事，指按時間順序排比史事」，見姜義華，《史學概論》（臺北：水年圖書公司，1991年4月），頁263。

〔註56〕王夢鷗註釋、王雲五主編，《禮記今註今譯》第二十六〈經解〉（臺北：臺灣商務印書館，1970年1月），頁645。

〔註57〕〔晉〕杜預，《春秋經傳集解》序，四部叢刊初編經部，上海商務印書館縮印，玉田蔣氏藏宋本，頁1。

百四十五張，新修藝文志採用的照片數量，不但更多且印刷的品質也更進步。新修藝文志，收錄照片的新趨勢，已完全取代傳統圖體。

方志對於入志之事物，力求真實，而圖片完全符合此一要求。一張圖片往往勝過千言萬語的文字記述，方志以大量圖片做爲時代的媒介，藝文方志收錄圖片與日俱增，藝文方志說明現代文字創作的多樣化。

3. 表

在表體的運用上，《嘉義縣志・學藝志》的「嘉義縣舞蹈團體一覽表」和「嘉義縣民族舞蹈比成果」，分別運用表體呈現；《續修嘉義縣志・學藝志》的運用表體有五個，比前志多三個。《新修嘉義縣志・文學志》分別將鄒族傳說、清領時期三十位古典文學家作品，以二個表體列表述其梗概；《新修嘉義縣志・藝術志》有傳承表、一覽表、名冊等十三個表。至於首纂《桃園縣志・文教志》「藝文篇」和重修《桃園縣志・文教志》「藝文篇」，皆無運用表格，《新修桃園縣志・藝文志》則有「桃園縣文化藝術事務財團法人」、「桃園縣立文化中心暨桃園縣政府文化局歷任首長一覽表」、「在地藝文場所一覽表」、「桃園縣立案藝文團體一覽表」、「有桃園地區美術發展記事年表」、「桃園縣籍藝文作家一覽表」等二十個表。以表格取代文字，表述方式簡潔清楚，嘉義、桃園縣志中的新修藝文志皆有運用。

析論嘉義、桃園縣七部新、舊藝文方志纂修內容及纂修結構，首先就纂修內容而言，嘉義、桃園縣的藝文方志均仿《臺灣省通志稿・學藝志》〔註58〕的章節，章節標題與近代科學論文的撰寫無異。其中，嘉義縣從首纂《嘉義縣志》起，已以〈學藝志〉專志收錄。續修《嘉義縣志》亦設〈學藝志〉，專志收錄嘉義地區的藝文，及至《新修嘉義縣志》，再將〈學藝志〉一分爲〈文學志〉與〈藝術志〉二部。除佔新修嘉義縣志全部志書的六分之一（十二分之二）外，從纂修的頁數總量進行統計〔註59〕，《新修嘉義縣志》的〈文學志〉與〈藝術志〉合計高居百分之十四點九，頁數最多，藝文方志在整部縣志的比重甚高；至於桃園縣收錄有關桃園的藝文，則始於《桃園縣志・文教志》「藝文篇」，且重修《桃園縣志》時，相關藝文仍收錄於重修《桃園縣志・文教志》

〔註58〕徐坤泉，《臺灣省通志稿》〈學藝志・文學篇〉（臺北：臺灣省文獻委員會，1952年12月），綱要計有三章四節；及杜學知、顏水龍、王白淵、王世明、吳瀛濤，《臺灣省通志稿》〈學藝志・藝術篇〉（臺北：臺灣省文獻委員會，1958年6月），綱要計有五章十八節。

〔註59〕有關嘉義、桃園縣藝文志的纂修比重，請參見本文附錄十二。

「藝文篇」，重修「藝文篇」的章節總數比前志多，《新修桃園縣志》〈藝文志〉以專志收錄桃園地區的藝文，〈藝文志〉已脫離原來附屬於〈教育志〉，以藝文專志單獨印行，統計其纂修的頁數總量，比重亦高居第一位。由此可見，嘉義、桃園縣政府在縣志纂修工作上，均逐步認識藝文志富有學術價值，已能正視藝文入志的重要性，因此設置藝文專志。綜觀藝文志的內容，實均傳承舊志之基礎，再繼續加深加廣向外延伸，藝文志從舊志到新志，其纂修工作是延續性。

次論嘉義、桃園縣七部新、舊藝文方志的纂修結構：第一、徵引書目：嘉義、桃園縣志中的藝文舊志，多無參考書目，及至藝文新志，均積極參考檔案年鑑報刊、舊志史、古文書、專書論文網站資料等大量資料，引用豐富的學術性著作，方志纂修手法日益進步。第二、人物傳記：藝文志採「生人立傳」，以人繫文的人物傳記方式，提供大量藝文資料。第三、紀圖表：新修藝文志收錄大量圖片與日俱增，圖片成爲代表時代的媒介，取代傳統圖體，藝文志纂修結構出現變化，而表達形式和創作方法更具多樣性，藝文方志從舊志到新志，有多種史體並存，樣式豐富，其纂修手法不斷進步。

第三節　《新修嘉義縣志》、《新修桃園縣志》藝文方志之特色與價值

嘉義、桃園縣志中的各部藝文方志，經過不斷的發展與演變，藝文志已成爲嘉義、桃園縣志中，不可或缺的重要組成部分。本節析論《新修嘉義縣志》、《新修桃園縣志》中藝文方志的特色與價值。

一、《新修嘉義縣志》、《新修桃園縣志》藝文志的特色

有關《新修嘉義縣志》、《新修桃園縣志》中，藝文方志所展現特色分述如下：

（一）細分文類別於正史

《文心雕龍》將文體分成詩、樂府、賦、頌讚、祝盟、銘箴、誄碑、哀弔、雜文、諧隱、史傳、諸子、論說、詔策、檄移、封禪、章表、奏啓、議對、書記等二十類。及至清代桐城派大師姚鼐的《古文辭類纂》，將文體分爲論辯、序跋、奏議、書說、贈序、詔令、傳狀、碑誌、雜記、箴銘、頌贊、

辭賦、哀祭等十三類。本文係據《新修嘉義縣志‧文學志》、《新修嘉義縣志‧藝術志》及《新修桃園縣志‧藝文志》實際收錄的藝文作品，再輔以《嘉義縣志‧學藝志》、《續修嘉義縣志‧學藝志》、《桃園縣志‧文教志‧藝文篇》、重修《桃園縣志‧文教志‧藝文篇》所收的文類〔註60〕，多達十種不等，其所使用的文類茲分論如下：

1. 散文

散文，是不用韻、不對偶，句法參差的文章，廣為各部藝文志所採用的文類，在方志中十分普遍。例如：《嘉義縣志‧學藝志》收錄清領時期進士王克捷〈臺灣賦〉及舉人、貢生、廩生、教諭等人作品，計十六篇，每一篇散文，依列在作品名稱之後，先行介紹作者和引文，接著再收錄作品的全文內容。又《續修嘉義縣志‧學藝志》，總共收錄〈漫談押韻〉等九篇散文，每一篇散文，簡列作者服務單位及姓名，收錄作品均節錄片段，並非全文皆錄。

2. 著作

「著作」一詞，見於東漢班固（西元 32 年～92 年，建武八年～永元四年）《文選‧答賓戲》：「由此言之，取舍者，昔人之上務；著作者，前列之餘事耳。」〔註61〕、另見《後漢書‧卷三十‧班彪傳上》：「若遷之著作，採獲古今，貫穿經傳，至廣博也。」〔註62〕著作是創造性的文章，同撰述寫作或作品。本文所探的七部藝文方志，收錄著作的方式分別為：

（1）只提作者、書名（篇名）

《續修嘉義縣志‧學藝志》的文類有著作，收錄有：省立嘉義師範專科學校教授童鷹九《中國文字學書目錄斠長編》及《中國文字學書目錄斠長編續編》、省立嘉義高級商業職業學校教師何伯銘《論孟虛字解》，還有吳常熙《孫子精義》、《雅雨軒集》、《老子正義》，及林緝熙《仄韻聲律啓蒙拔醉》共計七本，該志收錄方式有書名、出版單位、作者介紹和目次，有的著作另收

〔註60〕　有關嘉義、桃園縣志藝文方志的文類經歸納整理，分別有十種不等，各部藝文方志之文類，請參見本文附錄十三。

〔註61〕　〔東漢〕班孟堅，〈答賓戲〉，收於〔梁〕蕭統、〔唐〕李善注釋，《文選》（臺北：正中書局，1971 年 10 月），頁 624。

〔註62〕　〔南朝宋〕范曄撰、〔唐〕李賢注，《後漢書‧卷三十‧班彪傳上》，宋紹興刊本（臺北：臺灣商務印書館，2010 年 10 月），頁 03～596。

錄引言、或作者自序、或獻給讀者的話等。

重修《桃園縣志‧文教志‧藝文篇》，收錄李春生《主津新集》、湯如修《生與死》、古道興《孔教重興論》、與劉金標《法音拔粹》、《般若波羅蜜多心經註解》、《人生之目的與佛教》，則介紹作者、卷數；又方志一章，收錄明鄭時期到光復以後的方志，包括《台灣輿圖考》、《從征實錄》、《諸羅縣志》、《淡水廳志初稿》、《淡水廳志》、《新竹采訪冊》、《新竹州沿革史》、《桃園街要覽》、《大園庄要覽》、《桃園廳志》、《新竹縣志初稿》、《桃園縣志》，部分史志註明作者、出版者、卷數、章節架構。

（2）收錄全文、節選

《續修嘉義縣志‧學藝志》另收錄嘉義師專、嘉義農專、嘉義高中、輔仁中學教師〈嘉義中山公園之調查及研究〉等三十八篇論文，每一篇均除有作者介紹、出版項，及節錄各篇逐次論述的重點。又《桃園縣志‧文教志‧藝文篇》在文苑一章，收錄劉金標《人生之目的與佛教》、梁盛文《耐園隨筆》，重點介紹二書內容。此外，重修《桃園縣志‧文教志‧藝文篇》，著述一章，收錄二篇「序」：〈捐修諸羅縣學宮序〉及〈桃園縣志序〉，前一篇摘自《重修臺灣府志》臺廈道高拱乾所作，後一篇作者則爲前桃園縣長徐崇德。

綜觀嘉義、桃園縣的七部藝文志，《續修嘉義縣志‧學藝志》、重修《桃園縣志‧文教志‧藝文篇》收錄文類，數量分別爲七種、十種，數量均高居嘉義、桃園二地藝文志之文類。《續修嘉義縣志‧學藝志》、重修《桃園縣志‧文教志‧藝文篇》以「著作」、「著述」文類，每書記書名、撰人、篇卷數，及其下小注有關撰人生平、學術、書籍內容等方式，別於其他藝文志介紹作者、出版項及節錄各篇重點，頗有模仿正史〈藝文志〉之意味。惟從其書記方式，有書目及敘述二部分，探究其文類應實屬「著錄」較爲妥當。

3. 公文

本文所指公文涵蓋藝文志中的「奏疏」、「公移」及下對上的上行文、上對下的下行文等公署文件公文。其中，「奏疏」是古代臣子向君王進奏的章疏。《宋史‧卷三七二‧朱倬傳》：「每上疏，輒夙興露告，若上帝鑒臨，奏疏凡數十。」〔註63〕而「奏疏」亦稱爲「奏章」、「奏議」；「公移」則是各種公

〔註63〕〔元〕脫脫等，《宋史》（臺北：臺灣商務印書館，1937年1月），頁20～4539。

文。重修《桃園縣志・文教志・藝文篇》在「奏疏」、「公移」文類中,節錄〈題請會試額中部覆疏〉、〈詳請開科改試文〉(均摘自劉良璧《重修臺灣府志》),前文乃清廷覆奏疏之文,後文乃爲新闢地方,資治之先的公文,二文皆屬公文文類。「奏疏」、「公移」乃爲了交待事件的來龍去脈,不少內容重覆,「奏疏」、「公移」是地方官憐憫民生疾苦之作,用字嚴謹。而「奏疏」、「公移」文類,除重修《桃園縣志・文教志》「藝文篇」各收錄一篇外,其他藝文方志均未再見。

4. 傳記

方志幾乎將人物傳記置於〈人物志〉,不過,本文探討的藝文方志仍收錄多篇傳記文章,以《桃園縣志・文教志・藝文篇》爲例,其收錄古道興〈節烈汪劉氏媳余氏劉滿姑朱魯氏朱群姑楊顏氏黃江氏康吳氏合傳〉、〈孝子蕭明燦、侯瑞徵、吳拔英合傳〉、〈孝女施劍翹爲父復仇、林劍華女士捍賊護夫並論〉三則,其中,〈孝子蕭明燦、侯瑞徵、吳拔英合傳〉在重修《桃園縣志・文教志・藝文篇》亦被重覆收錄。又〈蕭明燦、侯瑞徵、吳拔英合傳〉、〈孝女施劍翹爲父復仇、林劍華女士捍賊護夫並論〉二篇,在《新修桃園縣志・藝文志》又被再次收錄,除文類改以「散文」收錄外,其餘內容與舊志一模一樣。

5. 詩詞

嘉義、桃園縣從首纂,至新修藝文方志皆有大量的詩稿、詩社入志,例如:《嘉義縣志・學藝志》收錄八十七首詩詞,其中有七十首是收錄清領具有進士、舉人、探花、生員、貢生等身份所爲;又《續修嘉義縣志・學藝志》收錄〈夏日四首〉等一百二十五首詩、〈總統誕辰獻詞〉等三十九闋詞;《新修嘉義縣志・文學志》也收錄一百三十六首詩詞。而《桃園縣志・文教志・藝文篇》收錄一百二十九首、重修《桃園縣志・文教志・藝文志》一百三十八首、《新修桃園縣志・藝文志》有一百八十三首。詩與詞乃成爲嘉義、桃園縣志藝文方志的共通文體特色之一。

對於「文學」概念:

> 「文學」以語言文字爲工具,形象化地反映客觀現實的藝術,包括戲劇、詩歌、小說、散文等。〔註64〕

〔註64〕香港商務印書館,《現代漢語詞典》(香港:編者,2001 年 7 月),頁 1197。

「文學」是「專指用藝術的手法，表現思想或想像的著作，包括詩
歌、散文、戲劇、小說。廣義則泛指一切以文字表現思想的著作」。
〔註65〕
「文學」應該是「以語言文字爲工具，將戲劇、詩歌、小說、散文等具有思
想的著作，以文字記述下來的具體表現」，因此，文學的文類至少應有戲劇、
詩歌、小說、散文。據此，觀察臺灣在清領時期，藝文志的文類劃分，例
如：《續修臺灣府志》〈藝文〉，有奏疏、文移、序、記、祭文、賦、駢體、
詩；《重修臺灣府志》〈藝文〉，有奏疏、公移、文、序、記、賦、詩。戰後臺
灣藝文志，其中，嘉義、桃園縣志的藝文志中，「詩」爲所有藝文志中，唯一
皆有的文類；散文則各藝文志有、無不一；至於小說、戲劇文類則都未見。
重修《桃園縣志‧文教志‧藝文篇》收錄「政事」、「奏疏」、「公移」形同清
領時期藝文志的「宸翰」、「公文」，但《新修桃園縣志‧藝文志》等新修藝文
志，不再續設「政事」、「奏疏」、「公移」文類，取而代之的是傳說、樂譜、
歌謠等文類。此外，《續修嘉義縣志‧學藝志》、重修《桃園縣志‧文教志‧
藝文篇》模仿正史〈藝文志〉筆法之外，其所收錄的文類數量居冠。析言
之，隨著時代遞變，戰後嘉義、桃園縣志中的藝文志，不斷發展與演變，其
收錄的文類劃分標準，採用普遍性爲原則。然而不同時代產生不同文類，藝
文志反映不同歷史時期及文學發展的實際狀況，各式各樣的文類，都被藝文
志及時收錄。且文類不斷推陳出新，豐富的文類，在方志中得到充份的收
錄。新修藝文志收錄文類的方式，已別於正史〈藝文志〉。

（二）反映當代藝文風貌

臺灣曾歷經「荷據以前」、「荷西時期」、「鄭氏治臺時期」、「清領時期」、
「日治時期」、「光復初期」、「中華民國在臺灣時期」，不同主權者與政權統治
帶來不同文化。本文探討嘉義、桃園縣志中的七部藝文志，其收錄的作品，
除來自清領時期《重修臺灣府志》、日治時期《臺灣文化志》等史志外，嘉義、
桃園縣首度將戰後二地的藝文作品大量入志。

例如：《續修嘉義縣志‧學藝志》中散文類，有何伯銘〈龍山獅水憶鄉城〉；
詩，有孫紹權〈哀大陸〉、吳常熙〈古意〉、楊文運〈清明節有感〉、老子〈西
湖五首〉、黃啓裳〈秋曉〉、黃寬和〈秋興〉、蔡水震〈燕〉、林英貴〈懷故鄉

〔註65〕陳鐵君，《遠流活用中文大辭典》（臺北：遠流出版社，2008 年 2 月），頁
741。

吟侶〉、高振宗〈猿江春望〉、黃秀峰〈次家兄傳心歸東石韻〉、紀振宗〈中興主〉、黃文陶〈光復有感〉、朱芇亭〈鹿耳沈沙〉、陳義山〈春日遊青草湖〉、沈龍泉〈信魚〉、黃光品〈梅花頌〉、蕭玩索〈客中餞歲〉、施正明〈晴望〉及前人〈偶感〉、〈子夜歌〉、〈一江山〉、〈懷故鄉吟侶〉、〈夏日四首〉、黃南薰〈秋感〉；詞類有孫紹權〈浪淘沙——感懷〉、賴柏舟〈金縷曲〉、前人〈燕子〉、荊楚〈詞四首〉、〈醉江月〉；楹聯類有前人〈挽某中學校長之父喪——其母尚留大陸〉共三十二首，詩中流露出詩人隨國民黨政府從中國大陸退居臺灣，對家鄉的思念，憑藉文學作品表達掙脫精神上的苦悶。以黃南薰〈秋感〉、荊楚〈詞四首〉為例：

> 萬派濤聲憾夕昏。滿山落葉逐風翻。幾莖白髮經霜染。一領青衫剩酒痕。身世浮萍多感慨。年華逝水暗銷魂。鱸魚正美歸難得。徒負慈萱日倚門。〔註66〕

> 湖南好，洞庭泛舟帆。岳陽騷墨衡山雁，湘女多情湘水暖，能不憶湖南？〔註67〕

黃南薰〈秋感〉，在詩裡感慨慈母煮上一桌鮮美的鱸魚好菜，但他自己卻有家歸不得，行蹤不定猶如浮萍一般，徒留母親一人倚靠家門空等愛子的無奈和失望；荊楚則自喻不諳平仄，復不解音律聲韻，卻好填詞寄情，以為玩樂。春氣彌佳，惟以國恨填膺，鄉愁逼人，竟徬徨無所適而成以上詩詞。又陳浩然〈毋忘在莒的詩章〉，分別以「家的懷念」、「共匪暴行」、「歷史教訓」、「效法古人」、「走向戰場」五段，在長達九百九十三個字詩裡，以「喪失人性的共產黨」、「出賣祖國的朱毛匪幫」、「光復山河」、「復國運動」、「反攻大陸」、「反共的號角」、「復興民族的聖戰」、「披上戰鬥的戎裝」、「被奴役的同胞」等形容字眼，加上「國民大會代表寄籍嘉義安徽吳常熙」等人，以「寄籍嘉義」為名，作者內心對寄望重返遠在對岸故里的期望，不言可喻。以「鄉愁」為主題，乃因鄉愁往往寄託在對故鄉情事和童年往事的追憶描寫，閑居逸情者少。

又《續修嘉義縣志·學藝志》收錄著作七本，論述類有李秋男〈弘揚倫

〔註66〕 黃南薰，〈秋感〉，收於主修趙璞、林樑棟，纂修何伯銘、賴子清，《續修嘉義縣志·學藝志》（嘉義：嘉義縣政府，1983年12月），頁95。

〔註67〕 荊楚，〈詞四首·憶江南〉，收於主修趙璞、林樑棟，纂修何伯銘、賴子清，《續修嘉義縣志·學藝志》，前引書，頁101。

理、民主、科學、貫徹三民主義〉、宋承書〈中華文化的特質與影響〉、劉登科〈孔門四教與四科〉、周鍾榮〈從復興文化說到論語的價值及其研讀方法〉；散文類有高明誠〈漫談押韻〉、艾立〈談國畫骨法用筆設色法〉、馬亦飛〈圓機活法古今詩醉序〉、林玉書〈嘉義交趾陶序〉；詞類有王大鵬〈總統誕辰獻詞〉；詩類有前人〈恭祝　總統蔣公八秩晉三華誕〉，陳浩然〈毋忘在莒的詩章〉；歌類有前人〈反攻號角響〉；賦類有何伯銘〈國父　百秩晉三暨文化復興節四週年紀念賦感〉、前人〈正氣八週年〉、楹聯類有高明誠〈恭祝　總統蔣公八秩華誕〉；賦類有何伯銘〈慶祝建國六十年暨甲子重周春聯二則〉、前人〈春聯〉等二十四首作品皆屬反共文學。

　　此外，《桃園縣志‧文教志》和重修《桃園縣志‧文教志》的「藝文篇」均設有「政事」一節，其中，《桃園縣志‧文教志‧藝文篇》收錄當時縣長徐崇德〈爲政二年〉；重修《桃園縣志‧文教志‧藝文篇》亦收錄前縣長徐崇德〈爲政二年〉、〈從政微言〉。就篇幅而言，《桃園縣志‧文教志‧藝文篇》總計有一百四十頁，〈爲政二年〉全文篇幅多達十四頁，佔藝文篇的篇幅近五分之一，篇幅不小；重修《桃園縣志‧文教志》僅收錄〈爲政二年〉前言及結論，縮小收錄「政事」篇幅。清領時期的府志，有「宸翰」一類，宸翰係指古代帝王的辭文作品，由於早期的府志需要上呈中央審查，編纂者基於歌功頌德的心態，因此在方志中特列「宸翰」一類。不過，「宸翰」早在周鍾瑄纂修《諸羅縣志》時，在其凡例第四條指出「學宮勒御製至聖先師贊、四賢贊，『郡志』列諸『藝文』，似屬非體。」〔註68〕周氏認爲「宸翰」應改置〈學校志〉，御撰「宸翰」多入〈藝文志〉有其缺失。《諸羅縣志》之後〈藝文志〉的編纂乃採周氏建議，將「宸翰」另置他志。無獨有偶，《桃園縣志‧文教志‧藝文篇》收錄縣長徐崇德（桃園縣第一、二屆縣長，1951 年 5 月 1 日～1957 年 6 月 2 日）的〈爲政二年〉，此實與清領期方志中的「宸翰」文類相似。

　　按學者陳萬益論戰後臺灣文學的發展：「五〇年代的反共文學、六〇年代的現代文學、七〇年代的鄉土文學」〔註69〕，《續修嘉義縣志‧學藝志》、《桃園縣志‧文教志‧藝文篇》等藝文方志，纂修時間爲二次大戰後，國民政府

〔註68〕周鍾瑄，《諸羅縣志》（臺北：臺灣銀行，1958 年 5 月），頁 5。

〔註69〕參見陳萬益，〈臺灣文學是什麼？〉，收錄於文訊雜誌社主編《臺灣文學中的社會——五〇年來臺灣文學研討會論文集》（臺北：行政院文化建設委員會，1996 年 6 月），頁 17。

撤退臺灣,移入大批撤臺軍民,臺灣尚實施戒嚴時期階段,觀察其收錄作品,收錄〈反攻號角響〉、〈光復有感〉等以家國情懷、鄉愁情思為多,有為量可觀的作品仍停留在五〇代反共文學的思潮中,加上兩蔣陵寢設於桃園慈湖,使桃園縣的文藝有帶領反共文學的影響力。而首纂、重修《桃園縣志‧文教志‧藝文篇》均有類似「宸翰」的「政事」,其內容等同於現行政首長的施政報告。據此可知,方志編纂採錄反共文學作品與「政事」,考量的條件,儘管與文足與傳世的文學價值有關,但擔任編纂工作者為符合官修方志的目的,其收錄的作品往往蘊含政治意識,以穩固其「正典(Canon)」〔註70〕的地位。藝文方志為政治服務、作家為政治吶喊,此實乃與當時纂修年代仍處於戒嚴時期的背景有密切關係。

綜上所論,嘉義、桃園縣志藝文方志,作為主政者展現政績、教化的工具,因此,《續修嘉義縣志‧學藝志》等出現不少反共復國的文學作品。及至《新修嘉義縣志》、《新修桃園縣志》藝文方志,則一躍跳脫過去《嘉義縣志‧學藝志》、《桃園縣志‧文教志‧藝文篇》的五〇代反共文學思維,新修藝文方志所收錄的作品,已不僅僅止於文類,甚至勇於突破方志纂修的傳統模式,依循時代的演變及社會現況,將當地原住民族群〈迎神曲〉歌謠及歌譜、作家鍾肇政和郭良蕙等多位女性作家及其書寫作品等一一入志,凸顯臺灣當代擁有不同的特質,藉以充份反映當代當地的藝文風貌。

(三)提高現代文學比重

就嘉義、桃園縣藝文方志所收錄的文學,分為古典文學和現代文學,各志收錄的頁數分別為:《嘉義縣志‧學藝志》僅收古典文學三十九頁;《續修嘉義縣志‧學藝志》僅收現代文學一百一十頁;《新修嘉義縣志‧文學志》的古典文學有一百二十一頁、現代文學有二百三十四頁;《桃園縣志‧文教志‧藝文篇》的古典文學有三十八頁、現代文學有十七頁;重修《桃園縣志‧文教志‧藝文志》的古典文學有三十六頁、現代文學有二十九頁;《新修桃園縣志‧藝文志》的古典文學有四十二頁、現代文學有一百五十九頁。

從以上各部藝文方志所收錄的古典文學和現代文學的頁數,首先,就嘉

〔註70〕 正典(Canon)一詞本意為「尺度」,泛指一種普遍性的規則,可供後人當行為、道德、信仰、主體建立的準則。見蔡振興,〈典律/權力/知識〉,收於主編陳東榮、陳長房,《典律與文學教學》(臺北:書林出版公司,1995 年 4 月),頁 55。

義縣的藝文方志,早期第一部〈學藝志〉僅收清領時期多位進士、舉人等詩詞的作品,未見收錄現代文學;及至第二部藝文方志,已全部改收現代文學,不再收錄古典文學;新修〈文學志〉雖古典、現代文學皆收,但現代文學的頁數,比古典文學的頁數多一倍。其次,就桃園縣的藝文方志,則古典、現代文學兼收,其中,《桃園縣志・文教志・藝文篇》收錄古典文學的頁數,多於現代文學。但及至重修《桃園縣志・文教志・藝文篇》收錄的古典文學的頁數,比舊志的頁數減少,而收錄的現代文學的頁數卻反之。《新修桃園方志・藝文志》收錄的古典文學頁數雖相較於舊志,有增多現象,但增加的頁數總量,卻遠不及其以五倍數量成長的現代文學。

嘉義縣藝文方志的收錄的現代文學,頁數從無到有;而桃園縣藝文方志收錄的現代文學,早期頁數遠不及古典文學,及至新修〈藝文志〉已遠超過舊志。藝文方志收錄現代文學,比重日益提高,與《新修嘉義縣志・文學志》將文學作者傳記,及女性作家納入等有關,進而增益大量現代文學纂修的資料。

(四)入志者後志多於前志

統計嘉義、桃園縣志藝文方志收錄人數如下:

1. 嘉義縣志藝文方志收錄人數

(1)《嘉義縣志・學藝志》

《嘉義縣志・學藝志》「文學篇」收錄散文作家十六人;詩詞作品八十七篇、作家七十三人;小說家四人;從事電影工作者有導演林福地等五人;民謠作詞家涂良材、作曲家陳霜波二人。另外,「藝術篇」收錄畫家有三十六人、書法家有三十三人、工藝師共有五人、樂師二十九人。二篇合計二百零三人。

(2)《續修嘉義縣志・學藝志》

《續修嘉義縣志・學藝志》以舊志爲基礎,再行增益,統計「文學篇」收錄專書論述作者有四十五人、散文作家有九人、詩詞作家有一百六十四人、賦有三人、楹聯有五人,其中,化名「前人」單一個人竟多達七十六首,〈學藝志〉詩作,近六成以上皆爲「前人」所作,由於方志僅以節錄詩作,看不出當時詩作的發展情況;「藝術篇」收錄的藝術家、工藝師共有三十九人。二篇合計二百六十五人。

（3）《新修嘉義縣志‧文學志》及《新修嘉義縣志‧藝術志》

《新修嘉義縣志‧文學志》參考先前二部舊志，除收錄一百三十六人及其詩詞外，另收錄五十位古典作家、三十四位現代作家及其作品，總計入志者有二百二十人，另有廟聯多達一百二十一首，但作者不詳。至於《新修嘉義縣志‧藝術志》則收錄水墨畫家有馬琬等九十六人、彩墨畫家和膠彩畫家有張李德和二十四人、書法蔡凌雲等八十人、篆刻家有吳木森等二人、版畫有林慧美等五人、油畫有陳澄波等九十五人、水彩畫有席德進等十八人、素描畫家有陳英德等二人、粉彩畫家有陳榮瑞等三人、雕塑家有蒲添生等三十九人、綜合媒材藝術家與裝置藝術家有王文志等十六人、科技藝術家有文琳等三十五人、紙工藝師有林淑貞等四人、籐竹編織藝師有鄭靜雄等十一人、蓆帽編織藝師有陳永豐一人、金屬工藝師有王振利等四人、燈花工藝師有黃勝弘等三人、刺繡藝師有吳陳秀雲等十六人、押花等藝師黃美智等六人、交趾陶藝師有葉王等四十二人、剪黏藝師有林再益等十四人、陶藝師有簡崑義等二十三人、石雕藝師有詹龍等三十一人、竹雕工藝師有徐木全等五人、木雕工藝師有王錦木等二十三人、葫蘆雕工藝師有張家農一人、皮雕藝師有張素貞等五人、芒雕與線雕藝師有蕭武龍等二人、彩繪藝師有潘春源等十四人、妝佛工藝師有林志佳一人，總計六百一十一人。〈文學志〉與〈藝術志〉收錄的人數合計多達八百三十一人。

《嘉義縣志‧學藝志》與《續修嘉義縣志‧學藝志》，時間斷限都僅止於民國六十年，直至嘉義縣政府啟動重修縣志，已時隔近半甲子。《新修嘉義縣志‧文學志》、《新修嘉義縣志‧藝術志》除重新整理補充舊志所述，及記述這些年來曾在嘉義地區出現過的文藝事件與活動及文藝創作、文藝教育者、文藝推廣者等。

2. 桃園縣志藝文方志收錄人數

（1）《桃園縣志‧文教志‧藝文篇》

《桃園縣志‧文教志》「藝文篇」收錄詩人一百三十六人、散文及其他藝文作家八人、及書畫家進士陳登元、舉人李騰芳、余春錦、余紹賡、廩生呂鷹揚、廖希珍、呂傳琪、呂傳命、鄭永南、鄭聯璣十人；著名畫家只有日治時期呂鐵州（呂鷹揚之子）、許進（許深州）二人。舞蹈名媛方淑華、方淑媛姐妹二人。至於藝術家、工藝師則無人入志。總計收錄為一百八十六人。

（2）重修《桃園縣志・文教志・藝文篇》

重修《桃園縣志・文教志・藝文篇》收錄作家三十二人、詩人一百五十九人；藝術方面除前志所載的書畫家陳登元等十四人，重修《桃園縣志・文教志》「藝文篇」另外收錄書法家陳公度、李石壽、許淵全；繪畫藝術家謝孝德、賴傳鑑、宋金印；浮雕工藝師許義和；木雕工藝師有八德鄉人葉金萬、及大溪人游禮海、林阿萬、林文珍；賀匾雕刻工藝師林李福、篆刻工藝師楊克謝；石刻工藝師楊木生、楊阿頭、楊金石、楊勝鐘一家四代；動態民俗技藝如新興民俗技藝陀螺，打法從正宗古老摔打法，演進到纏腰式、平推式、空投式、拉拖式、拋網式等，以簡武雄、王茂田技藝聞名，總計增益十九名書畫家、藝師家、工藝師。合計收錄二百二十四人。

（3）《新修桃園縣志・藝文志》

《新修桃園縣志・藝文志》收錄的對象，除有詩人一百五十九人、散文作家八人外，另補述前述二部舊志書法家李騰芳和石刻工藝師楊木生二人、書畫家許深州三十七人；素描、油畫、水彩畫等西洋技法有簡明春等八人、西畫類有賴傳鑑等七人，膠彩類有溫長順等四人、雕塑類有姜憲明等四人、攝影類有吳金淼等五人，版畫類有楊震夷等五人，裝置藝術有賴添明等二人，複合媒材畫作有邱傑等一人，公共藝術有何恆雄等二人、當代木雕藝術家陳正雄等五人、石雕三人、竹藤草編工藝師林青松等二十八人、復興鄉織物工藝創作三十二人外，並收錄前故總統蔣經國〈梅臺思親〉等五人及其作品；鄉土文學作家則收錄鍾肇政、黃娟二人；兒童文學作家收錄廖明進等七十人，合計收錄三百八十九人。此外，〈藝文志〉志末有歷屆桃園文藝創作獎清單，多達一百一十七位，清單僅列得獎者姓名和作品名稱，並未介紹作品內容。

本文逐一細步統計嘉義、桃園縣歷次纂修藝文志收錄的名單，根據統計數據顯示，收錄名單人數往往出現共同的現象：新志比前志多，呈現人數不斷遞增現象。此一現象，除說明新志的纂修，係以舊志既有的基礎，具有歷史傳承的功能，此外，顯示嘉義、桃園縣從事藝術創作者近年快速增加，說明嘉義、桃園縣政府及地方文藝工作者，對嘉義、桃園地區的藝文發展十分關注。

（五）編纂團隊跨學科領域

歸納整理嘉義、桃園縣志中七部藝文志之纂修成員，從早期纂修只有一至二人，及至新修縣志，有逐部增多趨勢，以《新修嘉義縣志・文學志》爲

例，總纂修雷家驥負責行政業務及聯繫協調等工作外，纂修江寶釵是中正大學臺灣文學研究所教授兼所長，分修張屏生是中山大學中國文學系教授、蕭藤村是中正大學臺灣文學研究所兼任講師，此外，尚有十名助理、博士研究生分別從事廟聯、地景論述及文書處理、校對、田野調查和文獻整理；又《新修嘉義縣志‧藝術志》的美術篇，由纂修李淑卿負責，助理一名；工藝篇由李氏及分修明立國、翁徐得共同編纂，明立國是南華大學民族音樂系、通識中心及美學與視覺藝術系副教授，明氏是民族音樂方面的專家，長期參加嘉義地區的音樂、原住民文化及社區營造研究；翁徐得為大葉大學工設系主任及造形藝術系副教授，翁氏是工藝理論及工藝技術方面專家，又是嘉義人，對嘉義工藝界的發展有深刻瞭解。此外，參與〈藝術志〉纂修還有六名研究生及助理。

　　新修藝文志編纂團隊，除了成員人數擴編外，且編纂成員為因應學術專業之需求，形成一支整合學科領域的組合團隊，藝文志所涉及內容廣泛，已非單一個人可以獨力完成。

　　綜合嘉義、桃園縣志藝文方志的演變和發展，客觀析釐《新修嘉義縣志‧文學志》、《新修嘉義縣志‧藝術志》、《新修桃園縣志‧藝文志》具有「細分文類別於正史」、「反映當代藝文風貌」、「提高現代文學比重」、「入志者後志多於前志」、「編纂團隊跨學科領域」等五大特色。

二、《新修嘉義縣志》、《新修桃園縣志》藝文方志的價值

　　有關《新修嘉義縣志》、《新修桃園縣志》藝文方志所展現價值，分述如下：

（一）提供臺灣文學史料

　　嘉義、桃園縣志藝文方志收錄當地文人的作品，例如：《嘉義縣志‧學藝志》收錄明鄭時期流寓文士沈光文〈詠普陀幻住庵〉、〈移居莫加灣留別〉和清領時期往來臺灣遊宦人士季麒光〈天妃宮〉等人外，尚有進士王克捷〈臺灣賦〉、張觀光〈誠者非自成而已也，所以成物也〉、徐德欽〈赤嵌城銘〉等人作品。繼《嘉義縣志‧學藝志》收錄流寓、全宦、在地文人作品，《續修嘉義縣志‧學藝志》則收錄民國五十一年（1962）至六十年（1971）期間與藝文有關的作品「蓋皆零星取諸於人」〔註71〕，有為量可觀的作品，仍停留在

〔註71〕何伯銘，《續修嘉義縣志‧前言》（嘉義：嘉義縣政府，1983年12月），頁3。

五○代反共文學的思潮中;《續修嘉義縣志・學藝志》內容,強調宏揚傳統道德,寓以詩文起教化作用,編纂的視域仍侷限於傳統儒家既有的文學見解之中,透過方志保存一方之文獻,同時更透露出強烈濃厚的文學色彩。

《新修嘉義縣志・文學志》則收錄清領時期嘉義縣古典文學作家沈光文、孫元衡等明末遺老、清廷遊宦與當地科甲人士三十人及作品,並以清同治十二年(1873)癸酉中式舉人、舊嘉義縣打貓南堡厝莊人王均元〈樂節禮樂,樂道人之善,樂多賢友益矣〉八股爲例,說明所謂八股,包括破題、承題、起講、提比、虛比、中比、後比、大結的制式行文規格外,又大力從事民間文學文獻的採集與整理,將歌仔冊、流行歌詞、廟聯,並且以古典文學、現代文學介紹作家文學。此外,《嘉義縣志・藝術志》收錄鄒族「瑪雅斯比」祭典中的〈Ehoi〉(〈迎神曲〉)、〈Eyao〉(〈送神曲〉)祭歌歌詞及樂譜,例如〈Ehoi〉(〈迎神曲〉)歌詞:

啓唱:a ha ha he
應唱:yo o a ha I yo
獨應:o
眾應:e a o ho o
　　　o o
　　　o o
　　　e ya I yo〔註72〕

據浦忠勇整理,上述引文歌詞的意義:「戰祭要開始了,全體鄒勇士以敬穆的心,準備血牲(一說敵首血肉),恭請戰神,自天垂臨會所,佑祝吾等勇士,賜以征戰之勇氣與力量。」〔註73〕《新修嘉義縣志・藝術志》除收錄原住的詞曲外,尚有釋奠的祭儀過程及舞樂方式等漢民族的音樂和舞蹈、道教音樂〈水偈〉樂譜,及將改編自「瑪雅斯比」(Mayasvi)的〈M'ea Coveoza〉(求主垂憐經),天主教彌撒音樂,已加入鄒族傳統音樂的元素,呈現鄒族在地化的現象。

《新修嘉義縣志・文學志》針對戰後眞正出生於嘉義縣,以嘉義縣爲文學活動的實踐作家,臚列有賴燕聲、王啓輝、許正宗,他們三人爲嘉義縣的

〔註72〕總纂修雷家驥,纂修江寶釵、分修張屏生、蕭藤村,《嘉義縣志・文學志》(嘉義:嘉義縣政府,2009年12月),頁428。
〔註73〕浦忠勇,《臺灣鄒族民間歌謠》(臺中:臺中縣立文化中心,1993年月),頁66。

本土作家。此外，流寓作家有廖嘉展等六人、旅外作家有張文環等三十一人。此期作家，除以二二八事件入題外，女性文學亦大大抬頭；而《新修桃園縣志·藝文志》則以首纂、重修《桃園縣志·文教志·藝文篇》的臺灣傳統文學架構爲基礎，收錄大量詩社作品，證明承續「詩言志，歌永言」〔註74〕的傳統，強調詩是表達思想情感，歌是唱出來的語言，此外，並增益口說文學、原住民文學、兒童文學等俗文學和臺灣文學〔註75〕，從古典文學到現代文學，從口傳文學到書面文學，隨著時間的推移，依次論述每一時期的主流文學，例如戰後的反共文學、懷鄉文學、政治文學、女性文學、網路文學等，呈現臺灣文學的主體性和多元發展，反映文學演變、發展軌跡，這些都是前志所未有的創見。《新修嘉義縣志·文學志》、《新修嘉義縣志·藝術志》在解嚴後纂修，其將文學的發展進行整合，包容臺灣人民特殊經驗的作品，使臺灣文學題材走向多元化，多采多姿。

　　《新修嘉義縣志·文學志》、《修新嘉義縣志·藝術志》、《新修桃園縣志·藝文志》分別考察論析當地作家的作品，以文學作品之研究爲基礎，依循準確的劃分研究範圍，妥善安排文藝理論之體系建構，將文學作爲一整體研究，對文學及內在規律的概括和總結，貫串、聯繫每一波文學創作的發展、演變的歷程，以文學理論做爲整個文學研究的進階，編纂團隊以新視角、新觀點、新發現，將它們納入研究視野和文史書寫中，提綱挈領分別勾勒嘉義、桃園二地的文學發展歷史的完整文學圖像。其在特定時代環境下，從臺灣傳統古典文學、白話文、日文、臺語文等文學創作，爲文學史提供特殊經驗，在臺灣文學自成一體的演化過程，呈現多元地域和文化色澤，反映「人的文學」，以人爲中心，不斷延伸文學觸角，積極探索網路等多方不同場文學場域，企圖建立文學理論，與未來文學開啟對話的窗口，形塑臺灣文學特殊風貌，呈現多元的詮釋與意義內容。

（二）提供政治、社會史料

　　1945 年臺灣光復，國民政府接收，臺灣民眾歡天喜地慶祝臺灣回到祖國懷抱，當時除本省作家自覺重建文化工作爲首務之急，大批赴臺的大陸文化

〔註74〕 朱駿聲，《尚書古注便讀》（臺北：廣文書局，1977 年 1 月），頁 18。
〔註75〕 學者莊萬壽等人對「臺灣文學」的定義爲：「臺灣這個島嶼所產生的文學。它是由出生或曾經居住在臺灣這塊土地的人，以臺灣地區使用的語文來創作的文學」。見莊萬壽、陳萬益、施懿琳、陳建忠，《台灣的文學》（臺北：財團法人群策會李登輝學校，2004 年 5 月），頁 9。

人，肩負協助重建臺灣文學，以輸入新血。以《續修嘉義縣志・學藝志》收錄詩作爲例，其以思鄉之作最多，其次是教化之作，再依次爲寫景之作、遊歷之作、抒懷之作、老病之作、慶賀之作、贈別之作、弔唁之作、寄情之作、思親之作。其中，教化之作數量雖非居冠，但與元首有關之題者多達六則，佔教化之作總量的四分之一。

而《新修嘉義縣志・文學志》古典文學作品，收錄不少民變內容，例如：蔡水震〈義民塔〉詩云：「空山寂寂對斜陽，塔傍彌陀骨亦香。浩氣自甘焚玉石，忠魂猶覺凜綱常。靈昭一犬留全話，德範全民肅典章。當日艷稱三塚廟，紅羊劫後更輝煌。」〔註 76〕此詩表述嘉義民眾忠義之士眾多，力抗戴潮春，人與犬相輝映，留傳後代；收錄日治時期楊爾材〈追悼烈士歐清石〉詩云：「鳴呼烈士歐清石，出生澎湖馬公籍。生來義俠復剛強，氣節清高高品格……榮歸赤嵌業律師，爲民伸冤多努力。高談雄辯舌翻蓮，法界聲名傳赫赫。從此妒忌有倭奴，欲害無由窺伺隙。偵知君惡施政苛，秘密結社暗指斥。欲翻日治苛政權，到處宣傳欲鼎革。人間禍惡本無門，空際風雲天莫測。一朝被捕入批牢，苛酷慘刑強威嚇。欲加其罪恨無詞，捕風捉影殘忍迫。拷得一身無完膚，不容呼籲訴黑白……」〔註 77〕歌詠抗日之士。

《新修嘉義縣志・文學志》另徵引詩人岩上〈白色的噩夢〉詩云：「熱血盡流／接著出白液」，指「二二八〔註 78〕（熱血流盡）及其後白色恐怖年代（淌出白液）接踵而來，不僅指出時間的歷史事件，同時也鑱刻人心所受到的影響，二二八不只是一個政治的鎮壓，臺灣精英死的死，僥倖活下來的人，如何被這個事件封閉了他們的思考能力與創造力。」〔註 79〕，又引林央敏〈倚

〔註 76〕總纂修雷家驥，纂修江寶釵，分修張屛生、蕭藤村，《嘉義縣志・文學志》，前引書，頁 223。

〔註 77〕《嘉義縣志・文學志》，前引書，頁 243～244。

〔註 78〕民國三十六年（1947）二月二十七日傍晚，六名臺灣省專賣局臺北分局緝私員在臺北市太平町（今延平北路）一帶，查獲中年婦女林江邁販賣私菸，雖然林婦向緝私員苦苦哀求但未獲同情，頭部反被槍管敲破出血，引起路人義憤發生衝突，當場造成一名民眾陳文溪中槍身亡。二月二十八日上午，抗議群眾衝入省專賣局臺北分局毆傷分局長和三名職員、焚毀文件，同日下午抗議民眾集結前往行政長官公署示威，遭公署屋頂上憲兵用機關槍掃射，造成數十人死傷，全市騷動，罷課停工，事件向全省蔓延，軍警憲開槍鎮壓。見吳密察監修，遠流臺灣館編著，《臺灣史小事典》（臺北：遠流出版公司，2000年 9 月），頁 162。

〔註 79〕總纂修雷家驥，纂修江寶釵，分修張屛生、蕭藤村，《嘉義縣志・文學志》，

置二二八紀念碑前〉，透過詩人站在嘉義城郊二二八紀念碑前的歷史記憶，此外，王啓輝的〈怒吼〉反映新一代臺灣中產階級對於二二八史實之後的無奈與憤怒。此外，並收錄阿里山鄒族人高一生（族名 Uyongu Yatauyungana）〈塔山之歌〉、〈登玉山歌〉。

　　至於重修《桃園縣志・文教志・藝文篇》，收錄歌仔戲的劇情「仔戲在臺灣光復前，有一大部份為『哭調』，悲傷哀怨，蓋歌仔戲作者在日人壓迫下，抑鬱難伸，乃寓悲於戲中，以歌當哭之者也。光復後民生日漸富足，歌仔戲一掃光復前之憂傷氣氛，歌曲亦變為愉悅、輕快」〔註 80〕，以戲劇反映當時的政治和社會背景；《新修桃園縣志・藝文志》並收錄縣民鍾肇政在 1962～1969 年出版《濁流三部曲》，為臺灣歷史「大河小說」創作的開山之作，該部小說，以臺灣光復前後的歷史為背景，通過主人翁陸志明，反映知識份子從苦悶徬徨到覺醒的思想歷程。此外，鍾氏的《臺灣人三部曲》則描述 1895 年日本侵佔臺灣，從廣東渡臺的陸姓人家抗日鬥爭，臺灣人民前仆後繼反抗殖民統治。

　　林豪在《澎湖廳志稿》指出：

　　前書藝文志所錄詩文甚夥，就中率爾之作略汰一二，至新增雜文，
　　必事因文見，始敢錄入，其古今體詩則增入甚少，非有他見也。志
　　以記事，非為選詩而作。〔註81〕

　　文以載道，而事亦具焉。故志乘必錄藝文者，以時事所見，端可資
　　參考也……凡所為計安全、謀久遠者，遺文具在……詠物短章，亦
　　資多識；茲編備載，信非濫收。〔註82〕

林豪以歷史的觀點，界定方志收錄藝文的標準，應該至少要具備「事因文見」、「志以記事」、「時事所見」。文人雖非史家，但以其看遍辛酸，嚐盡苦楚，形諸文字，流露出心之所動，情之所發，仿佛看到、聽到當時人們的呼天搶地的吶喊聲，其以詩文記錄歷史事件，是文人憂時託志的表現，但也因此，無形中保留真實的紀錄，繼承「以詩文證史」的文學觀。

前引書，頁 283。

〔註80〕 主修郭薰風、纂修周念行，《桃園縣志・文教志・藝文篇》（桃園：桃園縣文
　　　　獻委員會，1967 年 3 月），頁 647。
〔註81〕 林豪，《澎湖廳志稿》〈藝文志〉（南投：臺灣省文獻委員會，1998 年 4 月），
　　　　頁 14。
〔註82〕 林豪，《澎湖廳志稿》〈藝文志〉，前引書，頁 606。

　　《續修嘉義縣志・學藝志》等藝文舊志，纂修於戒嚴時期，從其收錄的作品多爲思鄉之作，此乃大時代造成的悲劇。而高一生在二二八事件，被依「匪諜叛亂」囚禁，高氏的作品，戒嚴時期纂修的《嘉義縣志・學藝志》及《續修嘉義縣志・學藝志》均未能見；而《新修嘉義縣志・文學志》收錄二二八受難者高一生的作品等，二二八的文學創作，這些俚巷歌謠、批判現實探詩、觀風的風雅精神，清醒自覺的認識，反映最低層的百姓心聲等具有歷史主題的作品，五〇年代白色恐佈史的評價，道出了它們在當前臺灣社會政治意識形態鬥爭中的特殊意義。

　　此外，嘉義、桃園縣歷部藝文方志，可見風行一時的「擊缽吟」。「擊缽吟」是一種有競技性的詩歌創作活動，當時詩人相互酬唱聯吟的詩社大量湧現，但連雅堂稱它爲一種「遊戲墨筆，朋簪聚首……藉資消遣，可偶爲之。」〔註83〕《新修嘉義縣志・文學志》統計，嘉義縣在日治時期的詩社至少有十八個，題材上有詠物、寫景、懷古、交遊等，加上日方積極介入，造成擊缽詩大增，詩歌精神改變，嘉義地區傳統文人的結社活動在日治時期發展蓬勃，臺灣文壇出現「擊缽吟」特殊現象。儘管如此，學者朱雙一分析，「擊缽吟」是因爲「被殖民者的自我尊嚴的肯定、自我團結的變相組織、『恐漢詩、漢文將絕於本島的危機感，力圖保存國粹，以延一線斯文不墜的舉動』、逃避惡劣環境，疏解鬱悶心情的途徑」〔註84〕，擊缽吟的盛行，有特定的時代背景和原因。光復後，中等學校以下教員忙於國文、國語研習，運動會、園遊會採用日本舞蹈遭政府禁止，學校教職員舞蹈必需配合民族樂曲，表現中華民族精神力量，逐漸失去日本舞蹈形式。

　　方志來自社會，反映社會，藝文方志記載一個地方人民大眾在不同時期的行爲和情感的體現，藝文方志收錄的詩文，能提供志書的社會資料，反映臺灣社會的生活實況爲主要題材，對於威權體制則進行直接或間接的批判諷刺，當政治力逐漸消退，但在臺灣文學的延續演變和提供的經驗與教訓，仍是文學史上值得研究的話題。《新修嘉義縣志・文學志》收錄戒嚴時期與政治因素有關的作品，則是過去《嘉義縣志・學藝志》、《續修嘉義縣志・學藝志》等藝文方志所未曾有過的創舉，嘉義、桃園縣志的藝文方志提供大量有關政

〔註83〕連橫，〈餘墨〉，收於編者，《臺灣詩薈》（南投：臺灣省文獻委員會，1992 年3 月），頁49。

〔註84〕朱雙一，《台灣文學創作思潮簡史》（臺北：人間出版社，2011 年5 月），頁35。

治、社會的參考史料，極具研究價值。

（三）提供教育、經濟史料

《新修嘉義縣志・文學志》介紹「讀暗學仔」（個人所設的私塾，即「民學」，通稱書房或學堂）、「義學」（俗稱義塾）、「土蕃社學」、「書院」等教育機構；另介紹嘉義縣五十四位古典文學作家，並依流寓、仕宦、遊人、在地文人，分述清領時期與日治時期的作家。《新修嘉義縣志・文學志》記錄「沈文光成立東吟社，清廷商請諸羅與臺灣兩縣令共襄社務，升起教化域外之大蠹」〔註85〕、「早期臺民並不積極參與科甲選士，但隨著清政權在臺灣日形隱固，遺民心態逆變為對中央文化的孺慕若渴，淡水鄭用錫在道光三年（1823）開始從事利祿之途大競賽，科甲學問於推展文教風氣發揮具體效果」〔註86〕，據賴子清統計，科甲膠庠士子有二十三人〔註87〕。而藝文方志所載文教機構，例如：

> 諸羅縣與臺灣、鳳山二縣，設諸版圖清當初，文化最早，康熙二十
> 三年設縣，二十五年即設諸羅縣儒學於西門內，置教諭一員……五
> 十四年知縣周鍾瑄，增修東、西廡……雍正八年，知縣劉璧良璧、
> 馮盡善、教諭李倪昱等重修……作育二百年……康熙二十六年丁
> 卯，始許士子赴福建省城福州考舉，而士子遠涉維艱，特增解額，
> 興書院……邑士蘇攸遠倡設文彥社，以為莘莘學子研究八比、試帖
> 詩機關。〔註88〕

從上引文，可俾益了解早期諸羅縣儒學設置教諭一員，其後增修東、西廡，逐漸擴大、重修諸羅縣儒學。而清廷考量學子，遠從臺灣赴內陸科考，路途遙遠、辛苦，乃增加科考錄取名額，並大興書院，供學生研讀八股。此外，還有文廟、玉峰書院、羅山書院、登雲書院、漢人社學、土蕃社學、義學（義塾）、民學（書房，俗稱「讀諳學仔」）等教育機構的設立，均與科甲人士所需關係密切。日治時期的教育政策，從《新修嘉義縣志・文學志》收錄楊爾材〈舌耕歎〉一文，呼籲日本政府調整國語文政策——和漢兼養，一睹公學

〔註85〕《嘉義縣志・文學志》，前引書，頁152。
〔註86〕《嘉義縣志・文學志》，前引書，頁154～155。
〔註87〕賴子清，〈臺灣科甲藝文集〉，《臺灣文物》第七卷第四期，1958年10月。
〔註88〕賴子清，《嘉義縣志稿・卷首》（嘉義：嘉義縣文獻委員會、嘉義縣政府，1963年2月），頁59。

校體制，以寄附金錢攏絡臺民入學。

在經濟方面，〈蝸居賦〉記錄工商發展的雛形，又林維朝（1868～1934）〈自轉車〉（〈じてんしゃ〉）詩云：「周興殷輅古來誇，爭似飛輪自轉車。兩足踏翻雙日月，風行雷屬遍天涯。」〔註89〕自轉車日語じてんしゃ，指腳踏車、自行車，詩人藉此詠頌新時代產物自行車，爲時代的經濟進步作紀錄。同樣以詩反映經濟的還有《新修嘉義縣志・文學志》收錄楊爾材的〈農村歌〉：「嗚呼我臺農，年來歎苦辛……遂令穀益賤，生計彌沈淪。同是一國土，何堪分域畛。同是一赤子，還期視同仁。民以食爲本，國以農爲珍。莫使農民苦，哀泣淚沾巾。」〔註90〕日本時代臺灣總督府爲提高土地生產力，對臺生產發展政策分三個時期，其中，第一時期日本政府在臺灣強力徵收土地，推行農業轉作與工業化，日治時期的經濟政策，除可從目前遺留下來的的糖廠得以觀察外，楊爾材以詩批評日本政府，賤價收購稻米的經濟政策失當，藝文志收錄的詩作內容，具有經濟文獻參考價值。

管子曰：「倉廩實而後知禮義；衣食足而後知榮辱。」禮義、榮辱爲較高層次的價值判斷，只有在滿腹飽餐後才易於實現，此非有堅實的經濟基礎難以竟功。嘉義科甲人士甚多，科甲文學的產量豐富，這是可貴的文化資產。藝文志收錄科甲文學、詩社、文教機構、科甲制度、教育推廣和有關經濟等文獻，豐富史料具有研究臺灣教育和經濟參考價值。

（四）提供音樂、舞蹈史料

中國歷代正史，從《史記・樂書》以迄金、元、明、清歷代樂史，有關樂制、樂律的訂定、論述，在傳統史學的地位重要，但相關專書卻不多。考察有關音樂、舞、戲劇的記載，據最早文獻，出現於臺灣方志周鍾瑄《諸羅縣志》卷四〈祀典志・文廟〉、卷五〈學校志・學宮〉、卷八〈風俗志・雜俗〉及卷十一〈藝文志・番戲五首〉：

> 釋奠、祭先師也，漢祀孔子于闕里。隋始命州縣學，皆以春秋仲月
> 釋奠……大合樂：麾一、柷一、敔一、琴六、瑟二、鐘磬各十有六、
> 塤二、箎二、簫四、鳳簫四、笙六、笛四、搏拊鼓二，應鼓如之；
> 樂生三十八人、工歌六人。旌二、籥三十六，翟如之：舞生三十六
> 人。國初因之；屬兵火未息，樂舞缺焉。康熙二十六年，昭天下郡

〔註89〕《嘉義縣志・文學志》，前引書，頁215。
〔註90〕《嘉義縣志・文學志》，前引書，頁244。

縣選樂舞生，大合樂以祀先聖。定例：丁祭國子監十籩、十豆、舞
用六佾；各府州縣八籩、八豆，舞亦六佾；樂器俱照「會典」原訂
遵行，正獻官一，分獻官四。〔註91〕

康熙二十五年，令府州縣學，贊禮生不許濫用，應選擇在學肄業生
員，文行兼優，儀表端莊，聲音宏亮者補充，大學六名，小學四名，
考試時准為優等，仍行報部。康熙二十六年，令郡縣選青年無過俊
秀子弟充樂舞生，每學八十六名，大合樂以祀先聖；各給衣頂，免
其差徭。督學歲科按臨日，另造冊申報送考。〔註92〕

邨庄神廟集多人為首，曰頭家。廟雖小，必極華采。稍圮、則鳩眾
重脩。歲時伏臘，張燈結彩鼓樂，祭畢歡飲，動輒數十緡，雖曰敬
神，未免濫費。神誕必演戲慶祝。二月二日、八月中秋，慶土地尤
盛。秋成設醮賽神，醮畢演戲，為之壓醮尾。比日中元于蘭會，亦盛
飯僧；陳設競為華美，每會費至百餘緡。事必，亦以戲繼之……演
戲，不問晝夜，附近村莊婦女輒駕車往觀，三、五群坐車中，環臺
之左右。有至自數十里者，不艷飾不登車，其夫親為之駕。〔註93〕

蠻姬兩兩鬥新粧，蹀蹀花陰學舞娘，珍重一天明月夜，春來底事為
人忙。不掄擅板不吹笙，一點鉦聲一隊行，氣味何如初中酒，山花
翠羽鬢邊橫。聯翩把袖自歌呼，別樣風流絕世無，番調可知輸白雪，
也應不似潑寒湖。野氣森森欲曙天，維摩新病未成眠，空餘無限羅
伽女，亂把天花散舞筵。一曲蠻歌酒一卮，使君那惜醉淋漓，但令
風物關王會，我欲從今學畫師。〔註94〕

周鍾瑄在《諸羅縣志》中，於〈祀典志〉紀錄祭孔音樂，是以樂器、樂生、
舞生等編制；又於〈學校志〉，紀錄選用樂舞生的辦法；在〈風俗志〉，記錄
有關建醮酬神演戲的內容，及紀錄婦女們一起盛裝去看戲的情景；在〈藝文
志〉，則呈現早期對原住民祭儀與歌舞場面，此外，《諸羅縣志》卷八〈風俗

〔註91〕周鍾瑄，《諸羅縣志・祀典志》〈文廟〉（臺北：臺灣銀行，1958 年 5 月），頁
　　　　50。

〔註92〕周鍾瑄，《諸羅縣志・學校志》〈學宮〉（臺北：臺灣銀行，1958 年 5 月），頁
　　　　60。

〔註93〕周鍾瑄，《諸羅縣志・風俗志》〈雜俗〉（臺北：臺灣銀行，1958 年 5 月），頁
　　　　88～90。

〔註94〕周鍾瑄，《諸羅縣志・藝文志》，前引書，頁 137。

志‧器物〉，收錄當時常出現及使用的樂器演奏，如以杵演奏、木擊地、皮革震動、口簧琴、弓琴、鼻笛等。綜觀歷史文獻，除著墨祭孔之禮外，與嘉義、桃園縣志有關於漢民族音樂、舞蹈、戲曲，及民眾生活中極為普遍的北管、南管、布袋戲等記錄並不多見，但嘉義縣志中的藝文方志，卻提供不少參考文獻。

例如：《嘉義縣志‧學藝志》指出：「嘉義縣在漢人入墾時代，史籍尚無音樂之記載，蓋爾時正在篳路藍縷，胼手胝足，無暇及此……康熙二十三年，諸羅設縣，二十九年設學釋奠之祭，始用悠揚聖樂……嘉慶十四年得祿邀集生員、童生，創設友聲社；光緒五年，由林登雲設立蕭離社；民國二十二年，吳太和成立鳴玉社等，均以研究聖樂為主，並以閩省傳來之高級音樂之練習，均具成果。」〔註95〕《嘉義縣志‧學藝志》並將嘉義音樂分成平戲、南管、閩樂、歌仔戲、聖樂、粵樂、西樂，收錄十八個相關樂社、加註臺語注音的〈搖兒謠〉二十四首民謠，及收錄涂良材作詞、陳霜波作曲〈一曲相思萬里情〉。又《續修嘉義縣志‧學藝志》，收錄賴惠川的詞、吳太和譜的曲《鳴玉社詞》，林登雲作詞、吳太和譜的曲《古羅山八景》等歌曲。及至《新修嘉義縣志‧藝術志》除〈鳴玉社詞〉詞與曲譜，並首次將原住民〈小米收穫祭〉（Homeyaya）、客家族群歌謠、童謠歌詞入志。《嘉義縣志‧學藝志》、《續修嘉義縣志‧學藝志》及《新修嘉義縣志‧藝術志》用西洋五線譜紀錄刊載，以不同於處理傳統史料的書寫方式呈現。

《新修嘉義縣志‧藝術志》，收錄不同族群的歌詞，又《新修嘉義縣志‧文學志》收錄〈縣議會議員競選歌〉，是以閩南方言文字所寫的系統俗曲唱本「歌仔冊」，「歌仔，廣義的歌仔是指閩臺歌仔簿所收的所有閩南語通俗音樂文學，它包括大量的閩南語民歌、小調和雜歌，以及做為說唱曲藝基礎的『歌仔』；狹義的『歌仔』是指有說有唱，做為曲藝基礎的敘述性唱本，有說有唱，演述故事的『歌仔』，保存中原說唱文學的原貌。」〔註96〕只可惜歌仔冊的盛況不再，嘉義發行歌仔冊的書局，計有玉珍和捷發二間漢書店，「玉珍漢書部，日治時期店址在嘉義市西門町一町目十七番地，西市場裡，發行人陳玉珍。如今遷至嘉義市林森東路三百六十四巷五弄十二號，戰後已不再發行

〔註95〕 主修趙璞、林家駒，纂修張李德和、賴子清，《嘉義縣志‧學藝志》（嘉義：嘉義縣文獻委員會，1975年6月），頁111。
〔註96〕 曾子良，〈臺灣閩南語說唱文學「歌仔」之研究及閩臺歌仔敘錄與存目〉（臺北：東吳大學中國文學研究所博士論文，1990年6月），頁3。

歌仔冊。捷發則查無資料……，很可惜，歌仔的盛況不再，閱聽者的消失造成創作者的消失，這種生活文化也便只能成為客廳裡金魚缸裡的金魚，只剩下研究的價值了」。〔註97〕

桃縣縣志三部藝文方志，則均無西洋五線譜紀錄，但從《桃園縣志‧文教志‧藝文篇》、重修《桃園縣志‧文教志‧藝文篇》收錄聖樂、十三腔樂、南管樂、北管樂等漢民族音樂曲外，另收錄不同的字音，例如：「Tsa Bo（女人之意）、Bo Chhai Kaog（無效果之意）」等及客家歌謠〈送郎歌〉、閩南歌謠各一首。《新修桃園縣志‧藝文志》增收閩族群歌謠「雜念仔」、「博歌」、「相褒歌」、「駛犁歌」、「挽茶歌」、「七字仔調」、「病子歌」、「卜卦調」、「勸世歌」、「儀式歌謠」；客家族群歌謠「雜念」、「勸世文」、「送郎歌」、「客家山歌」、「小調」及童謠外，另收錄傳統戲音樂、日治時期起之新音樂、西洋音樂發展、民間宗教音樂、教會音樂等新的內容。

至於舞蹈方面，《嘉義縣志‧學藝志》在「舞踊」一章，以四百字文字介紹山胞之舞蹈分成祭舞、酒舞二類；《續修嘉義縣志‧學藝志》則以表格簡述張好樣等七家舞蹈研究社、春蓉等八家舞蹈補習班，及僅剩鄒族繼續維繫原住民活動的內容與特色。《新修嘉義縣志‧藝術志》則收錄鄒族舞蹈（pistototomu）的「瑪雅斯比」祭典及歌舞，及「阿里山鄒合唱團」等團體，漢民族舞蹈則收錄釋奠樂舞外，並介紹現行的舞蹈教育。

《桃園縣志‧文教志‧藝文篇》則載唐虞時代，老人擊鼓而歌而舞，即為我國最早之歌舞，夏商時有大夏、大韶、大舞、雲門、咸池等舞，周時有兵舞、帗舞、羽舞、象箭、南籥、大舞、八佾等，籥皆舞者所執之器。我國古代舞蹈多數失傳，中央成立民族舞蹈推行委員會，制定戰鬥舞、勞動舞、禮節舞、聯歡舞四種本型式，再採集社會上及山地歌舞，創造古典舞、民間舞、山地舞、邊疆舞和戰鬥舞五類，並收錄族舞蹈表現優異的方淑媛、方淑華姊妹舞蹈照片。重修《桃園縣志‧文教志‧藝文篇》的舞蹈內容，則前志已錄、後志仍書。而《新修桃園縣志‧藝文志》介紹四十種古典舞與民俗舞，但真正與地域有關，則是收錄桃園縣原住民泰雅族舞蹈、口琴舞蹈、桃園縣舞蹈教學和四十八個舞蹈教室或補習班，提供戰後多元族群的舞蹈相關資料。

〔註97〕 總纂修雷家驥，纂修江寶釵，分修張屏生、蕭藤村，《嘉義縣志‧文學志》，前引書，頁99。

（五）提供藝術、工藝史料

　　「工藝」一詞見《新唐書・閻立德傳》：「父毗，爲隋殿內少監，本以工藝進，故立德與弟立本皆機巧有思。」〔註98〕據《中國藝術百科辭典》，「所謂工藝，指工藝美術的物化手段，是利用生產工具對各種原材料、半成品進行加工或處理，最後使之成爲產品的方法。其生產工具泛指人們改變物質材料的手段，包括手工用具、機器以及電腦等。」〔註99〕而「工藝美術是以設計意識爲主導，運用工藝材料和美術技巧，製成各種與實用相結合，並有欣賞價值的工藝品，既有物質產品，又有不同程度精神方面的審美性，反映一定的時代、社會物質和文化生產水平。」〔註100〕簡言之，藝術是一切含有美的價值活動，包括繪畫、雕塑等，而具有美化生活的工藝亦爲藝術一環。

　　藝文方志收錄藝術作品，其中《續修嘉義縣志・學藝志・藝術篇》以「金石」一章，分別介紹嘉義縣金屬工藝及縣民收藏的出土石劍、海膽化石、樹葉化石、篆刻等。不過，「金石」二字，金，是指鐘鼎彝器；石，是指碑碣石刻。金石指用以頌揚功德的箴銘。據《史記・卷六・秦始皇本紀》：「群臣相與誦皇帝功德，刻于金石，以爲表經。」〔註101〕，又《呂氏春秋・慎行論・求人》：「故功績銘乎金石，著於盤盂。」〔註102〕但《續修嘉義縣志・學藝志》收錄石劍、化石、篆刻，以「金石」做爲分類，顯有突兀之處。但《續修嘉義縣志・學藝志・藝術篇》除了收錄木竹工藝，並融入吃的概念，以「食品工業」一章，收錄當地新港飴製法、方塊酥，獨樹一幟。

　　而嘉義縣梅山地區的竹子栽種，擁有悠久歷史，竹資源相當豐富，早期木竹工藝頗爲發達，木雕業應用在家俱建材、神像雕刻、戲偶偶頭、民藝創作等，木雕業興盛。梅山鄉與番路鄉因取材之便而曾爲「竹紙工藝鄉」，據

〔註98〕　〔宋〕歐陽修、宋祁等撰，王雲五主編，《新唐書・宰相世系下・列傳第二五・閻立德傳》，北宋嘉佑刊本（中），（臺北：臺灣商務印書館，1970年1月臺一版），頁17～969。

〔註99〕　馬其庸主編，《中國藝術百科辭典》（大陸北京：商務印書館，2004年1月），頁535。

〔註100〕邵洛羊主編，《中國美術大辭典》（上海：上海辭書出版社，2002年12月），頁396。

〔註101〕瀧川龜太郎，《史記會注考證・卷六・秦始皇本紀》（臺北：唐山出版社，2007年9月），頁114。

〔註102〕林品石注譯，《呂氏春秋・慎行論・求人》（臺北：臺灣商，臺灣商務印書館，1985年2月），頁732。

《新修嘉義縣志‧藝術志》載：「日治時期與臺灣光復初期，梅山番路以當地之竹材為原料，將竹子砍下並加入石灰，浸漬入紙漿池中長達半年後，再以遮一眼的牛拖著石輪，將浸漬半年的竹子研磨成漿，最後再用手工製成『白皮』（手工紙），因竹紙纖維較粗，當時多做為金銀紙、炮紙或衛生紙，曾聞名全臺。」〔註103〕嘉義的紙藝豐富多元，除有傳統的紙花外，還有平面紙雕與立體浮雕，起源於南北朝（西元三至六世紀）的平面紙雕與剪紙，同為中國傳統的文化工藝之一，為婦女女紅之一，嘉義地區專職從事紙雕創作者主要為吳靜芳，她將傳統詩詞的意境與立體紙雕結合，作品呈現古典而精緻的中華文化風格，對於提昇紙雕藝術的水準貢獻良多。

但隨著時代演變，嘉義縣盛極一時的木竹工藝等，呈日益式微，例如：《新修嘉義縣志‧藝術志》收錄溪口鄉草蓆編織與朴子鎮的蓆帽，盛極時期，草蓆工廠、家庭代工四處林立，尤其是草蓆與褟褟米，深受日本人士青睞，但近年來國外廉價草蓆傾銷國內市場，加上大陸與東南亞地區的廉價勞工競爭，國內需求減少、價格受挫，但臺灣草蓆編織品逐漸在日本市場中失去競爭力，國內藺草產業多已沒落，目前僅存溪口鄉陳永豐，勉強維持藺草編織這項地方傳統產業；又妝（粧）佛藝術，具有保護木胎神像與美化裝飾功能，在宗教經典中，認為妝佛可得十八種功德與利益，但妝佛是一門相當耗時費力的行業，例如：「在神像木胎完成粗坯、細部刨磨之後，還要進行外部的裱紙、壓光、補土和打磨，粗坯經過層層繁複的打底修光程序，才算完成粧佛前的準備。修光後打上黃土加上白膠混合成的底漆，使粗坯毛細孔收縮，以避免龜裂，等底漆乾燥之後，才可以修飾粗坯的紋飾與線條等……」〔註104〕，加上近年來，大陸木刻神像傾銷來臺，及經濟不景氣影響下，妝（粧）佛與雕刻佛像日益凋零，目前嘉義地區較重要的妝佛藝師，僅林志佳一人而已，妝佛這門傳統行業，已呈衰頹之勢。

儘管如此，《新修嘉義縣志‧藝術志》仍收錄當地政府、藝術家投入搶救行列，例如：朴子市公所將刺繡定位為朴子的產業文化特色，大力推動；石猴雕刻因有嘉義市政府大力推動，使嘉義市有「石猴故鄉」之名。又鄒族致力創作原住民特色的籐竹藝編織，期望能恢復幾近失傳的傳統編織法，織

〔註103〕總纂修雷家驥，纂修李淑卿，分修明立國、翁徐得，《嘉義縣志‧藝術志》，前引書，頁200。
〔註104〕總纂修雷家驥，纂修李淑卿，分修明立國、翁徐得，《嘉義縣志‧藝術志》，前引書，頁354。

布雖多半拿現成服飾爲基礎，再加工融入族傳統色彩與刺繡圖案，呈現鄒族編織部落傳統美感，並將族群傳統圖騰以現代皮雕技法進行創作，使皮雕藝從業人員增加不少。而藝術家王文志結合嘉義山區竹編老師傅的手藝，創作出大型竹編裝置藝術作品，造形融合傳統與現代，鄒族致力於原住民特色的藤竹藝編織，期望能恢復幾近失傳的傳統編織法。此外，民雄張家農致力葫蘆栽種與改良，經雕塑、勒刻與加工處理，農園逐一陳列出葫蘆之栽種、型塑、乾燥、雕刻的過程，並開發成各式佳餚，例如有古早味的瓠仔粥、瓠仔米粉、瓠仔水餃、瓠仔茶，打破傳統觀念，將農莊融合文化、農產、藝術、教學與娛樂，致力於推動農產品精緻化、藝術化，吸引許多學校前往戶外教學。

《新修桃園縣志・藝文志》從歷史的角度追溯，大溪木器家具與木雕發展，始於嘉慶年間，大科崁溪右岸漢人聚落日漸繁榮之際，《新修桃園縣志・藝文志》並收錄大溪木器家具業的開山鼻祖：「朝枝師」、「黑輪師」、「清木師」、「阿養師」和「烏番師」五人，前三人是唐山匠師，僅「阿養師」和「烏番師」是本地匠師。日治時期「朝枝師」等五位匠師，領導創設大型家具工廠，加上戰後各商家行號持續成長，老街出現多位專業匠師如「阿萬師」等木器師傅，招收學徒傳授技藝，大溪木器家具業發展達到繁榮的高峰。但好景不常，1970 年代中期以後，日本外銷市場飽和，中國、越南家俱大量低價傾銷，大溪木器家具由盛轉衰。當大溪木器家面臨瓶頸之際，1980 年代仍有游禮海、陳正雄、簡政興、陳柏融、藍偉文、江安泰等人，藉著長期木雕技巧的涵養，融入現代美術設計理念與美感意識，試圖走出藩籬，藝術家、匠師成功地表現自己，成了時代的記錄者、見證人。《新修桃園縣志・藝文志》收錄傳統民俗工藝發展，以大溪的木器家具歷史最悠久，也最具有地方文化特色。

藝文方志收錄當地傳統工藝，但隨著社會工商業發展的向，使得從事傳統工藝的人口逐漸流失，木器家具、神像雕刻等傳統藝術，從興盛走向式微。嘉義、桃園縣志藝文方志，收錄不同地域的藝術、工藝發展的文獻，提供大量研究藝術和工藝的史料價值。

（六）提供民間廟聯史料

中國最早一副春聯，據文獻所及，爲後蜀之主孟昶在廣政二十七年（西元 964）除夕，在臥室門上題「新年納餘慶，嘉節號長春」，自此，春聯成爲

社會習尚。廟聯與春聯同為「對聯」的一種，屬於文人筆墨的一環。《新修嘉義縣志‧文學志》收錄嘉義縣境內各廟宇的廟聯，總共數量多達一百二十一首，例如：「光天永照劍影鋒鋩消浩劫，祿位長留靈威赫濯護黎民。」〔註105〕，引文的廟宇是位在竹崎的「光祿廟」，主祀鍾馗，民間稱「伏魔公」，引文以廟名「光」、「祿」冠首，類似以廟名冠首的廟聯十分普遍，其旨在彰顯廟宇本身的名號。這種特定的書寫方式，主要體現誠意的信仰，和歌頌神蹟。此外，也有以廟宇所在地名或神祇名冠首，例如：「灣黎義烈功勳垂千古為公，內懷流芳百世群賢崇善館。」〔註106〕、「濟遍十分人地久橋通覺岸，公談一切法天長山佈慈雲。」〔註107〕前一首廟聯是位在六腳鄉灣內的娘媽堂，以現在地名「灣內」冠首；第二首廟聯是在番路觸口龍隱寺，主祀濟公禪師李修緣。

嘉義縣廟聯的撰作，不乏舉辦徵選活動，例如民國四十八年（1959）布袋鎮建德宮重修，向全臺各地詩人徵求對聯的啟示：

> 建德宮奉祀五府千歲，神感顯赫，香火嘗乞諸南鯤身代天巡狩，為我鯤水地方發祥之地，茲為重新廟宇，擬向海內外作家徵求聯文。
> 〔註108〕

至於《新修桃園縣志‧藝文志》收錄福仁宮的廟聯：「福地洞天宮殿重新印斗安排蓮嶼擁，仁山智水威靈依舊漳江長接崁津流」聯文，是在1970年寺廟重建時，向全臺徵得九百多首詩聯，由第一名崁津吟社成員李傳亮執筆書寫。

析言之，廟聯乃廟宇與古典詩壇合作的產物，地方仕紳透過詩社徵求詩人書家，為廟宇題寫楹聯，廟聯在文學場域雖已日趨邊緣化，但在民間傳續仍有其意義與價值，也是俗民生活的一部分。廟聯是跨地域的文類，是當今重要的文化資產，提供大量建構廟宇的重要語言。

（七）提供風俗文化史料

《新修嘉義縣志‧文學志》收錄沈光文〈番婦〉、嘉義生員徐植夫〈諸羅

〔註105〕總纂修雷家驥，纂修江寶釵，分修張屏生、蕭藤村，《嘉義縣志‧文學志》，前引書，頁136。

〔註106〕總纂修雷家驥，纂修江寶釵，分修張屏生、蕭藤村，《嘉義縣志‧文學志》，前引書，頁118。

〔註107〕總纂修雷家驥，纂修江寶釵，分修張屏生、蕭藤村，《嘉義縣志‧文學志》，前引書，頁139。

〔註108〕《詩文之友》第十一卷第四期，1959年11月1日，頁10。

竹枝詞〉「社裡朝朝出，同群擔負行。野花頭插滿，黑齒草塗成。賽勝纏紅錦，新粧掛白珩。鹿脂搽抹慣，欲與麝蘭爭。」〔註109〕、「朱唇黑齒久成風，比似胭脂點染工。知己相逢何所贈，檳榔獻出手巾中。」〔註110〕上述二詩除所述原住民的頭上妝飾、口中塗齒、塗抹鹿脂等衣著打扮，還有原住民嚼食檳榔的習俗文獻。

此外，收錄陳震曜〈平埔族竹枝詞〉，詩云：「嫁娶猶人重禮儀，矜生恤死有風規。天公祭後迎菩薩，草木榮枯判歲時。」〔註111〕、「漢姓之中潘最多，通婚猶見創先河。豈知生計奔勞慣，到處遑遑盪水渦。」〔註112〕《新修嘉義縣志‧文學志》收錄的作品，平埔族信仰天公、菩薩，重視嫁娶，賜漢姓，生活信仰幾乎被漢化。

翁煌南〈吳鳳廟重修落成〉詩云：「躍馬橫刀意氣雄，滿腔熱篇破蠻荒。精誠格厲神威在，從此重新廟貌崇。」〔註113〕翁煌南將民間流傳的吳鳳穿著紅袍騎馬的傳說，以「躍馬橫刀意氣雄」將吳鳳描寫如武將般，但對原住民卻以「破蠻荒」看待，從收錄的作品，觀察原著作者的書寫態度。

（八）提供風景名勝史料

梳理《續修嘉義縣志‧學藝志》文學篇收錄作品，詩類計：有李維爐〈春遊〉、黃樹春〈桃城春遊〉、黃水文〈過鷺橋〉、賴子清〈嘉義八景〉、楊成裕〈獨立山〉、賴柏舟〈義民塔〉、陳文石〈武巒曉翠〉、詹鎮卿〈三代木〉、李文遣〈醉元宵〉、黃南薰〈謁南鯤鯓廟〉、李崑〈港口宮重慶落成〉、林堯山〈重遊壺仙花果園〉、蔡水震〈義民塔〉及前人〈半天岩〉、〈觀瀑港口宮八景之一〉、〈北回歸線標塔〉、〈塩山〉、〈諸羅春色〉；詞類計有：賴尙益〈滿宮花〉、賴柏舟〈題襟亭詞〉、前人〈擬平湖秋月曲詞〉、翠心琴〈憶江南〉；賦類計有：前人〈赤崁樓擬聯〉，總共二十三則均爲寫景之作。至於詩類：沈榮槐〈寓關子嶺大仙寺〉、盧龍江〈秋興〉、青楓〈校園晨景〉、朱木通〈山居晚望〉、賴柏舟〈瀑布〉、李茂鐘〈謁德源禪寺〉、李可讀〈紫雲寺紀遊〉、紀振聲〈春郊覓句〉、蘇茂杞〈諸羅新六勝〉、及前人〈生日遊墾丁公園〉、〈春日旅遊四首〉、

〔註109〕《嘉義縣志‧文學志》，前引書，頁 230。
〔註110〕《嘉義縣志‧文學志》，前引書，頁 230。
〔註111〕《嘉義縣志‧文學志》，前引書，頁 231。
〔註112〕《嘉義縣志‧文學志》，前引書，頁 234。
〔註113〕《嘉義縣志‧文學志》，前引書，頁 177。

〈日月潭遊記〉、〈山行〉、〈四季杏〉、〈登清涼山義德寺〉十五則，則為遊覽之作。

　　《新修嘉義縣志・文學志》收錄的書寫作品，繼舊志也有不少以山川風景為題，其中，以玉山為題者，最早出現於《臺灣府志》（簡稱「蔣志」），第二次出現於《諸羅縣志》〈山川〉、〈藝文志〉，陳夢林作〈望玉山記〉：「玉山之名，莫知於何始……臘月既望，館人奔告玉山見矣！時旁午，風靜無塵，四宇清澈。日與山射，晶瑩耀目，如雪、如冰、如飛瀑、如鋪練、如截肪。故昔之命名者，弗取。玉韞於石，生而素質美在其中，而光輝發越於外。臺北少石，獨萃茲山；山海之精，醞釀而像玉。不欲使人狎而玩之，宜於韜光而自匿也……」〔註114〕陳夢林作〈望玉山記〉為歌詠玉山奇景的先驅，陳氏又作〈玉山歌〉，將玉山比擬成須彌山上水晶宮的化身。玉山在清領時期的詩作，因交通不便，詩人只能從遠處觀看玉山，因此，詩作多帶奇幻色彩；日治時期以降，詠者不絕，甚至開始對玉山展開調查、登臨，楊爾材〈玉山〉詩云：「諸峰尊峻極，一萬三千尺，不老怪青山，頭偏如我白。」〔註115〕此詩，以測量結果入詩。此外，黃啓棠〈阿里山〉詩云：「鐵道蜿蜒設計精，火車雲際作雷鳴，四時人伐千年檜，三月花開五瓣櫻。雲海茫茫迷野徑，祝山旭旭露陽明。連峰豈獨風光好，又得邦家寶庫名。」〔註116〕在這首七言律詩，已包攬阿里山的鐵道、檜木、櫻花、雲海、日出、祝山等景緻。

　　除收錄大量以玉山、阿里山為主題的詩作，《新修嘉義縣志・文學志》並收錄以朴子、岱江海濱等地景主題的書寫詩作。而《新修桃園縣志・藝文志》則收錄黃樹林〈崁津泛月〉、呂澤民〈大溪即景〉，係對在地的歷史記憶，及對地方表示認同感，凸顯詩人對鄉土的熱愛。綜觀《新修嘉義縣志・文學志》、《新修桃園縣志・藝文志》之詩作中的「地景主題」，具有提供研究風景名勝的參考價值。

（九）提供戲劇史料

　　臺灣遠在荷據時期已從大陸傳入戲劇，《新修嘉義縣志・學藝志》收錄流行於嘉義的歌子戲、車鼓陣、南管、北管等，還有角色名稱等，戲目採自歷史、小說、傳記、傳說等，民國五十年嘉義縣有劇團二十一團，另以表格收

〔註114〕周鍾瑄，《諸羅縣志》，前引書，頁131。
〔註115〕《嘉義縣志・文學志》，前引書，頁258。
〔註116〕《嘉義縣志・文學志》，前引書，頁260。

錄戲院三十四家；《續修嘉義縣志・學藝志》以表格簡述嘉義縣四十九處電影院的名稱、位址、負責人，另記述嘉義縣籍演藝人員，如演員郎雄、劉林、歌星湯蘭花、導演林福地等十二人，及勝利、新南光歌仔戲團和長興閣等五十三家地方戲團，陳述嘉義縣從事戲劇歌舞工作，及戲院數量增加概況，該志云：「關於戲劇欣賞，幾全爲電影所取代，其中又以西片最多，國片次之。」〔註117〕據此顯示當時嘉義縣的戲劇發展並不普遍，電影和電視成爲民眾日常生活的主要活動，《新修嘉義縣志・藝術志》並依過去調查的資料基礎，將嘉義縣種類型分成布袋戲、歌仔戲、北管、南管，並針對登計有案的布袋戲有三十九團、歌仔戲有十五團、北管有三團，逐一進行介紹，而南管雖找不到資料，但新型態的表演團體，則逐漸浮現出來，具體呈現傳統藝術所面臨的困境與處境。

　　《桃園縣志・文教志・藝文篇》則收錄桃園縣歌仔戲團，計有桃園天賽樂、蓮鳳社、鈞天社、安樂社、龜峰音聲社、和樂社、三義園、革勝鳳、金興社劇團、陽明歌劇團、勝美劇團等十一個；掌中班（布袋戲）團計新錦樂一個；傀儡戲團有同樂春班一個；臺灣話劇團計有新榮鳳、小玉鳳小榮鳳、勝春園、藝光劇團、雷電劇團、陽明歌劇團、蓮鳳社七個；歌舞劇團有藝光劇團；京戲與採茶戲劇團，有金興社劇團；戲院則有二十三家。重修《桃園縣志・文教志・藝文篇》收錄的戲劇概況內容，則與前志無異。《新修桃園縣志・藝文志》則收錄桃園地區的北管，主要分佈於北區閩南人聚集的鄉鎮，其中以桃園市、大溪鎮數量最多且歷史悠久，子弟團約有六十餘團，但自從歌仔戲興起，北管劇團爲了生存轉變形態，改爲白天演北管，夜間唱歌仔的形態演出；而客家八音、採茶戲，主要分佈於桃園客家地區，其中，客家八音使用的樂器，分爲文場樂器和武場樂器，採茶戲則從日治時期即有採茶班，但在歌仔戲大量流行後，採茶班則改演歌仔戲。由此可見，桃園地區的北管、採茶班受到流行歌仔戲的衝擊還眞不小。《嘉義縣志・藝術志》、《新修桃園縣志・藝文志》提供戰後大量有關戲劇表演的參考史料，值得正視。

　　一個時代的著述情況，可以反映一個時代的思想文化情況以及時代風尚，憑藉藝文方志，雖無法考知嘉義、桃園縣各種圖書的存佚情況和學術的流變情形，但從《新修嘉義縣志》、《新修桃園縣志》藝文方志，追求事件眞

〔註117〕《續修嘉義縣志・學藝志》，前引書，頁156。

實面貌，以事實爲依據，準確記述，實事求是，忠實反映史實及其變化、發展規律，而藝文方志按文分類，不再僅以過去舊志的分類標準，而是據時代的演變和順應需求，除增益新的文類，甚至將固有文化的楹聯等民間文學大量入志，其含蓋的範圍，不僅止於詩、詞、賦、歌和散文而已，尚包括美術、音樂、工藝、戲劇等，中國文化各民族創造絢麗多彩的民間藝術，豐富多彩的民間藝術，具有獨特的地方特色、傳承方式，文學和藝術是繼承與纍積，足以反映地方特色。藝文志從舊志到新志，前志已錄而後志仍書，其纂修內容具有獨特性、纂修工作具有連續性、纂修手法不斷進步，新修藝文方志之纂修兼具獨特性、連續性和進步性三大特性。

小　結

　　縣志作爲一方之書，藝文方志爲縣志的一部分內容，是地方文學作品的總匯，可反映當地文學發展的水平。本文主要探究新修《新修嘉義縣志》、《新修桃園縣志》藝文方志，爲有效析釐新、舊志在纂修藝文志上的差異性，先爲〈藝文志〉釋義，再考察正史〈藝文志〉與方志〈藝文志〉二者之別，然後再逐步尋繹嘉義、桃園縣志中各部藝文方志：《嘉義縣志・學藝志》、《續修嘉義縣志・學藝志》、《新修嘉義縣志・文學志》、《新修嘉義縣志・藝術志》、《桃園縣志・文教志・藝文篇》、重修《桃園縣志・文教志・藝文篇》、《新修桃園縣志・藝文志》，勾勒藝文方志之編纂內容、結構、特色和價值。

　　就嘉義、桃園縣藝文方志的編纂內容和結構而言：首先，在編纂內容方面，其章節數量均爲後志多於前志。其次，在編纂結構方面，第一、徵引書目：《嘉義縣志・文學志》、《嘉義縣志・藝術志》和《新修桃園志・藝文志》三部新修藝文方志，善於徵引學術研究，並將原本舊志直式書寫格式改爲橫式書寫，提高藝文方志的學術價值；第二、人物傳記：三部新修藝文方志以人繫文，人物傳記與〈人物志〉「生不立傳」之原則不衝突；第三、表圖紀：三部新修藝文方志以記述並行，收錄嘉義縣政府八十四年一月一日到九十三年十二月十三日，表演藝術的活動和「嘉義文學大事記（1911～2007）」，此外，入志照片創新高，以大量表格取代文字，集多種著作體裁的長處。《新修嘉義縣志・文學志》、《新修嘉義縣志・藝術志》和《新修桃園縣志・藝文志》三部新修藝文方志，採取中國傳統文史體所使用的「圖」、「表」、「紀」、「傳」，

纂修方法兼容並蓄。

　　另就《新修嘉義縣志》、《新修桃園縣志》藝文方志之特色與價值：在特色方面有五：「細分文類別於正史」、「反映當代藝文風貌」、「提高現代文學比重」、「入志者後志多於前志」、「編纂團隊跨學科領域」；藝文志的價值則計有：「提供臺灣文學史料」、「提供政治、社會史料」、「提供教育、經濟史料」、「提供音樂、舞蹈史料」、「提供藝術、工藝史料」、「提供民間廟聯史料」、「提供風俗文化史料」、「提供風景名勝史料」、「提供戲劇史料」。惟《新修嘉義縣志》、《新修桃園縣志》藝文志缺乏舞譜、劇本、戲曲歌譜入志，十分可惜。

　　索忍尼辛云：

> 文學還有一種可貴的特色，便是能夠把人類經驗濃縮了的菁華傳諸後世，使成爲民族的活的記憶，它眞實地保存了民族過去的歷史，是以文學和語言保持了民族的靈魂。〔註118〕

藝文志是方志重要的組成部分，藝文志在方志中的編纂，爲史學方事，文學色彩濃厚，其收錄的藝文作品可爲史志增輝。藝文志編纂的體例不斷演變發展，逐漸形成目錄性質的題解方式，到文選性質的引文收錄，藝文志編纂體例的嬗變，體現的不僅只是史學的發展問題，還蘊含藏著史學與文學互動的深刻內涵，其將舊志因過去種種條件限制而未載的藝文加以收集，尤其是散落在民間的藝文加以整理、入志，以補歷史之缺，豐富藝文方志內容，藝文方志發揮存史之功能。一部文學史主要是作品的歷史，隨著不同的時代及其社會特質，處理歷史的方法和內容，呈現諸多變異的樣貌。藉著歷史的撰述，展現豐富而多層次的藝術人文內涵，透過藝文形式，眞實地記錄嘉義、桃園的歷史事件，藝文方志提供大量正史以外的史料供參，意義非凡。

〔註118〕索忍尼辛（Aleksandr Solzhenitsyn，1918～2008），〈受獎演說〉，收於《諾貝爾文學獎全集》（臺北：九五文化事業公司，1981年1月），頁39。

第七章　結　論

　　臺灣方志的纂修，源自清領時期，又歷經日治時期、國民政府等政權移轉，故方志纂修的歷史，迄今已長達三百多年。臺灣方志的纂修，無論是理論或實踐，均累積諸多前賢的豐富經驗，於是方志纂修，乃成爲中華文化獨一無二的文化資產。

　　光復後的臺灣，在政府大力推動下，各地又再度掀起編撰志書的熱潮，致使各地修志事業多呈現蓬勃發展的景象。統計光復後至民國九十九年（2010）爲止，則全臺各地出版的縣（市）志，至少有七十部。惟因出版時間相近、屬同一級志書，及皆爲新修等，本文乃以《新修嘉義縣志》和《新修桃園縣志》做爲研究的主要對象，而將中國歷代傳統方志、臺灣方志，加以彙集整理，並經由審愼的分析、歸納，希冀能有助於對方志更進一步的認識與了解，並就《新修嘉義縣志》和《新修桃園縣志》在方志學上的貢獻，同時歸納出幾點共同特色，冀能有助於臺灣方志之研究。

一、就方志研究而言

（一）方志淵源流長

　　對於中國方志的定義與起源，歷來學者看法不一，以致迄今仍爲公案。本文特綜合各家學說，試爲方志下定義爲：方志是以一定體例反映一定地區的地理、政治、社會、經濟、文化、教育、軍事、人物、自然現象、自然資源等現狀與歷史，爲一部綜合性與資料性的著述。惟方志起源，乃因文獻不斷亡佚散失，以致今多不可見，遂使方志源流，缺乏直接歷史證據。然筆者認爲任何學術皆經長期醞釀，實非一朝一夕所能生成，而方志起源亦同。要

言之，方志以專敘地理等方式表現，其起源與《山海經》、〈禹貢〉等有關外，如再從《周禮》中所提到的外史掌「四方之志」，則方志大致爲古代史官的記述發展而來。而《越絕書》的先地後人體例，爲後世方志撰修原則所遵循，亦可視爲方志源頭。因此，《山海經》、〈禹貢〉、《周官》、《越絕書》等均爲淵源之一。如再據以各類著述時間推測，則方志起源時間，約於先秦戰國時期，然直至南宋才告定型，並爲後世的方志奠定基礎，進而發展和創新，終成爲中國可貴的文化傳統。

（二）名稱、類別多樣

在方志名稱出現之前，曾有許多不同的名稱，例如唐代史學家劉知幾稱方志爲「郡書」，宋代史學家司馬光稱方志爲「博物之書」等，後又有「志」、「圖經」、「傳」、「記」、「錄」、「乘」、「經」、「書」、「通典」、「史」、「簿」、「論」、「志科」、「譜」、「考」、「志餘」、「補」、「略」、「系」、「鑑」、「掌故」、「文獻」和「採訪冊」等。其次，就方志的類別而言，分別有來新夏以方志所記載的地域、內容、編寫體例和文體，計有「總志」、「通志」、「郡志」、「省志」、「路志」、「道志」、「府志」、「州志」、「廳志」、「縣志」、「市志」、「鄉鎮志」、「鄉土志」、「衛志」、「所志」、「邊關志」、「鹽井志」、「通志」、「專志」、「雜志」等；按編寫體例則有「記傳體」、「門目體」、「三寶體」、「編年體」、「紀事本末體」、「志書體」；按文體則有散文體、賦體、駢體、詩體等。及盧萬發以「按時空劃分」等將方志分爲「古代方志」、「現當代方志」等四十一種。故如從學者對方志的分類，足見中國方志不僅歷史悠久，且數量也繁雜而豐富。

（三）延續編纂傳統

中國方志係起源於先秦時期的地理書、國別史和地圖等，而醞釀於隋唐，成形於宋代，鼎盛於元明清，其間又隨著各朝各代的政治、經濟、文化不斷發展，於是此優良的修志傳統，乃成爲全世界特有的瑰寶。但「傳統方志」發展至清末時，因受到西方社會科學東漸的影響，學術領域丕變，故在方志學者大力推動下，又產生功能更廣泛的「新方志」。而自民國以後，中國方志的纂修，已開始注意到影響地方的各種因素，諸如政權更迭，軍閥混戰，抗戰時期，外敵入侵等，而楊家駱主修的《北碚九志》，其以各篇章節標題與內容，即有別於傳統方志的纂修，而建立方志纂修的新模式。爬梳臺灣

文獻，爲俾利研究者知所取捨，進而善加利用，乃將臺灣方志作系統分類爲：清領時期、日治時期和戰後臺灣方志。臺灣方志開端於清領時期，而以蔣毓英的《臺灣府志》爲第一部方志，而周鍾瑄與陳夢林合修的《諸羅縣志》，則爲臺灣地方縣（市）志的濫觴，此後，乃掀起各地方首長編製志書的熱潮。清領時期的臺灣方志，具有「地方官員親自修志」、「培養當地修志專家」及「方志內容史料豐富」三大特點。乙未割臺後，因日本政府熱衷於土地、風俗、經濟等全面性之舊慣調查，又基於殖民統治之需要而纂修方志，於是此期纂修的方志，多具有「使用日文撰寫方志」、「設置專責史志機構」、「開創纂修街庄志」、「收錄臺灣大量史料」四大特色。此外，清領或日治時期的臺灣方志，其豐富的史料，實可作爲研究臺灣早年歷史之重要依據。而綜觀戰後（1945～2010）臺灣地區（含金門縣、連江縣），共有二十三個縣（市）、三百六十八個鄉鎮（市、區），而已編纂、出版之全志、通志、縣（市）志、鄉鎮（市、區）志，近三百部。惟多數地方政府，在纂修首部縣（市）志之後，即未再繼續進行續修（重修或新修），以致造成方志數量，自解嚴初期、政黨輪替時期一路下滑，此種現象，實與政府推動纂修方志的態度不相符應，然而，戰後臺灣方志則呈現「方志產量多量化」、「出版對象多元化」、「編纂團隊多樣化」、「內容豐富多變化」、「保存方式現代化」、「經營方志多角化」六大特點。綜觀臺灣修志發展歷程，傳統的方志纂修，依然被繼續傳承與延續。

二、《新修嘉義縣志》、《新修桃園縣志》在方志史的意義

本文以《新修嘉義縣志》、《新修桃園縣志》纂修爲例，探訪其在中國方志發展史上的定位與意義。

（一）傳統創新並進

中國方志的纂修，由於悠久的文化傳統，故其內容已由簡單到複雜，體例也逐漸定型化。如就《新修嘉義縣志》、《新修桃園縣志》纂修體例來觀察，則《新修嘉義縣志》共分十二志一卷，總計五十三篇、二百二十二章、七百六十一節、四百萬字。投入的人力、字數之多，均爲歷次縣志之最，在體例上，其「序」量統一、「凡例」自由制訂、「目錄」多達第五層「目」次、「概說」以圖文表述、電腦繪圖技術進步、「表」體表格文字簡潔、「紀」體以時爲序、「志」體以順敘結構舖排開展；「傳」體〈人物志〉採紀傳體，且秉持

不爲生人立傳之傳統原則，各傳獨立論述。此外，「徵引資料」，則註釋方式多元、數量龐大。其次，如以《新修桃園縣志》而言，總分爲十五志、二十九篇、一百八十二章、五百二十四節、五百多萬字，其「序」量未限、「凡例」統一、「目錄」僅止於第四層「節」次、「概說」表現方式多元、「圖」體以照片入志、「表」體運用表格廣泛、「紀」體紀文簡潔、「志」體依類記述，再依時舖排開展，而「傳」體〈人物志〉，不爲生人立傳，採紀傳體，不同門類的單層次結構，簡單明瞭，註釋方式統一。整體而言，兩部縣志的體例屬於章節體，其基本體裁仍維持「大事記」、「圖表」、「專題志」和「傳記」四種書志體的分類原則，說明多種史體並存，樣式豐富，從舊志到新志，不僅能夠繼承傳統，結構則能突破創新，而呈現多樣性、多層性的樣貌，可謂是傳統與創新，兼容並蓄的作品。

（二）老幹新枝並存

方志從首次纂修到續修、重修、新修，大多具有連續性，惟從《金門縣志》等縣（市）志之中，則發現〈水利篇〉等篇章，其內容和前志幾乎一樣的現象，係因後志複製前志。無獨有偶，在嘉義、桃園縣的官修縣志中，亦有類似情形，如以藝文志爲例，首纂《嘉義縣志》、續修《嘉義縣志》，藝文志名稱均同爲〈學藝志〉，且有「文學篇」和「藝術篇」，其中，續修《嘉義縣志》，「藝術篇」僅對《嘉義縣志》「藝術篇」的章節，稍做調整，將工藝、紋繡改爲食品工藝、木竹工藝；將音樂、舞誦改爲戲劇歌舞、歌謠，兩部〈學藝志〉之內容相去不遠，此乃因當時纂修年代的科技資訊並不發達，資料收集有所限制，史料貧乏，而有難求充實完備之憾；《新修嘉義縣志》則繼承舊志〈學藝志〉之基礎，又能隨著時空環境變換，於是綱目隨之調整，擴大增益以〈文學志〉、〈藝術志〉，分別收錄民間文學、藝術等新材料和新名稱，致使各式藝術創作，能不斷融合傳統或創新技法。此外，桃園縣是自《新修桃園縣志》始獨立設置〈藝文志〉，專收桃園地區的藝文，首纂《桃園縣志·文教志》、重修《桃園縣志·文教志》的「藝文篇」，都在〈文教志〉裡。如再就「藝文篇」的章節數量而言，重修《桃園縣志·文教志》比《桃園縣志·文教志》多出一章八節，《新修桃園縣志·藝文志》又比重修《桃園縣志·文教志·藝文篇》又多出二十章六十五節，章節數量呈現後志多於前志的現象，《新修桃園縣志》〈藝文志〉，已脫離原來附屬於〈文教志〉，而以藝文專志單獨印行。由此可見，嘉義、桃園縣政府在縣志纂修工作上，均逐步認識藝文

志富有學術價值，已能正視藝文入志的重要性，並紛紛設置藝文專志，以傳承舊志之基礎，進而繼續深廣延伸。

（三）跨領域組織

臺灣早期幾屬於化外之地，由荷據乃至明清時期的臺灣，史料保存不被重視，是以史料闕如不足，文獻蕪雜，人物及其事功得失皆不易論述。然而，方志是一方之全史，亦是地方的百科全書，方志纂修必需廣泛蒐集文獻，並深入田野調查，以補文獻不足之處。由於修志工作工程浩繁，故嘉義、桃園二地方政府，在編修時，皆延攬學術界專業人士，集結地理、地質、政治、歷史、社會、經濟、教育、文學等不同學術領域的專家學者，共同參與。如以《新修嘉義縣志》〈地理志〉為例，嘉義縣的土地雖沒有變動過，但纂修者以其學術專長，能蒐集大量的地質資料，纂修出不同歷史學者的地理學思維，以呈現地理學者的色彩；其他分志編纂，亦以不同領域之學術與專長，全力投入纂修工作。又《新修桃園縣志》〈開闢志〉主持人陳立文，雖具有史學專業背景，但她仍邀請史學研究所博士生及歷史系的師生投入志書編纂，學以致用。〈地理志〉召集人潘朝陽，除具有地理學專業外，又力邀史地系學者、高中地理科教師加入纂修行列，並對桃園縣的農村農業的區域特色、聚落發展和演變、環境問題等，提出專業的篇幅。因此，《新修嘉義縣志》、《新修桃園縣志》的編纂團隊，都是結合史學、地理學、經濟學、文學等不同學術專長的專家學者組合而成，其他各志，也是分別就桃園縣的開拓與發展，詳加探討與記錄。就編纂的成員，或以師生合力纂修，或與同領域之專業人士集體編纂，以補史學領域力有未逮之處。負責纂修的人，都擁有高學歷且各具不同的專業學術背景、實務經驗，也由於學者專家投入修志行列，而大大增益方志纂修水準。又隨著教育的發達與學術的進步，學門分工漸趨嚴密，例如《新修嘉義縣志》、《新修桃園縣志》則是採取跨領域研究的團隊、分工合力編撰的方式，終於圓滿完成修志使命。

（四）突破纂修舊法

大體而言，舊志撰述方式陳舊，內容簡略，取材不足，缺乏註解，使用圖表比例很低，甚至多屬前志之翻版。然而《新修嘉義縣志》常見同中有異、異中有同的靈活創意，例如〈志首〉內頁即附有一張四開大的折疊式嘉義縣地圖，俾利讀者對嘉義縣的地理位置，能夠快速地檢索外，〈地理志〉更應用

大量地理資訊系統（GIS），製作歷年來嘉義縣的各種地圖，並應用現代地理學與地質學的概念與科技撰述；又《新修桃園縣志》除補述過去舊志、增補舊志未載之內容，修訂舊志之資料外，〈經濟志〉、〈交通志〉等志重新採集資料，繪製大量圖、表等科學方法，又以最新數據，彙編歸納，化繁爲簡，深入論述，以詳載桃園縣的發展，使讀者在最短時間內，能了解歷史趨勢，融入新的議題，讓志書耳目一新。至於統計圖表的分析與應用，也能清楚註明資料出處，讓新修的方志符合當代性的功能，俾利讀者快速理解、掌握各項經濟活動的興衰與發展。兩部縣志，皆引用大量資料，內容格式採橫式書寫，又藝文志的人物傳記採「生人立傳」，與〈人物志〉「生不立傳」雖然衝突，然而藝文方志以人繫文的人物傳記方式，使得一些表現優異，且被大眾傳爲美談的作家及其作品，能夠順利入志，增益藝文資料，可供參考。藝文方志表達形式和方法更具多樣性，纂修手法不斷進步。此外，面對出版形態的衝擊，《新修嘉義縣志》除以紙本出版的形式外，整部縣志並皆轉成電子檔，建置資訊系統，以提供網路快速查詢縣志之便。

（五）建立審查機制

《新修嘉義縣志》雖是官方「委託專業服務」的性質，但是採分工合作的方式進行，例如纂修團體擁有纂修自主權，審查人擁有獨立審查權，嘉義縣政府擁有行政監督權，在三方互相協調、尊重下完成；又仔細觀察《新修桃園縣志》，可發現其纂修主持人頻頻更迭、受託單位又官司纏訟等因素，卻還能正常出版，分析其因，乃因總編纂賴澤涵所率領的編纂團隊，全力以赴、桃園縣政府也居中全力協助，此外，還有一項很大的原因，就是有一套完整的「《新修桃園縣志》纂修團隊與審查機制」，再在編纂委員會嚴格把關下，終得以順利完成。可見審查機制的建立，具有幕後推動的角色，在方志纂修的過程中，有舉足輕重的地位。

（六）擴大服務對象

纂修方志的主目的：如以唐代賈耽爲例，唐代圖經盛行，賈耽繪製《隴右山南圖》與編《別錄》，原欲提供朝廷做爲收復失地的參考；而臺灣早期與中國大陸遠隔重洋，清領時期又是一個新開闢之處，根本無書可錄，文化程度不高，缺乏檔案，修志條件困難。直至清康熙（1683～1895）才開始有方志，也不論是府志或縣、廳志，其纂修的目的，不僅是承中國方志纂修傳統，

也是地方官員藉以展現治績的最好途徑；而日治時期，殖民政府為利於統治
需求，遂對臺灣展開大規模調查、訪問工作。於是中國的傳統方志，與臺灣
在清領時期、日治時期的臺灣方志，皆成為施政參考，閱讀者也以上層官員
為主要對象。戰後初期，官修方志因是由政府編列預算出版，因此，常見大
量首長題詞，造成私用版面之憾。整體而言，臺灣雖歷經以上不同政權，但
纂修方志的目的，皆是以服務政治為主要目標。惟仍有鄉鎮（市、區）公所，
因苦無經費，面臨無力修志的窘境，因此，乃有地方仕紳基於愛家、愛鄉、
愛土的情操，及意識到修志對地方的重要性，而主動積極募集資金，出錢出
力，協助推動方志纂修。至於《新修嘉義縣志》、《新修桃園縣志》，則是由官
方委託纂修，雖非住民自發性推動而成，但兩部縣志的纂修團隊，皆擁有纂
修的自主權，且纂修的態度客觀、中立，內容僅需向縣志的審查委員會負責，
並未受限於出錢的官方單位。如今，如研究《新修嘉義縣志》、《新修桃園縣
志》的內容，除一方面可了解嘉義、桃園縣志纂修的發展概況，另一方面也
可作為相關學術團體，及政府機關之參考借鏡，故方志纂修所服務的對象，
已不僅僅侷限於政治服務，而是能提供學術界、教育界參考，也從原來以「服
務政治」為主，擴大到全體民眾。

（七）反映發展軌跡

據《新修嘉義縣志》〈農業志〉收錄，嘉義市鹿寮里尚有一座三百多年前
荷蘭人所鑿的「紅毛埤」（今稱「蘭潭」）等，可證臺灣農田灌溉開發始於荷
據時期。因自明朝天啓四年（1624），荷蘭人入主臺灣後，臺灣的水利設施，
即從早期利用雨水、泉水開發出小型的「井」、「陂」等，進而利用溪流、河
水截流築堰，發展成大型的「陂」、「圳」的水利工程。至於灌溉埤圳水利開
鑿工程，則大多奠基於清領時期；日治初期，臺灣總督府為增加臺灣島內的
稻米產量，乃積極尋找可栽培水稻的水田用地，以建設灌溉工程，並曾對全
臺舊埤圳進行調查。其中，桃園廳（包括今臺北縣部分鄉鎮市）的埤圳數，
合計六千六百八十五處，埤圳數量及密度，高居全臺之冠。桃園臺地因地面
緩斜，挖土築池方法簡便，而造成陂塘遍布，也因水利環境符合官設埤補助
條件，因此，被列為官設埤圳計畫區，自 1916 年（大正五年）起開鑿桃園大
圳，至 1928 年（昭和三年）始竣工。

桃園大圳通水後，對臺地最明顯的變化，是水田面積激增，旱田面積銳
減，遂使水稻栽培面積不斷擴增。而桃園大圳的開鑿，也刺激嘉南大圳的出

現。光復後，中央政府積極發展農業，爲提昇供水的穩定性，乃致力於水庫之興建，因此，桃園縣的〈水利篇〉，也分別收錄於三部官修縣志的〈經濟志〉中，且將清領時期的「陂塘」、日治時期的「桃園大圳」、戰後的「石門水庫」並存於桃園臺地。由於水利改變生活環境，也呈現桃園縣經濟的古今遞嬗，爲人與水互動歷程留下見證。除此之外，嘉義、桃園縣的政治、社會、環境、交通、教育等變遷，亦分別反應於其他多部方志纂修的內容之中，以呈現有關政治發展、社會、環境、交通、教育等發展的軌跡與樣貌。

（八）忠於歷史事實

臺灣方志從清領時期、日治時期、光復初期（實施戒嚴），使得許多議題性人物，無法被放入縣志。但從七〇年代以後，臺灣不斷面臨國際孤立的外部危機、黨外民主運動興起、解除戒嚴，威權體制逐漸轉型，臺灣隨著社會的變遷，解嚴初期以後，官方修志的心態逐漸開放，容許多元論述、得以新的視野與角度來詮釋內容。例如《新修嘉義縣志》〈人物志〉破天荒收錄舊志未曾收錄的人物高一生（1908～1954）、黃紀男（1915～2003）等人。高一生、黃紀男等人物，在過去受限於時代的背景，不能浮出檯面。高一生曾任阿里山鄉長，在白色恐怖時代，因接濟左派故舊，避往阿里山，被控參與匪僞組織被捕，並以叛亂罪科處死刑；黃紀男因積極從事政治運動，最後病亡。嘉義縣志首度將高、黃二人入志，爲其生平立傳，回歸歷史定位；至於《新修桃園縣志》〈贍錄志〉，則採輯戒嚴法、懲治叛亂條例與戡亂時期檢肅匪諜條例、二二八事件相關歷史、處理及賠償外，又收錄省工委中壢支部姚錦案（又稱客家中壢事件）受難者及受害者名單、省議員林瑞昌（樂信・瓦旦）白色恐怖案、二二八事件桃園縣籍縣民受害者名單等，內容且有「肅清匪諜」、「白色恐怖」等文字，這些內容與文字，與過去多部舊志相較，皆乃前所未有。因此，《新修嘉義縣志》、《新修桃園縣志》纂修的內容，相較於過去的舊志，顯得更爲開放、自由，且勇於突破過去修志的尺度，內容呈現多元論述，以新的視野來分析或詮釋方志內容，更能忠於歷史事實。

（九）凝聚鄉土意識

臺灣光復初期，中華民國政府以「三民主義」喚醒臺灣人的「民族意識」，對臺灣的文化重建工作，則以「去日本化」、「再中國化」，以〈革命志〉、〈光復志〉等方志，強調國家意識，激發臺灣民眾的愛鄉愛國的情操，對本土文

化的保存，並未受到重視。1970 年以降，臺灣始推行本土化政策，地方人士乃能對鄉土產生強烈的認同感，修志的內容也重視鄉土資料，例如《新修嘉義縣志》〈社會志〉則臚列 1980 年以後，嘉義縣發生的反公害自力救濟事件、紅樹林保育、海岸生態動植物復育、鹽場文化保存等，還有聯合環保、生態保育、文史保存與社區總體營造的在地社會運動的主軸，一路演變為文史保存與鄉土教育工作；嘉義鄒族部落的山美社區，則成立居民自主管理的社區護魚與社區觀光自治規章、新港鄉在小鎮醫師的號召藝文人士與在地居民，愛鄉護土，而開啟社區自我改造行動。社區行動除有社區空間改造、老人福利日照中心、藝術下鄉等，一再強調住民對嘉義縣這塊土地的認同。過去嘉義縣的社會史料，編排在〈政事志〉「社會篇」中，但經本土化與文史工作浪潮的洗禮，新修縣志已將〈社會志〉單獨成志，而使志書深入基層鄉土史料。又《新修桃園縣志》的纂修凡例；規定 80%的內容應書寫桃園縣，無論出於地理的角度、抑或從先人開闢的背景，乃至於人口分佈與發展、社會組織、地方自治實施概況、經濟發展、交通建設、各級教育、藝文推廣、宗教禮俗等，無不以桃園縣為主軸。

（十）尊重多元族群

傳統的歷史研究，多以政經優勢族群的歷史，做為全民的歷史，因此，戰後方志的纂修，常以中國漢人本位主義，做為主要論述對象。不過，嘉義縣有四大族群，其中，鄒族只有二千多人，客家人口比例只有百分之七點八，會說聽客家語僅有百分之三點四。而《新修嘉義縣志》〈住民志〉欲介紹鄒族獨一無二的傳統信仰。〈人物志〉則闢「流寓人物」、「外籍人物」，以反映嘉義縣多元族群相處的實況和特色。又《新修桃園縣志》〈地方自治志〉，從地方自治實施概況，到地方派系之形成，可一睹桃園縣閩、客、眷村等族群在桃園縣政治勢力之發展；〈住民志〉則探究桃園縣住民的開墾歷史、各聚落乃至鄉鎮市形成的過程等，讓讀者明瞭桃園縣原住民、北閩、南粵、外省人士、外籍人士等各族群之特色，又採集桃園縣特有的語言、諺語與歌謠，以分析桃園縣住民的語言文化。又桃園縣引進外勞人口達七萬之多，為臺灣最大的外勞匯聚縣，〈住民志〉、〈社會志〉則介紹桃園市後火車站延平路、及中壢市的前站、長江路一帶，外籍人士群聚，形成有特色的外國街，商家販賣各國食物，讓桃園縣呈現多元文化；〈人物志〉收錄原住民、閩、客外、還收錄日本籍之外籍人士，故由兩部縣志收錄的人物，可反映對閩、客、外省人、原

住民、新住民、外籍人士等的尊重，以建立多元族群的地位與重視，使方志內容更加豐富。

（十一）述作議論並重

探究表述方式，《新修嘉義縣志》〈地理志〉、〈住民志〉、〈社會志〉、〈農業志〉、〈經濟志〉、〈藝術志〉、〈教育志〉、〈人物志〉，及《新修桃園縣志》〈志首〉、〈地理志〉、〈開闢志〉、〈住民志〉、〈社會志〉、〈行政志〉、〈經濟志〉、〈交通志〉、〈教育志〉、〈人物志〉、〈藝文志〉、〈宗教禮俗志〉、〈贍錄志〉，雖未以結論總結，看似「述而不論」，但探究其圖、表等方式，分析成因、原理，蓋已具「舉證以論」之實。至於《新修嘉義縣志》〈沿革志〉在結束語中，亦歸納嘉義縣歷史的六大特質、二大困境、三項發展潛力；〈住民志〉分析嘉義縣人口成長與分佈，發現人口出生率下降、老年人口比例愈來愈高，而衍生「老」與「少」問題；〈人物志〉結語，則提出可供增補之處。至於《新修桃園縣志》〈地方自治志〉，將「結語」直接成為章節；〈宗教禮俗志〉則發現十人以下信徒的教會，因經常遷移而失去歷史傳承；〈社會志〉、〈住民志〉針對外籍勞工，提出桃園縣面臨外籍勞工生活適應、文化宗教、外籍配偶非法打工、外籍新娘來臺「假結婚、真賣淫」等問題，建議政府機關應該重視；〈地理志〉對於桃園縣失去原有的地方特色，認為應尋回存在的中心性與聚焦的地方，是桃園在經濟高度發展應思考的課題。戰後臺灣方志的纂寫方式，迄今尚無定論，惟新修《嘉義縣志》、《新修桃園縣志》的纂寫方式，皆提出研究所得，夾敘夾議，論述並重，以供為政者參考。

（十二）突顯在地特色

一個地方歷史往往因不同時間而千差萬別，而方志內容，按理應該各具當地特色。嘉義縣本以原住民平埔族及鄒族過著農耕、狩獵及採集之自給自足的生活方式，迄荷蘭、明鄭時期，已有少許漢人進入拓墾土地，此外，嘉義地區也是臺灣的重要農業縣。故如檢視《新修嘉義縣志》，則可發現有豐富的農業自然生態環境、農地資源，但隨著農產物及其生產活動變遷，如今仍留下豐富的鹽業文化資產，並轉型為發展觀光，以吸引遊客駐足觀賞，例如推出十六條阿里山生態旅遊行程。又嘉義縣的〈農業志〉也記錄鹽業、森業等豐富文化遺產，並展現獨有的當地特色。而《新修桃園縣志》所收錄的埤塘，則是桃園臺地上的特殊景觀，充份呈現出先人的智慧與毅力，桃園埤塘

實非其他地區可以相提並論，因此，2002 年 3 月被推薦爲世界遺產潛力點，《新修桃園縣志》此種突顯埤塘爲臺灣珍貴的文化資產，也是桃園臺地獨一無二的水利史，以展現地方獨特的內涵，體現鮮明的時代特色，充分展現其眞實之參考價值與學術貢獻。雖然嘉義、桃園二地，因自然環境的變遷，和社會發展變化而有不同，但爲免內容和其他方志千篇一律，《新修嘉義縣志》、《新修桃園縣志》的纂修者，皆能因地制宜，而反映當地當代的地方特色，與該地區的發展與變遷。

（十三）提供研究史料

縣志乃爲一方之書，如以藝文方志爲例，其不僅爲地方文學作品的總匯，也可反映當地文學發展的水平。藝文方志，從目錄性質的題解方式，到文選性質的引文收錄，體例嬗變，其體現的，不僅只是史學的發展問題，還蘊含著史學與文學互動的深刻內涵。藝文方志收集舊志未載的藝文，及散落在民間的藝文，以補歷史之缺，及豐富藝文方志內容，其能提供臺灣文學史料、政治社會史料、教育經濟史料、音樂舞蹈史料、藝術工藝史料、民間廟聯史料、風俗文化史料、風景名勝史料、戲劇表演史料等供參。藝文方志展現豐富、多層次的藝術人文內涵，更透過藝文形式，眞實地記錄嘉義、桃園的歷史事件，以提供大量正史以外的史料。此外，〈經濟志〉等志，則分別提供經濟轉型史料等，而爲臺灣經濟轉型提供豐富的參證史料，實具有參考價值與學術貢獻。職是之故，《新修嘉義縣志》、《新修桃園縣志》此種保存文獻，發揮存史之功能，意義非凡。惟新修《新修嘉義縣志》、《新修桃園縣志》藝文方志，卻缺乏舞譜、劇本、戲曲歌譜等，十分可惜。

三、方志纂修的因應與創新

（一）設置專責機構

戰後臺灣的方志纂修成員，主要係由跨學術領域的學者專家主導，以不同學科的合作模式，並依據一方的文獻而進行纂修。綜觀戰後臺灣四級志書的纂修，其中，僅有全志、省通志及臺北、高雄二市，因設有專責機構，從事文獻的徵集、整理與保管史料，纂修過程較爲順利；反之，其他的縣（市）志、鄉鎮（市、區）志，因缺乏專責機構，故纂修人員在從事徵集文獻時，常遇到資料零散不全等問題。探究中國方志纂修的發展歷程；南宋時期首創「九域圖志局」，乃爲一專門主管修志的機構，自此，在朝廷大力推動下，各

地紛紛展開修志工作,因此,宋代便成爲中國方志發展史上承先啓後的重要時期。及至清代,方志學者章學誠,有鑑於修志遇到文獻徵集困難,造成「州縣紀載,無專人典守,大義闕如,間有好事者流,修輯志乘,率憑一時採訪,人多庸猥,例罕完善,甚至挾私誣罔,賄賂行文」〔註1〕,而爲讓修志者有所憑藉和依據,章學誠曾建議應該設立「志科」常設機構,「志科」可讓「登載有一定之法,典守有一定之人」〔註2〕,平日有專人負責收集、整理、保管檔案資料,如此,「凡政教典故,堂行事實,六曹案牘,一切皆令關會,目錄眞跡,彙冊存庫,異日開局纂修,取裁甚富」〔註3〕,設立「志科」,則「州縣既立志科,不患文獻之散逸矣。」〔註4〕章學誠提倡各州縣設立志科,典守文獻,俾利未來志書續修所需。日治時期,殖民政府曾設置史志機構,雖纂修方志之目的是基於統治之需,但亦是保存史料之根本辦法。綜上所述,方志內涵博廣,地方鄉土文獻浩瀚繁富,文獻資料未加以蒐集留存,則隨時光韶去而日漸流失。而文獻多寡、資料徵集是否齊全與正確,乃直接影響方志纂修的品質與內涵,若地方政府迻錄舊檔案,且參閱方便,所修方志自然翔實可據。方志綿延纂修,非僅眼前庶政,一方之鄉曲名賢等文獻史料,都應該加強纂修收存,此一工作,則爲專責機構所司。

(二) 熟諳法令規章

戰後,臺灣方志的編修,已有學者專家等各種類型的組合團隊投入,而使編纂團隊組合多樣化,綜觀《新修桃園縣志》編纂,工程巨大且繁瑣,投入的纂修人力、纂修數量、章節安排之豐,頁數之多,均爲歷次縣志編纂之最,然而費時七年始完成,過程可謂倍極艱辛波折,豈料竟官司纏訟〔註5〕,此一原本單純的修志工作竟然會演變到這種地步,實始料未及。如分析其因,實乃參與纂修學者,皆因欠缺法學專業背景,不熟諳政府採購法、行政

〔註1〕 〔清〕章學誠撰、民國葉瑛校注,〈州縣請立志科議〉,《文史通義校注》(臺北:頂淵文化事業有限公司,2002年9月),頁588。

〔註2〕 〔清〕章學誠撰、民國葉瑛校注,〈州縣請立志科議〉,前引書,頁589。

〔註3〕 〔清〕章學誠撰、民國葉瑛校注,〈答甄秀才論修志第一書〉,前引書,頁821。

〔註4〕 〔清〕章學誠撰、民國葉瑛校注,〈州縣請立志科議〉,前引書,頁590。

〔註5〕 有關《新修桃園縣志》官司纏訟發生時間,起於纂修期間,直至縣志出版之後,官司依仍尚未定讞。見羅湘綸、李青霖、楊孟立、游文寶,〈賴澤涵判八月可上訴〉,聯合報,2012年6月23日,A3。

作業，以至於纂修過程逾越法令而仍不自知。因此，未來各地方政府再行組合纂修團隊，應擴增具有法學背景的人才加入。

（三）推動方志數位化

傳統方志的出版形態，仍以紙本爲主，惟現代資訊科技快速發達，各國文化交流日漸頻繁，網際網路盛行，電腦已成爲獲取資訊的重要管道之一，致使方志的出版型態，面臨保存典藏與適應時代發展雙重挑戰。而《新修嘉義縣志》全面數位化，已使方志出版的形態，不再僅止限於紙本印刷、或燒錄光碟等形式。網路版的方志因運而生後，方志出版和發行即發生變革，並成爲方志的另類形式，更開啓網路查詢資料庫系統的時代新頁，在全球化下，方志亟待以數位化提供各界不受時間、空間的限制，可無限上網查詢，建立文獻資源共建共享。爲因應資訊發達，故將方志的內容做最有效率的運用，出版形態進行「一本多元」的運用，已是大勢所趨。因此，數位化對傳統出版已造成革命性的影響，惟方志除仍具有資政、存史、教育實用價值，在方志數位化後，更可提供有效的研究、與益推廣功能。

綜上以觀，依方志學者林天蔚所謂「新方志，應有的三項指標」〔註6〕，檢示《新修嘉義縣志》與《新修桃園縣志》的體例、方法與內容，皆有創新之處，整體而言，《新修嘉義縣志》、《新修桃園縣志》除能繼承傳統方志優點外，並依地理、環境等不同條件，各自制定符合當地歷史發展與現況的章節架構，綱目序次安排亦合乎科學、邏輯，兩部縣志以新的觀點、新的方法、新的材料進行纂修，發揮資治、教化、存史、研究和推廣的實用價值，充分展現民國以來，科學新方志纂修之特色。《新修嘉義縣志》、《新修桃園縣志》除提供豐富的地方史料外，也是戰後臺灣方志文獻中，最值得重視的縣（市）志之一。惟編纂期間，因編纂團隊成員有扶病工作，再加上受限完稿時間壓力、方志內容廣泛等因素，以致於造成各志的斷限時間不同、錯字、誤植等疏漏之憾。建議兩縣政府，未來修志時，應增設專責機構，增加專人把關補強外，而編纂團隊，則應有能力處理行政工作的專人，和深諳法律的學者專家加入，以免發生官司纏訟的憾事。而因應全球化發展趨勢，推動數位化則爲未來推廣方志的重要途徑之一。

〔註6〕 依據林天蔚所指的新方志，應具有新的內容、新的方法、新的體例。參見林天蔚，《方志學與地方史研究》（臺北：南天書局，1995 年 7 月），頁 115。

四、未來研究展望

經由上述研究，發現戰後的臺灣方志纂修，無論體例、形式等方面均出現變化。本論文初稿雖然完成，但礙於個人的能力和時間，尚有某些問題未能深入處理，日後仍將朝以下諸面向繼續研究，以補缺漏之處。

（一）增益採集國內方志

為補強本文研究的內容，未來將先朝以下四個方向持續努力：

1. 中國古代方志研究上，唐代以前幾乎失傳，從敦煌文獻中，發現距今約一千二百餘年的《沙州圖經》，是現存最早的一部圖經。且唐朝是從圖經發展到方志的重要朝代，筆者本曾試圖透過《沙州圖經》，進行「以敦證唐，以唐考敦」〔註 7〕，但因受限於能力、時間而未能如願。

2. 本文曾引文李祖基等人，說明尹士俍纂修《臺灣志略》的始末與內容，藉以說明《臺灣志略》是尹氏私纂的方志。此外，李氏並考證劉良璧《重修福建臺灣府志》、范咸《重修臺灣府志》、陳淑均《噶瑪蘭廳志》，都曾經引用尹士俍《臺灣志略》。儘管《臺灣志略》資料廣被其他方志引用，但仍須有更多強而有力的證據，始能確認《臺灣志略》極有可能為全臺私纂方志之始。

3. 觀察兩部方志綱目的編排分類，發現重複部分多發生在「以事類從」及「混合互見」，例如《新修嘉義縣志》〈教育志〉「文化事業章」之「文獻工作節」，有《新修嘉義縣志》纂修、編志計畫、縣志綱目與凡例，均與〈卷首〉相近；《新修嘉義縣志》〈沿革志〉二二八事件（第六篇第一章第二節頁），〈社會志〉；《新修嘉義縣志》〈住民志〉第三章「鄒族的文化」與〈藝術志〉第三篇「鄒族的社會與文化」及〈沿革志〉第六篇第三章第二節「鄒族的進入現代化」；至於《新修桃園縣志》〈教育志〉、〈社會志〉均有「教師會」一節；〈地方自治志〉、〈社會志〉細目有「宗親會」。綜合以上資料，是否重複的綱目容易發生在「以事類從」及「混合互見」的分類方法？由於本文分析兩部方志編排分類缺乏「以時敘述」，因此，未來還須要以更多方志，以求取可信材料，再

〔註 7〕民國一〇〇年十一月二十九日鄭阿財教授應邀至銘傳大學演講〈敦煌研究的經驗談——以佛教靈驗記研為例〉，指出研究敦煌學應有的基本精神。

以客觀的科學方法、嚴謹的史學方法，方能對方志纂修，進行更深入
的探討。

4. 研究過程，發現民國初年至 1949 年的方志，史料嚴重不足，此乃與此
期中國戰亂等因素有密切關係，因此，未來可朝繼續搜集資料，以補
強此一時期的方志史料而努力。

（二）關注流傳國外的方志

探究存世的中國方志，除中國境內所收藏大量的方志外，根據宋晞〈論
我國地方志的流傳〉指出，在日本各大圖書發現所收藏中國方志、微粒膠捲
等計達一萬種；美國國會圖書館收藏自北宋神宗熙寧九年至民國三十年
（1076～1941）的中國方志，有二千九百三十九種、五萬六千九百八十九
卷，是僅次於中國大陸北平圖書館；韓國漢城大學圖書館則收藏明清方志一
百多部。〔註8〕其中，日本因與中國毗鄰，明治維新之前，日本已長期受中國
文化的影響，因此，收藏中國書籍與藝術品十分豐富，此外，再加上甲午戰
爭之後，日本曾殖民過臺灣，日本政府基於統治之需，乃對中國方志展開大
規模的收藏行動，統計中國方志在世界各地被收藏的數量與種類，遂以日本
最為可觀。由此可見，中國方志除中國本土大量收藏，另在日本、美國、韓
國等，國外所收藏的中國方志也為數不少，國內、外所收藏的中國方志，可
謂流傳甚廣。

流傳國外的方志，例如在美國的康熙《滸墅關志》、嘉慶《馬陸志》、道
光《洪塘小志》；在日本的《應天府志》、《漢陽府志》、《吉安府志》；在韓國
的《輝南縣志》、《杏花村志》、《基隆淡水臺疆小志》等。其在中國大陸、臺
灣可能已無留存，但在國外圖書館卻可以找到，或者國內有，但卻殘缺，但
在國外所藏為完整者。這些方志雖流傳在世界個角落，但卻都是研究地方史
地足資參考的史料書籍。

對於流傳世界各地的中國方志，除可就《中國地方志綜錄》、《臺灣公藏
方志聯合目錄》、《日本主要圖書館、研究部所藏中國地方志總合目錄》、《國
會圖書館藏中國方志》、《漢城大學所藏中國明清時代地方志目錄》、《奎章閣
圖書中國本總目錄》、《歐洲各圖書館所藏中國方志目錄》、《新加坡大學中文
圖書目錄》等世界各國的方志目錄，一一交叉互相比對，以持續進行蒐尋行

〔註 8〕 宋晞，〈論我國地方志的流傳〉，收於編者《方志學研究論叢》（臺北：臺灣商
務印書館，1990 年 9 月），頁 68～114。

動，期能發現尚未被收藏的方志外，並建議國家圖書館可先行核對國內方志總目，以及國外各大圖書館所藏方志目錄，凡國內無館藏者，應予以洽攝膠捲或者進行影印，並且鼓勵出版商予以出版印刷，以便後學者進行研究，俾使我國現存方志更臻完善齊備。

（三）開展方志研究議題

方志的內容廣泛，而以方志的資料爲主，撰寫出書者，亦不乏其人，例如朱彝尊的《日下舊聞》、陸心源的《宋史翼》、顧炎武的《天下郡國利病書》、雲南大理王巨源的《雲南歷年地震詳表》、童振澡的《雲南地震考》、北平圖書館編印的《祖國二千年前鐵礦開採和鍛煉》、《中國古今礦錄》等，都是以方志的資料編寫而成的著作。不僅方志爲「文化之鑛」，更是中國珍貴的文化遺產，所蘊含的資料豐富，職是之故，未來除應持續觀察臺灣未來修志發展之情形，並將從方志中持續尋找材料，以沿續相關論文研究，則是筆者將來努力的方向，期能爲中華的傳統文化略盡棉方。

主要參考書目

一、**基本史料**（按中國朝代做爲排列順序）

（一）史料

1. 〔周〕管仲撰、〔唐〕房玄齡注，《管子》常熟瞿氏藏宋本（臺北：臺灣商務印書館，1965 年）。

2. 〔漢〕賈誼，閻振益、鍾夏校注《新書校注·六術》（臺北：中華書局，2000 年 7 月）。

3. 〔漢〕班固撰，〔唐〕顏師古注，《漢書》北宋景祐刊本（臺北：臺灣商務印書館，1937 年 1 月）。

4. 〔漢〕鄭玄注，《禮記鄭注》（臺北：臺灣中華書局，1966 年 3 月）。

5. 〔漢〕鄭玄注，《周禮鄭氏注》（臺北：臺灣商務印書館，1965 年 12 月）。

6. 〔漢〕董仲舒著，蘇輿撰、鍾哲點校，《春秋繁露義證》（北京：中華書局，1992 年 12 月）。

7. 〔漢〕荀悦，《漢紀》（臺北：臺灣商務印書館，1971 年 10 月）。

8. 〔漢〕袁康、吳平輯錄，俞紀東譯注，《越絕書》（臺北：臺灣古籍出版公司，2002 年 1 月）。

9. 〔漢〕韓嬰撰、〔民國〕賴炎元註釋，《韓詩外傳》（臺北：臺灣商務印書館，1972 年 9 月）。

10. 〔晉〕杜預《春秋經傳集解》序，四部叢刊初編經部，上海商務印書館縮印，玉田蔣氏藏宋本。

11. 〔晉〕常璩，顧廣圻校，《華陽國志》（臺北：臺灣商務印書館，1976 年 4 月）。

12. 〔南朝宋〕范曄，《後漢書》（臺北：鼎文書局，1980 年 6 月）。

13. 〔南朝宋〕范曄撰、〔唐〕李賢注，《後漢書》，宋紹興刊本（臺北：臺灣商務印書館，2010 年 10 月）。

14. 〔唐〕魏徵等撰，《隋書‧經籍志》（臺北：鼎文書局，1980 年 6 月三版）。

15. 〔唐〕李吉甫，《元和郡縣圖志》（北京：中華書局，1983 年 6 月）。

16. 〔唐〕劉幾知著、劉點召注，《史通評注‧序例》，內篇卷四（北京：中央編譯出版社，2010 年 9 月）。

17. 〔唐〕劉知幾著，姚松、朱恒夫譯注，《史通‧內篇‧卷三‧書志第八》（臺北：臺灣古籍出版公司，2002 年 2 月）。

18. 〔後晉〕劉昫等撰，《舊唐書》（臺北：鼎文書局，1980 年 6 月三版）。

19. 〔宋〕歐陽修撰，《新五代史》（臺北：鼎文書局，1980 年 6 月三版）。

20. 〔宋〕歐陽修、宋祁等撰，楊家駱主編，《新唐書》（臺北：鼎文書局，1980 年 6 月三版）。

21. 〔宋〕樂史，《太平寰宇記》（北京：中華書局，2007 年 11 月）。

22. 〔宋〕陳振孫撰，徐小蠻、顧美華點校，《直齋書錄解題》（上海：上海古籍出版社，1987 年 12 月）。

23. 〔宋〕李燾，《續資治通鑑長編》卷六五，收於〔清〕永瑢、紀昀，《景印文淵閣四庫全書》史部七三編年類（臺北：臺北商務印書館，1986 年 3 月）。

24. 〔宋〕羅濬，《寶慶四明郡志‧序》，收於〔清〕永瑢、紀昀，《景印文淵閣四庫全書》史部二六六地理類（臺北：臺北商務印書館，1986 年 3 月）。

25. 〔宋〕葛勝仲，《丹陽集》卷八，收於〔清〕永瑢、紀昀，《景印文淵閣四庫全書》集部六六別集類（臺北：臺北商務印書館，1986 年 3 月）。

26. 〔宋〕王應麟，《玉海》卷十四，收於〔清〕永瑢、紀昀，《景印文淵閣四庫全書》子部二四九類書類（臺北：臺北商務印書館，1986 年 3 月）。

27. 〔宋〕程大昌撰，《雍錄》，收於〔清〕紀昀等撰，《四庫全書》景印文淵閣，史部三四五地理類（臺北：臺灣商務印書館，1986 年 3 月）。

28. 〔宋〕高似孫撰，《剡錄》四庫全書珍本十集（臺北：臺灣商務印書館，1971 年）。

29. 〔宋〕范成大撰，《吳郡志》，收於〔清〕紀昀等撰，《四庫全書》景印文淵閣（臺北：臺灣商務印書館，1986 年 3 月）。

30. 〔宋〕羅願撰，《新安志》，收於〔清〕紀昀等撰，《四庫全書》景印文淵閣，史部三四五地理類（臺北：臺灣商務印書館，1986 年 3 月）。

31. 〔元〕脫脫等修,《宋史》(臺北:鼎文書局,1980 年 6 月三版)。

32. 〔明〕劉昌,《中州名賢文表》,收於〔清〕永瑢、紀昀,《景印文淵閣四庫全書》(臺北:臺北商務印書館,1986 年 3 月)。

33. 〔清〕章學誠撰、民國葉瑛校注,《文史通義校注》(臺北:頂淵文化事業有限公司,2002 年 9 月)。

34. 〔清〕沉畢,《山海經新校正》(臺北:新興書局,1962 年 8 月)。

35. 〔清〕徐文弼,《吏治懸鏡》(臺北:廣文書局,1976 年 8 月)。

36. 〔清〕王鳴盛著、黃曙輝點校,《十七史商榷》(上海:上海書店出版社,2005 年 12 月)。

37. 〔清〕永瑢、紀昀,《景印文淵閣四庫全書》(臺北:臺北商務印書館,1986 年 3 月)。

38. 〔清〕章學誠,《章實齋先生文集》(臺北:文華出版公司,1968 年 10 月)。

39. 〔清〕章學誠,《章氏遺書》,嘉業堂刊,(臺北:漢聲出版社,1973 年 1 月)。

40. 王雲五主編,黃公渚選註,《周禮》(臺北:臺灣商務印書館,1970 年 7 月)。

41. 王雲五主編、永瑢等撰,《四庫全書總目提要》(臺北:臺灣商務印書館,1965 年 2 月)。

42. 范文瀾、蔡美彪等著,《中國通史》(北京:人民出版社,2004 年 3 月)。

43. 連雅堂,《臺灣詩乘》(臺北:龍文出版社,2009 年 3 月)。

44. 葉衡選註,《荀子・正名》(臺北:臺灣商務印書館,1964 年 12 月)。

45. 顧實,《漢書藝文志講疏》(臺北:廣文書局,1970 年 11 月)。

46. 瀧川龜太郎著,《史記會注考證》(臺北:文史哲出版社,1993 年 10 月)。

(二)志書

1. 〔宋〕司馬光,〈河南志序〉,收於《溫國文正司馬公集》卷六十五(中國北京:北京圖書館出版社,2004 年 10 月,據中國國家圖書館藏宋刻本影印)。

2. 〔宋〕司光祖,〈景定建康志卷首・序〉,收於〔南宋〕周應合撰,《景定建康志》四庫全書珍本九集(臺北:臺灣商務印書館,1971 年)。

3. 〔清〕顧炎武,《天下郡國利病書》上海涵芳樓景印崑山圖書館藏稿本(臺北:臺灣商務印書館,1967 年)。

4. 〔清〕錢大昕,《十駕齋養新錄》(臺北:臺灣商務印書館,1968 年 5 月)。

5. 〔清〕洪亮吉，《更生齋文甲集》（北京：中華書局，2007 年 11 月）。

6. 〔清〕洪亮吉，《澄城縣志‧序》（陝西：人民出版社，1991 年 4 月）。

7. 〔清〕賈漢復修、沈荃纂，《河南通志》，清順治十七年刊本。

8. 〔清〕李丕煜、陳文達，《鳳山縣志》（臺北：臺灣銀行經濟研究室，1961 年 10 月）。

9. 〔清〕王禮、陳文達，《臺灣縣志》（臺北：臺灣銀行經濟研究室，1961 年 10 月）。

10. 〔清〕劉良璧著、林衡道主編，《重修福建臺灣府志》（臺中：臺灣省文獻委員會，1977 年 2 月）。

11. 〔清〕范咸、六十七合修，《重修臺灣府志‧職官》（臺北：臺灣銀行經濟研究室，1961 年 10 月）。

12. 〔清〕謝金鑾、鄭兼才合修，《續修臺灣縣志》（臺北：臺灣銀行經濟研究室，1958 年 12 月）。

13. 〔清〕陳培桂纂修，《淡水廳志》（臺北：臺灣銀行經濟研究室，1956 年 12 月）。

14. 〔清〕尹士俍纂修、李祖基點校，《臺灣志略》（北京：九州出版社，2003 年 3 月）。

15. 〔清〕周鍾瑄、陳夢林合修，《諸羅縣志》（臺北：臺灣銀行經濟研究室，1962 年 12 月）。

16. 〔清〕高拱乾，《台灣府志》（臺北：臺銀經濟研究室，省文獻會重印版，1960 年）。

17. 〔清〕周元文，《台灣府志》（臺北：臺銀經濟研究室，省文獻會重印版，1960 年。

18. 〔清〕劉良璧，《重修福建台灣府志》（臺北：臺銀經濟研究室，省文獻會重印版，1961 年）。

19. 〔清〕范咸，《重修台灣府志》（臺北：臺銀經濟研究室，省文獻會重印版，1961 年）。

20. 〔清〕余文儀，《續修台灣府志》（臺北：臺銀經濟研究室，省文獻會重印版，1962 年）。

21. 〔清〕王必昌，《重修台灣縣志》（臺北：臺銀經濟研究室，省文獻會重印版，1961 年）。

22. 李汝和主修、王世慶整修、張炳楠監修，《台灣省通志‧卷一土地志》（臺北：臺灣省文獻委員會，1970 年 6 月）。

23. 李筱峰，《台灣全志‧卷首》（南投：國史館臺灣文獻館，2004 年 12 月）。

24. 何伯銘，《續修嘉義縣志》（嘉義：嘉義縣政府，1983 年 12 月）。

25. 何介鈞，《馬王堆漢墓》（北京：文物出版社，2004 年 9 月）。

26. 杜學知、顏水龍、王白淵、王世明、吳瀛濤，《臺灣省通志稿》〈學藝志‧藝術篇〉（臺北：臺灣省文獻委員會，1958 年 6 月）。

27. 李應森，《龍眼林誌》（南投：中寮鄉龍眼林福利協會，2007 年 12 月）。

28. 呂允在，《增修烈嶼鄉志》（金門：烈嶼鄉公所，2010 年 1 月）。

29. 沈明仁，《仁愛鄉志》（南投：仁愛鄉公所，2008 年 8 月）。

30. 沈耀宜，《梅山地名誌》（嘉義：財團法人梅山文教基金會，2007 年 2 月）。

31. 林豪，《澎湖廳志稿》（南投：臺灣省文獻委員會，1998 年 4 月）。

32. 林雲榮，《新埤鄉志》（屏東：新埤鄉公所，2008 年 9 月）。

33. 侯良，《馬王堆傳奇》（臺北：東大圖書公司，1994 年 11 月）。

34. 柯安正，《重修大社鄉志》（高雄：大社鄉公所，2006 年 2 月）。

35. 夏黎明，《鹿野鄉志》（臺東：鹿野鄉公所，2007 年 8 月）。

36. 徐坤泉，《臺灣省通志稿》〈學藝志‧文學篇〉（臺北：臺灣省文獻委員會，1952 年 12 月）。

37. 郭薰風，《桃園縣志總目錄》（桃園：桃園縣文獻委員會，1956 年 5 月）。

38. 郭薰風主修、石璋如纂修，《桃園縣志‧卷首》（桃園：桃園縣文獻委員會，1962 年 9 月）。

39. 郭薰風主修、纂修周念行，《桃園縣志卷五‧文教志》（桃園：桃園縣文獻委員會，1967 年 3 月）。

40. 許中庸，《桃園縣志‧文教志》（桃園：桃園縣政府，1988 年 6 月）。

41. 連橫，《臺灣通史》（臺中：臺灣省文獻委員會，1976 年 5 月）。

42. 連文安，《桃園縣志卷四‧經濟志》（桃園：桃園縣政府，1979 年 10 月）。

43. 陳啓英，《桃園縣志‧氏族篇》（桃園：桃園縣政府，1975 年 9 月）。

44. 黃秀政，《臺灣全志‧文化志》（南投：國史館臺灣文獻館，2009 年 6 月）。

45. 黃秀政、張勝彥、吳文星，《臺灣史》（臺北：五南圖書出版公司，2002 年 2 月）。

46. 黃興斌、楊壬生，《重修高雄市志‧卷尾》（高雄：高雄市文獻委員會，1993 年 12 月）。

47. 黃宇元監修、王國璠纂修、劉曉寒主修，《臺北市志》（臺北：臺北市文獻委員會，1984 年 6 月）。

48. 黃石林、朱乃誠，《中國重要考古發現》（臺北：臺灣商務印書館，1994 年 2 月。

49. 雷家驥，《嘉義縣志纂修計畫服務建議書》（嘉義：編者，2004 年 12月）。

50. 曾迺碩，《臺北市志‧卷首》（臺北：臺北市文獻委員會，1991 年 11月）。

51. 張勝彥，《臺灣全志‧大事志》（南投：國史館臺灣文獻館，2004 年 12月）。

52. 張鉉，《至正金陵新志》〈修志本末〉，《宋元地方誌叢書》（三）（臺北：大化書局，1980 年 7 月）。

53. 楊家駱，《以科學論文方式撰寫方志的試驗：北碚九志》（臺北：鼎文書局，1977 年 2 月）。

54. 楊天厚、林麗寬，《金沙鎮志》（福建省金門縣：金沙鎮公所，2007 年 12月）。

55. 蔡正松：《旗山鎮誌》（高雄：旗山鎮公所，2006 年 1 月）。

56. 廖漢臣，《臺灣省通志》卷六，〈學藝志‧藝文篇〉（臺北：臺灣省文獻委員會，1971 年 6 月）。

57. 鄭兼才，《續修台灣縣志》（臺北：臺銀經濟研究室，臺灣省文獻會重印版，1962 年）。

58. 薛紹元，《台灣通志稿》（臺北：臺銀經濟研究室，臺灣省文獻會重印版，1962 年）。

59. 劉耀南，《竹山風土誌》（南投：竹山鎮公所，2006 年 12 月）。

60. 劉緯毅，《中國地方誌》（北京：新華出版社，1991 年 12 月）。

61. 劉緯毅，《漢唐方志輯佚》（北京：北京圖書館出版社，1997 年 12 月）。

62. 賴子清，《嘉義縣志稿‧卷十二‧前事志》（嘉義：嘉義縣文獻委員會、嘉義縣政府，1963 年 2 月）。

63. 總編纂林文燦，《鹿谷鄉志》（南投：南投縣鹿谷鄉公所，2009 年 12月）。

64. 總編纂曹永和、王世慶，方志主編吳文星、高志彬，《臺灣文獻書目題解：方志類》（臺北：中央圖書館臺灣分館，1990 年 8 月）。

65. 總纂修雷家驥，纂修楊弘任，《嘉義縣志‧社會志》（嘉義：嘉義縣政府，2009 年 12 月）。

66. 總編纂雷家驥、副總編纂吳昆財，《嘉義縣志‧志首》（嘉義：嘉義縣政府，2009 年 12 月）。

67. 總纂修雷家驥，纂修林德政，《嘉義縣志‧住民志》（嘉義：嘉義縣政府，2009 年 12 月）。

68. 總纂修雷家驥，纂修陳文尚、陳美鈴，《嘉義縣志‧地理志》（嘉義：嘉

義縣政府，2009 年 12 月）。

69. 總纂修雷家驥，纂修楊維眞，分修楊宇勛，《嘉義縣志・人物志》（嘉義：嘉義縣政府，2009 年 12 月）。

70. 總纂修雷家驥，纂修阮忠仁，《嘉義縣志・沿革志》（嘉義：嘉義縣政府，2009 年 12 月）。

71. 總纂修雷家驥，纂修張峻嘉，《嘉義縣志・農業志》（嘉義：嘉義縣政府，2009 年 12 月）。

72. 總纂修雷家驥，纂修江寶釵、分修張屏生、蕭藤村，《嘉義縣志・文學志》（嘉義：嘉義縣政府，2009 年 12 月）。

73. 總纂修雷家驥，纂修李淑卿、分修明立國、翁徐得，《嘉義縣志・藝術志》（嘉義：嘉義縣政府，2009 年 12 月）。

74. 總纂修雷家驥，纂修李若文、張建俅，《嘉義縣志・經濟志》（嘉義：嘉義縣政府，2009 年 12 月）。

75. 總纂修雷家驥，纂修陳淳斌、分修王明燦，《嘉義縣志・政事志》（嘉義：嘉義縣政府，2009 年 12 月）。

76. 總纂修雷家驥，纂修李泰儒、分修林明地、翁徐得，《嘉義縣志・教育志》（嘉義：嘉義縣政府，2009 年 12 月）。

77. 總纂修雷家驥，纂修顏尚文，《嘉義縣志・宗教志》（嘉義：嘉義縣政府，2009 年 12 月）。

78. 總編纂賴澤涵、編纂朱德蘭，《新修桃園縣志・交通志》（桃園：桃園縣政府，2010 年 9 月）。

79. 總編纂賴澤涵、編纂吳學明，《新修桃園縣志・勝蹟志》（桃園：桃園縣政府，2010 年 9 月）。

80. 總編纂賴澤涵、編纂李力庸，《新修桃園縣志・經濟志》（桃園：桃園縣政府，2010 年 9 月）。

81. 總編纂賴澤涵、編纂尚世昌，《新修桃園縣志・住民志》（桃園：桃園縣政府，2010 年 9 月）。

82. 總編纂賴澤涵、編纂林澤田，《新修桃園縣志・行政志》（桃園：桃園縣政府，2010 年 9 月）。

83. 總編纂賴澤涵、編纂黃運喜，《新修桃園縣志・宗教禮俗志》（桃園：桃園縣政府，2010 年 9 月）。

84. 總編纂賴澤涵、編纂陳立文，《新修桃園縣志・開闢志》（桃園：桃園縣政府，2010 年 9 月）。

85. 總編纂賴澤涵、編纂梁榮茂，《新修桃園縣志・教育志》（桃園：桃園縣政府，2010 年 9 月）。

86. 總編纂賴澤涵、編纂劉阿榮,《新修桃園縣志·地方自治志》(桃園:桃園縣政府,2010 年 9 月)。

87. 總編纂賴澤涵、編纂劉明憲,《新修桃園縣志·賸錄志》(桃園:桃園縣政府,2010 年 9 月)。

88. 總編纂賴澤涵、編纂鄭政誠,《新修桃園縣志·志首》(桃園:桃園縣政府,2010 年 9 月)。

89. 總編纂賴澤涵、編纂潘朝陽,《新修桃園縣志·地理志》(桃園:桃園縣政府,2010 年 9 月)。

90. 總編纂賴澤涵、編纂謝艾潔,《新修桃園縣志·社會志》(桃園:桃園縣政府,2010 年 9 月)。

91. 總編纂賴澤涵、編纂謝艾潔,《新修桃園縣志·人物志》(桃園:桃園縣政府,2010 年 9 月)。

92. 總編纂賴澤涵、編纂謝艾潔,《新修桃園縣志·藝文志》(桃園:桃園縣政府,2010 年 9 月)。

93. 內政部營建署雪霸國家公園管理處,《塔克金故鄉影像誌》(苗栗:內政部營建署雪霸國家公園管理處,2006 年 12 月)。

94. 中國科學院北京天文臺主編,《中國地方志聯合目錄》(中國上海:上海商務印書館,1935 年 12 月)。

95. 中華綜合發展研究院應用史學研究所,《新店市志》(臺北:新店市公所,2006 年 2 月)。

96. 中華綜合發展研究院應用史學研究所,《琉球鄉志》(屏東:琉球鄉公所,2006 年 12 月)。

97. 中華綜合發展研究院應用史學研究所,《金峰鄉志》(臺東:金峰鄉公所,2006 年 2 月)。

98. 卓越諮詢顧問有限公司編纂,《花壇鄉志》(彰化:花壇鄉公所,2006 年 8 月)。

99. 草店尾老人,《崁津五十一》(桃園:編者印,2001 年 9 月)。

100. 桃園縣政府,《桃園縣志重修總綱目》(桃園:桃園縣政府,1976 年 6 月)。

101. 國立中央圖書館特藏組編,《臺灣公藏方志聯合目錄》(臺北:國立中央圖書館,1981 年 10 月)。

102. 尋俠堂國際創藝有限公司,《板橋市志三編》(臺北:臺北縣板橋市公所,2009 年 12 月)。

103. 嘉義縣政府,《嘉義縣文獻》第三十二期,2005 年 12 月。

104. 臺灣省文獻委員會編輯組,《重修臺灣省通志·卷首》(南投:臺灣省文獻委員會編輯組,1998 年 12 月)。

二、專書與論文集（按作者姓氏筆畫做爲排列順序）

1. 于希賢，《簡明中國方志學大綱》（臺北：文史哲出版社，2000 年 8 月）。

2. 毛一波，《方志新論》（臺北：正中書局，1975 年 5 月）。

3. 方豪，《方豪六十自定稿》（臺北：方豪發行，1969 年 6 月）。

4. 王省吾，《圖書分類法導論》（臺北：中國文化學院出版部，1980 年 9 月）。

5. 王良行，《鄉鎮志撰修實務手冊》（臺中：國立中興大學、行政院文化建設委員會中部辦公室，1999 年 9 月）。

6. 王曉岩，《方志體例古今談》（大陸南寧市：巴蜀書社出版，1989 年 8 月）。

7. 王夢鷗註釋、王雲五主編，《禮記今註今譯》（臺北：臺灣商務印書館，1970 年 1 月）。

8. 王明蓀主編，《海峽兩岸地方史志暨地方博物館學術研討會》（南投：臺灣省文獻委員會，1999 年）。

9. 王德毅，《中華民國臺灣地區公藏方志目錄》（臺北：漢學研究資料及服務中心，1985 年 3 月）。

10. 朱駿聲，《尚書古注便讀》（臺北：廣文書局，1977 年 1 月）。

11. 巴兆祥，《方志學新論》（上海：學林出版社，2004 年 6 月）。

12. 朱士嘉，《美國國會圖書館藏中國方志目錄》（臺北：新文豐出版公司，1985 年 2 月）。

13. 朱士嘉，《中國地方誌綜錄》（臺北：新文豐出版社，1986 年 11 月）。

14. 朱雙一，《台灣文學創作思潮簡史》（臺北：人間出版社，2011 年 5 月）。

15. 宋晞，《方志學研究論叢》（臺北：臺灣商務印書館，1990 年 9 月）。

16. 李泰棻，《方志學》（臺北：臺灣商務印書館，1935 年 1 月）。

17. 來新夏，《中國地方志》（臺北：臺灣商務印書館，1995 年 9 月）。

18. 李汝和主修、王世慶整修、張炳楠監修，《臺灣省通志・卷一土地志》（臺北：臺灣省文獻委員會，1970 年 6 月）。

19. 李若愚，《地理資訊系統概論》（臺北：全華圖書公司，2008 年 12 月）。

20. 杜維運，《中國史學史》（臺北：三民書局，1993 年 11 月）。

21. 何炳棣，《中國會館史論》（臺北：臺灣學生書局，1966 年 2 月）。

22. 吳密察監修，遠流臺灣館編著，《臺灣史小事典》（臺北：遠流出版公司，2000 年 9 月）。

23. 周寧森，《圖書資訊組織原理》（臺北：三民書局，2000 年 6 月）。

24. 周迅，《中國的地方志》（臺北：臺灣商務印書館，1994 年 2 月）。

25. 林天蔚,《方志學與地方史研究》(臺北:南天書局,1995 年 7 月)。

26. 林天蔚,《地方文獻研究與分論》(北京:北京圖書館出版社,2006 年 12 月)。

27. 林衍經,《方志學綜論》(上海:華東師範大學出版社,2008 年 10 月)。

28. 姜義華,《史學概論》(臺北:水年圖書公司,1991 年 4 月)。

29. 林品石注譯,《呂氏春秋》(臺北:臺灣商,臺灣商務印書館,1985 年 2 月)。

30. 邵洛羊主編,《中國美術大辭典》(上海:上海辭書出版社,2002 年 12 月)。

31. 姚瑩,《東槎紀略・埔裡社紀略》,臺灣文獻叢刊第七種,臺灣銀行經濟研究室編印,1957 年 11 月。

32. 段玉裁,《戴東原先生年譜》(北京:北京圖書館出版社,1999 年 4 月,據清乾隆五七年重刻本影印)。

33. 唐祖培,《新方志學》(臺北:華國出版社,1955 年 7 月)。

34. 高明士主編,《臺灣史》(臺北:五南圖書出版有限公司,2009 年 8 月)。

35. 夏麗月主編,《伊能嘉矩與臺灣研究特展專刊》(臺北:國立臺灣大學圖書館,1998 年 11 月)。

36. 倉修良,《倉修良探方志》(上海:華東師範大學出版社,2005 年 10 月)。

37. 浦忠勇,《臺灣鄒族民間歌謠》(臺中:臺中縣立文化中心,1993 年月)。

38. 馬其庸主編,《中國藝術百科辭典》(北京:商務印書館,2004 年 1 月)。

39. 梁啓超,《中國近三百年學術史——「清代學術概論合刊」》(臺北:里仁書局,2009 年 9 月)。

40. 莊萬壽、陳萬益、施懿琳、陳建忠,《台灣的文學》(臺北:財團法人群策會李登輝學校,2004 年 5 月)。

41. 陳國慶、何宏在,《論語評注》(臺北:國家出版社,2003 年 9 月)。

42. 陳捷先,《清代台灣方志研究》(臺北:臺灣學生書局,1996 年 8 月)。

43. 陳橋驛,《水經注擷英解讀》(臺北:三民書局,2010 年 1 月)。

44. 陳正祥,《中國文化地理》(臺北:木鐸出版社,1982 年 7 月)。

45. 陳正祥,《臺灣地誌》(臺北:南天書局,1993 年 10 月)。

46. 黃秀政,《臺灣史志論叢》(臺北:五南圖書公司,1999 年 6 月)。

47. 黃秀政,《臺灣史志新論》(臺北:五南圖書公司,2007 年 9 月)。

48. 黃秀政、張勝彥、吳文星,《臺灣史》(臺北:五南圖書出版公司,2002 年 2 月)。

49. 黃葦,《中國地方志詞典》(安徽合肥:黃山書社,1986 年 11 月)。

50. 黃葦,《方志學》(上海:復旦大學出版社,新華書店上海發行所,1993年6月)。

51. 許雪姬、林玉茹編,《五十年來臺灣方志成果評估與未來發展學術研討會論文集》(臺北:中央研究院臺灣史研究所籌備處,1999年5月)。

52. 張國淦,《中國古方志考》(臺北:鼎文書局,1974年10月)。

53. 張英聘,《明代南直隸方志研究》(北京:社會科學文獻出版社,2005年11月)。

54. 張其昀,《新方志舉隅——遵義新志》(臺北:中華文化出版事業委員會,1955年11月)。

55. 趙榮,《中國古代地理學》(臺北:臺灣商務印書館,1993年10月)。

56. 傅振倫,《中國方志學通論》(上海:商務印書館,1935年2月)。

57. 傅振倫,《中國方志學通論》(臺北:臺灣商務印書館,1966年12月)。

58. 盧萬發,《方志學原理》(四川:四川年版集團巴蜀書社,2007年6月)。

59. 錢穆,《中國歷史研究法》(臺北:東大圖書公司,1998年1月)。

60. 賴子清,〈臺灣科甲藝文集〉,《臺灣文物》第七卷第四期,1958年10月。

61. 謝金鑾、夏麗月主編,《伊能嘉矩與台灣研究特展專刊》(臺北:國立台灣大學圖書館,1998年11月)。

62. 羅振玉,《鳴沙石室佚書正續編》(北京:北京圖書館出版社,2004年2月)。

63. 黎錦熙,《方志今議》(臺北:臺灣商務印書館,1976年3月)。

64. 鄭喜夫,《臺灣史管窺初輯》(臺北:浩瀚出版社,1975年5月)。

65. 顧實,《漢書藝文志講疏》(臺北:廣文書局,1970年11月)。

66. 井出季和太著、郭輝編譯,《日據下之臺政》(臺北:海峽學術出版社,2003年11月)。

67. 國史館臺灣文獻館,《方志學理論與戰後方志纂修實務國際學術研究會論文集》(南投:編者,2008年5月)。

三、期刊(學報)論文 (按時間先後做爲排列順序)

1. 李素英,《禹貢》的地位〉,收於禹貢學會,《禹貢》半月刊第一卷第一期,1934年3月。

2. 王以中,〈《山海經》圖與職貢圖〉,《禹貢》第一卷第三期(北平:禹貢學會,1934年4月)。

3. 朱士嘉,〈怎樣編纂新式的縣志〉,《禹貢》卷七,第一、二、三合期(北平:禹貢學會,1937年4月)。

4. 方豪,〈臺灣方志的研究資料〉,《臺南文化》第二卷第三期(臺南:臺南

市政府，1952 年 9 月）。

5. 陳紹馨，〈新方志與舊方志〉，《臺北文物》第五卷第一期，1956 年 4 月。

6. 毛一波，〈臺灣方志與早期史料〉，《臺南文化》第六卷第一期（臺南：臺南市政府，1958 年 8 月）。

7. 盛清沂，〈吾國歷代之鄉鎮志暨本省當前編纂鄉鎮志關係〉，《臺灣文獻》第十七卷第二期（南投：臺灣省文獻委員會，1966 年 6 月）。

8. 莊金德，〈臺灣省文獻委員會設立的沿革〉，《臺灣文獻》第十九卷第四期（南投：臺灣省文獻委員會，1968 年 12 月）。

9. 婁子匡，〈陳夢林與「諸羅縣志」（臺澎人物傳）〉，《臺北文獻》（臺北：臺北市文獻委員會，1969 年 12 月）。

10. 鄭喜夫，〈清代福建人士與臺灣方志〉，《臺灣風物》第二十卷第二期（臺北：臺灣風物雜誌社，1970 年 5 月）。

11. 杜負翁，〈北碚九志序〉，收於楊家駱主修，《以科學論文方式撰寫方志的試驗：北碚九志》（臺北：鼎文書局，1977 年 2 月）。

12. 方豪，〈清代前期台灣方志的編纂工作〉，《台灣人文》第二期，1978 年 1 月。

13. 陳正祥，〈方志的地理學價值〉，《中國文化地理》（臺北：木鐸出版社，1982 年 7 月）。

14. 林玲君，〈由諸羅縣志風俗志看漢、番俗間的涵化關係〉，《臺灣風物》第三十二卷第三期，1982 年 9 月。

15. 董一博，〈試論中國地方誌的發展〉，《中國地方史志》第五期（北京：文史資料出版社，1982 年 10 月）。

16. 黃南薰，〈秋感〉，《續修嘉義縣志‧學藝志》（嘉義：嘉義縣政府，1983 年 12 月）。

17. 文守仁，〈現存方志整理芻議〉，《中國地方文獻社團薈要》（臺北：成文出版社，1985 年）。

18. 王世慶，〈日據時期台灣官撰地方史志的探討〉《漢學研究》（方志學國際研討會論文專號第一冊）（臺北：國立中央圖書館，1985 年 12 月）。

19. 王世慶講評，〈尹章義「清修台灣方志與近三十年所修台灣方志之比較研究」〉，《漢學研究》第三卷第二期（臺北：漢學研究資料及服務中心，1985 年 12 月）。

20. 黃富三，〈〈日據時期臺灣官撰地方史志的探討〉講評〉《漢學研究》第三卷第二期（臺北：漢學研究資料及服務中心，1985 年 12 月）。

21. 陳三井，〈論清代臺灣地區方志的義例講評〉，《漢學研究》第三卷第二期（臺北：漢學研究資料及服務中心，1985 年 12 月）。

22. 陳捷先，〈論清代臺灣地區方志的體例〉，《漢學研究》第三卷第二期（臺

北：漢學研究資料及服務中心，1985 年 12 月）。

23. 顧力仁、辛法春，〈臺灣地區公藏方志的存藏留傳與利用之調查〉，《漢學研究》第三卷第二期（臺北：漢學研究資料及服務中心，1985 年 12 月）。

24. 傅登舟，〈民國時期方志纂修述略〉，《文獻》第四期（北京：書目文獻出版社，1989 年 10 月）。

25. 宋晞，〈七十年來的方志學研究〉，《方志學研究論叢》（臺北：臺灣商務印書館，1990 年 9 月）。

26. 張勝彥口述、詹素娟記錄，〈從《臺中縣志》的纂修談我的方志理念〉，《臺灣史田野研究通訊》第二十期（臺北：中央研究院臺灣史田野研究室，1991 年 9 月）。

27. 連橫，〈餘墨〉，《臺灣詩薈》（南投：臺灣省文獻委員會，1992 年 3 月）。

28. 王巍，〈遼史〈藝文志〉訂補〉《社會科學戰線》第二期（吉林省長春市，社會科學戰線雜誌編輯部，1994 年）。

29. 梁啓超，〈清代學者整理舊學之總成績〉（三），收於氏著《中國近三百年學術史——「清代學術概論合刊」》（臺北：里仁書局，1995 年 2 月初版）。

30. 蔡振興，〈典律／權力／知識〉，《典律與文學教學》（臺北：書林出版公司，1995 年 4 月）。

31. 簡榮聰，〈臺灣省文獻委員會推動全面修志概述〉，《臺灣文獻》第四十六卷第三期（南投：臺灣省文獻委員會，1995 年 9 月）。

32. 犬井正，〈關於關東地方史志類中「志」與「史」的若干考察——來自與中國「方志」關聯的角度的探討〉，《中日地方史志比較研究》（天津：南開大學出版社，1996 年 1 月）。

33. 陳萬益，〈臺灣文學是什麼？〉，《臺灣文學中的社會五十年來臺灣文學研討會論文集》（臺北：行政院文化建設委員會，1996 年 6 月）。

34. 曾迺碩，〈臺灣方志五十年：從方志發展談直轄臺北市志之修纂〉，《中國現代史專題研究報告第十八輯》（臺北：中華民國史料研究中心，1996 年）。

35. 林美容，〈確立地方誌的傳統：兼談臺灣史學的奠基〉，收於東吳大學主編，《方志學與社區鄉土史學術研討會論文集》（臺北：臺灣學生書局，1998 年 5 月）。

36. 張勝彥，〈編纂地方誌之淺見〉，收錄於東吳大學主編：《方志學與社區鄉土史學術研討會論文集》（臺北：臺灣學生書局，1998 年 5 月）。

37. 王明蓀、簡雪玲，〈臺灣省各鄉鎮市志之纂修：以近五年纂修完成者為例〉，《興大歷史學報》（八），1998 年 6 月。

38. 黃秀政、曾鼎甲，〈論戰後臺灣方志之纂修──以《臺灣省通志稿・學藝志》爲例〉，《臺灣文獻》第四十九卷第二期（南投：臺灣省文獻委員會，1998 年 6 月。

39. 王爾敏，〈地方史乘保存與纂輯〉，《臺灣文獻》第四十九卷第三期（南投：臺灣省文獻委員會，1998 年 9 月）。

40. 吳文星，〈論鄉鎮志教育志之纂修──以《頭城鎮志》、《草屯鎮志》、《石門鄉志》爲例〉，《臺灣文獻》（南投：臺灣省文獻委員會，1998 年 9 月）。

41. 高志彬，〈臺灣方志之纂修及其體例流變述略〉，《臺灣文獻》第四十九卷第三期（南投：臺灣省文獻委員會，1998 年 9 月）。

42. 洪敏麟，〈編輯地方誌心得報告──以《草屯鎮志》、《大肚鄉志》爲例〉，《臺灣文獻》第四十九卷第三期（南投：臺灣省文獻委員會，1998 年 9 月）。

43. 黃秀政，〈論臺灣鄉鎮志的纂修──以鹿港鎮志爲例〉，《臺灣文獻》第四十九卷第三期（南投：臺灣省文獻委員會，1998 年 9 月）。

44. 池永歆，〈清初詩文所描述的臺灣地理景觀（上）──以「諸羅縣志」阮蔡文詩爲例〉，《鵝湖雜誌》第二八六期，1999 年 4 月。

45. 池永歆，〈清初詩文所描述的臺灣地理景觀（下）──以「諸羅縣志」阮蔡文詩爲例〉，《鵝湖雜誌》第二八七期，1999 年 5 月。

46. 黃秀政，〈論戰後臺灣鄉鎮志「社會篇」之修纂──以《沙鹿鎮志》與《北斗鎮志》爲例〉，《臺灣史志論叢》（臺北：五南圖書出版公司，1999 年 6 月）。

47. 王良行，〈鄉鎮志體例另論〉，《五十年來臺灣方志成果評估與未來發展學術研討會論文集》（臺北：中央研究院臺灣史研究所籌備處，1999 年 5 月）。

48. 尹章義，〈臺灣地方誌的數量、品質與方志學的發展──《臺灣地方誌總目錄》試析〉，《五十年來臺灣方志成果評估與未來發展學術研討會論文集》，1999 年 5 月。

49. 宋光宇，〈近年來臺灣方志宗教篇的簡評〉，《五十年來臺灣方志成果評估與未來發展學術研討會論文集》（臺北：中央研究院臺灣史研究所籌備處，1999 年 5 月）。

50. 林玉茹撰、蔡崿製表，〈戰後臺灣方志總表〉，《五十年來臺灣方志成果評估與未來發展學術研討會論文集》（臺北：中央研究院臺灣史研究所籌備處，1999 年 5 月）。

51. 林玉茹，〈知識與社會：戰後臺灣方志的發展〉，《五十年來臺灣方志成果評估與未來發展學術研討會論文集》（臺北：中央研究院臺灣史研究所籌備處，1999 年 5 月）。

52. 許雪姬,〈史料與方志纂修——以臺中各鄉鎮市的方志為例〉,《五十年來台灣方志成果評估與未來發展學術研討會論文集》(臺北:中央研究院臺灣史研究所籌備處,1999 年 5 月)。

53. 黃耀能,〈纂修高雄市、南投縣志的架構以及所遭遇的困難〉,《五十年來臺灣方志成果評估與未來發展學術研討會論文集》(臺北:中央研究院臺灣史研究所籌備處,1999 年 5 月)。

54. 謝嘉樑,〈由行政主管談當前方志纂修面臨的問題〉,《五十年來臺灣方志成果評估與未來發展學術研討會論文集》(臺北:中央研究院臺灣史研究所籌備處,1999 年 5 月)。

55. 謝國興,〈近年來臺灣與大陸纂修地方誌比較〉,《五十年來台灣方志成果評估與未來發展學術研討會論文集》(臺北:中央研究院臺灣史研究所籌備處,1999 年 5 月)。

56. 方豪,〈清初臺灣人士與地方誌〉,《方豪教授臺灣史論文選集》(臺北:捷幼出版社,1999 年 12 月)。

57. 劉士永,〈公共衛生篇編纂芻議〉,《五十年來臺灣方志成果評估與未來發展學術研討會論文集》(臺北:中央研究院臺灣史研究所籌備處,1999 年 5 月)。

58. 黃躍榮,〈陳夢林與臺灣第一本縣誌「諸羅縣志」陳夢林與臺灣第一部縣志《諸羅縣志》〉,《臺灣源流》第二十三期(臺中:臺灣省各姓淵源研究學會,2001 年 9 月)。

59. 鄭喜夫,〈地方志書纂修辦法之探討(上)〉,《臺灣文獻》第五十三卷第一期(南投:臺灣省文獻委員會,2002 年 3 月)。

60. 劉峰松,〈國史館台灣文獻館的使命〉,《臺灣文獻》第五十三卷第一期(臺北:國史館臺灣文獻館編印,2002 年 3 月)。

61. 曹鳳祥,〈乾隆帝出兵平定臺灣林爽文起義的戰略〉,《陝西廣播電視大學學報》第四期(中國陝西:陝西廣播電視大學學報編輯部,2002 年 4 月)。

62. 曾鼎甲,〈戰後臺灣縣(市)志有關經濟類目之研究——以《臺中縣志·經濟志》為例〉,《興大人文學報》第三十四期,國立中興大學文學院,2004 年 6 月。

63. 姚永森,〈《臨海水土異物志》:世界上最早記述臺灣的文獻〉,《安徽師範大學學報》第四期,2005 年。

64. 宋天瀚,〈論章學誠的方志理論與「方志學」〉,《古典文獻研究輯》第二十八冊(臺北:花木蘭文化工作坊,2005 年 12 月)。

65. 池永歆,〈清初異己空間的書寫:《諸羅縣志》「番俗考」中的想像的地理〉,《人文研究期刊》第一期,2005 年 12 月。

66. 嘉義縣政府文化局,〈《嘉義縣志》纂修前期工程報告〉,《嘉義縣文獻》第三十二期,2005 年 12 月。

67. 尹章義,〈美國的擴張主義與台灣的命運——一百六十年來美台關係的回顧〉,收錄於《歷史月刊》第二一九期(臺北:歷史智庫出版公司,2006 年 4 月)。

68. 蕭明治,〈論戰後臺灣方志的發展——以鄉鎮志爲例〉,《臺灣文獻》(南投:國史館臺灣文獻館,2007 年 6 月)。

69. 黃秀政,〈論二二八事件的發生及其對臺灣的傷害〉,《臺灣史志新論》(臺北:五南圖書出版公司,2007 年 7 月)。

70. 黃秀政,〈戰後臺灣方志的纂修(1945～2005)〉,《臺灣史志新論》(臺北:五南圖書出版公司,2007 年 9 月)。

71. 黃秀政,〈楊家駱與新方志〉,《臺灣史志新論》(臺北:五南圖書出版公司,2007 年 9 月)。

72. 林靜薇訪談紀錄、整理,〈雷家驥教授訪談回憶錄〉,《中正歷史學刊》第十期,2007 年 12 月。

73. 阮忠仁,〈《諸羅縣志》的地理認知——「內山」定義〉,《第三屆嘉義研究學術研討會論文集》,2008 年 2 月。

74. 康培德,〈當代學科分類下六篇體的實踐場域?以續修花蓮縣志爲例〉,《方志學理論與戰後方志纂修實國際學術研討會論文集》(南投:國史館臺灣文獻館,2008 年 5 月)。

75. 王嵩山,〈原住民文化與鄉鎮志之纂修:以《阿里山鄉志》爲例〉,《方志學理論與戰後方志纂修實務國際學術研究會論文集》(南投:臺灣文獻館,2008 年 6 月)。

76. 葉碧苓,〈戰後臺灣鄉鎮志「教育篇」纂修之回顧與展望〉,《方志學理論與戰後方志纂修實務國際學術研究會論文集》(南投:國史館臺灣文獻館,2008 年 6 月)。

77. 蕭新煌、黃世明,〈纂修《臺灣全志・社會志》:實務的經驗與檢討〉,《方志學理論與戰後方志纂修實務國際學術研究會論文集》(南投:國史館臺灣文獻館,2008 年 5 月)。

78. 郭偉展,〈臺灣《諸羅縣志》評介〉,《中國地方誌》第十期(北京:中國社科院,2008 年 10 月)。

79. 黃秀政、郭佳玲,〈戰後臺灣縣(市)志的纂修——以新修《臺中市志》爲例〉,《方志學理論與戰後方志纂修實務國際學術研究會論文集》(南投:國史館臺灣文獻館,2008 年 6 月)。

80. 詹素娟,〈族群意識與地方史——以臺灣「原住民地區」的志書編纂爲例〉,《方志學理論與戰後方志纂修實務國際學術研究會論文集》(南投:

國史館臺灣文獻館，2008 年 6 月）。

81. 吳昆財，〈十二分志要略〉，《嘉義縣志・卷首》（嘉義：嘉義縣政府，2009年 12 月）。

82. 雷家驥、吳昆財，〈纂修團隊始末〉，《嘉義縣志・志首》（嘉義：嘉義縣政府，2009 年 12 月）。

83. 雷家驥、吳昆財，〈《嘉義縣志》基本凡例〉，《嘉義縣志・志首》（嘉義：嘉義縣政府，2009 年 12 月）。

84. 雷家驥，〈總纂修序——縣志纂修的緣起與結果〉，《嘉義縣志・卷首》（嘉義：嘉義縣政府，2009 年 12 月）。

85. 郭佳玲，〈戰後臺灣方志的纂修（1945～2008）〉《臺灣文獻》第六十一卷第一期（南投：國史館臺灣文獻館，2010 年 3 月）。

86. 曾鼎甲，〈戰後臺灣方志纂修的傳統：兼論省通志的綱目編體〉，《臺灣文獻》第六十卷第一期（南投：臺灣省文獻委員會，2010 年 3 月）。

87. 徐惠玲，〈戰後臺灣方志纂修的總體考察與論析〉，《世新中文研究集刊》第十期，2011 年 7 月。

88. 徐惠玲，〈戰後臺灣縣（市）志的纂修研究——以《新修桃園縣志》為例〉，《臺北文獻》直字第 177 期，2011 年 9 月。

89. 徐惠玲，〈戰後嘉義縣志的纂修——以新修《嘉義縣志》為中心〉，《嘉義大學通識學報》第九期，2012 年 1 月。

90. 黃秀政，〈《續修臺北市志》纂修計畫〉，《臺北文獻》（臺北：臺北市文獻委員會，2012 年 3 月）。

四、學位論文（按時間先後做為排列順序）

（一）博士論文

1. 曾子良，《臺灣閩南語說唱文學「歌仔」之研究及閩臺歌仔敘錄與存目》，東吳大學中國文學研究所博士論文，1990 年。

2. 魏源金，《臺糖公司開發休閒產業與經營策略的時空演變》，臺灣師大地理學系博士論文，2004 年。

3. 于風軍，《符號、景觀與空間結構——基於陝西方志輿圖（明至民國）的景觀歷史地理研究》，陝西師範大學歷史地理學博士論文，2005 年。

4. 潘是輝，《林豪編纂地方志書的理念與實踐》，國立中正大學歷史所博士論文，2005 年。

5. 紀麗眞，《明清山東鹽業研究》，山東大學中國古典文獻學博士論文，2006 年。

6. 衡中青，《地方志知識組織及内容挖掘研究——以《方志物產・廣東》為

例》，南京農業大學科學技術史博士論文，2007 年。

7. 王興亮，《愛國之道，始自一鄉——清末民初鄉土志書的編纂與鄉土教育》，復旦大學中國古代史博士論文，2007 年。

8. 游建興，《臺灣方志中神話與傳說研究》，佛光大學文學系博士論文，2009 年。

（二）碩士論文

1. 甄鼎欽，《《漢書・藝文志》研究》，香港珠海學院中國歷史研究所碩士論文，1975 年。

2. 洪金進，《章實齋之方志學說》，國立高雄師範大學國文學系碩士論文，1978 年。

3. 盧胡彬，《清代臺灣方志之研究》，中國文化大學歷史研究所碩士論文，1984 年。

4. 劉廷祥，《我國方志地圖的研究：以明代方志地圖爲例》，中國文化大學地學研究所碩士論文，1993 年。

5. 呂敏惠，《章學誠方志學研究》，國立臺灣大學中國文學研究所，1994 年。

6. 賴弘文，《清代方志地圖的研究》，中國文化大學地學研究所碩士論文，1996 年。

7. 宋天瀚，《論章學誠的方志理論與「方志學」》，中國文化大學史學研究所碩士論文，1996 年。

8. 曾鼎甲，《臺灣方志的纂修傳統與《臺灣省通志稿》之纂修》，國立中興大學歷史學系碩士論文，1999 年。

9. 蔡琳堂，《章學誠「六經皆史」說之理論與實踐——以方志編纂爲考察重點》，淡江大學中國文學系碩士論文，2001 年。

10. 李文玉，《戰後北臺灣縣市志纂修之研究》，國立中央大學歷史研究所碩士論文，2001 年。

11. 趙俊祥，《臺灣古蹟的歷史形成過程——以清代志書「古蹟」爲探討》，國立中央大學歷史研究所碩士論文，2002 年。

12. 張鈺翎，《方志的編清代臺灣方志中藝文志之研究》，國立政治大學中國文學研究所碩士論文，2003 年。

13. 林姿華，《謝肇淛方志學研究——以《滇略》、《萬曆永福縣志》爲範圍》，國立高雄師範大學國文教學碩士論文，2004 年。

14. 顏閔傑，《運用方志圖版解析明清地方城市空間結構》，中國技術學院建築研究所碩士論文，2004 年。

15. 許博凱，《帝國文化邏輯的展演——清代臺灣方志之空間書寫與地理政治》，國立清華大學台灣文學研究所碩士論文，2007 年。

16. 李宇星,《山西方志所載金代作家資料研究》,山西大學中國古代文學碩士論文,2007 年。

17. 師瑩,《河南方志所載金代作家傳記資料匯考》,山西大學中國古代文學碩士論文,2007 年。

18. 李鵬連,《鄒漢勛與晚清方志學》,蘭州大學中國古典文獻學碩士論文,2007 年。

19. 劉世余,《方志視角下的桂南平話研究》,廣西大學漢語言文字學碩士論文,2007 年。

20. 劉良軍,《四川方志漢族婚俗詞語文化義研究》,四川師範大學漢語言文字學碩士論文,2008 年。

21. 劉玉玉,《學必始於鄉土,而後可通於天下——清末民初的鄉土志書探析》,華東師範大學史學理論與史學史碩士論文,2008 年。

22. 潘信羽,《明代方志中的孝感神異:兼論其比較宗教之意涵》,國立政治大學宗教研究所碩士論文,2008 年。

23. 王嘉煒,《章學誠安徽方志的編纂理論與實踐》,山東大學中國古代史碩士論文,2008 年。

24. 滕樹立,《民國時期貴州方志纂修述論》,山東大學史學理論及史學史,2008 年碩士論文。

25. 蓬廣震,《民國山東方志纂修研究》,山東大學史學理論及史學史碩士論文,2008 年。

26. 付偉,《清初廣東方志話語表達研究》,暨南大學歷史文獻學碩士論文,2008 年。

27. 彭升紅,《清代民國西藏方志研究》,四川師範大學中國近現代史碩士論文,2008 年。

28. 廖瑋婧,《清末民初巴蜀方志植物名研究》,四川師範大學語言學及應用語言學碩士論文,2008 年。

29. 王依婷,《章學誠方志學研究》,臺灣大學中國文學研究所碩士論文,2008 年。

30. 林士恆,《臺灣清代方志研究——以府、廳、縣志為例》,國立臺北大學古典文獻學研究所碩士論文,2008 年。

31. 鄭龍琪,《清代科舉考生的赴考旅費補助研究——以方志所見的賓興活動為中心》,國立成功大學歷史學系碩士論文,2009 年。

32. 劉郡芷,《清代台灣方志中文化資產記載之研究》,臺北藝術大學建築與古蹟保存研究所碩士論文,2009 年。

33. 潘信羽,《明代方志中的孝感神異:兼論其比較宗教之意涵》,國立政治大學宗教研究所碩士論文,2009 年。

34. 李佩穎，《宋代地方誌藝文資料述論》，國立臺北大學古典文獻學研究所碩士論文，2009 年。

35. 孫福海，《衛藏方志 雪域奇葩——《西藏賦》研究》，西藏民族學院中國古代文學碩士論文，2009 年。

36. 王曉瑜，《明清浙江地方志「藝文經籍」資料研究——以形式暨體例爲主》國立臺北大學古典文獻學研究所碩士論文，2010 年。

37. 吳宜蓉，《帝國制式的文化鏡映——清代臺灣方志的纂修視域及其〈風俗〉類中所再現的臺人之相》，淡江大學歷史學系碩士在職專班碩士論文，2010 年。

38. 許宗傑，《清代澎湖方志研究》，中國文化大學中國文學系碩士論文，2010 年。

39. 謝維倫，《以圖觀史——晚清臺灣方志地圖與涉外事件》，國立臺灣師範大學台灣史研究所碩士論文，2011 年。

五、報刊文章

1. 羅湘綸、李青霖、楊孟立、游文寶，〈賴澤涵判 8 月可上訴〉，聯合報，2012 年 6 月 23 日，A3。

六、網路資料

1. 全國法規資料庫
http://law.moj.gov.tw/LawClass/LawAll.aspx?PCode=D0020026
引用日期 2010 年 10 月 5 日。

2. 臺灣採購公報網決標資訊
http://www.taiwanbuying.com.tw/ShowCCDetailUCS.ASP?RecNo=1194784
引用日期 2011 年 9 月 16 日。

3. 《文淵閣四庫全書電子版》
www.sikuquanshu.com

4. 中國經濟網
http://big5.ce.cn/culture/archeology/200803/31/t20080331_15010397.shtml

5. 臺灣方志
http://county.nioerar.edu.tw/books.php?page_id=8

6. 中國地方志
http://cnki50.csis.com.tw/KNS50/Navi/item.aspx?NaviID=1&BaseID=ZDFZ&NaviLink=%e4%b8%ad%e5%9b%bd%e5%9c%b0%e6%96%b9%e5%bf%97

7. 國史館臺灣文獻館典藏日治時期與光復初期檔案查詢
http://app.sinica.edu.tw/twhist/c_index.php

http://www.epochtimes.com/b5/9/4/17/n2498346.htm
引用日期 2011 年 9 月 16 日下午八時。

七、其他

1. 謝小韞,〈桃園縣政府文化局工作報告〉,桃園縣議會第十六屆第一次定期會,2006 年 5 月。桃園縣政府第 717 次縣務會議紀錄,會議日期 2004 年 11 月 3 日。

2. 桃園縣政府文化局 2004 年 4 月至 2004 年 9 月施政報告。

3. 2004 年 11 月 3 日桃園縣政府第 717 次縣務會議紀錄。

4. 2004 年 11 月 19 日發布之「嘉義縣志書纂修作業要點」。

5. 桃園縣政府文化局 2004 年 4 月至 2004 年 9 月施政報告。

6. 2005 年 4 月 29 日《嘉義縣志》纂修團隊第一次工作會報紀錄。

7. 2005 年 9 月 9 日《嘉義縣志》纂修團隊第二次工作會報紀錄。

8. 2006 年 3 月 10 日《嘉義縣志》纂修團隊第四次工作會報紀錄。

9. 2006 年 6 月 9 日《嘉義縣志》纂修團隊第五次工作會報紀錄。

10. 2006 年 9 月 8 日《嘉義縣志》纂修團隊第六工作會報紀錄。

11. 2008 年 11 月 7 日《嘉義縣志》纂修團隊第十三次工作會報紀錄。

12. 2003 年 2 月 25 日《新修桃園縣志》編纂委員會第一次編纂委員會會議紀錄。

13. 2004 年 4 月 29 日《新修桃園縣志》編纂委員會第二次編纂委員會會議紀錄。

14. 2005 年 1 月 28 日《新修桃園縣志》編纂委員會第三次編纂委員會會議紀錄。

15. 2005 年 6 月 30 日《新修桃園縣志》編纂委員會第四次編纂委員會會議紀錄。

16. 2006 年 7 月 5 日《新修桃園縣志》編纂委員會第五次編纂委員會會議紀錄。

17. 2006 年 8 月 30 日《新修桃園縣志》編纂委員會第六次編纂委員會會議紀錄。

18. 2007 年 4 月 10 日《新修桃園縣志》編纂委員會第七次編纂委員會會議紀錄。

19. 2007 年 5 月 24 日《新修桃園縣志》編纂委員會第八次編纂委員會會議紀錄。

附　錄

附錄一　清領時期臺灣方志一覽表

時　　　間	方志名稱	纂　修　者	備　　註
康熙 23 年（1684）	《臺灣府志》	季麒光	私纂，未完稿，原稿不傳
	《臺灣志》（或稱《臺灣志稿》）	王喜	私纂，散佚
	《臺灣府志》	蔣毓英	私纂，未刊
康熙 24 年（1685）	《臺灣紀略》	林謙光	官修
	《澎湖臺灣紀略》	杜臻	私纂
康熙 25 年（1686）以前	《臺灣郡志》	施鴻	
康熙 34 年（1695）	《臺灣府志》	高拱乾	官修
康熙 51 年（1712）	《重修臺灣府志》	周元文	官修
康熙 55～56 年（1716～1717）	《諸羅縣志》	周鍾瑄、陳夢林、李欽文	官修
康熙 58 年（1719）	《鳳山縣志》	李丕煜、陳文達	官修
康熙 58～59 年（1719～1720）	《臺灣縣志》	王禮、陳文達	官修
乾隆元年（1736）	《澎湖志略》	周于仁	
乾隆 2 年（1739）	《福建通志臺灣府》	福建省臺灣府	官修
乾隆 3 年（1738）以前	《臺灣志略》	尹士俍	私纂

時　　　　間	方志名稱	纂　修　者	備　　註
乾隆 5 年（1740）	重修《澎湖志略》	胡格	
乾隆 5～6 年（1740～1741）	《重修福建臺灣府志》	劉良璧	官修
乾隆 9～11 年（1744～1746）	《重修臺灣府志》	范咸、六十七	官修
乾隆 17 年（1752）	《重修臺灣縣志》	王必昌	官修
乾隆 25～29 年（1760～1764）	《續修臺灣府志》	余文儀	官修
乾隆 27 年（1762）	《重修鳳山縣志》	王瑛曾	官修
乾隆 34 年（1769）	《澎湖紀略》	胡建偉	官修
嘉慶 12 年（1807）	《續修臺灣縣志》	謝金鑾、鄭兼才、薛志亮	官修
嘉慶 14 年（1809）	《臺灣志略》	李元春	私纂
嘉慶年間	《蛤仔難紀略》	謝金鑾	
道光 9 年（1829）	《澎湖續編》	蔣鏞、蔡廷蘭	官修
	《福建通志臺灣府》	陳壽祺	官修
道光 9～10 年（1829～1830）	《臺灣采訪冊》	臺灣府	官修
道光 9～10 年（1829～1830）	《臺灣采訪冊》	陳國瑛等十六人採輯	未刊，有抄本
道光 11～12 年（1831～1832）	《彰化縣志》	周璽、李廷璧	官修
	《噶瑪蘭廳志》	陳淑均	官修
道光 12 年（1832）	《噶瑪蘭志略》	柯培元	私纂
道光 18 年（1838）	《噶瑪蘭廳志續補》	陳淑均	官修
道光年間	《淡水志初稿》	鄭用錫、李嗣業	私纂
同治 9 年（1870）	《淡水廳志》	陳培桂	官修
同治年間	《續志稿》	林豪	
光緒 18 年（1892）	《澎湖廳志稿》	林豪	官修
光緒 18～20 年（1892～1894）	《鳳山縣采訪冊》	盧德嘉	未刊，有抄本
光緒 19 年（1893）	《澎湖廳志》	林豪纂修、薛紹元刪補	

時　　間	方志名稱	纂　修　者	備　註
光緒 19～20 年（1893～1894）	《苗栗縣志》	沈茂蔭	官修
	《新竹縣采訪冊》	陳朝龍	未刊，殘抄本
光緒 20 年（1894）	《恆春縣志》	屠繼善	官修
	《雲林縣采訪冊》	倪贊元	未刊，有抄本
	《嘉義管內打貓各堡采訪冊》		未刊，有抄本
	《臺東州采訪冊》	胡傳	
光緒 21 年（1895）	《臺灣通志》	蔣師轍、薛紹元	佚散
光緒 25 年（1899）	《雲林縣采訪冊》	李烓、程森	有抄本

資料來源：

一、〔清〕尹士俍纂修、李祖基點校，《臺灣志略》（北京：九州出版社，2003 年 3 月）。

二、捷陳先，《清代臺灣方志研究》（臺北：臺灣學生書局，1996 年 8 月）。

三、方豪，〈清代前期台灣方志的編纂工作〉，《台灣人文》第二期（臺北：1978 年 1 月），頁 5
　　～16。

四、方豪，〈清代中期台灣方志的編纂工作〉，《台灣人文》第三期（臺北：1978 年 4 月），頁 4
　　～16。

五、方豪，〈清代後期台灣方志的編纂工作〉，《台灣人文》第四期（臺北：1978 年 7 月），頁 3
　　～16。

六、黃秀政，《臺灣史志新論》（臺北：五南圖書出版公司，2007 年 9 月），頁 449。

七、蔡志展編，《清代臺灣三十三種地方采訪冊紀略人名索引》（臺北：國立中央圖書館臺灣分
　　館，2000 年）。

八、鄭嘉夫，〈清代福建人士與臺灣方志〉，《臺灣風物》第二十卷第二期（1970 年 5 月）。

九、國立中央圖書館臺灣分館特藏資料編纂委員會，《臺灣文獻書目題解》第一種方志類（四）
　　（臺北：國立中央圖書館臺灣分館，1988 年 6 月）。

附錄二　《臺灣全志》纂修一覽表

纂修時間	出版時間	卷別名稱	篇　　名	計畫主持人	出版單位	冊數	備註
2003～2004	2004年12月	（卷首）史略	戰後台灣變遷史略，一篇	張勝彥　撰稿：李筱峰	國史館台灣文獻館	1冊	已結案
2003～2004	2004年12月	（卷一）大事志	斷限時間 1945～2001，共57年	張勝彥　撰稿：張勝彥	國史館台灣文獻館	1冊	已結案
2003～2004	2004年12月	（卷十）職官志	文職表篇、武職表篇	張勝彥　撰稿：戴寶村	國史館台灣文獻館	2冊	已結案
2004～2007	2009年6月	（卷九）社會志	勞動力與勞動市場篇、社會福利篇、社會階層篇、文化與社會篇、社會多元化與社會團體篇、都市發展篇、經濟與社會篇、宗教與社會篇、衛生與健康篇、環境與社會篇、社會運動篇	蕭新煌	國史館台灣文獻館	11冊	已結案
2004～2008	2008年6月	（卷四）政治志	建置沿革篇、民主憲政篇、行政篇、民意機關篇、選舉罷免篇、法制篇、考銓篇、審計篇、黨團篇、治安篇	張勝彥	國史館台灣文獻館	10冊	已結案
2005～2009	2009年6月	（卷十二）文化志	文化行政篇、文化事業篇、文化產業篇、文學藝術篇	黃秀政　纂修：孟祥瀚等5人	國史館台灣文獻館	5冊	已結案
2005～2009	2009年10月	（卷八）教育志	學校教育篇、體育篇、社會教育篇、教育行政篇	黃秀政　纂稿：梁福鎮等4人	國史館台灣文獻館	4冊	已結案
2007～2009	2010年11月	（卷二）土地志	境域、地質、地形、氣候、土壤、聚落、地名、生物與自然保育、勝蹟等9篇	陳國川	國史館台灣文獻館	9冊	已結案

附錄三　民國三十四年～九十九年的臺灣縣（市）志纂修一覽表

期　別	縣(市)	纂修時間	方志名稱	總編纂（主修）	出版時間	出版單位	數量	備　註
民國34～76年（1945～1987）	臺北市	1952～1970	《台北市志稿》	蘇得志王詩琅	1957～1970	臺北市文獻委員會	26冊	開始修纂時，台北市仍為省轄市，尚未改制直轄市。
	基隆市	1952～1958	《基隆市志》	朱仲西	1954～1959	基隆市文獻委員會	20冊	
	桃園縣	1952～1956	《桃園縣志》	郭薰風	1962～1969	桃園縣文獻委員會	10冊	
	臺北縣	1953～1960	《台北縣志》	盛清沂	1960	臺北縣文獻委員會	28冊	
	宜蘭縣	1953～1965	《宜蘭縣志》	盧世標	1959～1969	宜蘭縣文獻委員會	34冊	
	臺南縣	1953～1958	《台南縣志稿》	洪波浪吳新榮	1957～1960	臺南縣文獻委員會	13冊	
	彰化縣	1954～1971	《彰化縣志稿》	賴熾昌	1958～1976	彰化縣文獻委員會、彰化縣政府	8冊	油印本
	南投縣	1954～1978	《南投縣志稿》	劉枝萬	1954～1978	南投縣文獻委員、南投縣政府	26輯	
	臺南市	1954～1959	《台南市志稿》	黃典權	1954～1959	臺南市文獻委員會	10冊	
	新竹縣	1955～1957	《台灣省新竹縣志稿》	黃旺成	1955～1976	新竹縣文獻委員會、新竹縣政府	21冊	
	屏東縣	志書未載	《屏東縣志稿》	鍾桂蘭	1954	屏東縣文獻委員會	7篇	油印本
	高雄市	1956～1967	《高雄市志》	趙性源王世慶許成章	1956～1967	高雄市文獻委員會	6冊	高雄市此時仍為省轄市
	高雄縣	1957～1968	《高雄縣志稿》	謝問岑	1958～1968	高雄縣文獻委員會	11冊	
	花蓮縣	1957～1968	《花蓮縣志稿》	駱香林	1957～1968	花蓮縣文獻委員會	25冊	缺卷9藝文志，大事記另有續編。

期　　別	縣(市)	纂修時間	方志名稱	總編纂(主修)	出版時間	出版單位	數量	備　　註
	苗栗縣	1959～1978	《台灣省苗栗縣志》	黃新亞 鍾建英	1959～1978	苗栗縣文獻委員會 苗栗縣政府	20 冊	
	臺東縣	1959～1964	《台東縣志》	羅　鼎	1963～1964	臺東縣文獻委員會	4 冊	全志共 11 卷，僅完成 4 卷。
	澎湖縣	1960	《澎湖縣志》	李紹章	1960	澎湖縣文獻委員會	4 卷	
	嘉義縣	1961～1983	《嘉義縣志稿》	賴子清 賴明初	1963～1983	嘉義縣文獻委員會、嘉義縣政府	13 冊	
	屏東縣	志書未載	《屏東縣志稿》	古福祥	1961～1968	屏東縣文獻委員會	5 篇	
	屏東縣	志書未載	《屏東縣志稿》	古福祥	1965～1971	屏東縣文獻委員會	8 篇	
	臺中市	1963～1981	《台中市志》	王建竹 曾藍田	1972～1984	臺中市政府	10 冊	
	金門縣	1964～1967	《金門縣志》	陳漢光	1967	金門縣政府	2 冊	重修版
	雲林縣	志書未載	《雲林縣志稿》	王君華	1960～1970	雲林縣文獻委員會	2 卷	1960 年出人民志，1970 年出教育志
	臺中市	1965～1972	《台中市志稿》	林猶穆	1965～1972	臺中市文獻委員會	7 篇	油印本
	臺中縣	1965	《台中縣志稿》	張榮樓 李夢愚	1965	臺中縣文獻委員會	全一冊	
	高雄市	1967～1974	《續修高雄市志》	呂伯璘 尹德民	1968～1974	高雄市文獻委員會	6 冊	1979 年 7 月改制直轄市
	苗栗縣	1968～1983	《台灣省苗栗縣志》	彭賢權	1968～1983	苗栗縣政府	7 篇	
	宜蘭縣	1969～1980	《宜蘭縣志續篇》	宜蘭縣文獻委員會	1969～1980	宜蘭縣文獻委員會、宜蘭縣政府	12 冊	
	澎湖縣	1972～1978	《澎湖縣誌》	張默予	1972～1978	澎湖縣文獻委員會、澎湖縣政府	6 卷	
	花蓮縣	1973～1979	《花蓮縣志》	苗允豐 駱香林	1973～1980	花蓮縣文獻委員會、花蓮縣政府	20 冊	增補修訂

期　別	縣(市)	纂修時間	方志名稱	總編纂（主修）	出版時間	出版單位	數量	備　　註
	雲林縣	1974～1983	《雲林縣志稿》	仇德哉	1978～1983	雲林縣政府	24 輯	
	新竹縣	1976	《台灣省新竹縣志》	黃旺成	1976	新竹縣文獻委員會	4 冊	
	金門縣	1976～1977	《金門縣志》	郭堯齡	1979	金門縣政府	2 冊	重修版
	彰化縣	1976～1994	《彰化縣志》	吳漢彬 黃開基	1978～1994	彰化縣政府	26 輯	跨 1987～2000 年
	嘉義縣	志書未載	《嘉義縣志》	趙璞 林家駒	1976～1982	嘉義縣政府	13 卷	此縣志係就志稿修訂排印，並增修志稿未完成之各篇。
	嘉義縣	志書未載	《嘉義縣志》	趙璞 林家駒	1983	嘉義縣政府	1 冊	學藝志
	臺南市	1977～1992	《台南市志》	王振惠 游醒民	1978～1992	臺南市政府	21 冊	重修版。 跨 1987～2000 年
	基隆市	1979～1990	《基隆市志》	洪連成	1979～1990	基隆市政府	9 冊	重修版。 跨 1987～2000 年
	連江縣	1978～1979	《福建省連江縣志》	姜榮玉	1979	連江縣文獻委員會	2 冊	
	桃園縣	1975～1988	《桃園縣志》	廖本洋	1979～1988	桃園縣政府	6 冊	跨 1987～2000 年
	連江縣	1979～1986	《福建省連江縣志》	陳國土	1979～1986	連江縣文獻委員會	2 冊	續編版
	臺南縣	1980	《台南縣志》	盧嘉興	1980	臺南縣政府	4 冊	
	臺南縣	志書未載	《續修台南縣志》	黃金鎰 黃得勝 黃德旺	1977～1985	臺南縣政府	4 卷	
	臺中縣	1983～1987	《臺中縣志》	張勝彥	1989	臺中縣政府	18 冊	跨 1987～2000 年
	嘉義縣	1983～1991	《嘉義縣志‧教育志》	嘉義縣政府	1991	嘉義縣政府	1 冊	續修版。 跨 1987～2000 年
	澎湖縣	志書未載	《澎湖縣誌》	李紹章 張默予	1983	澎湖縣文獻委員會、澎湖縣政府	10 卷	

期　別	縣(市)	纂修時間	方志名稱	總編纂（主修）	出版時間	出版單位	數量	備　註
	花蓮縣	1985～1989	《續修花蓮縣志》	申慶璧	1991～1995	花蓮縣政府	9 冊	跨 1987～2000 年
	金門縣	1986～1987	《金門縣志》	郭堯齡	1992	金門縣政府	3 冊	增修版。跨 1987～2000 年
民國76～89年（1987～2000）	新竹市	1990～1999	《新竹市志》	張永堂	1996～1999	新竹市政府	16 冊	
	臺南市	1992～1996	《續修台南市志》	謝國興	1996～1997	臺南市政府	23 冊	
	屏東縣	志書未載	《重修屏東縣志》	黃典權	1993～1998	屏東縣政府	3 冊	政事志選舉篇、文教志、人物志
	連江縣	1992～1999	《福建省連江縣志》	鄭樑生	2003	連江縣政府	2 冊	續修版。跨 1990～2010 年
	南投縣	1994～1998	《南投縣志》	黃耀能	1997～2002	南投縣政府	9 冊	陸續出版中。跨 1990～2010 年
	臺北縣	1996～2005	《續修台北縣志》	張勝彥	2002～2007	臺北縣政府	28 卷	跨 1990～2010 年
	新竹縣	志書未載	《新竹縣志・住民志宗教篇稿》	楊鏡汀 連瑞枝 顏芳姿 王見川	1996	新竹縣政府	全一冊	
民國89～99年（2000～2010）	基隆市	1996～2003	《基隆市志》	李進勇 許財利	2001～2003	基隆市政府	29 冊	重修版
	嘉義市	1999～2007	《嘉義市志》	顏尚文	2002～2007	嘉義市政府	15 卷	
	新竹市	2002～2005	《續修新竹市志》	張永堂	2005	新竹市政府	3 冊	
	澎湖縣	2002～2005	《續修澎湖縣志》	許雪姬	2005	澎湖縣政府	14 冊	
	花蓮縣	2003～2008	《續修花蓮縣志》		2005～2008	花蓮縣政府	8 篇	2005 年出版自然、經濟、族群篇。2006 年出版歷史、社會、文化篇。2008 年出版政事、教育篇。

期　別	縣(市)	纂修時間	方志名稱	總編纂（主修）	出版時間	出版單位	數量	備　註
	新竹縣	1993～1997	《新竹縣志續修》	周浩治	2008	新竹縣政府		
	苗栗縣	2003～2005	《重修苗栗縣志》	陳運棟	2005	苗栗縣政府	40冊	32卷及卷首、卷末
	臺中市	2003～2009	《臺中市志》	黃秀政	2009	臺中市政府	8志	新修版
	桃園縣	2003～2010	《新修桃園縣志》	賴澤涵	2010年9月	桃園縣政府	15冊	新修版
	嘉義縣	2004～2009	《新修嘉義縣志》	雷家驥	2009年12月	嘉義縣政府	12冊	新修版
	金門縣	2006～2009	《金門縣志——96年續修》	李仕德	2009年12月	金門縣政府	12冊	新修版
	臺中縣	2007～2010	《續修臺中縣志》	張勝彥	2010年12月	臺中縣政府	11冊	新修版
	南投縣	2005～2010	《南投縣志》（重修）	黃耀能陳哲三	2010年12月	南投縣政府文化局	25冊	新修版

備　註：1. 凡未注明纂修時間之志書，則以志書出版時間做爲分類標準。臺北、高雄二市改制直轄市，不再計入縣（市）志。

　　　　2. 改爲縣市系列或文獻叢書，均不計入，例如《台東縣史系列》、《高雄縣文獻叢書》、《台東縣史》、2000年編纂的《續修台南縣志》。

資料來源：本表除逐一查閱已出版的縣（市）志外，並參考《台灣文獻書目題解》第一種方志類（二）、（三）、（四）（國立中央圖書館臺灣分館特藏資料編纂委員會編纂（臺北：國立中央圖書館臺灣分館，1988年6月）、林玉茹、蔡峙製表：〈戰後台灣方志總表〉（收錄於《五十年來台灣方志成果評估與未來發展學術研討會論文集》，臺北：中央研究院台灣史研究所籌備處，頁446～505）、高志彬《台灣文獻書目題解：方志類》（二）（臺北：中央圖書館臺灣分館，1989年）、黃秀政〈戰後台灣方志的纂修（1945～2005）〉（收入於《台灣史志新論》，臺北：五南圖書館公司，2007年9月，頁473～480）、及《台中市志》、《嘉義縣志》、《桃園縣志》等。

附錄四　地方志書纂修辦法 [註1]

1. 中華民國三十五年七月十六日內政部訂定發布
2. 中華民國三十五年十月一日內政部修正發布
3. 中華民國五十七年八月二十一日內政部（57）台內民字第 286015 號令修正發布
4. 中華民國七十二年四月十八日內政部（72）台內民字第 153235 號令修正發布
5. 中華民國八十六年九月十七日內政部（86）台內民字第 8682142 號令修正發布全文 12 條
6. 中華民國八十八年六月二十九日內政部（88）台內民字第 8886147 號令修正發布第 6、9、11 條條文
7. 中華民國九十二年一月三十日內政部內授中民字第 0920088588-3 號令發布廢止

第 1 條　地方志書之纂修依本辦法辦理之。
第 2 條　地方志書分爲省（市）志、縣（市）志。
第 3 條　地方志書之纂修，以二十年纂修一次爲原則。
第 4 條　地方志書之纂修，如舊志內容完整者，得以續修方式爲之。
第 5 條　各省（市）、縣（市）志書纂修事宜，由各省（市）文獻主管機關及各縣（市）政府負責辦理。編纂志書辦理機關，得向有關機關、團體洽請協助提供資料或約請專門人士協助完成之。
第 6 條　各省（市）文獻主管機關及各縣（市）政府編纂志書，應先編擬志書凡例、綱目及纂修計畫函送內政部核備。
第 7 條　各省（市）、縣（市）政府纂修志書應編列預算。
第 8 條　纂修地方志書應依下列規定，並避免冒濫或迷信：
　　　　　一、志書遇有引用中文以外其他文字時，得以註音字母爲之，並得

〔註 1〕　中華民國政府民國三十三年（1944）頒佈「地方志書纂修辦法」，在台灣展開地方志書纂修工作，但該條文已於 2003 年 1 月 30 日廢止。筆者 2010 年 10 月 5 日上午止時經由內政部部長信箱請求協助查詢，內政部隨即於詢問同日下午二點立即進行回覆，網路便民服務值得嘉許。相關原始條文從網址 http://law.moj.gov.tw/LawClass/LawAll.aspx?PCode=D0020026 全國法規資料庫搜尋，十分便利。

　　附載原文。

二、志書輿圖應以最新科學方法製繪精印。

三、繪製省（市）、縣（市）輿圖，對於國界、省（市）界或縣（市）界，變更沿革，應清晰劃分，並附說明。

四、志書輿圖除繪製行政區域圖外，並應將山脈、水道、交通、地質、物產、氣候、街市、港灣、名勝及古蹟，分別繪製專圖。

五、地方文化資產，應攝影編入，並加說明。

六、重要及特殊方物，應將原物攝影編入，並加說明。

七、志書應將土地、住民、經濟、文化、教育、政治、社會等情況之統計編入。

八、志書應列藝文一門，文學藝術並重，如書畫、雕刻及其他有關藝術事項均應兼採；武術技擊另列一門。志書藝文門應編列書目。

九、編列詩、文、詞、曲，無分新舊，並以有關文獻及民情者為限；歌、謠、戲、劇之甄採亦同。

十、革命先烈與抗敵殉難烈士及依褒揚條例受褒揚者之事蹟，應予編入。鄉賢名士及其他有優良事蹟者，得酌量編入。

十一、志書應編列大事記一門。

十二、志書各門應列舉參考書目。

第 9 條　各省（市）、縣（市）志書編纂完成，應由省（市）文獻主管機關、縣（市）政府將志稿函請內政部審定。

第 10 條　各省（市）、縣（市）志書印刷完成後，應分送行政院、內政部、國防部、教育部、行政院文化建設委員會、國家圖書館及有關機關、學校。

第 11 條　鄉（鎮、市、區）公所得視需要纂修鄉（鎮、市、區）志。

前項鄉（鎮、市、區）志之纂修準用縣（市）志之規定。

各鄉（鎮、市、區）志書編纂完成，應將志稿送縣（市）政府審查後，函請內政部審定之。

直轄市之區志書編纂完成，應將志稿送直轄市文獻主管機關審查後，函請內政部審定之。

附錄五　《新修嘉義縣志》徵引資料統計表（單位：筆數）

志書名稱	史前史資料	檔案年鑑報刊	舊志史古文書	調查訪問	專書論文	網路資料	圖、照片	表　格
〈卷首〉	0	0	0	0	0	0	37	7
〈沿革志〉	23	13	60	0	289	105	1	52
〈地理志〉	0	17	70	0	224	40	450	197
〈政事志〉	0	10	95	0	57	0	21	73
〈住民志〉	0	97	37	66	97	11	62	215
〈社會志〉	0	36	29	0	40	0	8	111
〈農業志〉	0	34	54	0	115	19	265	292
〈經濟志〉	0	91	40	0	23	0	35	337
〈宗教志〉	0	0	0	0	0	0	725	41
〈文學志〉	0	23	91	0	226	26	50	0
〈藝術志〉	0	3	11	0	44	18	255	13
〈教育志〉	0	5	21	0	33	7	12	217
〈人物志〉	0	36	49	1	48	10	0	0
合　計	23	365	557	67	1,196	236	1,921	1,555

附錄六　嘉義縣志書纂修作業要點

發布／函頒日期：民國 93 年 11 月 19 日

發文字號：府文資字第 0930144231 號

一、嘉義縣政府（以下簡稱本府）為纂修嘉義縣（以下簡稱本縣）志書，訂
　　定本要點。

二、本縣志書之纂修，以二十年纂修一次為原則。

三、本縣志書之纂修由本府文化局主辦。主辦機關得向有關機關、學校及團
　　體洽請協助提供資料，並請專家學者、地方人士協助完成之。

四、本縣志書之纂修，應先編擬志書凡例、綱目及纂修計畫送纂修委員會審
　　定。前項委員會由本府遴聘具歷史及文獻專長之學者專家組成。

五、編纂志書應依據下列規定：

　　1. 志書書寫以中文為主，如需以當地族群語言表達時，應附註通用拼音
　　　 或注音字母，並加說明；遇有引用中文以外其他文字時，應附載原文。

　　2. 繪製本縣志書輿圖應以最新科學方法繪製精印；對於國界、省（市）
　　　 界或縣（市）界，變更沿革應清晰劃分，並附說明。

　　3. 志書輿圖除繪製行政區域外，應將山脈、水道、交通、地質、物產、
　　　 街市、港灣、名勝及古蹟，分別繪製專圖。

　　4. 志書應將具地方特色之文化資產，以攝影或經考證之繪製插圖編入，
　　　 並加說明。

　　5. 志書應將本縣之住民、經濟、文化、教育、政治、社會等情況之統計
　　　 編入。

　　6. 志書應編大事紀。

　　7. 志書人物應秉持不為生人立傳原則；革命先烈與抗敵殉難烈士及依褒
　　　 揚者之事蹟，應予編入；鄉賢名士及其他有優良事蹟者，得酌量編入。

　　8. 志書應編入藝文類，文學藝術並重，如書畫、雕刻及其他有關藝術事
　　　 項均應兼採；武術技擊另列一門。

　　9. 志書各門應列參考書目。

六、志書之纂修應遵照著作權法辦理，不得違反相關規定。

七、本縣志書稿完成，應先送請纂修委員會初審，經修訂後將志稿連同審查
　　意見書函送纂修委員會確認，經確認後始得出版。

八、本縣志書出版後，應分送有關機關、學校、研究機構及圖書館典藏。

附錄七 《新修桃園縣志》徵引資料統計表（單位：筆數）

志書名稱	史前 史資料	檔案年 鑑報刊	舊志史 古文書	調查訪問	專書論文	網路資料	圖、照片	表 格
〈志首〉	0	39	47	0	65	19	25	12
〈開闢志〉	4	14	120	0	218	0	124	62
〈地理志〉	0	2	22	0	129	0	99	114
〈行政志〉	0	25	33	0	172	6	142	150
〈住民志〉	0	0	33	0	324	0	99	131
〈社會志〉	0	38	11	0	25	0	13	111
〈地方自治志〉	0	20	28	0	79	35	16	133
〈經濟志〉	0	248	46	5	143	40	0	429
〈宗教禮俗志〉	0	0	30	0	127	1	163	115
〈藝文志〉	0	22	13	0	48	0	145	20
〈交通志〉	0	145	39	0	90	48	116	306
〈教育志〉	0	0	123	0	119	0	1,144	254
〈人物志〉	0	30	37	5	47	32	0	0
〈勝蹟志〉	0	104	43	0	64	0	416	20
〈贖錄志〉	0	63	35	2	91	94	54	17
合 計	4	750	660	12	1,741	275	2,556	1,874

附錄八　桃園縣志編纂委員會設置要點〔註2〕

一、本要點依據桃園縣志書纂修辦法第五條規定訂定之。

二、桃園縣志編纂委員會（以下簡稱本會）為階段性任務之組織，設置期間
　　自九十二年一月起至縣志編纂完成止。

三、本會置主任委員一人，由縣長兼任、副主任委員二人、委員十二人，由
　　縣長自地方耆老、各界元老及學者專家選聘。

四、本會委員均為無給職，惟外聘委員出席會議時得支給出席費。

五、本會委員任期二年，期滿得續聘之。但代表機關出任者，應隨其本職進
　　退。

六、本會職權：

　　1. 議定縣志架構及大綱。

　　2. 審查志書凡例、綱要、內容。

七、本會每半年召開會議一次，並得依需要隨時召開委員會。

八、本會非有半數以上委員出席不得開會，並有出席委員過半數之同意始得
　　決議。

九、本會得依據纂修之實際需要另設諮詢、編纂、行政等組，組下再設小組
　　分組辦事。

十、本會各分組得依實際需要僱用人員協助辦理各項行政事宜。

〔註2〕資料來源：桃園縣政府文化局全球資訊網——法規專區文化資科——桃園縣
　　　志編纂委員會設置要點 http://www.tyccc.gov.tw/other/acts/upt.asp?uid=&con=
　　　&cid=&year=&month=&day=&key=&pageno=&p0=30，登錄時間 2011 年 8 月
　　　8 日。

附錄九　桃園縣志書纂修辦法 〔註3〕

（桃園縣政府 2002 年 4 月 19 日府法二字第 0910080662 號發佈施行）

第一條　本辦法依地方制度法第十九條第四款第五目規定訂定之。

第二條　本縣志書之纂修以二十年纂修一次爲原則。

第三條　本縣志書之纂修，如舊志內容完整者，得以續修方式爲之。

第四條　本縣志書纂修事宜，由本縣文化局負責辦理。辦理機關，得向有關機關、團體洽請協助提供資料或約請專門人士協助完成之。

第五條　本縣志書纂修前應先組成編纂委員會，置委員十一至十五人，以爲審查志書內容，其設置要點由辦理機關另訂之。

第六條　本縣志書之編纂，應先編擬志書凡例、綱要送編纂委員會審核。

第七條　本縣志書之纂修應參考下列基準，並避免冒濫或迷信：

一、志書遇有引用中文以外其他文字時，得以註音字母爲之，並得附載原文。

二、志書輿圖應以最新科學方法製繪精印。

三、繪製縣輿圖，對於國界、省（市）界或縣（市）界，變更沿革，應清晰劃分，並附說明。

四、志書輿圖除繪製行政區域圖外，並應將山脈、水道、交通、地質、物產、氣候、街市、港灣、名勝及古蹟，分別繪製專圖。

五、地方文化資產，應攝影編入，並加說明。

六、重要及特殊方物，應將原物攝影編入，並加說明。

七、志書應將土地、住民、經濟、文化、教育、政治、社會等情況之統計編入。

八、志書應列藝文一門，文學藝術並重，如書畫、雕刻及其他有關藝術事項均應兼採；武術技擊另列一門，志書藝文門應編列書目。

九、編列詩、文、詞、曲，無分新舊，並以有關文獻及民情者爲限，歌、謠、戲、劇之甄採亦同。

〔註 3〕資料來源：桃園縣政府文化局全球資訊網——法規專區文化資料——桃園縣志書纂修辦法 http://www.tyccc.gov.tw/other/acts/upt.asp?uid=&con=&cid=&year=&month=&day=&key=&pageno=&p0=31，登錄時間 2011 年 8 月 16 日。

十、革命先烈與抗敵殉難烈士及依褒揚條例受褒揚者之事蹟，應予
　　編入，鄉賢名士及其他有優良事蹟者，得酌量編入。

十一、志書應編列大事記一門。

十二、志書各門應列舉參考書目。

第八條　本縣志書編纂完成，應先將志稿送請編纂委員會審定後出版。

第九條　本辦法自發布日施行。

附錄十 《新修嘉義縣志》、《新修桃園縣志》綱目層次一覽表

《新修嘉義縣志》						《新修桃園縣志》					
志書名稱	篇	章	節	目	備註	志書名稱	篇	章	節	目	備註
〈卷首〉	2	5	16			〈志首〉	2	5	16		
〈沿革志〉	7	25	71			〈開闢志〉		5	14		
〈地理志〉	2	14	57	120		〈地理志〉		4	22		
〈政事志〉	5	33	78	149		〈行政志〉	4	13	42		
〈住民志〉	3	14	79			〈住民志〉		5	19		
〈社會志〉	4	12	35			〈社會志〉	4	16	52		
〈農業志〉	3	19	56	56		〈地方自治志〉		8	27		
〈經濟志〉	3	12	29			〈經濟志〉	7	39	98		
〈宗教志〉	6	41	255			〈宗教禮俗志〉	2	13	39		
〈文學志〉	3	7	18			〈藝文志〉	7	25	58		
〈藝術志〉	3	10	42	102		〈交通志〉	3	13	39		
〈教育志〉	2	6	21	68		〈教育志〉		8	63		
〈人物志〉	10	24			314傳 328人	〈人物志〉					18門類 461人
						〈勝蹟志〉		5	13		
						〈臚錄志〉		3	4		

附錄十一　嘉義、桃園縣志藝文方志內容大綱一覽表

藝文方志	嘉義縣志	續修嘉義縣志	新修嘉義縣志		桃園縣志	重修桃園縣志	新修桃園縣志
	學藝志	學藝志	文學志	藝術志	文教志·藝文篇	文教志·藝文扁	藝文志
各志內容大綱	第一篇文學 第一章散文 第二章詩詞 第三章小說 第一節概說 第二節嘉義縣小說家 第四章戲劇 第五章歌謠 第一節序說 第二節民歌 第三節民謠 第二篇藝術 第一章繪畫 第一節綜說 第二節畫家 第三節歷屆展覽會入選情形 第二章雕塑 第三章書法 第一節綜說 第二節書法研究機構及展覽會 第三節仕宦流寓及本縣書家 第四章建築 第一節原始之建築 第二節居處建築 第五章金石 第一節序說 第二節鑄金 第三節石器 第四節石材工藝 第六章工藝 第一節序說 第二節山胞	第一篇文學 第一章著作 第二章論述 第三章散文 第四章文藝 第一節詩 第二節詞 第三節歌 第四節賦 第五節楹聯 第二篇藝術 第一章書法 第二章繪畫 第一節書集 第二節書作 第三章戲劇舞歌 第一節電影 第二節國劇 第三節電視劇 第四節歌舞 第五節地方戲 第四章歌謠 第五章雕塑 第六章建築 第七章金石 第一節金屬工藝 第二節石器工藝 第三節篆刻 第八章食品工藝 第一節新港飴製法 第二節方塊酥 第九章木竹	第一篇緒論 第一章章嘉義縣文學的範疇與類型 第一節範疇 第二節類型 第二章嘉義地區的墾拓及其分類 第一節原住民社會的變遷 第二節漢人社會的發展 第二篇庶民文學 第一章民間文學 第一節民間文獻的採集與整理 第二節民間文學中的鄉土想像 第二章歌仔戲與流行歌詞 第一節歌仔戲 第二節流行歌詞 第三章嘉義縣廟聯踏查 第一節廟聯概說 第二節廟宇淵源傳說暨其聯對的撰作 第三篇作家文學 第一章古典文學	第一篇美術 第一章書畫 第一節水墨畫 第二章彩墨畫與膠彩畫 第三章書法與篆刻 第四節版畫 第二章西畫 第一節油畫 第二節水彩畫 第三節素描與粉彩畫 第三章立體造形與科技藝術 第一節雕塑 第二節綜合媒材與裝置藝術 第三節科技藝術 第四章視覺藝術教育 第一節學校藝術教育 第二節社會藝術教育 第二篇工藝 第一章民間工藝 第一節紙工藝 第二節籐竹編織工藝 第三節藺帽編織工藝 第四節金屬工藝 第五節燈花工藝 第六節刺繡	第一章概說 第二章詩社與詩稿 第一節詩社 第二節稿 第三章文苑 第一節政事 第二節散文 第三節傳記 第四節哲學 第五節隨筆 第四章民間藝術 第一節歌謠 第二節歌曲 第三節戲劇 第四節民族舞蹈 第五章書畫碑區 第一節書法 第二節碑區 第三節繪畫	第一章方志 第一節明鄭時期第二節清代 第三節日據時期 第四節光復以後 第二章著述 第一節序 第二節奏疏、公移、政事、訓事 第三節文徵 第四節傳、記 第三章文苑 第一節文藝類 第二節論說類 第三節詩社及詩稿 第四章歌謠、戲劇、舞蹈、書畫 第一節歌謠 第二節樂曲 第三節戲劇 第四節民族舞蹈 第五節民間傳說故事 第六節書畫碑區 第五章彫塑 第一節概述 第二節純藝術性彫塑 第三節實用性民間彫塑 第六章雜藝 第一節概述 第二節靜態民俗技藝	第一篇藝文行政 第一章桃園縣文化行政沿革 第一節文化行政機關 第二節文化基金會 第三節桃園縣立文化中心暨桃園縣政府文化局歷任首長 第二章文化政策與實施 第一節獎助文化藝術 第二節藝文團體扶植 第三節文化產業之推廣 第三章文化建設與展演場所 第一節桃園地區文化建設 第二節桃園縣藝文展演場所 第四章桃園縣藝文團體、作家、文物收藏家名錄 第一節桃園縣立案藝文團體 第二節桃園縣籍藝文作家 第三節桃園縣籍文物收藏家 第二篇美術 第一章傳統書畫 第一節美術篇之概述 第二節文人畫 第三節書法 第四節民俗畫 第五節宗教藝術 第二章日治時期的發展

藝文方志	嘉義縣志	續修嘉義縣志	新修嘉義縣志		桃園縣志	重修桃園縣志	新修桃園縣志
	學藝志	學藝志	文學志	藝術志	文教志・藝文篇	文教志・藝文扁	藝文志
	手藝 第三節嘉義趾陶 第四節竹材工藝 第五節其他工藝 第七章紋繡 第八章音樂 第一節音樂概說 第二節音樂分類 第九章舞誦 第一節山胞之舞蹈 第二節漢族之品曲品戲	工藝	第一節時代背景 第二節文學環境與作家作品 第三節書寫主題與特色 第二章現代文學 第一節時代環境與背景 第二節二二八事件暨其書寫 第三節從五〇年代到七〇年代 第四節從八〇年代到世紀末（1981～2000） 第五節女性文學	與織品工藝 第七節環保工藝 第二章民間雕塑 第一節交趾陶 第二節剪黏 第三節陶藝 第四節麵塑 第五節石猴與石雕 第六節竹木雕 第七節葫蘆雕 第八節皮雕 第九節芒雕與線雕 第三章民間彩繪 第一節彩繪 第二節妝佛 第三篇音樂舞蹈 第一章原住民的音樂與舞蹈 第一節歷史文獻回顧 第二節鄒族的社會與文化 第三節鄒族的祭儀 第四節音樂與舞蹈 第二章漢民族音樂與舞蹈 第一節歷史文獻回顧 第二節釋奠及其樂舞 第三節傳統戲曲 第四節宗教		第三節動態民俗技藝	第一節概述 第二節美術教育與活動 第三節傳統繪畫 第四節西洋技法 第五節東洋技法 第三章戰後與戒嚴時期 第一節概述 第二節美術教育與活動 第三節民間畫會與社團 第四節近代本土傑出藝術家 第四章戒嚴至2005年 第一節美術教育與活動 第二節民間畫會與社團 第三節其他 第三篇舞蹈 第一章緒論 第一節臺灣宗教舞蹈 第二節臺灣傳統民俗舞蹈 第三節臺灣傳統舞蹈 第二章戰後臺灣原住民舞蹈發展 第一節概說 第三章中華民族舞蹈發展 第一節移民舞蹈 第二節傳統舞蹈之古典舞與民俗舞二節 第四章桃園縣舞蹈發展 第一節各式舞蹈團體 第二節舞蹈教學之教室或補習班 第四篇戲劇

藝文方志	嘉義縣志	續修嘉義縣志	新修嘉義縣志		桃園縣志	重修桃園縣志	新修桃園縣志
	學藝志	學藝志	文學志	藝術志	文教志・藝文篇	文教志・藝文扁	藝文志
				音樂 第五節民俗陣藝 第三章現代社會中的音樂與舞蹈 第一節教育體制中的音樂與舞蹈 第二節教會音樂 第三節表演藝術現況			第一章緒論 第一節日治時期的社會現象 第二節都市化影響 第三節傳統戲劇 第四節改良劇與新劇 第五篇工藝 第一章緒論 第一節廟宇藝術與民俗工藝 第二節廟宇文物 第三節民宅建築與裝飾藝術 第四節民俗工藝藝術 第五節宗教工藝 第二章原住民工藝 第一章織物 第二節編器 第三節竹藤草編 第四節文化呈現 第六篇音樂 第一章傳統民間音樂 第一節原住民音樂 第二節漢民族音樂 第二章傳統民謠 第一節傳統歌謠體式、字音與音韻 第二節閩南族群歌謠 第三節客家族群歌謠 第三章童謠 第一節閩南兒歌 第二節客家兒歌 第四章傳統戲劇音樂 第一節北管戲 第二節南戲

藝文方志	嘉義縣志	續修嘉義縣志	新修嘉義縣志		桃園縣志	重修桃園縣志	新修桃園縣志
	學藝志	學藝志	文學志	藝術志	文教志·藝文篇	文教志·藝文扁	藝文志
							第三節戲劇舞臺樂 第五章日治時期起之新音樂 第一節西式音樂 第六章戰後臺灣音樂教育 第一節國樂發展 第二節西洋音樂發展 第三節合唱音樂發展 第四節音樂展演狀況 第五節民間宗教音樂發展 第七篇文學 第一章臺灣傳統文學 第一節古典文學 第二節詩社 第三節詩稿 第四節散文 第二章俗文學 第一節漢民族文學 第二節原住民文學 第三章臺灣文學 第一節中華文藝 第二節臺灣鄉土文學 第四章兒童文學 第一節兒童文學發展 第二節桃園兒童文學作家與作品 第三節桃園兒童文學創作選集 第五章桃園文藝創作獎 第一節歷屆桃園文藝創作獎得獎者

附錄十二　《新修嘉義縣志》、《新修桃園縣志》分志頁數一覽表

志　書	《新修桃園縣志》			《新修嘉義縣志》		
全志頁數	6920 頁			7515 頁		
	分志名稱	頁　數	比　重	分志名稱	頁　數	比　重
	〈教育志〉	756	12%	〈地理志〉	891	11.8%
	〈經濟志〉	709	10.2%	〈農業志〉	762	10.1%
	〈藝文志〉	708	10.2%	〈宗教志〉	711	9.5%
	〈宗教禮俗志〉	562	8.1%	〈藝術志〉	681	9.1%
	〈交通志〉	523	7.6%	〈經濟志〉	683	9%
	〈行政志〉	496	7.2%	〈沿革志〉	581	7.7%
	〈住民志〉	438	6.3%	〈教育志〉	579	7.7%
	〈勝蹟志〉	438	6.3%	〈政事志〉	531	7.1%
	〈地方自治志〉	423	6%	〈住民志〉	518	6.9%
	〈開闢志〉	390	5.6%	〈社會志〉	499	6.6%
	〈地理志〉	386	5.6%	〈文學志〉	433	5.8%
	〈社會志〉	342	4.9%	〈卷首〉	363	4.8%
	〈人物志〉	344	4.5%	〈人物志〉	283	3.8%
	〈膡錄志〉	217	3.1%			
	〈志首〉	188	2.7%			

附錄十三　嘉義、桃園縣志藝文方志文類一覽表

縣志名稱	1975 年《嘉義縣志》	1983 年《續修嘉義縣志》	2009 年《新修嘉義縣志》		1967 年《桃園縣志》	1988 年《桃園縣志》	2010 年《新修桃園縣志》
藝文志名	〈學藝志〉	〈學藝志〉	〈文學志〉	〈藝術志〉	〈文教志・藝文篇〉	〈文教志・藝文篇〉	〈藝文志〉
文類	散文	著作	詩	歌謠	詩	著述（方志、序）	詩
	詩	散文	詞		著述（含政事、散文、傳記、哲學、隨筆）	公文（奏疏、公移）	散文
	詞	詩	歌詞		歌謠	政事	傳說
	碑文	詞	廟聯		碑文	訓示	民謠
	歌謠	歌				傳	
		賦				記	
		楹聯				文藝	
						論說	
						歌謠	
						碑文	
總計	5	7	4	1	4	10	4
頁數	117	169	433	681	86	157	708
詩詞數量	87	169	136	0	129	138	183
收錄人數	203	265	220	611	186	224	506
古典文學頁數	39	0	121	0	38	36	42
現代文學頁數	0	110	234	0	17	29	159

附錄十四　訪問人員一覽表

日　　期	受　訪　對　象	訪　問　地　點
2010 年 9 月 29 日 2011 年 1 月 2 日 2011 年 7 月 30 日 2011 年 8 月 19 日	《新修嘉義縣志》及《新修桃園縣志》審查委員黃秀政教授	臺北市二二八紀念館
2010 年 11 月 19 日	大陸來臺訪問學人巴兆祥教授	臺灣中央研究院近代史研究所
2011 年 10 月 3 日 2011 年 10 月 11 日	《新修嘉義縣志》業務承辦人、現榮升嘉義縣文化觀光局文化資產科科長于秉儀小姐	電話
2011 年 11 月 29 日	南華大學鄭阿財教授	銘傳大學博士班教室
2011 年 12 月 6 日	《新修桃園縣志》總編纂賴澤涵教授	國立中央大學歷史系研究所
2012 年 1 月 3 日	《嘉義縣志》總纂修雷家驥教授	國立嘉義大學歷史研究所
2012 年 1 月 10 日	《崁津五十一》原著劉義慶	桃園縣中壢市「草店尾老人」（劉義慶纂）住家
2012 年 9 月 8 日	《鹿谷鄉志》編審人員康世統博士	銘傳大學桃園校區

附錄十五　《新修嘉義縣志》、《新修桃園縣志》書影

《新修嘉義縣志》書影

資料來源：作者拍攝，2012.10.10

《新修桃園縣志》書影

資料來源：作者拍攝，2012.10.10